管理会计学

Guanli Kuaijixue

陶丘山/编著

立信会计出版社
LIXIN ACCOUNTING PUBLISHING HOUSE

图书在版编目(CIP)数据

管理会计学 / 陶丘山编著. —上海：立信会计出版社，2013. 2(2023. 1 重印)
ISBN 978 - 7 - 5429 - 3805 - 3

Ⅰ. ①管…　Ⅱ. ①陶…　Ⅲ. ①管理会计　Ⅳ. ①F234. 3

中国版本图书馆 CIP 数据核字(2013)第 019706 号

策划编辑　蔡莉萍
责任编辑　蔡莉萍　郭　光
封面设计　周崇文

管理会计学
GUANLI KUAIJIXUE

出版发行	立信会计出版社		
地　　址	上海市中山西路 2230 号	邮政编码	200235
电　　话	(021)64411389	传　　真	(021)64411325
网　　址	www. lixinaph. com	电子邮箱	lixinaph2019@126. com
网上书店	http://lixin. jd. com		http://lxkjcbs. tmall. com
经　　销	各地新华书店		
印　　刷	江苏凤凰数码印务有限公司		
开　　本	710 毫米×960 毫米	1/16	
印　　张	21. 75		
字　　数	408 千字		
版　　次	2013 年 3 月第 1 版		
印　　次	2023 年 1 月第 9 次		
书　　号	ISBN 978 - 7 - 5429 - 3805 - 3/F		
定　　价	48. 00 元		

前 言

时势造就英雄。同样,时势也造就了会计。“经济越发展,会计越重要”。同样可以说,“管理水平越高,管理会计越重要”。

会计源远流长。应该说,五百年以前,在卢卡·帕乔利那里,会计的基本方法和会计核算的基本内容就初步定型了。会计学是一门比较成熟的科学,到21世纪的今天,会计已经长成了一棵参天大树。

在雅典德尔菲神庙前的石碑上刻着阿波罗的神谕——“认识你自己”。其实,对人如此,对任何事物也都如此。会计的发展过程,同时也是一个对会计学不断认识的过程。经济的发展不断推动着会计的发展,同时也推动着对会计本质认识的不断深化。对任何科学的研究都是没有止境的,对任何科学本质的认识同样是如此。对会计学的探索要不断地反映各种新情况,解决各种新问题。在此过程中,常常需要我们稍稍停下脚步回过头来看看“会计是什么”。

葛家澍教授说:“管理会计的出现,使已有五百年发展史的现代会计似乎成了一门新兴科学。由于这一系列变化,对会计的基本认识,例如会计的对象、职能性质甚至会计的定义,人们都觉得有重新探讨和研究的必要。”(葛家澍:《关于会计基本理论与方法问题》,经济科学出版社2004年版,第91页)。管理会计的产生,不仅仅意味着会计学中出现了一个新的分支,更是改变了整个会计学的面貌,意味着会计学进入了一个新的阶段。

财务会计是一门对外报告的会计。在各国会计界、政府、企业管理层、社会各界、投资者和广大民众的高度关注和努力下,其研究已非常全面和深入,其体系已相当完备和定型。在我国,2006年2月15日财政部发布了《企业会计准则》,《企业会计准则》包括1个基本准则和38个具体准则。《企业会计准则》的发布,宣告中国建立了完整的会计准则体系,并实现了与国际会计准则的基本趋同。财务会计是一种法定会计,也是一种具有高度外部强制性的会计,对外提供符合公认要求的财务报告是企业不可推卸的责任,即使是小企业也是如此。与财务会计相反,管理会计研究的则是企业内部的事,基本与外界无关。管理会计的研究既不会受到外界的强制,也缺乏外界的关注,当然也缺乏外界的促进。但这并不意味着管理会计缺乏发展的动力。如果说财务会计的发展不可否认地在很大程度上是“迫于压力”，那么管理会计的发展则是因于企业自身强大的自主动力。当然，发展管理会计，以促使管理的加强、效益的提高，这是企业的要求，也是全社会的要求。财务会计主要解决“分蛋糕”的问题，管理会计则主要解决如何“把蛋糕做大”的问题。全社会无数双眼睛紧盯着财务会计切“蛋糕”的手。然而，没有“蛋糕”又如何分“蛋糕”？没有“蛋糕”，分“蛋糕”就只能是无源之水，无本之木，也就只能是画饼充饥。不把“蛋糕”做大，大家又如何能多分一杯羹？可见，研究如何分“蛋糕”的财务会计是“末”，研究如何“把蛋糕做大”的管理会计才是“本”。

不可否认的是，与财务会计相比，我国现行的管理会计还显得很不成熟，其方法多半是简单堆积，缺乏系统整合，与企业管理其他领域的界限也不清晰，甚至连基本的概念框架体系都没有。这与管理会计没有受到像财务会计那样的外部关注有关，也与我国管理水平不高有关。

陶丘山老师编著的这本《管理会计学》具有以下几个特点：

(1) 全面阐述了现代管理会计的基本原理与方法。

(2) 与以往的教材不同，本书把管理会计和财务会计视为一个整体，在与财务会计的全面对比分析中，阐述管理会计的信息处理过程。

(3) 本书认为，管理会计是传统会计的扩展，同时也是传统会计的全面更新。要完善管理会计的基本原理，就必须深化对会计目标、会计对象的认识，重新解释借贷记账法，把传统的一维会计扩展为多维会计，改造传统的会计等式并构建多维的会计等式体系，重新构建多维的会计要素体系。

(4) 在全面分析管理会计的基本目标、对象、要素和方法的基础上介绍管理会计实务。

(5) 建立了一个财务会计和管理会计统一的多维立体的账务处理系统。

本书分上下两篇。上篇以狭义管理会计的视角，在重新分析管理会计的基本目标、对象、要素和方法的基础上，介绍管理会计的方法和实务；下篇以广义管理会计的视角，专门探讨了“大会计”的目标、会计对象、会计要素、会计等式和核算方法，并尝试建立一个包括财务会计和管理会计相统一的多维立体的财务处理系统、利益相关者会计核算子系统和作业会计核算子系统等在内的多维立体经济利益会计核算系统的综合账务处理体系。

在日常生活中，人们往往把会计等同于财务会计。现行的《会计学原理》教科书，讲的只是“财务会计原理”。其实，财务会计只是会计的一个部分，或者说，财务会计只是历史发展的某个阶段上人们所强调的那一部分会计。只有财务会计的会计是残缺的，只讲“财务会计原理”的《会计学原理》教科书不是真正的“会计学原理”。虽然现行的各种《管理会计学》教科书都必然有其“原理”的内容，但其对“原理”的研究和阐述严重不足，很多教科书甚至根本不涉及管理会计的目标、对象、要素等内容，对管理会计的会计等式和记账方法更是一片空白、根本缺如。除了有大量的货币数据信息外，一本《管理会计学》教科书主要由许多公式和表格组成，基本上看不出是一本“会计”书。对这种状况，人们是不满意的，有人称为是“方法的堆砌”，也有人称为是一个“杂合体”，因而管理会计如何“整合”，就成了会计界的共同呼声。

原理是“纲”，操作是“目”，有坚实的“原理”，才能“纲举目张”，管理会计才能“整合”为一个有机的整体。《会计学原理》应该包括“管理会计原理”。财务会计原理和管理会计原理不是分别孤立的，《会计学原理》不是“财务会计原理”和“管理会计原理”的简单相加，两者应该有共同的“原理”。

“财务会计原理”能否指导管理会计？成为管理会计的“原理”？我认为不能。管理会计既不是在财务会计之外的“另起炉灶”，显然也不是财务会计的直接扩展。管理会计是全新的会计，又是整个会计科学的历史的和逻辑的发展。管理会计是会计学发展的一个全新的阶段，是一个“里程碑”。传统的“会计原理”已经不能指导已扩展为广义管理会计的现代会计。因此，我们对现代的“会计原理”必须重新认识。

本书从整个现代会计的角度对管理会计作了“宏观”的审视，把财务会计视为广义管理会计的一个子系统。在此基础上，本书对会计的一些基本理论进行了重新认识和解释，我认为有如下创新点。

(1) 重新认识会计的本质。会计无非就是一个运用于一定领域的以分类和汇总为基本特征的应用数学系统和信息处理系统，其基本运算就是加和减。

(2) 重新界定会计的对象。会计核算的对象是经济利益，包括积极的经济利益和消极的经济利益两个方面。

(3) 重新认识资产和权益。资产是经济资源，其实质是预期的经济利益增加。所谓的“权益”则是经济资源的减项，其实质是预期的经济利益减少。

(4) 设计新的会计恒等式。会计的基本等式是“经济利益＝0”。具体表现为“资产＋负债＋所有者权益＝0”、“各项作业中的经济利益之和＝0”和“各个责任中心的经济利益之和＝0”，等等。其一般形式为“x＝0”。

(5) 赋予借贷符号新含义。在借贷记账法中，“借”和“贷”具有明确的含义：“借”表示经济利益增加，“贷”表示经济利益减少。简单地说，“借”就是加(或正)，“贷”就是减(或负)。

(6) 构建多维会计核算系统。现行会计核算系统仅仅是一个一维的信息系统，其内容只包括财务信息。而现代会计核算系统应该是一个多维立体的信息系统，其内容除了财务信息外，还应该包括作业信息和责任考核信息等。

“意大利簿记”自产生以来，一直到现在没有进行过大的更新和改造。核算的内容一直仅仅局限于资产、负债和所有者权益等三个基本方面，只能提供财务会计信息，管理会计核算一直无法纳入会计基本核算系统。现行会计核算系统仅仅是一个一维的信息系统（表现在只设置了一套账户，即财务会计账户）。现代管理对会计提出了更高的要求，会计必须成为一个多维立体的信息系统（除财务会计账户以外，还应设置多种管理会计账户）。现行的一维会计核算系统严重地妨碍了会计所应有的强大功能的发挥。

在本书设计的多维立体的会计核算系统中，设计了财务会计核算子系统、作业会计核算子系统和责任会计核算子系统（实际上，“维”度还可以根据管理的需要进一步扩展）；设计了除财务会计科目表外的多套管理会计科目表；设计了多维立体的记账凭证（实际上还应该设计多维的会计报表。因为除财务会计报表外，应该还有多维的管理会计报表，如作业会计报表和责任会计报表等。但在本书中没有看到，容当继续探讨）。

其实，会计核算还应当向业务核算和统计核算等方面渗透。

能够成为会计核算对象的事物必须具备两个基本条件：一是可以运用某一主要计量尺度进行计量，该尺度可以是某一币种的价值量，如财务会计的计量尺度一般主要是法定货币的价值量；该计量尺度也可以是某种实物量或劳动量等，如业务核算和统计核算中的计量尺度就不一定是价值量。二是必须要有陆续发生的系统事务，该事务可以是经济业务、统计业务或某一业务活动领域中的事务等，而且这些事务具有来龙去脉、有始有终、周而复始的特征，从而形成系统事务。如果某事物不能运用一个选定的主要计量尺度进行计量，或该事物并没有陆续发生的系统事务，则不适合进行会计核算。

传统的业务核算和统计核算与会计核算有很大的差别，但它们中的某些内容仍然符合上述两个基本条件，因而可以将会计核算的基本原理全面运用于某些业务核算和统计核算，如设置账户、复式记账、会计凭证、平行登记和会计报表等会计核算原理，都可运用于非传统会计核算领域，甚至运用于某些指标的核算，使会计核算向业务核算和统计核算渗透，从而形成非传统领域的会计核算系统。

本书认为，会计是一个非常科学、全面、系统和高效的核算系统，在非传统领域的核算中同样可以发挥出其强大的功能。例如，土地资源会计核算系统、能源管理会计核算系统、粮食会计核算系统、国民经济会计核算系统、学籍管理会计核算系统、外币分账会计核算系统等。

本书在阐述管理会计基本概念和实务的同时，对整个会计科学的一些问题也作了一些探索，对一些“定论”提出了不同意见。我认为这是必要的。因为会计学是管理会计学的基础。本书的一些观点和设计是否正确还有待于讨论和实践检验。

会计学是一门应用性很强的科学,任何一种新的设计,任何一种新的方法,其运用是否必要,是否可能,是否有效,是否可行,都要经过实践的检验,实践是检验其价值的最终标准。同时,会计又不仅仅是一种信息处理方法,不仅仅是一种技术。会计是一门基础科学,会计是一种世界观!经济史学家松巴特说过:创造复式记账的精神,也就是创造伽利略和牛顿系统的精神。但是,会计中的疑团还太多,尚未解决的问题还太多,即使是对一些已成"定论"的问题的认识也还远远不够。这就需要我们大胆设想,小心求证。任何科学都需要异想天开,会计的这种需求丝毫不亚于其他科学。

会计又是一门比较成熟的科学。许多人认为,现代会计的基本框架在五百年前就建立了,已经经过了反复的实践检验。例如,借贷记账法、会计对象等问题已经基本上有了定论,近年来也确实很少有人对这些问题感兴趣。其实,任何科学的发展都没有终点。会计的基本理论中还有许多问题并没有弄清楚,还有许多问题(特别是基础性的问题)迫切需要我们深入研究。应该看到,在会计基本理论的研究方面,中国作出了重要的贡献。例如,对会计本质、会计对象、记账方法等诸多问题的研究,我国都比西方研究得广泛而深入,但这些问题并没有终结。

在科学发展的道路上,从来就没有"绝对真理",也没有"捷径"可走。维护"定论"也许是一种"有用"的态度,但也很可能是一种扼杀进步的态度。如果坚持维护"定论",爱因斯坦的相对论也许就是多余的了。因为相对于"日常"生活来说,相对论"确实"是"多余"的。简明的"定论"和"有用"的假设确实很省事,有利于降低成本。但是,科学的进步是需要付出代价的!

本书中的一些观点肯定是不成熟的。但这不要紧,应该允许"试错",应该"兼容并包"。

"兼容并包",就是允许不同观点、不成熟观点的存在。"错误"也是一个相对的概念,过去认为正确或错误的观点,现在或未来得出的结论有可能完全相反。尤其是社会科学,像这样的例子很多,也许是"物极必反"、"否定之否定"这只无形的"手"在发挥作用。"我不同意你的意见,但我坚决捍卫你发表意见的权力"。对各种不同学术观点进行分析证明的结果,可能是证实之,也可能是证伪之。"实"或"伪"应该是证明的结果,而不是证明的出发点。

美国圣地亚哥州立大学的 Chee Chow 教授曾说:中国目前最需要的其实是管理会计而非财务会计。罗彻斯特大学的 Ray Ball 教授也曾明确指出,中国国内会计问题的大部分是解决国内企业的管理问题(潘飞等:《美国的注册管理会计师和注册财务管理师》,《中国注册会计师》2004 年第 4 期)。的确,资本市场的发展需要规范的以对外报告为主的财务会计,但资本市场的繁荣更需要先进的以对内管理为主的管理会计。然而,国内企业的管理会计水平远远没有达到财务会计水平,更谈不上在企业中发挥重大的作用。如何借鉴国外发达国家先进的管理会计师培训制度,结合我国实际情况,提高我国企业管理会计的水平显得尤为重要。

陶丘山副教授经过长期的潜心思考,历经数年、几易其稿,写成了这本《管理会计学》,现由立信会计出版社出版了。在此表示祝贺!请读者“兼容并包”,更请读者批评指正。

黄昌勇

于湘潭大学

目　录

下 篇

引言 雾里看会计

刚上大学时，还谈不上对会计的爱好或厌恶。

我父亲是一名会计，儿时听他讲过一句话：

“会计一分钱都不能差。”

“如果差了呢？”

“那就不能平账。”

于是对会计产生了一些敬畏。

果然，刚一到会计的“门口”，就感觉到了会计的玄妙。

第一次上会计课，是“会计原理”，老师讲完定义、对象、职能任务后，就讲借贷记账法。老师要我们注意听。我也知道了，这借贷两字，简直就是如同“芝麻开门”的咒语，一字值千金。于是排除杂念，睁大眼睛，竖起耳朵听讲……后来老师说，没什么含义，符号而已，理解为“左右”也行。

……

于是不死心，查字典、辞典、手册、文献，从五百年前的意大利，到二三十年代的中国，再到新中国成立后对借贷记账法的批判和平反，也看了借贷记账法与收付记账法、增减记账法之争……有些眉目了，但还是不得要领。

有人劝说，何必钻牛角尖，掌握记账方法，能运用就可以了。

可是，还是不行。如鲠在喉。

因为会计太重要了。

会计与我们的生活与工作太相关了。

会计太有魅力了。

如果对借贷的含义不能作出明确的、抽象的和唯一的表述，我们就不可能洞悉借贷记账法的本质，就不可能深刻理解借贷记账法的科学性和严谨性，顶多只能把它当成一种精巧的方法、匪夷所思的设计而已。我坚信，借贷是有明确含义的。

像这样的基本理论问题在会计里还有很多。不搞清楚，就会像雾里看花，似是而非，不得要领。会计绝不止是一种（记账）方法，一种管理活动，更是一门科学。

要理解会计，先要了解会计是如何认识世界的，会计世界的本原和组成又是怎样的。在此基础上，才能形成会计的科学方法论。

同时，会计又不是阳春白雪，不是象牙塔的学问。它能用最通俗的语言（收支、利润等）解答我们这些俗人们最关心的问题。应该说，会计是我们最熟悉不过的一种语言和学问。同时，会计的语言应该是最直观、最明确、最精确的。一是一，二是二，来不得半点含糊。可是，面对会计资料，人们却又往往看不懂、看不明、甚至不相信。当然要从会计的外部环境上找原因，但更应该从会计本身的理论、方法上去寻找内部原因。

会计是美丽的花朵。她不应该是模糊的、枯燥的，而应该是鲜活的。借用《雾里看花》的一句歌词，会计应该是清清楚楚、明明白白、真真切切！

雾里看财务会计

财务会计是“外交部长”，负责对外报告和协调，为企业争取一个良好的外部环境；管理会计是“内政部长”，负责“内政”方面，为管理服务。财务会计要遵守“国际法”（公认会计准则），管理会计以盈利为目的。两者又是统一的，都要为企业服务。对于财务会计，人们都很熟悉，很多人甚至认为会计就是财务会计；对于管理会计，人们则很陌生。确实，管理会计很不像人们心目中的会计，连管理会计自己也往往不知道自己该干些什么。然而，严格地说，管理会计应该比财务会计重要，因为很明显，“内政”的重要性大于“外交”。

财务会计是一位老“部长”，会计的各种“传家宝”（如会计的各种方法）基本上都被“他”继承了，“理所当然”地被认为是会计的“正宗”。管理会计几乎是“孤身一人”来到企业，传统的会计几乎没有给管理会计提供任何技能和“家伙什”，“他”只能从管理学、经济学和数学等那里借来许多拼拼凑凑的家伙（工具）。于是，管理会计在人们心目中就成了会计中的异类，人们对“他”说什么的都有。

本书认为，我们对管理会计的认识自然是雾里看花，财务会计虽然看起来清清爽爽，其实有许多问题也是不明不白的。

一、有待深入探讨的会计等式

利用等式来反映世界，这是会计的一个突出特点。

利用一个异常简单的等式，就能概括会计核算的全部内容，并能反映会计核算对象的内在关系，这说明，会计是一门高度抽象、理论性极强的科学。

会计等式是简单的、明确的、具体的、鲜明的。会计等式又是非常深刻的、本原性的和哲学的。

在会计学中,人们提出过多种多样的会计等式(如资产=负债+所有者权益,资金占用=资金来源,资金来源-资金运用=资金结存,等等)。不管其具体内容如何,都可以写成如下的数学形式:$a = b$。

人们一般认为,不管 a 和 b 的具体内容如何,a 和 b 都是会计核算对象的反映。其中,a 是从某一个角度对会计核算对象的反映,b 是从另一个不同的角度对会计核算对象的反映。

显然,由"$a=b$"不难推断:若等式两边都发生变化,则 a 和 b"同增同减",若等式中一边不变,只有另一边内部发生变化,则 a 或 b 的内部"有增有减"。

这正好是增减记账法的记账规则,却不是借贷记账法的记账规则!

可见,以"$a = b$"为理论基础开发出来的是一个增减记账法的会计世界,却推不出一个借贷记账法的世界。

长期的理论研究和实践都证明,增减记账法存在许多严重的缺陷,借贷记账法才是科学的。

增减记账法的不恰当,刨根究底,原因就是"$a = b$"的不科学,"$a = b$"不是对会计核算对象的真实反映,没有揭示出会计世界的本原。

真实反映会计世界本原的等式应该是:$a + b = 0$。例如:资产+负债+所有者权益 $= 0$。

由"$a+b=0$"推断,a 和 b 不管是同时变化,还是只有一个发生内部变化,都只能有"有增必有减,增减必相等"。若用借表示增,贷表示减,则正好就是借贷记账法"有借必有贷,借贷必相等"的记账规则。

可见,以"$a + b = 0$"为理论基础,就很自然地推导出了一个借贷记账法的世界。

"$a + b = 0$"是对会计核算对象的真实反映,揭示出了会计世界的本原。

二、令人费解的借贷记账符号

"借和贷,已经演变成了一个没有什么经济含义的记账符号了,仅表示账户上的位置,反映增加或减少。到底是表示增加还是减少,还要看是在什么账户里。"教科书都是这么说的。对这样一种解释,真是如坠烟云,一头雾水,无语。

(1) 借和贷仅仅是一个反映账户中特定方位的标志?表示"左"和"右"?仅此而已?

(2) 借和贷是一对数学符号?表示"增"和"减"?

(3) 借和贷是一对数学运算符号?表示"正号"和"负号"?

(4) 借和贷有其确切的文字含义?

(5) 对一个特定的主体来说,是借好,还是贷好?抑或两者皆好,还是两者皆

“坏”，或者无所谓好坏？

借和贷是会计中最基本的概念，也是最普遍的现象。任何经济活动都是一种“借贷”运动。如果连这样的最基本概念都无法定义，会计的“反映”能力就很成问题了。另外，会计是用来衡量价值的，是用来计算效益高低的，是用来评价财务状况好坏的，也就是说，会计并不只是客观描述，会计具有鲜明的“评价性”。如果借和贷是好是坏都说不清，还谈何评价？

三、似是而非的会计对象

一般认为，会计的对象是经济活动或资金运动。粗看起来，这一表述很简洁、很概括、很深刻，很有道理。但仔细分析，却等于什么也没说。

说会计学的对象是经济活动（资本运动），这是一种最通俗，也是最偷懒、最肤浅的表述，丝毫也没有反映出会计核算内容的本质。

实际上，凡是经济类科学，无例外地都是以经济活动为研究对象的。例如，《资本论》就是以资本主义社会的资本运动为对象的。毛泽东同志说：“科学研究的区分，就是根据科学对象所具有的特殊的矛盾性。”（《矛盾论》）会计核算的对象应该具有不同于经济学等科学的特殊性。

会计的对象不可能与经济学完全一样。即使加上“用货币计量的”这个定语，把会计核算对象表述为“用货币计量的经济活动或资金运动”，也仅仅是对经济活动或资本运动的外延作了一定的限制，并没有揭示出会计学与经济学的本质区别。

会计核算的对象经历了一个由少到多、由简单到复杂的漫长过程。

从西方会计核算对象的发展来看，从意大利簿记开始：佛罗伦萨会计核算的对象是很简单的，仅仅局限于债权债务；热那亚会计核算的对象则从债权债务扩展到商品和现金；威尼斯会计核算的对象则进一步扩展到损益和资本。

从我国历史上会计核算的内容来看：《周礼》中的会计核算对象是国家的经济收支项目；秦汉时的“簿书”主要核算谷、钱等实物（如“谷簿”、“钱簿”等）；唐时产生的“四柱清册”也是以钱物等为核算对象的；而到明清时期，我国会计核算的对象就大大扩展了，如“龙门账”的核算对象就包括收入（“进”）、支出（“缴”）、资产和债权（“存”）以及资本和债务（“该”），核算的对象已经很完整，接近于现代了。现代会计的核算对象仍在不断地变化和发展，如衍生的金融工具、人力资本和环境因素等正在逐渐地纳入会计核算对象。可以预料，今后会计还会不断地进入一些新的领域，如统计学、经济学、其他社会科学领域乃至于自然科学领域。

可见，随着会计的发展，会计核算对象越来越复杂了，内容越来越多了。这主要是因为会计面临的环境越来越复杂、会计的任务发生根本变化了。

(1) 企业的经济业务越来越复杂。早期的会计,其核算的经济业务是很简单的,如商人只核算钱物,银行业只核算贷款、存款和转账,政府会计只核算财政收支或钱谷的变动等。后来经营活动越来越复杂。活跃的商品交易要求会计核算购买、销售、收入、费用;广泛的商业信用要求会计核算应收、应付;融资、筹资和投资、合伙以及股份制经营的出现则要求会计加强资本及利润分配的核算。

(2) 企业的经济关系越来越复杂。早期的商人,其经济关系很简单,其经营活动完全是自己的事情。随着经济的发展和企业组织的复杂化,企业的经营活动日益关系到多方利益。现代企业已经成了一个多方合作谋利的场所,已经成了一个利益关系的焦点和网络中枢。会计核算的对象不能再局限于商人自身财产的变化,而应扩展到对各方利益关系的全面反映。

在会计发展的早期,会计核算的内容是简单的,甚至是单一的,会计核算的对象是很具体而单纯的事物。随着会计核算内容的多样化和复杂化,客观上就要求人们透过各项具体事物抽象出这些内容项目的共同属性。人们对各项会计核算内容的共同属性的认识过程必然是一个由浅入深、由表象到本质的过程。由于现代会计的核算内容是从未有过的多而且复杂,因而必须高度抽象才能揭示其本质。

现行财务会计把会计核算的内容高度概括为资产、负债和所有者权益三个项目,反映出人们思维抽象力的威力,使我们对会计核算对象有了一个非常本质性的深刻认识。然而,百尺竿头尚差一步,如果我们能够再进一步抽象出资产、负债和所有者权益的共同本质,对会计核算对象的认识才告完成。

四、神奇的方法——会计账户

账簿似乎是呆板拘谨的,里面的数字是枯燥乏味的,然而账簿又是神奇的、玄妙的、科学的、艺术的、哲学的!

账户是会计独特的方法,从现在来看,似乎“申请了专利”,其他学科很少用这种方法。管理会计的失落,一个重要的原因也就是没有重视账户方法的使用。

账户的职能是对大量信息进行记录、计量、计算和分析。具备这些功能的信息处理方法不止账户,还有很多,如文字叙述法、算式法、表格法、图形法等。但这些方法都有各种各样的缺陷,唯有账户法才能最方便地、自动地、程序化地、灵活地、详细地、高度综合地记录、处理和输出丰富的信息。账户法特别适合于处理大量、多类和连续发生的信息。会计信息正好符合这些特征。计算机中的数据库技术在会计领域里运用得最充分、最广泛、最有效。这实际上就是会计的“猛虎”插上了计算机的“翼”,两者相得益彰。

账户是一种神奇的、非常巧妙的科学方法。但传统会计仅仅把账户定义为对会计核算对象进行分类的“类目”。现行的会计仅仅设置了一套账户,账户的强大功能就没有充分发挥出来，从而也严重限制了会计所能提供的信息量。

五、僵化、片面的总账和杂乱无章的明细账

（一）僵化、片面的总账

现行的会计理论和会计制度一般都把会计账户分成资产、负债、所有者权益、成本和损益五类。

这是一种简单分类，或者说是一种“一维”分类。也就是说，这种分类仅仅采用了一个分类标准，会计信息就表现为一组数据。会计世界表现为一个“一维世界”，会计账户也就只有一套。

笔者认为，只用一套会计科目是远远不够的。事实上，会计并不是一个单调的“一维世界”，而是一个丰富多彩的多维立体世界。我们从多种不同的角度去观察，就会看到多种不同的会计信息。从每一个不同的角度去观察，就要按一个不同的标准对会计信息分类，设置一套不同的账户。所以，会计应该设置多套账户。

可是，按现行的会计理论和会计制度，企业只能设置一套账户，并且只能设置一套指定的账户。把大量重要的、丰富的会计信息一律挡之门外。

这就好比庐山，庐山的风景是丰富的、立体的，“横看成岭侧成峰，远近高低各不同”。可是，若只允许游客照一张相，并且只能在一个固定的位置照，那么，相片所反映的庐山风景将是非常有限的，是挂一漏万的。俗话说，多开一扇窗，就多一道风景。

现行的总账体系所能反映的会计信息是多么的单调、僵化和片面。

（二）杂乱无章的明细账

明细账是依附于总账而存在的。如果说，现行的总账体系尽管片面和僵化，却是以会计对象和会计要素为基础的，是有一定规律的。那么，现行的明细账的设置则是随意的、杂乱无章的。

大体来说，明细账的设置似乎主要有两个目标：一是为了便于编制财务会计报表。例如，资产负债表上的有些项目就需要明细账的数据。二是为企业管理提供信息。明细账的设置似乎没有什么规律。例如，设备明细账的依据五花八门，有的按对象的种类设置，如“A 材料”和“B 材料”；有的按责任单位和责任人设置，如“A 部门”和“B 部门”；有的按生产流程来设置，如“A 车间”和“B 车间”；有的按营业项目设置，如“批发”和“零售”；有的按外部的业务往来单位来设置，如“A 顾客”和“B 顾客”；有的按工作状态来设置，如“在库”和“在用”；还有一些是按某种特殊需要来设置的。凡此种种，不一而足。

诚然，明细账的设置应该是灵活的，但不应该是随意的。

雾里看管理会计

管理会计的产生和迅猛发展曾令会计界多么激动！

会计是一门管理科学，从其一开始就是为商人的内部管理服务的，“经济越发展，会计越重要”，管理水平越高，会计的管理职能也越重要。

为内部管理服务是会计的本质的和先天的固有属性。然而，后来财务会计产生了，于是会计“异化”了，为自己（即内部）服务的会计变成主要为外人（股东、债权人和政府等）服务的会计了。企业自己的会计已经变成身在曹营心在汉、吃里爬外（拿公司的工资为他人服务）了。

“主人”（股东）和“客人”（银行、供应商、顾客等）优先，本也是不足为怪的。种粮食的农民自然会更重视外卖的部分，自己吃的可以马虎一些。先人后己，客人优先本也正常。然而，经理仍然不免要呼唤：自己的会计在哪里？

经济不断发展，管理水平不断提高，管理对会计的要求也不断提高，会计对企业管理来说也越来越重要。这是一个客观规律。会计的管理职能只会不断加强，不会弱化，更不可能消失。实际上，在传统会计外向化（即演变为财务会计）的同时，会计的管理职能已经在一条崭新的道路上发展了。经理有了专属于自己的会计，即管理会计。管理会计已经在萌芽、成长。从这个意义上讲，管理会计应是传统会计固有职能的“回归”。

然而，管理会计的命运注定是曲折的，其前景山重水复：很快人们就惊呼，管理会计还没成长起来就“衰落了”！

有人对管理会计是不是会计都还怀疑，更多的人则认定管理会计是管理学和会计学交叉而成的边缘科学。还有人因为管理会计内容庞杂、与成本会计和财务会计严重重复而提出要把管理会计肢解、瓜分。他们认为，预测和决策应归顺财务管理；成本分析和控制应被吸收进成本会计；责任会计则独立，或变成财务会计的三级账、四级账。这样，管理会计就“落一片白茫茫大地真干净”了。当然，也有一些好心人不忍心，认为应该给管理会计留下一点点空间。比如：预测、决策这个“最重要”的“万金油”部分大家就不要分了，但名字得改，管理会计也就叫预测、决策会计吧。也有人用另一种方式“妥善”地安排了管理会计的“后事”：就由成本会计带着它吧，就叫成本管理会计算了。尽管这些有“拉郎配”的勉强，但成本会计很开通，顾全大局，也算为管理会计的安置工作尽了一份力。

有些厂长、经理说，我们单位有财务会计足够了，好像用不着管理会计。有的学生说，除了变动成本法和量本利分析，管理会计好像没有留下什么其他印象。即使是变动成本和量本利分析，在其他学科里也经常遇到，是老熟人了。

管理会计落到如此悲惨的境地，是不正常的。这与我们管理水平还不高有关。但在西方发达国家，也是早就高唱“管理会计的兴衰了”。管理会计的“衰”，要怪管理会计自己对象不清，内容不明，定位不准。从深层次讲，更是会计学理论研究不足，存在根本缺陷造成的。

管理会计要获得“生存权”，就必须找准自己的位置，做好自己的事，不要去越俎代庖，不要“只要对管理有用的方法就都引进来”，那样，管理会计就真的成了“万金油”、“六味地黄丸”。管理会计不应该定位于管理，而应该定位于会计。在会计领域，管理会计至少是与财会会计平起平坐的。同样是会计人才，管理会计人才应比财务会计人才更受到经理的偏爱。因为管理会计是直接为企业经营管理提供会计信息，并为管理出谋划策的。

管理会计应成为一个信息系统，而不是一个方法系统。如果成为一个方法系统，就会很容易变成一个大杂烩。成为一个各种方法的堆砌物、杂合体。因为这些方法大部分是很多学科都可以通用的。方法只是作为工具，而不能作为内容。

管理会计应该紧紧抓住账户这个会计特有的工具来处理信息，设置一套甚至不止一套的管理会计科目，专门提供管理所需要的多种多样的信息(包括事后、事中、事前的会计信息)。

管理会计所存在问题的根本解决还在于会计学理论的深入研究。不识管理会计的真面貌，只缘身在管理会计中。“功夫在诗外”，管理会计所存在问题的根源其实不在管理会计自身。比如，管理会计要利用账户这个工具来处理信息，就不能仅仅以现有的账户理论来指导，而应该改造账户理论。追根究底，要改造现有的会计学基础理论。

一、关于会计等式

现行的会计等式“$a = b$”是不科学的，不是对会计核算对象的真实反映，还没有揭示出会计世界的本原。真实反映会计世界本原的等式应该是：$a + b = 0$。

“$a+b=0$”的优越性。首先，是能够很好地解释借贷记账法的原理，即“有增必有减，增减必相等”。其次，还告诉我们：会计对象中的任何部分都是可以直接相加的，会计中可以设置同时包含有资产、负债和所有者权益等不同性质内容的账户，这给我们根据需要设置账户带来了极大的方便。而在传统的会计等式下，不能设置同时包含有资产和所有者权益相关内容的账户。再次，“$a + b = 0$”也告诉我们，会计对象的值恒为 0。这是因为，企业只是一个虚拟的主体，企业只是一个机构，只是一组契约，只是一组关系而已。其本身独立的经济利益只是一种法律上的虚拟。

如果设 $A = a + b$，这个等式还可以精减为：$A = 0$。

“$A=0$”说明:会计对象是一个整体,也就是说,资产、负债和所有者权益都是会计对象 A 的组成部分,而不是如传统会计学所说的:a 和 b 都是资金,其中 a 为会计对象的资金占用视角,b 为会计对象的资金来源视角。

传统的“资产=负债+所有者权益”是极其狭隘的。这个等式已经框死了会计核算的内容,除了这三个要素,会计已经再也容不下更多的信息,只能进行财务会计核算。其他的信息“针扎不进,水泼不进”。

“$A=0$”则为会计信息的扩展开辟了广阔的空间,这就为管理会计核算提供了广阔的天地。因为我们可以对 A 按不同的标准进行多种形式的分组,把传统的一维财务会计系统扩展为多维立体的大会计系统。

二、关于借贷记账符号

以“$A=0$”为基础,借贷记账法的含义很简单:“借”和“贷”是一对数学运算符号,“借”表示“增”,“贷”表示“减”,在描述某个数据的性质时,“借”和“贷”就是正负符号,“借”表示“正号”,“贷”表示“负号”。即借“+”贷“-”。

确定了借贷符号的含义,为管理会计的核算创造了良好的条件。在会计信息系统中,不再需要把数量信息分成借贷两组。借贷数据完全可以放到一起进行汇总核算。这可以大大地简化管理会计各种复杂数据的加工处理。

至于对“借”“贷”两字的价值判断,也变得极简单:“借”表示资产增加,显然是好事,“借”也表示负债和所有者权益减少,这意味着企业承担的偿债责任减少,即“负资产”减少,这当然同样是好事。至于“借”还表示所有者权益减少,则表示企业对股东的受托责任减少,同样也是好事。与此相反,“贷”当然就是“坏”事。可见,“有借必有贷”,就是“有好必有坏”的意思。

这样,我们不仅可以对各种会计信息进行价值判断,更重要的是,在管理会计中,可以更好地帮助我们如何趋利避害,作好业绩评价,改进管理。

三、关于会计对象

会计对象尽管纷繁复杂,令人眼花缭乱,但本质上就是经济利益,资产是积极的经济利益,负债和所有者权益是消极的经济利益。一正一负,对立统一,其和为0。就像一个原子一样,其质子所带的正电荷和其电子所带的负电荷恒等。整体不带电,稳定、和谐。

虽然一般的会计教科书都没有把会计对象描述为经济利益,但在《企业会计准则——基本准则》中,已经有了这样清晰的表述:

“第二十条　资产是指企业过去的交易或者事项形成的、由企业拥有或者控制的、预期会给企业带来经济利益的资源。”

“第二十三条　负债是指企业过去的交易或者事项形成的、预期会导致经济利益流出企业的现时义务。”

“第三十条　收入是指企业在日常活动中形成的、会导致所有者权益增加的、与所有者投入资本无关的经济利益的总流入。”

“第三十三条　费用是指企业在日常活动中发生的、会导致所有者权益减少的、与向所有者分配利润无关的经济利益的总流出。”

在对这些会计要素的定义中，全部都使用了经济利益一词，由此可见，这些要素的共同本质都是经济利益，会计对象当然也是经济利益了。

恩格斯指出：“每一个社会的经济关系首先是作为利益关系表现出来”。利益关系是掩盖在各种眼花缭乱的具体关系之下最抽象最核心的关系。会计核算的对象就直指这个核心。

会计所核算的对象经济利益具有如下特点：

(1) 虚拟性。经济利益不是抽象的。只有相对于具有一定欲望和需要的人来说，经济利益才有意义。但企业只是一个虚拟的“人”。严格地说，企业是“物”，而不是“人”。企业只是一个各种利益相关者的集合体，各种利益关系的交织点。科斯的说法，企业是一个“契约的联结”。所以企业的经济利益具有“过渡性”和“虚拟性”的特点。

(2) 矛盾性。经济利益的内容包括“利”和“害”两方面。从其数量的性质看，则既有正数，也有负数。比如，资产是“利”的方面，负债和所有者权是“害”的方面。

(3) 数量性。会计反映的是量化的经济利益关系。

(4) 统一性。资产、负债和所有者权益具有经济利益的共同本质，而且可以统一计量，可以相加汇总。

(5) “0”属性。企业经济利益的总和恒为0。因为企业不是自然人，不具有终极的经济利益。

经济现象是重要的社会现象。探索经济现象的本质和规律，那是经济学的任务；研究如何组织经济活动，提高经济活动的效率，那是管理学的任务。反映经济状况，那是统计学(也是会计学)等学科的任务。直接、全面、系统地反映经济活动中的经济利益的数量关系，帮助利益关系人了解自己的利益，帮助利益关系人维护和提高自己的经济利益，并运用经济利益信息为企业的经营管理服务，这是会计的任务。

其他相关科学都是为经济利益服务的，但只有会计才直接指向经济利益这个内核。

经济学的任务是研究经济现象的本质，探索经济运行的内存机制和基本规律。但经济学并不专门全面系统地反映和核算数量化的经济利益。

管理科学、有关技术科学也和经济学不一样，营销是为了扩大销售，管理是为了效率，经营是为了效益，生产的目标在于产品的数量和质量，育种学的目标是培育出好的品种，冶炼学的目标是冶炼出矿产品，教育学则是为了培养出更好的学生。唯有会计是直接指向利益，核算经济利益。

统计学和会计学很相似，都要提供大量的数量信息。统计是通过对大量数据的分类和汇总来认识总体的数量特征和规律性的。统计与会计不同的是：统计的任务是为宏观和微观管理提供数据资料，但以确认、分析和界定经济利益为己任。只有会计才分析、确认和界定经济利益，以保护各个个体的经济利益并谋求其最大化。所以统计允许估计，如全国的粮食产量；统计也允许推算，如抽样调查。会计就不行，因为会计的每一个数据都直接反映各利益相关者的经济利益，必须锱铢必较，不能有一分钱的差错。所以会计造假的危害是致命性的，其危害比统计更大。

认识到会计对象都是经济利益，使我们理解了财务会计信息和管理会计信息的统一性和分工。管理会计的目标是使企业的经济利益最大化，财务会计的目标是界定和分配各利益相关者的经济利益。管理会计是做“蛋糕”，财务会计是分“蛋糕”。

四、关于账户

严格地说，财务会计信息处理的基本方法只有一种，这就是账户法。非常奇怪的是，这种方法只有会计在用，在其他科学中几乎看不到。从某种意义上可以说，会计就是账务处理。由此可见账户对于会计的极端重要性。令人非常遗憾的是，现行的管理会计却很少用到账户方法。

账户方法对管理会计来说同样是极端重要的。在这个问题上，我们需要做的工作是：

（1）设置管理会计账户体系，把现行的一维会计扩展为多维会计。财务会计只有一套账户，管理会计可以设置多套账户。

（2）对现行的杂乱无章的明细账进行重新清理。现行的明细账都依附于某个总账，仅仅是对总账的细化。明细分类账的分类标准五花八门，非常随意。我们应该把明细账的一些重要的分类标准贯彻到底，扩展到全部的会计对象。例如，按责任单位划分的设账标准就不应该只用到某些费用核算上，而应该扩展到全部的会计对象。因为任何资金、任何经济活动、任何资产和权益、任何收入和支出，总会发生在或者存在于一定的责任单位中。作业的明细核算也不应该只用于生产核算，也应该扩展到全部的会计对象。因为不光生产是一种作业，企业任何的经济活动都可以视作一种作业。

总的来看，在现行的会计学理论里，很多基本原理问题可以说是雾里看花，越看越花。而在现行的管理会计里,则是雾里看花,其内容一团乱麻。管理会计中的性态分析、预算管理、平衡计分卡、经济增加值 、作业成本法、价值分析方法等功能重复、相互掣肘甚至矛盾,不仅造成大量资源浪费,甚至出现内部管理混乱。根本的问题是缺乏一个统一的、基本的信息处理工具。因为管理会计是一门会计学,和财务会计一样,也是一个信息系统,因而使用账户这一科学而强大的工具来处理各种信息,通过账户来把管理会计构造成一个严密的信息系统就应该是一个必然的选择。这就需要把一维的账务处理系统扩展到多维,不仅把管理会计的各种信息整合到一起,也把管理会计和财务会计整合到一起。当然,要理清管理会计这一丛雾中凌乱的花、这一团乱麻,先要看清会计学基本原理这朵"雾中花"。

限于本书的主题,本书不可能对会计学原理进行过多的分析,但本书的分析将和会计学原理直接相关。

上　　篇

第一章 概 论

财务会计与管理会计，是企业会计的两个组成部分。

财务会计是为企业外部同企业有经济利益关系的各有关方面提供财务信息的会计，其任务是反映企业的受托经营责任的履行情况和为外部投资者提供决策信息，属于“外部报告会计”。

管理会计是为企业内部管理当局提供经营管理信息的会计，其任务是为企业经营进行预测、决策、预算、考核和分析，属于“内部报告会计”。

财务会计和管理会计都是为适应经济发展的需要而在传统会计的基础上发展起来的，都是传统会计学发展到一定阶段的产物，两者是传统会计在对外和对内两个职能上不断分化、发展和加强的产物。财务会计和管理会计都继承、创新、丰富和发展了传统的会计职能。

财务会计的产生来自外力的推动，而管理会计的产生则来自企业内部经营管理的需要。

第一节 管理会计和财务会计的区别与联系

管理会计与财务会计并列，构成现代企业会计的两大分支。因此，研究管理会计与财务会计的区别和联系，深刻理解管理会计的特点，对于学好管理会计，充分发挥管理会计在企业管理中的作用是十分必要的。

管理会计与财务会计的区别与联系如下所述。

一、管理会计与财务会计的主要区别

管理会计与财务会计最根本的区别，主要体现在以下两个方面。

(一) 服务的对象不同

管理会计是为企业内部(包括总部、各部门、各责任单位乃至于每一位员工)服务的会计；财务会计是为外部(包括股东、债权人、政府、职工、工会和社会公众等)各相关利益主体服务的会计。

（二）职能不同

管理会计的职能是帮助和参与企业管理，财务会计的职能是反映企业的财务状况。

管理会计与财务会计的这两点根本区别，导致两者产生了如下一系列的具体区别（如表 1-1 所示）。

表 1-1 管理会计与财务会计的区别

		管理会计	财务会计
1. 主要使用者		企业内部各级管理人员	企业外部的利益相关者，如股东、银行、政府机构等
2. 反映的时间范围		重点在于面向未来，如预测前景、帮助决策、规划未来。算的是“活账”	重点是面向过去，总结过去。算的是“历史账”
3. 核算对象		经营活动	财务活动
4. 工作内容		规划和决策	确认、计量和报告
5. 约束		以管理最优化、价值最大化为依据，不受会计准则的约束	受会计准则的严格约束
6. 核算主体		依管理内容的不同分，可以是整个企业，也可以是各责任部门乃至于每一位员工	整个企业
7. 报告期		报告期依需要而定。有固定分期：如年报、季报、月报、日报、时报等，也要根据需要随时和按任意时段报告	固定分期。有年报、半年报、季报和月报
8. 方法	方法特征	分析性方法	描述性方法
	数学方法	多种数学方法	主要是算术
	专业方法	复式记账法、统计方法、管理学方法、经济学方法等	复式记账法
9. 核算程序		解决不同的问题有不同的处理程序	都要经过从凭证、账簿到报表的统一程序
10. 核算精度		部分数据不要求精确，可以用近似值、估计值、平均值和概率值	高度精确、绝对平衡
11. 法律要求		不公开、不承担法律责任	必须公开、承担法律责任

这些具体区别的原因都根源于管理会计和财务会计的两个根本区别，具体分析如下：

（1）主要使用者不同，主要是由于服务对象不同。管理会计对内，财务会计对外。

（2）反映的时间范围不同，主要是由于职能不同。管理会计的职能是管理，管理总是面向未来，而财务会计只是反映过去。

（3）核算对象不同，主要是由于职能不同。管理会计负责经营管理，财务会计负责反映财务状况。

(4) 工作内容不同,主要是由于职能不同。管理会计的职能是管理,而财务会计只是处理信息。

(5) 约束不同,主要是由于服务对象不同。管理会计对内,当然不存在外在的约束,而财务会计为了保护外部利益相关者的利益,就必须遵守会计准则。会计准则实际上就是在企业信息不对称的情况下,保障外部利益相关者能够有效获得真实、必要会计信息的一种制度安排。

(6) 核算主体不同,主要是由于服务对象不同。管理会计要对内部各责任单位和各项经营活动进行考评,财务会计则反映外部对企业整体的考评。

(7) 报告期不同,既由于职能不同,也由于服务对象不同。管理会计要依管理的需要和要求报告信息,财务会计则没有这个要求。由于服务对象不同,财务会计要向众多的外部人报告,这就必须约定一个统一的报告时间。另外,为了便于时间上能够纵向比较,每一个报告期还必须相等。管理会计没有这些要求。

(8) 方法不同,主要是由于职能不同。财务会计主要反映企业"怎么样",这用"描述"的方法就够了。管理会计除了反映企业"怎么样"以外,更要反映企业"为什么这么样"、"怎么办"的问题,这就除了用"描述"的方法外,更要用到"分析"的方法。

管理会计要为管理服务,因而需要研究经营活动的规律并组织各项经营活动,所用的"分析性"方法,主要是因果分析、比较分析、差量分析等。常用的专业方法有成本性态分析法、本量利分析法、边际分析法、成本效益分析法和折现的现金流量法等。

财务会计的任务主要是进行反映和报告,其"描述性"方法主要采用分组和汇总的方法,以真实、恰当、结构清晰、全面系统和主次分明地报告能够帮助使用者对企业进行财务评价的现状信息。

(9) 核算程序不同,主要是由于职能不同。管理会计要满足管理多种多样的需要,因而存在多种不同的个性化的程序。财务会计按统一的标准进行信息处理,因而其记账、算账、报账有一套固定统一的程序,就像工厂的生产流水线一样。

(10) 核算精度不同,既由于服务对象不同,也由于职能不同。管理会计由于是为自己服务的,因而无须非常精确,由于是主要提供未来的管理信息,也就无法精确。财务会计对外部利益相关者提供信息,必须是精确的。这是因为,财务会计提供的这些信息都是有关经济利益的。财务会计的每一个数据无不直接反映各方的经济利益,真的是"一分钱也不能差"。同时,财务会计的信息都是已经发生、已经确定的数据,这为精确性提供了客观条件,同时,会计等式又为精确提供了成熟的技术支持!

(11) 法律要求不同,主要是由于服务对象不同。管理会计只对内,因而无须承担对外界的法律责任。财务会计则是对外部各方经济利益关系的确定和分割,财务会计的任何行为都直接决定有关各方经济利益的保护或者侵害,当然要承担法律责任!

二、管理会计与财务会计的联系

管理会计与财务会计虽有许多不同之处,但他们却同属会计学这个大家族,两者有着许多密切的联系点。特别在提供经营信息方面,是相互渗透、相互补充、各有侧重的。其主要表现如下。

(一) 两者的学科属性基本一致

两者都属于会计学;都要运用专门的方法对大量的经济信息进行分类、记录、汇总和分析,对企业的经营进行评价,以帮助决策;都是一个信息系统。

管理会计是为现代管理服务的,是会计学发展到一定阶段的产物,因而与传统会计有明显的差异。

(1) 管理会计已不仅仅是一个单纯的信息系统,更是一个控制系统和决策支持系统;而财务会计仍然是以报告财务情况为任务,虽然在现代条件下报告的要求、报告的深度、广度和内容与传统会计不可同日而语,但其基本特征并没有变化,财务会计仍然是一个信息系统。

(2) 财务会计更接近于经济学,管理会计更接近于管理学。管理会计与财务会计都必须"决策相关"。财务会计主要是帮助外部利益相关者进行决策,管理会计则主要是帮助企业内部管理部门进行决策;管理会计与财务会计都是"信息系统",财务会计主要是信息加工,管理会计则更强调信息利用。

(二) 两者的核算内容、使用的专业语言基本一致

两者都要以经济效益为关注的重点,以成本、收益、业务状况和财务状况为主要核算内容。当然,由于两者的职能不同,具体概念有很多不同点,管理会计的专业语言要丰富得多。

(三) 两者的核算对象一致

两者都要以企业的经济活动为对象(以反映和评价财务状况和经营状况为目的)。

从总体上看,两者的核算对象基本一致,即都是企业的生产经营活动。但由于两者的职能不同、分工不同,各自核算对象的侧重点也就不同。管理会计的对象从时间上看,侧重于未来的经济活动,在空间上要反映企业总体和个别的经济活动。财务会计的对象从时间上看,则侧重于过去已发生的经济活动,在空间上反映的是企业整体的经济活动。

（四）两者的信息来源一致

管理会计与财务会计的原始资料大多相同，都以企业的经营活动（经济业务）信息作为主要的信息源。但管理会计的信息来源不限于此，还有其他来源。取得原始信息以后，管理会计和财务会计就开始"分道扬镳"了。财务会计要按照外部利益相关者的要求，以会计准则为依据来对原始信息进行加工处理；而管理会计则要按照内部管理的要求，以企业价值最大化为依据来对原始信息进行加工处理。这种现象就称为管理会计和财务会计的"同源分流"。

第二节 管理会计的基本概念框架

传统会计是以货币为主要计量尺度、运用复式记账原理，按照一定的程序，对某一会计主体的经济活动进行确认、计量、记录，定期编制反映其一定期间经营成果和现金流动及一定日期的财务状况的财务报告的信息系统。自20世纪50年代以来，一方面，由于时代的发展、社会的进步，人们的经济活动越来越复杂，越来越广泛，经济管理对会计的要求不再局限于记账、算账和报账，而是要求会计参与经济预测、经济决策和企业内部管理等。另一方面，管理学科得到了重大发展，各学科相互借鉴、相互融合，使会计增添了部分管理功能，并逐步将这部分管理职能独立出来，从而，使传统会计分化为财务会计与管理会计两大分支。管理会计同样是一个会计信息系统。

一、管理会计的目标

会计目标是基于特定的会计环境，指导特定会计系统的建立并引导其运行，从而构成会计理论的逻辑起点。关于财务会计的目标，理论界有"决策有用观"和"受托责任观"之争。"决策有用观"认为，财务会计的目标是向投资人和潜在的投资人（包括债权人）提供其投资决策所需要的信息；"受托责任观"则认为，财务会计的目标是向企业的投资人提供反映管理当局受托责任履行情况的信息。在信息质量特征上，"决策有用观"要求所提供的信息应与决策有着直接的相关性；而"受托责任"观"认为，反映报告主体经济活动的真实性是首要的标准。

管理会计的目标是什么？我们认为，管理会计的目标同样可以概括为"决策有用观"和"受托责任观"。与财务会计不同的是，财务会计的目标是对企业外部的投资人"决策有用"，而管理会计的目标是对企业内部的管理当局"决策有用"；财务会计的目标是要求向企业外部的所有者报告企业经营的"受托责任"，而管理会计的目标是要求企业内部的各责任单位向管理当局报告其所承担经营活动的"受托责任"。

二、管理会计的职能

会计作为一个信息系统，具有记录、控制、汇总、评价和决策等 5 项职能。

记录是指通过一定的方法，根据会计凭证，把经济活动的数据全面、系统、连续地记录下来，并为后续的工作做好准备。

控制是指在会计信息处理过程中按企业的各项经营目标、标准和制度来开展工作，以保证企业的经营活动得以正常和有效地进行。

汇总是指记录下来的数据经过必要的加工、计算、综合和汇总，以反映企业的总体状况(如财务、经营状况等)。

以上职能是会计的基本职能。在这些基本职能的基础上，随着经济发展和管理水平的提高，会计还需要发挥评价和决策等职能。

财务会计主要负责对财务活动的记录、控制和财务状况的汇总。至于评价，主要由财务管理中的财务分析来进行。至于决策，那是企业外部投资人的事，财务会计不能也不必做，财务会计的信息只是“被决策”的，这是“决策有用论”的实质含义。

管理会计同样需要记录、控制和汇总。但管理会计记录的不仅仅是财务活动信息，而是管理所需要的各种基础信息，控制的也不仅仅是财务活动，而是包括财务活动的各种经营活动，汇总的也不仅仅是有关财务状况的信息，而是管理所需要的各种信息。

另外，管理会计不仅仅要提供各种基础的和汇总的数据，还要对这些信息进行评价，以供管理当局进行判断和参考。更重要的是，管理会计还要为企业的经营进行决策。评价和决策不是一种简单的行为，也不是只根据基础的和汇总的数据就可进行的。管理会计还需要对基础的和汇总的数据进行进一步的再加工，才能进行科学有效的评价和决策。可见，评价和决策仍然是属于管理会计信息系统，是管理会计信息系统中不可或缺、甚至是更重要的一个有机的组成部分。

三、管理会计的假设

我们知道，财务会计有四个基本假设：会计主体、持续经营、会计分期和货币计量。为什么需要作出这四个基本假设呢？

有人认为，假设就是假说。其实这是不对的。假说是一种尚未证实的学说。一旦这种学说被证实，就是科学理论。假说是科学研究的阶梯。而假设则是一种永远无法证实的设定，是一种“公设”。提出假设则是为了简化理论的前提条件，使理论体系的构建比较容易和“方便”。

经济学的基本假设有两个：作为主体的人是经济人(目的是为了经济利益的最

大化),作为客体的资源是稀缺的。这样,以有限资源谋求获取无限的经济利益就成了经济学永恒的矛盾;这样,经济学的主题就变得异常的简单和明确。

从某种意义上说,会计学是属于经济学的一个具体的子学科。经济学的假设和主题也是会计学的假设和主题,会计学的假设是经济学假设在会计领域中的具体化和特殊表现,同时也是为了"简化"会计理论而对会计环境所作的设定。

(一) 关于管理会计的主体假设

一般认为,会计主体,是对会计核算工作空间的约定,回答会计核算究竟为谁服务的问题。其实,这种观点是值得商榷的。

我们知道,财务会计是为企业外部的投资者(主要是所有者)服务的。可是,会计主体假设把会计工作的对象设定为会计为之工作的企业整体。这显然是矛盾的。

会计主体假设的准确含义应该是:谁请你当会计,就必须假定他是一个独立的、完整的、唯一的经济利益主体。即:

(1) 会计主体是一个经济利益主体,即使它不以谋利为目的,如慈善机构。

(2) 会计主体是一个独立的经济利益主体,即使事实上它不独立,如分公司若要进行独立的会计核算,其核算内容就必须被看作是不属于总公司的。尽管事实上并不如此。

(3) 会计主体是一个唯一的经济利益主体。实际上,任何交易必然会涉及至少两个经济利益主体。例如,工资涉及企业和职工,税务涉及企业和税务局,采购涉及企业和供应商,贷款涉及企业和银行等。会计只能是某一个主体(如企业)的会计,不能同时站在其他主体的立场上来进行核算。也就是说,会计只能"一仆一主",决不能"一仆二主"。这是会计不同于其他学科(如经济学、统计学等)的一个重要特点。其原因是在各种学科中,唯有会计是要具体而完整地对经济利益进行计量的。

从这个意义上说,"所有者权益"这个名词是不科学的。因为这个名词使会计核算中出现了企业以外的另一个主体。这就造成了会计理论中一系列的紊乱。我们建议把"所有者权益"改称"受托资本"。

(4) 会计主体是一个具有完整经济利益的主体。具有资产、负债、"所有者权益"、收入、费用等全部内容,缺一不可。

管理会计也要对经济利益进行计量,但还要参与各种具体的经营管理,因此,管理会计的主体不是唯一的,可以是企业总体,也可以是各种方案、各种经营活动、各个责任单位等。

(二) 关于管理会计的持续经营假设

持续经营是指特定会计主体的生产经营活动将无限期地延续下去,在可以预见的未来,会计主体不会因清算、解散、倒闭而不复存在。对财务会计来说,这一假设给财务会计带来了极大的方便和简化，使财务会计不必纠结于是否会终止经营，也不必在绝大多数情况下启动清算会计程序。

这一假设对管理会计来说同样也是必要的，但其意义有所不同。对财务会计来说，持续经营假设方便和简化了会计核算。对管理会计来说，如果一个企业持续经营假设失效，这个企业的管理会计就不存在了。因为管理会计是面对未来的，没有持续经营，也就是没有未来。当然，对财务会计来说，能够持续经营的概率到底有多大不是它要考虑的事，那是报表使用者的事；但对管理会计来说，这个问题还是要考虑的，如未来破产的风险以及由此造成企业价值的下降就是管理会计需要考虑的因素。

（三）关于管理会计的会计分期假设

企业的经营是持续不断的，但我们不可能等到企业歇业时才去考核企业的经营成果和财务状况及其变动情况，会人为地将企业的经营期等分为若干个时间段，每一段就是一个会计期间。会计分期是对持续经营假设的逻辑扩展。如果不作会计分期的假设，那么在企业歇业前，利润的考核和会计报表的编制都是无法进行的。

会计分期假设实质上也是财务会计向企业外部各方及时按期报告财务状况的一种“约定”，管理会计显然不存在这样一种“约定”。但这一假设对管理会计来说也是有用的，因为为管理“及时”提供信息也是非常重要的。但管理会计更多的不是按“约定”，而是按需要提供信息。所以，按有关具体经营活动的实际经营期（可长可短）报告信息可能是管理会计更要考虑的。

（四）关于管理会计的货币计量假设

货币计量假设是指假定企业的经济活动都是能够用货币来计量的。这一假设一方面基本上符合事实，另一方面又便于数据的汇总，所以是必要的和有用的。在企业发生的经济业务中，计量工具有多种，如货币、实物量和工作时间等，但用不同计量工具描述的数值不具有可加性。会计核算客观上需要一种统一的计量工具作为其计量尺度。管理会计同样也需要这样一种货币计量的假设。

外界只要求财务会计提供总体的财务信息，管理会计则不同。管理不仅需要总体的信息，还需要提供具体的信息；不仅需要财务信息；还需要提供经营信息；不仅需要折算为货币计量的信息，更需要原始的实际的各种非货币数量信息。可见，管理会计尽管也需要货币计量，但如果完全被货币计量假设的约束，管理会计就无法满足管理的需要。

四、管理会计的确认与计量

（一）管理会计的确认

会计确认是指通过一定的标准，辨认应输入会计信息系统的经济数据。财务会计确认的要求有很多,在此主要分析以下几项。

1. 可计量性

可计量性是指可以量化,有确定的数额。

经济信息必须要能够量化,而且是属于会计主体的货币形式的量化,才能进行会计确认,从而保证确认后的会计信息具有质的统一性,可以综合、比较、运算和加工。可计量性是一项重要的确认条件。不能量化的信息根本就不是会计信息,也就不必进行会计确认。

2. 可靠性

可靠性是指信息真实,可以信赖,靠得住,确认的交易或事项已经完成。并根据交易或事项的实质,如实、完整、公正地反映交易或事项的本来面目。不同会计要素的可靠性要求不一样,如资产要素的可靠性要求是"与该资源有关的经济利益很可能流入企业",负债要素的可靠性要求是"与该义务有关的经济利益很可能流出企业"。

3. 以权责发生制为基础

与财务会计相比,管理会计对确认的要求要宽泛得多。

1. 关于可计量性

与财务会计相似,管理会计确认的信息大部分也应该是可计量的。但是,管理会计在决策和控制中,仅有可计量信息是不够的,还需要有很多非计量的信息。特别是在战略管理会计中尤其如此。

2. 关于可靠性

管理会计当然也希望信息是可靠的。然而,管理会计主要面对不确定的未来,交易或事项尚未发生,所以管理会计的信息不可能完全可靠,预测、估算在所难免。

3. 关于权责发生制

权责发生制根源于会计分期假设对持续经营过程的"强行"切段,其目的是为了便于评价各分期财务状况。权责发生制的缺点是把原始实际的收入和支出作了人为主观的分摊和调整。管理会计主要是为了科学决策和进行实际的有效控制,因而按经营活动的实际原貌来确认信息就非常必要。因此,管理会计更需要按收付实现制来反映具体的现金流量。当然,权责发生制在管理会计中有时也是必要的。

(二) 会计计量

会计需要用货币计量,可计量的标准存在着多种选择。在财务会计中,计量的标准有 5 个:历史成本、重置成本、可变现净值、现值和公允价值。其中用得最多的是历史成本,在符合条件的情况下鼓励使用公允价值,特殊情况下使用可变现净值和现值,无法取得历史成本时用重置成本替代。

可是,在管理会计中,情况就不一样了。在财务会计中用被认为最可靠、最客观、最具有可验证性、用得最多的历史成本,在管理会计中则被认为是没有意义的,称为“沉没成本”。凡需要对投入的资源进行计量时,应使用重置成本;可变现净值并不常用;在长期投资决策中使用现值。管理会计主要计量未来,用于现时交易的公允价值用得不多,而在未来的交易中,“公允”也不是必要条件,而应该按可能的实际交易计价。

可靠和真实是财务会计选择计量标准的基本要求。管理会计的计量中还有更多的要求,如为了利用有限资源进行决策,需要考虑机会成本;为了进行最优化,需要考虑边际成本;为了比较,需要考虑差量成本等。

五、管理会计的信息质量要求

会计信息质量的高低意味着会计工作是否达到会计基本目标的要求。对会计信息质量提出要求,是实现会计基本目标必不可少的手段,应该说会计信息质量要求是对工作最基本的要求。财务会计的信息质量要求包括客观性、相关性、明晰性、可比性、实质胜于形式、重要性、谨慎性和及时性。显然,这些要求的提出都是为了外部的信息使用者能够尽可能有效、可靠、方便地了解企业的财务状况,并尽可能地作出科学的投资决策。管理会计不对外,其信息质量要求主要是满足管理的需要。

(一)客观性与容错性、现金流量性、原始性

客观性是财务会计的首要要求。客观性,又称为可信性、可靠性。要求企业应当以实际发生的交易或事项为依据进行会计确认、计量和报告,如实反映各项会计要素信息,保证会计信息的真实可靠、内容完整,如实反映、可以验证、不偏不倚、客观公正。

客观性是会计的共同要求,管理会计同样需要真实客观,防止主观随意。

由于财务会计反映的是已经发生的历史数据,其数据通常都是唯一的,不会发生变化的,其客观性容易做到。但是,管理会计面向未来,反映的是尚未发生的数据,其数据往往是很难确定的,所以,其客观性是无法保证的,只是要求尽可能客观而已。

也就是说,管理会计还应该具有“容错性”。“容错性”是指允许有一定的误差,可以适当估计,抓大放小。不求精确,只求有效。

权责发生制是财务会计必须遵守的一个重要标准。其作用是为了评价各期损益并便于比较。这一要求会对客观性带来一定的损害,因为权责发生制的递延和预计程序会把实际的收入费用人为地提前或推后,还很难避免受主观臆断的影响。

管理会计不需要在分期假设下对外报告损益，因而可以不受权责发生制的影响，完全按现金的实际收付时间来确认会计信息。这样就最大可能真实地、原汁原味地反映经营活动，比财务会计更符合客观性原则。厦门大学的余绪缨教授认为管理会计的对象是现金流量，这一见解是很深刻的。我们可以把这一要求称为“现金流量性”。管理会计的决策和控制都应该建立在现金流量(收付实现制)的基础上。

管理会计不应只面对财务会计的“故纸堆”，更应面对丰富多彩、变幻莫测的未来环境，记录的数据应具有多样化的可加工性(可塑性)，采用的方法“没有最好，只有更好”，要防止按一套固定的程序来处理数据，这就是管理会计“灵活性”的要求。另外，原汁原味的原材料才能做出口味更丰富多彩的菜肴，标准化的原材料只能做出特定的菜品，可见，尽可能详细地记录原始信息(特别是在初次确认时)也是管理会计的要求之一，这是管理会计的“原始性”。

“容错性”是客观性的松动(实际上反映变化更是一种客观，承认错误的难免也是一种客观)，而现金流量性和原始性更有助于客观性。

(二) 预见性

管理会计最重要的要求在于预见性。预见准确，就能有效地把握未来，不准确，就会给企业的管理带来危害。这种危害甚至可能是灾难性的。

预见性越强，表明越能客观准确地反映未来。财务会计要求有历史可靠性，管理会计要求有未来预见性。可见预见性其实也是一种客观性。

(三) 相关性

财务会计的相关性也叫有用性，是指会计信息应当与财务报告使用者的经济决策需要相关，有助于财务报告使用者对企业过去、现在或者(和)未来的情况作出评价或者预测。

管理会计的信息同样也要具有决策相关性(有用性)。但管理会计的相关性与财务会计有三点不同。

(1) 对象不同。财务会计的相关性是针对于外部的，是指与外部投资者“决策相关”；而管理会计的相关性是针对于内部的，是指与内部管理“决策相关”。

(2) 内容不同。财务会计相关性的内容是指对外部的股东和债权人的投资决策相关(有用)；管理会计相关性的内容是指对内部的管理当局的经营决策有用，具体来说，是对企业的决策相关(有用)，对企业的有效控制相关(有用)，对落实责任制、进行科学的绩效考核相关(有用)。

(3) 程度不同：财务会计的相关性只是要求为决策提供信息，不要求也不允许财务会计直接代替决策者进行决策。管理会计的相关性则不仅要求为决策提供信息，还要求运用一定的方法直接进行科学决策。

至于明晰性、可比性、实质重于形式、重要性、谨慎性和及时性等主要是对财务会计而言的。明晰性是为了让外部读者容易看懂,可比性是为了让外部读者便于比较,实质重于形式是为了让外部读者把握实质,重要性是为了让外部读者抓住重点,谨慎性是为了防止企业虚报业绩,也为了使外部读者稳妥决策,及时性是为了保证信息的时效。

当然,管理会计也要求及时。但管理会计的及时性不同于财务会计,并不要求按固定的会计期间报告信息。当管理有需要时,需要按周、日和时,甚至要随时报告;当没有相关事项、或者管理上不要求时,可以不报告。

第三节 管理会计的会计要素和内容

一、管理会计的会计要素

人类的任何活动都有其主体和客体,企业的活动也是如此。企业财务活动的客体由财务会计来核算,称为财务会计的对象。

企业的经营活动实质上就是主体(人)和客体(资源)的相互作用。这种相互作用就形成各种类型的经营活动。可见,企业的任何经营活动都离不开三个要素:经营主体、经营客体和经营活动。企业经营活动的好坏取决于这三个要素及其协调。因此,管理会计的核算就由三个要素组成:经营主体要素、经营客体要素和经营活动要素。

在以上经营活动三要素中,财务会计仅仅核算客体要素,即资产、负债、所有者权益、收入、费用和利润。因为企业的外部利益相关者只关心企业整体的财务状况,而不关心企业内部各责任单位的状况,也不关心各项具体的经营活动。也就是说,财务会计无需核算主体要素和经营活动要素。

广义的会计要素有客体要素、主体要素和经营要素等。其具体内容见表1-2。

表 1-2 广义会计要素的具体内容

客体要素	资产
	负债
	所有者权益
	收入
	费用
	利润

（续表）

主体要素	企业总体	
	各职能部门	A部门
		B部门
		……
	各分公司	A分公司
		B分公司
		……
	各职工	张三
		李四
		……
经营要素	业务活动	供应
		生产
		销售
	财务活动	筹资
		投资
		营运
	后勤活动	营业管理
		人力资源管理
		技术管理
		战略管理
		日常管理
		其他专项管理
其他要素	作业	产出量作业
		批量作业
		品种数作业
		维持作业
	现金流量	现金流入
		现金流出

在以上要素中，客体要素是由财务会计核算的。管理会计要对各责任单位进行考核，就需要对各主体要素进行核算。管理会计要对各项经营活动进行预测、决策、控制和分析，就需要对各经营活动要素进行核算。现代会计把企业的经营过程视为是由一系列“作业”组成的，管理会计也应该对各项作业要素进行核算；企业的经营过程也可以视为一个现金流动过程，管理会计也应该对各项现金流量要素进行核算。

二、管理会计的内容

不同的信息使用者，对会计的要求也不同。企业的外部利益相关者仅仅需要了解企业的财务状况（主要就是资产、负债、所有者权益、收入、费用和利润等信息），所以只需要财务会计"描述"就够了。当然，他们也需要"分析"，但这是由另外一门学科，即财务分析来进行的。

企业的内部管理也需要了解企业的财务状况，但更需要寻找经营活动的各种依存关系，寻找提高经济效益的途径，为决策和控制提供信息。所以，在管理会计里，只有"描述"现状是不够的。更重要的是"分析"。所以，管理会计提供信息的内容、加工信息的方法和程序与财务会计不尽相同。国内外有关管理会计的专著，尽管具体内容各异，尚未完全定论，但对其基本内容的介绍是趋于一致的。通常按管理会计的职能将其基本内容划分为规划会计和控制会计，或按决策阶段划分为决策会计和执行会计两大部分。将两种分类方法所划分的内容进行有机结合，形成规划与决策会计（或决策会计）和控制与业绩评价会计（或控制会计）两大基本内容，是比较一致的观点。管理会计信息系统的基本内容如图 1-1 所示。

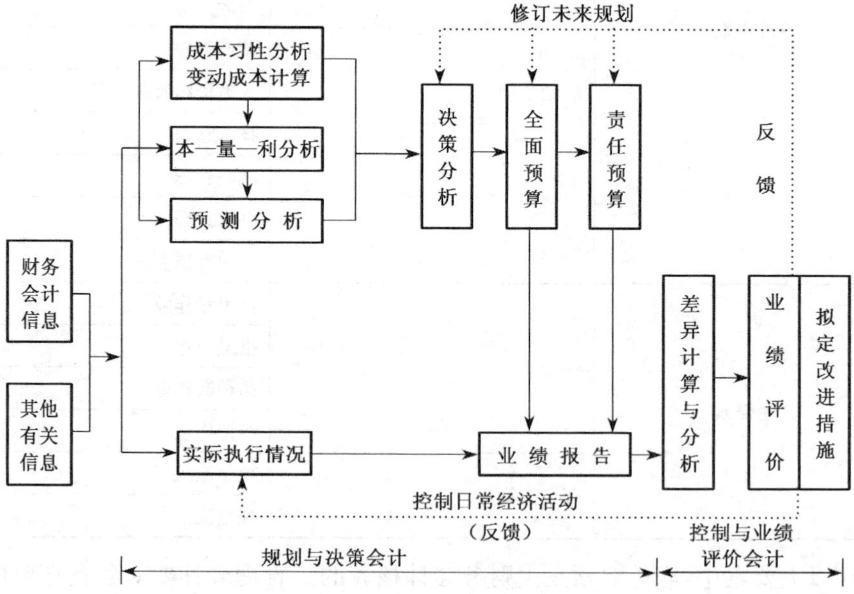

图 1-1 管理会计信息系统的基本内容

管理会计的内容包括两部分：一是规划与决策会计，简称"决策会计"，二是控制与业绩评价会计，简称"控制会计"。

（一）规划与决策会计

规划与决策会计是为企业预测前景、规划未来服务的。它首先利用财务会计和其他有关信息，对企业的成本、销售、利润、资金等专门问题的过去和现在的状况进行分析研究，作出科学预测和决策。然后，将按照科学决策程序所确定的目标，用数量化的形式加以汇总，编制成企业的全面预算。为实施全面预算，满足经济责任制的要求，还需将全面预算的内容按照各个责任中心进行分解，编制责任预算，进行责任会计核算，用来规划和把握企业未来的经济活动。规划与决策会计，可使企业的人、财、物等经济资源得到最优配置，增强企业预测风险和规避风险的能力，以求获得最佳的经济效益。

（二）控制与业绩评价会计

控制与业绩评价会计是为企业加强日常管理和控制服务的。它通过制定标准成本制度和采用变动成本法进行核算，对日常经济活动产生的信息资料进行收集、计算、分解、追踪，并按经济责任制的要求实行责任会计核算，将实际发生数与预算数进行对比、分析，计算出差异并编制业绩报告，以用来考核、评价各责任中心的实绩与成果，明确经济责任。同时，通过对差异进行分析、研究，将经营中存在的问题及时反馈给有关部门，以便采取措施，加以改正。

本书的结构体系，就是以规划与决策会计和控制与业绩评价会计为主线展开的，具体内容由概论、成本习性与变动成本计算法、本—量—利分析、预测分析、决策分析、全面预算、责任会计和成本控制等组成。

第四节　管理会计工作的组织与管理会计的发展过程

一、管理会计工作的组织

管理会计和财务会计同属会计学领域，其信息源基本相同，两者在企业的生产经营管理中各有侧重，又共同发挥作用。因此，管理会计工作的组织，应作为会计管理工作的一部分，从会计这个职能系统全盘考虑，没必要单独设置一套系统的垂直机构。在西方国家，一般都由公司的财务副总经理统管会计（包括财务会计和管理会计）和财务工作。其组织系统图如图 1-2 所示。

由图 1-2 可以看出，财务会计和管理会计工作都由总会计师负责，按职能合理分工、归口管理。

在西方，组织中负责会计工作的最高人员称为总会计师（controller），在政府机构中又称为主计长（comptroller）。这个执行官与其他会计人员一样发挥辅助职能作用，而销售与生产部门执行官及其下属则发挥业务职能作用。会计部门并不

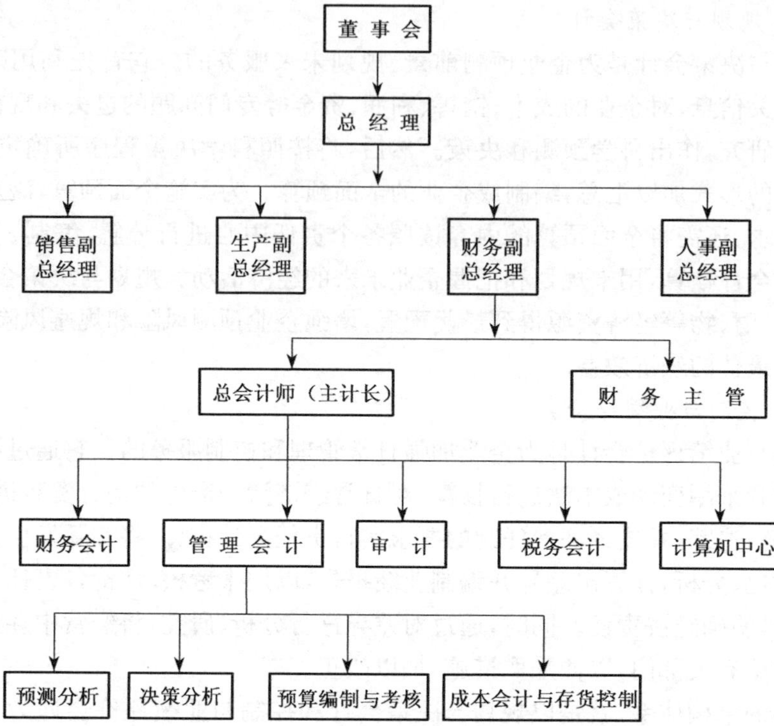

图 1-2 管理会计工作组织

直接对业务部门行使权力，而是对这些部门的管理人员提供专门化服务，如对预算、差异分析、定价、非常规决策提供建议和帮助。倘若不把后两项作为主要职责赋于某些内部会计人员时，记录业务就成为主要任务。此时会计系统对管理决策担负的责任较小。

在不同企业总会计师的重要性和职责是不一样的。有些企业，总会计师就只是编辑数据以作对外报告之用。另外一些企业（如通用电气公司）的总会计师是主要行政人员，帮助全公司下属部门进行管理上的计划和控制。但大多数公司的总会计师地位介于两者之间，如他们对某些包含纳税影响的管理决策提出的意见很受重视，但在决策的其他方面他们的建议则可能不予考虑。

虽然总会计师（或主计长）具有辅助职能，但公司总裁总是赋予他们批准、建立、监督会计系统的权力，以确保一致的会计方法和报告形式。在理论上，总会计师对总裁提出关于系统和方法的建议，总裁批准并令业务部门遵照实施（因此职能部门的参谋作用得到发挥）。但实际上，总会计师直接确认生产记录应如何记、时间记录如何完成等问题，上级赋予他们对这些方面直接进行管理的权力。

理论上，总会计师在会计部门以外没有业务职能，但通过报告和解释相关的数据，总会计师促使并影响管理者作出合乎逻辑的决策，这些决策与组织目标相一致。

总会计师与财务主管的区别见表 1-3。

表 1-3　总会计师与财务主管的区别

总会计师	财务主管
1. 控制计划	1. 资本供应
2. 报告并解释	2. 投资者联系
3. 评价与咨询	3. 短期融资
4. 税务管理	4. 银行与保管业务
5. 政府报告	5. 贷款的发放与收回
6. 资产保全	6. 投资
7. 经济评估	7. 风险管理(保险)

财务主管主要关心公司的财务问题，而总会计师主要关心经营问题。会计与财务职能的明确区分因公司而异。特别是在小型组织中，一个人可同时为财务主管和总会计师。

可将总会计师比作导航员，导航员利用其专业化的训练帮助船长掌舵。没有导航员，航船可能会触礁沉没或完全迷失方向。导航员指导并告诉船长轮船驾驶得如何，但船长行使下达命令的权力。导航员的作用可在总会计师的前三个作用中得到明显体现。

二、管理会计的发展过程

管理会计是从传统的财务会计中分离出来的一门独立学科，有着其独特的社会经济背景。它是社会化大生产的必然结果，是多学科相互渗透的结晶，并经历了一个孕育、形成和发展的过程。著名的管理会计学家、美国哈佛大学教授 Robert S. Kaplan在研究管理会计产生与发展时，把现代管理会计的起源追溯到 19 世纪初(1825 年)出现的多层次企业管理；从 19 世纪中叶的铁路业、金属制造业的产生与发展，19 世纪末大商业企业的规模经营，20 世纪初以弗雷德里克 · 泰勒(Frederick Taylor)和甘特(H. L. Gantt)为代表的科学管理，以及管理控制在杜邦公司、通用汽车公司、美国钢铁公司这类综合性企业的成功应用等，研究了 1825—1925 年百年间管理会计应用环境的变迁。继 1925—1985 年 60 年间管理会计系统没有多大发展的环境分析，欧美管理会计面对 20 世纪 80 年代以来全球化市场竞争的加剧，经营技术的变革，信息技术的飞跃，组织设计战略的创新，使管理会计的内容和指导思想发生了最具突破性的变革。在西方管理会计发展历程中对管理会计研究持不同观点的两大学派，即以美国斯坦福大学查尔斯 · T ·

霍恩格伦(Charles T. Horngren)教授，哈佛大学 R·N·安东尼(R. N. Anthony)教授，德克萨斯大学教授韦尔斯(Wells)，英国曼彻斯特大学教授罗伯特·W·斯卡彭思(Robert W. Scapens)，日本早稻田大学教授青木茂男等为代表的传统管理会计学派，和以美国哈佛大学商学院教授罗伯特·S·卡普兰(Robert S. Kaplan)，大平派路德大学教授 H·托马斯·约翰逊(H. Thomas Johnson)等为代表的创新管理会计学派，在研究观点相异的争论中共同意识到"理论与实际脱节"是当时管理会计研究共同关注的问题。R·S·卡普兰教授的一改过去主张管理会计研究必须大量引进数学分析方法，使之朝着精密化方向发展的观念，倡导和实行以"现场为基础的研究"(field-based research)——"经验性研究"(empirical research)，使管理会计在变革的环境中不断创新和发展。日本九州大学经济系西村明教授关于"亚洲的经济成长与管理会计"的研究文章，探讨了亚洲管理会计的定位及把日本管理会计移植到亚洲所存在的问题，对于后者，特别强调要认清亚洲经济的现实和日本管理会计的特征。

从国内的研究现状看，有学者根据对管理会计研究的方向，将我国管理会计的理论研究分为两类："一类是关注欧美管理会计的发展，追踪欧美学者的足迹，总结好的做法，形成系统评价，进而解释我国的实践活动，解决我国企业管理中出现的问题。另一类则推崇深入实践，总结成功企业的成功经验，尤其是那些成功的民营企业和合资企业的经验，从理论上挖掘共性，总结可推广的东西。"从研究起步的时间看，我国对管理会计的系统研究可追溯到 1982 年。继李天民教授所编的《管理会计参考资料》(电大版)辑入的我国企业应用管理会计的文章之后，《会计研究》、《财务与会计》等国内权威性会计刊物，亦常有我国企业应用管理会计的案例和经验介绍。《会计研究》杂志自 1997 年以来以"管理会计在我国企业中的应用与发展"为题组织了"安易杯"、"金蝶杯"等形式的管理会计有奖征文。1999 年"管理会计应用与发展专业委员会"成立，在当年 4 月召开的专题座谈会的基础上，为了推动管理会计在我国的研究与应用，中国会计学会管理会计应用与发展专业委员会于 1999 年 10 月 23—24 日在南京大学召开了"管理会计与应用专题研讨会"，就充分发挥管理会计的作用，努力提高企业内部管理水平，作为中国企业生存与发展的大事来研究达成了共识。综合国内外的研究状况，管理会计的形成与发展大致分为两大阶段。

(一) 管理会计的形成阶段

管理会计的形成阶段(20 世纪初至 20 世纪 50 年代)，亦称为执行性管理会计阶段。这一阶段的管理会计是以泰罗的科学管理理论为基础而形成的会计信息系统。泰罗科学管理理论的核心是侧重于企业内部，着眼于生产过程中生产效率和工作效率的提高，如利用观察分析的方法制定工时定额，通过动作研究使作业方法标准化，实行有差别的计件工资制，按标准程序培训工人等著名的科学管理方法。这些方法大大缩短了劳动过程，节约了劳动时间，增强了职工的工作责任感，提高了工作效率，促进了生产的发展。为了满足科学管理的需要，会计学引进了与泰罗科学管理方法直接联系的“标准成本”、“差异分析”等专门方法。这是会计与管理最初的巧妙结合，即现代管理会计的雏形。管理会计的日趋成熟和迅速发展，是在20世纪50年代以后。

（二）管理会计的发展阶段

20世纪50年代以后，由于科学技术广泛应用于生产当中，使生产力获得了迅速发展。美国通过对外投资，充分利用国外自然资源和廉价劳动力，获取了巨额利润，企业的规模不断扩大，大型工程、复杂产品相继问世。加之国际贸易的迅速发展，跨国公司大量涌现，生产的社会化程度更加提高，生产经营日趋复杂，市场竞争更加激烈。由于管理方法的呆板、机械，工人对“泰罗制”开始厌恶，劳资矛盾日趋尖锐。经济发展的这些新特点，对企业管理相应提出了新的要求，即迫切要求实现管理现代化，不仅强烈要求企业内部管理更加科学、合理，同时要求企业具有更加灵活的应变能力、适应能力和更强的竞争能力，激励补偿机制也成为企业管理面对的新课题。“管理的重心在于经营，经营的重心在于决策”就是当时为适应新的经济形势而在管理上提出的新要求。

与此同时，将现代数学方法、运筹学、电子计算机等现代科学技术应用于管理实践，并采用“集中政策和分散权利”的分权管理体制，引进了行为科学理论，实行以人为中心的管理，逐步形成了一套科学的现代管理体系。

由于现代管理科学的形成与发展，迫切要求会计反映的重点由对经济活动过程的事后反映和分析，扩大到对经济活动过程的事中控制和事前预测及决策。为适应现代化管理的需要，会计广泛吸收了管理经济学、工程经济学、数量化决策方法、财务管理等学科的研究成果，并引进现代化管理方法和技术，融合而形成了一门多学科相互渗透、“会计”与“管理”有机结合的综合性的边缘学科——管理会计。

我国20世纪70年代末从西方引进管理会计这门新学科，在学习、消化、吸收的基础上，结合我国国情，把先进的理论、方法应用于企业经营管理中，收到了良好的效果。市场经济体制的运行，新会计制度的实施，迎来了管理会计理论和应用发展的新时机。

第五节 由外部到内部，从异化到回归：管理会计对会计学的丰富和发展

会计最初并不是像哲学一样产生于哲人的头脑，也不像政治学一样产生于庙

堂的纵横捭阖，也不像艺术一样来自殿堂里的阳春白雪，而是来自乡村田野的下里巴人，来自商人经商的需要。会计关心的是钱，算计的是利润，从其一开始到今，就是一门“俗之又俗”的学问。可以说，会计是一门关于经营的学问，为经营者服务的学问。

随着股份有限公司的兴起，经营者和所有者开始出现了分离的现象。相应地，为经营者服务的会计自然就产生了一项新的任务：为所有者服务。1721 年，英国发生了南海公司事件。当时“南海公司”以虚假的财务信息诱骗投资人上当，其股票价格一时扶摇直上，但好景不长，南海公司最终未能逃脱破产倒闭的厄运，使股东和债权人损失惨重。英国议会聘请会计师查尔斯斯耐尔(Charles Snell)对南海公司进行审计。斯耐尔以“会计师”名义提出了“查账报告书”，从而宣告了独立会计师，即注册会计师的诞生。1853 年，世界上第一个会计师公会——爱丁堡会计师公会成立。会计发展到这个阶段，已经不仅仅是经营者的会计了。

20 世纪的 20 年代末 30 年代初，美国发生了严重的经济危机。人们认识到，会计信息的不规范、不公开和虚假是造成股东损失和资本市场混乱的重要原因。在这种情况下，美国颁布了《证券法》和《证券交易法》，并开始了对会计准则的系统研究和制定。会计准则的推行，标志着财务会计的产生。会计发展到此，意味着会计由侧重于满足企业内部经营需要转向满足于企业外部有关方面的决策需要，对外提供财务报告，成为了“对外报告会计”。

这样一个由为“自己”服务转变为为“别人”服务的过程，我们可以称之为会计的“异化”。在这种情况下，人们对会计的关注已经不再是满足企业内部经营需要，而是满足企业外部有关方面的决策需要。这样，原本的内部会计让位于外部会计，内部会计出现了“空洞”！

当然，在当时，“空洞”的出现并不会对企业内部经营产生多大的冲击。因为管理水平不高，对会计的要求也不高，财务会计在对外服务的同时，也同时能够满足内部经营的需要。但是，我们不能说，满足内部经营的需要就不重要了。事实上，在传统的经营者会计转化为财务会计的同时，成本会计也在进一步发展，标准成本、预算控制、差异分析、变动成本法和盈亏平衡分析等新的会计方法也在随着管理的需要而陆续出现。

在渐渐习惯了外部导向的财务会计一段时间以后，人们终于发现财务会计的发展越来越偏离内部经营的需要，开始不能忍受财务会计了。但人们显然无法把这个早就是“为他人作嫁衣”的财务会计拉回经营者的“娘家”(财务会计只能在把“嫁衣”做得更好的这条不归路上努力地不断走下去)。于是，经营者只好另起炉灶，构建为自己服务的管理会计。

如果说财务会计的产生意味着传统会计的异化，那么，管理会计的产生则意味着传统会计的回归。因为会计本来就是为内部经营管理服务的。然而,至今为止,人们一直把这个“吃里爬外”财务会计当成了现代会计的主流,当成了传统会计的继承者,倒把管理会计当成了一个“新来的”,当成了一门新的会计学。其实,从会计的服务对象来看,财务会计与传统会计是背道而驰的,与传统会计是完全不同的,管理会计才是传统会计职能的发扬光大。

之所以造成这种错觉,是因为财务会计带走了会计的所有家当,如会计等式、借贷记账法等。于是人们就把财务会计认作了传统会计的继承者。究其原因,还是因为会计学的“贫困”:只有一个会计等式,只设一套会计账户,就这么一点家当。管理会计一无所有,只能从经济学、管理学、统计学和数学等学科中借用一些工具。管理会计成了一个花花绿绿的小姑娘、一个大杂烩、一个堆砌物、一个不伦不类的怪物、一个花而不实的东西。

其实,会计等式、借贷记账法等工具管理会计也是可以用的,财务会计没有资格对这些东西申请“专利”。会计也并不是那么“贫困”。会计之所以显得这么“贫困”,是因为我们身在宝山不识宝,对这些工具了解不够、认识不够、挖掘不够、利用不够。事实上,会计对象虽只有一个,但观察的角度却可以有很多,也必须有很多。相应地,会计等式也就有很多。不同的目的就有不同的角度,不同的角度就有不同的认识,不同的认识就有不同的等式。财务会计有其特有的等式,管理会计也应该有其特有的等式,而且不止一个。

经济越发展,会计越重要;管理越进步,管理会计越重要。以“资产=负债+所有者权益”为基础的财务会计只能为管理提供最基础的信息,无法满足现代管理的要求。管理会计要适应现代管理的需要,就必须另起炉灶,建立独立的管理会计核算系统。把管理会计建立在财务会计的基本核算系统之上,就是把管理会计当作“毛”,依附在财务会计之“皮”上,这种做法注定会让管理会计成为无源之水,也就长不出管理会计之“木”。没有完整独立的核算系统,管理会计的方法再巧,也是无法做出管理之炊的。

财务会计反映经济利益关系,管理会计则要创造经济利益。管理会计至少是应该与财务会计平起平坐的。随着经济的发展,管理会计的重要性必然不断地超过财务会计,管理会计必将成为会计的主体,真正实现会计职能的回归。

会计发展到今天,为内部服务变成了外部导向应该说已是不争的事实。但为内部服务总是会计的根基和会计存在的根本理由,是会计生生不息的动力。经历了长期的对外部导向的财务会计的聚焦后,把会计研究的聚光灯移向内部导向的管理会计,是时代的需要;在现在和未来的一段时间内,发展管理会计,应是我们任重而道远的工作。

综上所述,管理会计是会计不断发展的产物,同时,管理会计的出现又是对会计学的丰富和发展。管理会计的产生在会计发展中具有里程碑的意义，标志着会计的功能大大增强，内容大大扩展。主要表现在：

关于时间的扩展：从反映过去（财务会计）到规划未来（管理会计）。

工作内容的扩展：从记账算账（财务会计）到直接参与管理（管理会计）。

信息系统的扩展：从信息的生产（财务会计）到信息的利用（管理会计）。

第二章　成本性态分析会计(量本分析)

在财务会计中,成本核算的目的仅仅是为了计算资产和利润额,反映财务状况,管理会计则必须对成本进行预测、决策、规划和考核。因此,管理会计不仅要和财务会计一样对成本进行划分和汇总,更要分析成本的影响因素和变化规律。本章将主要介绍成本性态分析、混合成本及其分解和变动成本法。

第一节　成本性态分析概述

一、成本性态分析的含义

成本性态,亦称成本习性,是指成本总额对业务量的依存关系。这里,业务量可以是产量、销量,也可以是直接人工工时、机器工作小时等。从成本性态的角度来分析成本,可以揭示成本与业务量之间的内在联系,从而从数量上把握产品成本与生产能力之间的规律性联系。

成本性态分析的问题实质上就是业务量成本总额对业务量的函数关系,这种分析也可叫"量本分析"。

按成本性态的不同,可以把成本分成变动成本和固定成本两类。

二、变动成本和固定成本

(一) 变动成本

变动成本是指成本总额在相关范围内受业务量的增减变动影响而成正比例增减变动的成本。例如,直接材料、直接人工、产品包装费、按销售量支付的推销佣金等都属于变动成本。变动成本具有两个显著的特点:

(1) 在一定的相关范围内,变动成本总额与业务量成正比例变动。

(2) 在一定的相关范围内,单位变动成本不受业务量变动的影响,保持不变。

例如,假设某企业生产一种产品,每件产品需要消耗原材料 9 元,当产量为 10 000件时,材料消耗成本为 90 000 元,当产量为 20 000 件时,材料消耗成本为

180 000元。随着产品数量的增加,该企业消耗的材料总成本与产量呈正比例的依存关系。

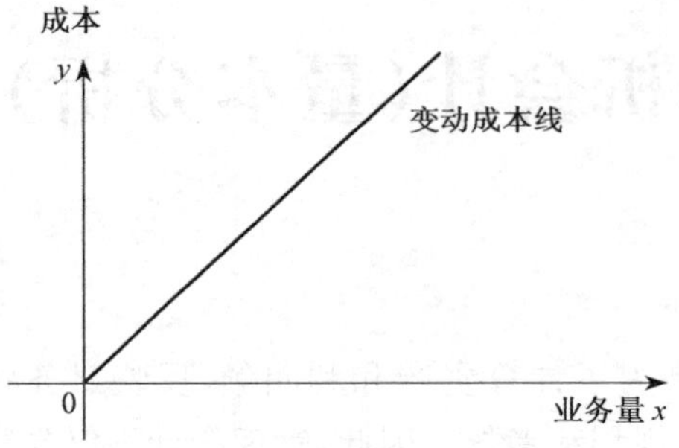

图 2-1　变动成本总额图

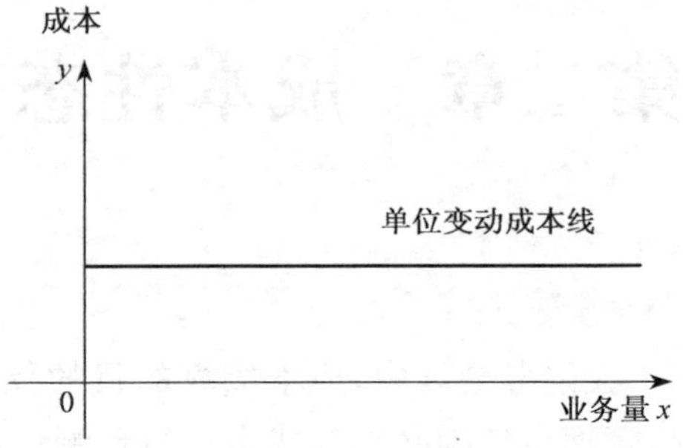

图 2-2　单位变动成本图

变动成本可分为技术性变动成本和酌量性变动成本。技术性变动成本是指受客观技术因素决定的那部分变动成本,如直接材料费和直接人工费。酌量性变动成本是指主要受企业管理部门决策影响的那部分变动成本,如销售佣金等。

(二) 固定成本

固定成本是指成本总额在相关范围内不受业务量增减变动影响而保持不变的成本。例如,按直线法提取的固定资产折旧费,财产保险费、设备租赁费、行政管理人员的工资等。固定成本具有如下两个显著的特点:

(1) 在一定的相关范围内,固定成本总额则不受业务量变动的影响,保持不变。

(2) 在一定的相关范围内,单位固定成本与业务量成反比例变动。

固定成本总额和单位固定成本的特点可由图 2-3 和图 2-4 表示。

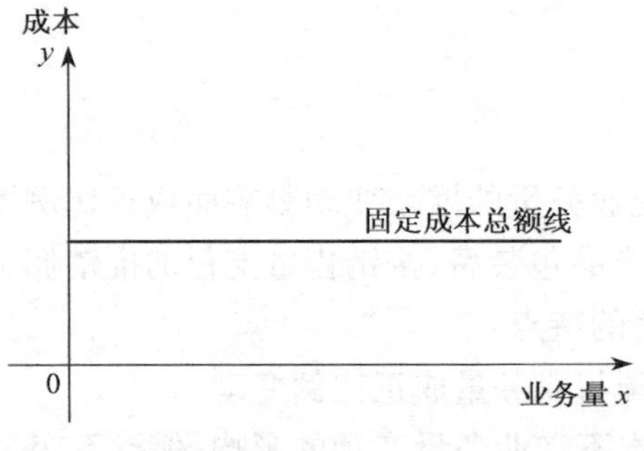

图 2-3　固定成本总额图

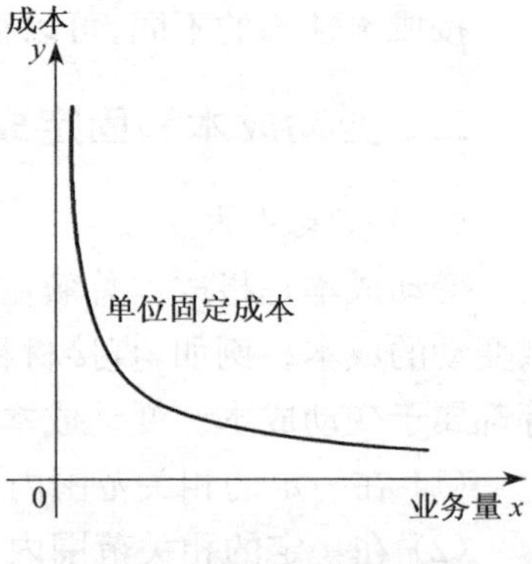

图 2-4　单位固定成本图

固定成本通常可进一步区分为约束性固定成本和酌量性固定成本两类。

约束性固定成本,是指不受企业管理当局短期经营决策行为影响的那部分固定成本;酌量性固定成本,是指受企业管理当局短期经营决策行为的影响,可以在不同时期改变其数额的那部分固定成本。

约束性固定成本主要也称"经营能力成本",它是和整个企业经营能力的形成及其正常维护直接相联系的。例如,厂房、机器设备的折旧,保险费、财产税和经营管理人员的基本薪金等都属于这一类成本。企业的经营能力一经形成,在短期内不会发生改变,因而与此相联系的成本也将在较长期内不变。要充分发挥约束性固定成本的作用,就要提高产量,扩大经营规模,以尽可能提高企业经营能力的利用率。

酌量性固定成本又叫"抉择性固定成本"。它是企业根据经营方针由高层领导确定一定期间(通常是 1 年)的预算额而形成的固定成本,主要包括研究开发费、广告宣传费、职工培训费等成本项目。酌量性固定成本和约束性固定成本不同,它是可以改变的。企业的管理层(决策者)可以根据情况的变化及时调整不同预算期的成本发生额。对于酌量性固定成本,企业应该从绝对额上节约开支,同时,应把有限的资金用在成本效益最好的项目上,以期发挥最大的作用。

财务会计中的成本按经济职能分类,主要是为了反映成本的构成,便于成本的核算;而管理会计中的成本按性态分类主要反映成本与业务量的关系,便于分析成本变动的规律,以便对成本乃至于企业的各种经营管理活动进行规划和控制。

变动成本和固定成本在经营中发挥着不同的作用。一般来说,固定成本的作用主要用来维持企业一定的经营能力,所以也称"经营能力成本";而变动成本主要用来开展各种业务活动,因而也可以称"经营水平成本"。

另外,需要注意的是,固定成本和变动成本性态是一种理论上的抽象。实际上,变动成本绝对的正比例变动性和固定成本的绝对不变性都是不存在的,但在一定的条件下还是有效的。这种条件包括两个方面的内容,一是业务量在一定的范围内;二是时间在一定的期间(如 1 年)内。超过这个范围,固定成本总额(a)和单位变动成本(b)都不再可以视为常数,成本性态分析也就不再合理有效。这个范围就称"成本性态分析的相关范围"。

例如,要完成的产量如果超过现有的生产能力,势必要扩建厂房、增添设备或扩充必要的人员和机构,从而使原属于固定成本中的折旧、管理人员工资等相应增加。对于变动成本来说,在超出业务量范围以后,它也可能失去原来变动成本的特征。例如,当企业的用电量在电力部门限定的用电量范围时,每度电的价格相等;但当企业的用电量超过这一限度时,超额用电量每度价格将与额定用量每度价格不相等,失去了单位变动成本不变的特征。

同样,一项成本属于固定成本或变动成本也和时间相关。因为随着时间的推移，企业所处的经营环境、内部的生产经营条件等都将发生变化，因此导致成本与业务量之间的关系发生变化。在一个较短的时期内，单位变动成本和固定成本总额一般保持不变。但若超过一定的时间，也就是说，从一个比较长的时间来看，单位变动成本和固定成本总额一般都会发生变化。

三、总成本公式及其性态模型

管理会计通常把成本按性态分为变动成本和固定成本两大类，由此我们可以得到总成本公式：总成本＝固定成本总额＋变动成本总额。即：总成本＝固定成本总额＋(单位变动成本×业务量)。

设总成本为 y，业务量为 x，固定成本总额为 a，单位变动成本为 b，则有以下成本性态模型：

$$y = a + bx$$

总成本的性态模型坐标如图 2-5 所示。

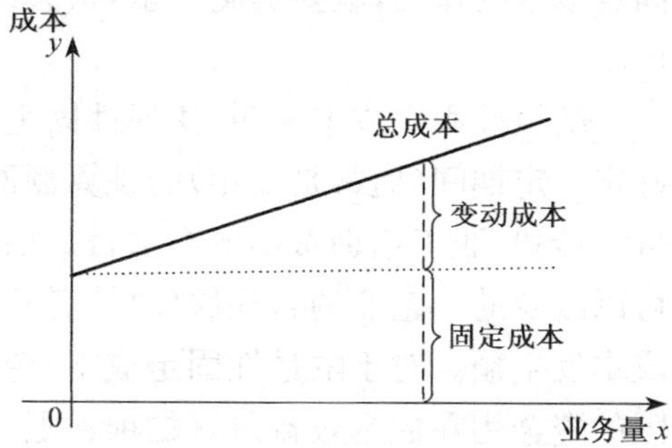

图 2-5　总成本性态模型

第二节　混合成本及其分解

从理论上说，按照成本的性态可以将所有的成本项目分为变动成本和固定成本两大类。也就是说，企业的每一个成本明细项目若不是变动成本，就是固定成本。但是，在实际工作中，有一些成本项目却既包含变动成本的因素，又包含固定成本的因素，并不“纯粹”。这种既包含变动成本、又包含固定成本的成本，就称为“混合成本”。这种成本的数额会随着业务量发生但不是成正比例地变动。

一、混合成本的种类

根据混合成本变化的不同特征，管理会计把混合成本分为“半变动成本”、“半固定成本”、“延期变动成本”三类。

(一) 半变动成本

半变动成本是一种同时包含有变动成本和固定成本两方面内容的混合成本。半变动成本的特点是：其成本有一个初始量，形成一个基数，类似固定成本，它不随业务量增减而变动；在此基础上，每生产一件产品，成本也随之增加一部分，这部分成本又类似于变动成本。

半变动成本是混合成本中最普遍的形式,包括企业设备维护和修理费,公用事业服务费中的水、电、气、电话及其他服务费等。这些费用的固定成本部分表明此项消耗支出所必需的基本的最低费用额,变动成本部分体现随这项消耗实际用量的增长部分。例如,生产设备的维护和保养,首先为保证其处于完好状态,以备随时开动生产,需要发生一定的保养和维护费;当设备投入生产运行后,随着运转时数的增加,设备的维护保养费相应地也要随之增加。

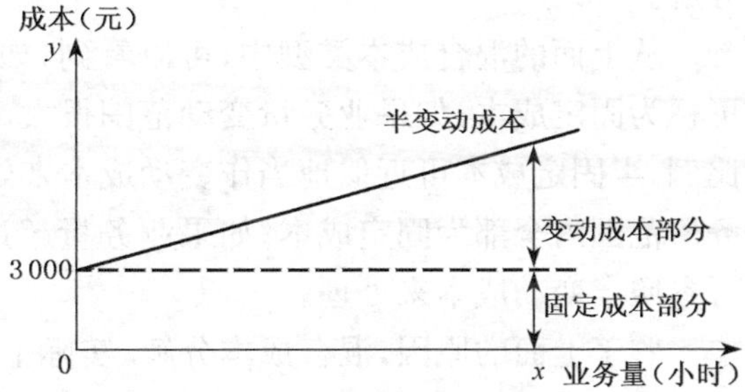

图 2-6　半变动成本性态模型

半变动成本的成本性态如图 2-6 所示。

(二) 半固定成本

这类成本也称阶梯形混合成本。其特点是:当业务量在一定范围内增减变动时,成本发生额固定在一定的水平上保持不变;当业务量增减超过一定范围的限额时,其成本发生额就突然跳跃到一个新的水平,然后又在业务量增减的一定限度内保持不变,直到业务量增减再突破到新的限度,才又开始下一次跳跃式的升降。其成本变化构成的曲线呈阶梯形,如企业中化验员、检验员的工资就具有这种性质。

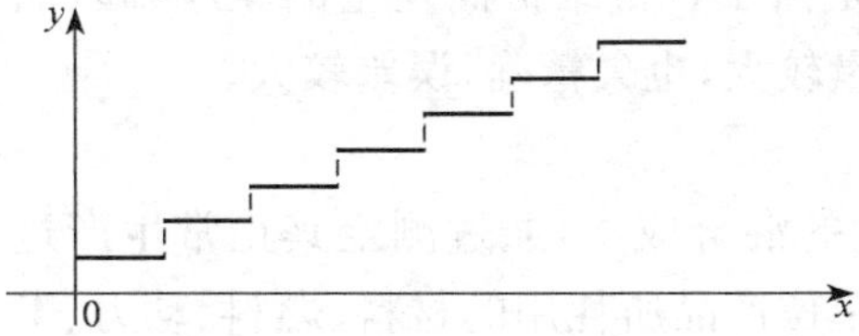

图 2-7　半固定成本性态模型

半固定成本的性态可通过图 2-7 得到直观表示。

(三) 延期变动成本

这类成本在日常生活中也经常存在。例如,在正常工作时间内,企业对一般职员所支付的工资是固定不变的,但当工作时间超过正常水准,则需要根据加班时间的长短成比例地支付加班工资或津贴。此类延期变动成本的性态模型可参见图 2-8。

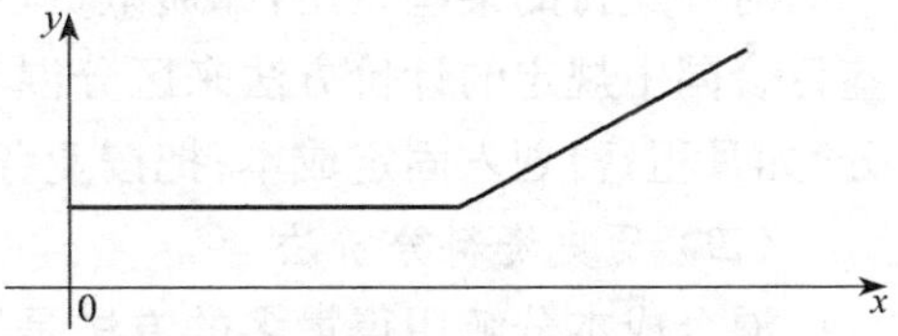

图 2-8　延期变动成本性态模型

二、混合成本的分解

变动成本和固定成本的运动具有不同的影响因素,具有不同的运动规律。成本性态分析揭示了这种规律。混合成本中的变动成本和固定成本“混合”在一起，妨碍了对全部成本的性态分析。因此，为了寻找企业生产经营中成本变动的规律，并按成本性态分析的要求运用变动成本进行成本计算，必须把混合成本进行分解。

从上面的混合成本类型中，可以看到，如果业务量变动范围很小，半固定成本可视为固定成本；如果业务量变动范围很大，半固定成本的变动与业务量近乎成正比例，半固定成本可近似地当作变动成本来处理。至于延期变动成本，在正常的业务量范围内全部为固定成本；如果业务量超过正常范围，它又类似于半变动成本，可参照半变动成本来处理。

鉴于上面的原因，混合成本分解，实际上是指半变动成本的分解，即半变动成本中固定成本部分和变动成本部分分别为多少。混合成本的分解可使用直接分析法、技术测定法、合同确认法和历史资料分析法。

（一）直接分析法

这种方法就是对发生的混合成本进行逐项检查分析，按照每项费用开支的驱动原因来分辨确定其固定部分和变动部分。例如，对于发生的维修费用，如果是由于机器磨损而发生的就归入变动费用，如果是由于日常维护而发生的就应归入固定费用。这种分析法比较简单易行，但工作量较大，也欠精确，误差较大。

（二）技术测定法

这种方法是对企业生产经营过程中发生的混合成本，通过测定其正常生产过程中投入与产出的技术关系，计算出为完成单位产品所耗用的材料、燃料、动力、工时、机械作业时间等方面的数量标准，从而测定出变动成本和固定成本部分各自所占的部分。例如，电炉炼钢消耗的电费，有一部分用于电炉预热，这一部分属于固定费用，其余部分属于变动费用。这种费用的划分要由工程技术人员根据技术数据进行分析。

（三）合同确认法

对外支付的某些费用，如通讯费，可使用合同确认法。合同确认法是根据双方签订合同中规定的计价方法来区分混合成本的一种方法。把不随业务量变化的部分（如月租费）划入固定成本；把按业务量计价的部分（如通话费）划入变动成本。

（四）历史资料分析法

混合成本分解用得最多的方法是历史资料分析法。这种方法首先要搜集历史上若干期的业务量和与之相对应的混合成本，再对这两组数据进行数学分析，从中找出混合成本随业务量变动的基本规律，作为划分变动成本和固定成本的依据。

【例 2-1】 已知 A 工厂每月都要发生一笔设备维修费，它属于混合成本。为了对维修费进行分解，搜集了 1 年的维修费和业务量（机器工作小时）的历史数据，资料如表 2-1 所示。

表 2-1　年维修费和业务量的历史数据

月份	机器工作时间(小时)	维修费(元)
1	4 000	2 600
2	4 500	2 730
3	4 800	2 800
4	4 700	2 760
5	5 100	2 950
6	5 200	2 970
7	5 600	3 080
8	5 300	3 000
9	5 800	3 120
10	6 000	3 200
11	5 700	3 100
12	5 800	3 110

维修费是一项混合成本。一方面,维修费随着业务量的增加而相应增加,这是由于业务量越大,机器设备的磨损也越大,维修费就越高。另一方面,即使机器设备停止生产,维修费也不会为 0,而会保持一个基本的数额。这是因为机器设备即使停工,也必须进行日常维护,支付一定的维护费。可见,维修费中同时包含着变动成本和固定成本的因素。那么,维修费中到底包含多少变动成本和固定成本?只要把混合成本中的 a(固定成本总额)和 b(单位变动成本)确定了,混合成本也就分解了。

历史资料分析法又可分为以下三种方法。

1. 高低点法

高低点法是对混合成本进行分解的一种简便方法。它是以某一定期间相关范围内最高点业务量的半变动成本与最低点业务量的半变动成本之差,除以最高点业务量与最低点业务量之差,求出半变动成本中单位变动成本 b 的值;然后再以 b 的值代入最高点或最低点的半变动成本公式 $y=a+bx$ 求出。这样就可以将半变动成本中的固定部分和变动部分各占多少分解出来。高低点法的基本分解步骤是:

(1) 确定高低点。根据某项半变动成本过去一定时期的业务量和成本资料,确定业务量的最高点和最低点以及它们所对应的成本。

(2) 计算单位变动成本(b)和固定成本总额(a)。根据半变动成本的组成方程式 $y=a+bx$,可列出一组二元一次方程:

$$\begin{cases} y_{高} = a + bx_{高} \\ y_{低} = a + bx_{低} \end{cases}$$

上式中,$y_{高}$ 为最高点的混合成本,$y_{低}$ 为最低点的混合成本;$x_{高}$ 为最高点业务量,$x_{低}$ 为最低点业务量。

根据以上方程组可得:

$$\begin{cases} b = \dfrac{y_{高} - y_{低}}{x_{高} - x_{低}} \\ a = y_{高} - b x_{高} \end{cases}$$

或

$$a = y_{低} - b x_{低}$$

根据[例 2-1]的资料,用高低点法对成本进行分解。

首先,寻找业务量的最高点和最低点。根据表 2-1 分析,最高点在 10 月份,其机器工作时间为 6 000 小时,维修费为 3 200 元;最低点在 1 月份,其机器工作时间为 4 000 小时,维修费为 2 600 元。可知:

$$b = \frac{3\,200 - 2\,600}{6\,000 - 4\,000} = 0.3(\text{元})$$

$$a = 3\,200 - 0.3 \times 6\,000 = 1\,400(\text{元})$$

或

$$a = 2\,600 - 0.3 \times 4\,000 = 1\,400(\text{元})$$

由此可知,该企业的维修费中,固定性维修费为 1 400 元,另外机器设备每工作 1 个小时,还要支付变动性维修费 0.3 元。并可得到维修费与机器工作时间的关系为:

$$y = 1\,400 + 0.3x$$

高低点法计算简单,便于应用。但只选其中高、低两点数值,不能完全代表所有各点数据变化关系,因此误差较大。特别是当最高点和最低点的情况有异常时,误差更大。

2. 散布图法

在以横轴代表业务量,纵轴代表半变动成本的坐标图中,将过去一定时期的各期业务量及相应的成本数据分别在图中标出,这就在坐标图上形成了若干个点,这些点称为散布点,标记了这些散布点的坐标图,就称为散布图。根据目测,在各点之间画一条反映成本随业务量变动的变动趋势的直线,据此分解出半变动成本中的固定成本和变动成本。这种方法就称为散布图法。散布图法的基本分解步骤如下:

(1) 画出散布图。以业务量为横轴,成本为纵轴,建立坐标系,将过去一定时期的各组业务量及相应的成本数据在坐标上一一标出,形成散布图,亦称布点图。

(2) 画出趋势直线。用目测法在散布图上各点之间画出一条反映成本变动趋势的直线,直线与纵轴相交。

(3) 确定固定成本总额(a)和单位变动成本(b)。趋势直线对纵轴的截距为固定成本 a,该直线的斜率即为单位变动成本 b。

根据[例 2-1]的资料,现采用散布图法将维修费进行分解。根据散布图法的三个基本步骤中前两个步骤,得出图 2-9 中的趋势直线。

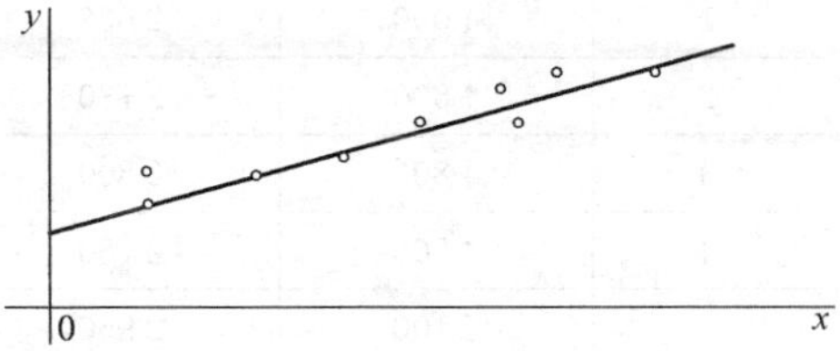

图 2-9　散布图

仍依[例 2-1]的资料,图中趋势直线与纵轴相交点大约为(0, 1 340),则表示该半变动成本维修费中的固定成本部分 a 为 1 340 元,趋势直线的斜率表示单位变动成本 b,可以用最高点的数据计算 b 的值。

$$
\begin{aligned}
b &= \frac{y-a}{x} \\
&= \frac{3\,200-1\,340}{6\,000} \\
&= 0.32(\text{元} / \text{小时})
\end{aligned}
$$

可见,维修费与机器工作时间的关系为:

$$y = 1\,340 + 0.32x$$

散布图法简便易行,但由于目测绘制成本直线,容易造成因人而异的误差,影响准确程度。

3. 回归直线法

回归直线法亦称“最小平方法”,是数理统计“偏差平方和最小”的原理在管理会计中的应用。该法实质上是散布图法的数理方法。采用散布图法时,是通过目测成本点的变化趋势来画一条趋势线,不同的人可以画出不同的直线,到底哪一条最准确呢?用统计的方法选取以全部观察值的误差平方和最小的直线较为合适,即求出一条在所有的直线中,误差的平方和最小的那一条,这种方法称为最小平方法,即回归直线法。

对于混合成本 $y = a + bx$,可用下式求出 b 和 a。

$$b = \frac{n\sum xy - \sum x \sum y}{n\sum x^2 - (\sum x)^2}$$

$$a = \frac{\sum y - b\sum x}{n}$$

仍以[例 2-1]的资料为例说明具体运用。为便于计算，先将资料进行加工，如表 2-2 所示。

表 2-2 回归直线法相关数据计算表

月份	x	y	xy	y^2	x^2
1	4 000	2 600	10 400 000	6 760 000	16 000 000
2	4 500	2 730	12 285 000	7 452 900	20 250 000
3	4 800	2 800	13 440 000	7 840 000	23 040 000
4	4 700	2 760	12 972 000	7 617 600	22 090 000
5	5 100	2 950	15 045 000	8 702 500	26 010 000
6	5 200	2 970	15 444 000	8 820 900	27 040 000
7	5 600	3 080	17 248 000	9 486 400	31 360 000
8	5 300	3 000	15 900 000	9 000 000	28 090 000
9	5 800	3 120	18 096 000	9 734 400	33 640 000
10	6 000	3 200	19 200 000	10 240 000	36 000 000
11	5 700	3 100	17 670 000	9 610 100	32 490 000
12	5 800	3 110	18 038 000	9 672 100	33 640 000
合计	62 500	35 420	185 738 000	104 936 800	329 650 000

根据表 2-2 计算如下：

$$b=\frac{n\sum xy-\sum x\sum y}{n\sum x^2-\left(\sum x\right)^2}$$

$$=\frac{12\times 185\,738\,000-62\,500\times 35\,420}{12\times 329\,650\,000-62\,500^2}$$

$$=0.305(\text{元})$$

$$a=\frac{\sum y-b\sum x}{n}$$

$$=\frac{35\,420-0.305\times 62\,500}{12}$$

$$=1\,363.125(\text{元})$$

因而可得维修费的成本函数为：$y=1\,363.125+0.305x$。

回归直线法与其他两种方法相比最准确，误差和误差平方和达到最小值，但计算量大。这里必须指出，这三种方法均包含有估计的成分，带有一定程度的假定性，故其分解的结果均不可能绝对准确，只能求得近似值。

上面介绍的高低点法、散布图法、回归直线法都属于历史资料分析法，只有取得了有关的历史资料，才能使用这三种方法。在某些新开办企业没有历史资料或者取得历史资料成本较大时,可以采用前面介绍的直接分析法、技术测定法或合同确认法。

第三节　变动成本法

一、变动成本法的含义

在财务会计中,直接材料、直接人工和制造费用都计入产品成本,而非制造成本如管理费用和销售费用则作期间费用处理,列入利润表,直接冲减当期损益。这种方法称为全部成本法,也叫吸收成本法。

为了适应预测、决策、规划、控制和考评的需要,在会计中产生了一种新的成本计算方法,这就是变动成本法。所谓变动成本法,就是在计算产品生产成本和存货成本时,只包括直接材料、直接人工和变动制造费用,而把固定制造费用列入利润表内,作为贡献毛益扣除项目的一种成本计算方法。也就是说,按变动成本法,生产成本只包括直接材料、直接人工和变动制造费用,而期间成本则除了包括管理费用和销售费用以外,还包括固定制造费用。

变动成本法的基本设想,在 20 世纪初已初见端倪。1936 年,美国学者乔纳森·哈里斯(M. J. Harris)首先正式提出了这一方法,不过当时并没有受到普遍重视。最早实行变动成本法的是 20 世纪 60 年代美国的一家大型化学制造企业。第二次世界大战后,资本主义经济矛盾日趋尖锐,企业管理当局为了能在激烈的市场竞争中立于不败之地,在内部经营管理中注重加强事前规划、决策。按全部成本法提供的会计资料越来越满足不了预测、决策和考核、分析的需要,于是变动成本法便逐渐得到研究和运用,成为管理会计的一项重要内容,现在已普通应用于西方企业的内部管理方面。

随着我国经济体制改革的不断深化和市场经济体制的逐步完善,市场观念、价值观念、信息观念日益受到人们的重视。从 20 世纪 80 年代开始,很多专家、学者对变动成本法的应用和改造问题,撰文进行深入研究并提出许多见解,使之成为成本核算改革研究的重要课题和改革方向。

二、变动成本法和全部成本法的区别

变动成本法与全部成本法是适应不同需要而设计的两种不同的成本计算方法。两者的区别主要表现在以下三个方面。

(一) 成本分类不同

全部成本法对成本按经济用途分类,把成本分成生产成本和非生产成本。变

动成本法在把成本分成生产成本和非生产成本的同时，还要对成本按性态分成变动成本和固定成本。在变动成本法和全部成本法下的成本分类标准见表 2-3。

表 2-3　变动成本法和全部成本法的分类标准

<table>
<tr><th colspan="3">变动成本法</th><th colspan="2">全部成本法</th></tr>
<tr><td rowspan="5">变动成本</td><td>直接材料</td><td rowspan="3">生产成本</td><td rowspan="4">生产成本</td><td>直接材料</td></tr>
<tr><td>直接人工</td><td>直接人工</td></tr>
<tr><td>变动制造费用</td><td>变动制造费用</td></tr>
<tr><td>变动销售费用</td><td rowspan="5">非生产成本
（期间费用）</td><td>固定制造费用</td></tr>
<tr><td>变动管理费用</td><td rowspan="4">非生产成本
（期间费用）</td><td>变动销售费用</td></tr>
<tr><td rowspan="3">固定成本</td><td>固定制造费用</td><td>变动管理费用</td></tr>
<tr><td>固定销售费用</td><td>固定销售费用</td></tr>
<tr><td>固定管理费用</td><td>固定管理费用</td></tr>
</table>

（二）利润表不同

变动成本法和全部成本法对成本的分类的差异，也直接影响到成本项目在利润表上的排列方式。表 2-4 是用两种方法编制的利润表的简略示意表。

表 2-4　利润表（按变动成本法编制）的基本结构

变动成本法	全部成本法
销售收入	销售收入
减：变动成本	减：销售成本
销售成本（按变动成本法的口径计算）	
变动性销售管理费	
变动成本合计	
贡献毛益	销售毛利
减：固定成本	减：销售和管理费
固定性制造费用	
固定性销售管理费	
固定成本合计	
销售净利	销售净利

从表 2-4 可以看出，全部成本法关注成本信息的完整性、生产成本和非生产成本的划分以及销售毛利的计算；变动成本法则关注成本与销售收入的相关性、成本按性态分类以及贡献毛益的揭示。

（三）成本费用的核算流程不同

完全成本法把所有的制造费用都计入产品成本，而变动成本法则不把固定性的制造费用计入产品成本，而是计入期间费用。因而变动成本法需要增设一个“固定性制造费用”账户，把其作为期间费用账户，期末把发生的所有固定性制造费用全部转入利润账户。两者成本的核算流程不同。

变动成本法和完全成本法的成本核算流程分别如图 2-10，图 2-11 所示。

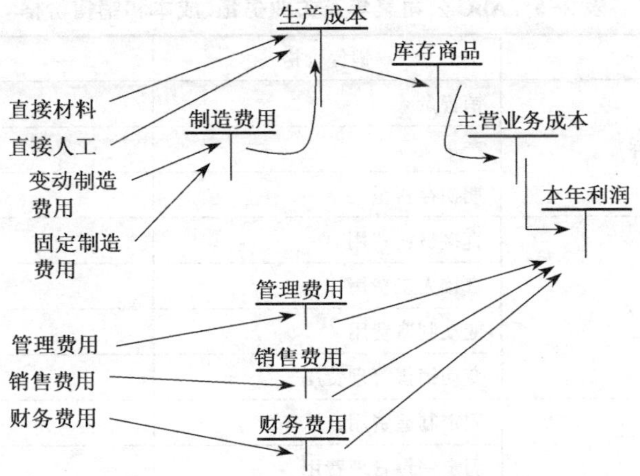

图 2-10　变动成本法成本核算流程

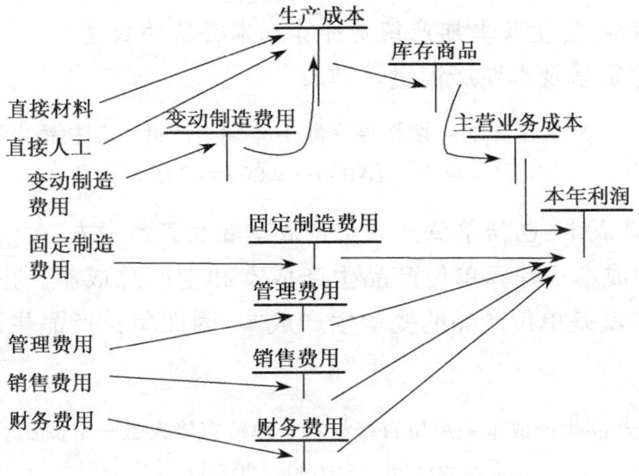

图 2-11　变动成本法成本核算流程

三、两种成本法下的成本计算及会计报表的编制

由于在两种成本法下生产成本的口径不同，计算出来的产品成本、销货成本和存货成本也会不同，再加上成本分类的不同以及利润的计算方法不同，两种成本法计算出来的利润也会不一样。下面具体举例说明两种成本法下的成本和利润的计

算过程。

【例 2-2】 ABC 公司某年有关业务量、成本和销售价格的资料如表 2-5 所示。

表 2-5 ABC 公司某年有关业务量、成本和销售价格

	销售价格	13
业务量(件)	销售量	9 000
	产量	10 000
	期初存货量	0
变动成本(元)	直接材料费用	40 000
	直接人工费用	30 000
	变动制造费用	20 000
	变动销售管理费用	9 000
固定成本(元)	固定制造费用	20 000
	固定销售管理费用	4 000

要求:分别按变动成本法和全部成本法计算该企业的生产成本、存货成本并编制利润表。

1. 根据期初存货量及本期产销量计算期末存货的数量

根据期初存货量及本期产销量,可知:

$$\begin{aligned}\text{期末存货量} &= \text{期初存货量} + \text{本期生产量} - \text{期初销售量} \\ &= 0 + 10\,000 - 9\,000 = 1\,000(\text{件})\end{aligned}$$

2. 计算生产成本:包括单位产品生产成本和生产总成本

(1) 按变动成本法计算单位产品生产成本和生产总成本。按变动成本法,单位产品生产成本就是单位产品的变动生产成本,因而单位产品生产成本可用下式计算:

$$\begin{aligned}\text{单位产品生产成本} &= \text{单位直接材料} + \text{单位直接人工} + \text{单位变动制造费用} \\ &= \frac{40\,000}{10\,000} + \frac{30\,000}{10\,000} + \frac{20\,000}{10\,000} = 4 + 3 + 2 = 9(\text{元})\end{aligned}$$

生产总成本可用下式计算:

$$\begin{aligned}\text{生产总成本} &= \text{单位产品生产成本} \times \text{产量} \\ &= 9 \times 10\,000 = 90\,000(\text{元})\end{aligned}$$

(2) 按全部成本法计算单位产品生产成本和生产总成本。按全部成本法,单位产品生产成本不仅包括直接材料、直接人工和变动制造费用等变动项目,还包括固定制造费用。单位产品生产成本可用下式计算：

$$\text{单位产品生产成本} = \text{单位直接材料} + \text{单位直接人工} + \text{单位变动制造费用} + \text{单位固定制造费用}$$

单位固定制造费用则要通过下式计算：

$$\text{单位固定制造费用} = \frac{\text{固定制造费用总额}}{\text{产量}} = \frac{20\,000}{10\,000} = 2(\text{元})$$

由此可计算出单位产品生产成本：

$$\begin{aligned}\text{单位产品生产成本} &= \text{单位直接材料} + \text{单位直接人工} + \text{单位变动制造费用} + \text{单位固定制造费用} \\ &= \frac{40\,000}{10\,000} + \frac{30\,000}{10\,000} + \frac{20\,000}{10\,000} + 2 = 4 + 3 + 2 + 2 = 11(\text{元})\end{aligned}$$

生产总成本可用下式计算：

$$\begin{aligned}\text{生产总成本} &= \text{单位产品生产成本} \times \text{产量} \\ &= 11 \times 10\,000 = 110\,000(\text{元})\end{aligned}$$

按变动成本法和全部成本法计算单位产品生产成本和生产总成本表如表2-6所示。

表 2-6　单位产品生产成本和生产总成本计算

	变动成本法		全部成本法	
	单位生产成本	生产总成本	单位生产成本	生产总成本
直接材料	4	40 000	4	40 000
直接人工	3	30 000	3	30 000
变动制造费用	2	20 000	2	20 000
制造费用总额			2	20 000
合　计	9	90 000	11	110 000

3. 计算期末存货成本和当期销货成本

期初存货和当期生产存货是当期可用存货的两个来源，这些存货的去向也有两个：已销售出去的称为销货，尚未销售出去的称为存货。因此，存货成本和当期销货成本要根据期初存货成本和当期生产成本来计算。即：

$$\text{期初存货成本} + \text{当期生产成本} = \text{期末存货成本} + \text{当期销货成本}$$

假设期末存货成本和当期销货成本按加权平均法计算，则单位存货成本可按下式计算：

$$单位存货成本 = \frac{期初存货成本 + 当期生产成本}{期初存货量 + 当期生产量}$$

$$期末存货成本 = 单位存货成本 \times 期末存货$$

$$当期销货成本 = 单位存货成本 \times 当期销货量$$

当期销货成本也可以用下式计算：

$$当期销货成本 = 期初存货成本 + 当期生产成本 - 期末存货成本$$

由于生产成本的组成内容不同，按两种成本计算法计算的存货成本和销货成本也不同。

(1) 按变动成本法计算存货成本和当期销货成本。按变动成本法计算的存货成本和当期销货成本，只包括了直接材料、直接人工和变动制造费用等变动项目，未包括固定制造费用。

$$单位存货成本 = \frac{期初存货成本 + 当期生产成本}{期初存货量 + 当期生产量}$$

$$期末存货成本 = 单位存货成本 \times 期末存货量 = 9 \times 1\,000 = 9\,000(元)$$

$$\begin{aligned}当期销货成本 &= 单位存货成本 \times 当期销货量\\ &= 9 \times 9\,000 = 81\,000(元)\end{aligned}$$

或

$$\begin{aligned}当期销货成本 &= 期初存货成本 + 当期生产成本 - 期末存货成本\\ &= 0 + 90\,000 - 9\,000 = 81\,000(元)\end{aligned}$$

(2) 按全部成本法计算存货成本和当期销货成本。按全部成本法计算的存货成本和当期销货成本，包括了直接材料、直接人工和变动制造费用以及固定制造费用等全部成本。

$$\begin{aligned}单位存货成本 &= \frac{期初存货成本 + 当期生产成本}{期初存货量 + 当期生产量}\\ &= \frac{0 + 110\,000}{0 + 10\,000} = 11(元)\end{aligned}$$

$$期末存货成本 = 单位存货成本 \times 期末存货量 = 11 \times 1\,000 = 11\,000(元)$$

$$当期销货成本 = 单位存货成本 \times 当期销货量 = 11 \times 9\,000 = 99\,000(元)$$

或

$$\begin{aligned}当期销货成本 &= 其初存货成本 + 当期生产成本 - 期末存货成本\\ &= 0 + 110\,000 - 11\,000 = 99\,000(元)\end{aligned}$$

按变动成本法和全部成本法计算的存货和销货成本如表 2-7 所示。

表 2-7　存货和销货成本表

	变动成本法	全部成本法
期初存货	0	0
加:本期生产成本	90 000.00	110 000.00
合计	90 000.00	110 000.00
(单位成本)	9	11
减:期末存货成本	9 000.00	11 000.00
产品销售成本	81 000.00	99 000.00

4. 编制利润表

在会计核算中运用变动成本法和全部成本法,不仅计算出来的生产成本、存货成本和销货成本不同,而且计算出来的资产、利润也不同。对资产和利润的计量可以通过编制资产负债表和利润表来反映。

运用变动成本法和全部成本法编制利润表,如表 2-8,表 2-9 所示。

表 2-8　利润表(按变动成本法)

项　　目	行次	本月数
一、产品销售收入	1	117 000.00
减:产品销售成本	2	81 000.00
变动销售和管理费用	3	9 000.00
二、贡献毛益	4	27 000.00
减:固定性制造费用	5	20 000.00
固定性销售和管理费用	6	4 000.00
三、销售净利	7	3 000.00

表 2-9　利润表(按全部成本法)

项　　目	行次	本月数
一、产品销售收入	1	117 000.00
减:产品销售成本	2	99 000.00
二、产品销售毛利	3	18 000.00
减:管理费用及销售费用	4	13 000.00
三、销售净利	5	5 000.00

由以上利润表可见,在两种成本方法下编制的利润表是不同的。不仅格式不同,最后计算出来的利润也不同。利润的差额可以用下式表示:

$$\text{利润差额}=\frac{\text{按全部成本法}}{\text{计算的利润}}-\frac{\text{按变动成本法}}{\text{计算的利润}}$$

$$=\frac{\text{按全部成本法计算的期末存}}{\text{货成本中的固定制造费用}}-\frac{\text{按全部成本法计算的期初存}}{\text{货成本中的固定制造费用}}$$

$$=\text{期末存货量}\times\frac{\text{期末存货成本中}}{\text{的单位固定制造费用}}-\text{期初存货量}\times\frac{\text{期初存货成本中的}}{\text{单位固定制造费用}}$$

$$\frac{\text{按全部成本法}}{\text{计算的利润}}=\frac{\text{按变动成本法}}{\text{计算的利润}}$$

$$+\left(\frac{\text{按全部成本法计算的期末存货成}}{\text{本中的固定制造费用}}-\frac{\text{按全部成本法计算的期初}}{\text{存货成本中的固定制造费用}}\right)$$

设利润为 P，固定制造费用为 a，上式可简写为：

$$\Delta P = a_{\text{末存}} - a_{\text{初存}}$$

上例中，期末存货成本中的固定制造费用（$a_{\text{末存}}$）为 2 000 元（即单位固定制造费用 2×期末存货量 1 000），期初存货成本中的固定制造费用（$a_{\text{初存}}$）为 0，因而：

$$\Delta P = a_{\text{末存}} - a_{\text{初存}} = 2\times 1\,000 - 0 = 2\,000(\text{元})$$

$$\text{按全部成本法计算的利润} = 3\,000 + (2\times 1\,000 - 0) = 5\,000(\text{元})$$

5. 编制部分资产负债表

用变动成本法编制的部分资产负债表如表 2-10 所示。

表 2-10　资产负债表(用变动成本法编制)

资产	金额	负债和所有者权益	金额
……		……	
存货	9 000	未分配利润	3 000
……		……	

用全部成本法编制的部分资产负债表如表 2-11 所示。

表 2-11　资产负债表(用完全成本法编制)

资产	金额	负债和所有者权益	金额
……		……	
存货	11 000	未分配利润	5 000
……		……	

从表 2-10 和表 2-11 可见，多记资产，就会多记利润；反之，少记资产，就会少记利润。本例中，由于按全部成本法比按变动成本法计算存货资产多记了 2 000 元（11 000－9 000），因而按全部成本法比按变动成本法计算的利润也就多记了 2 000元（5 000－3 000）。

四、对变动成本法的评价

(一) 变动成本法的优点

从适应内部经营管理的需要出发,变动成本法在以下几个方面优于全部成本法。

1. 符合"收益与费用相配比"的会计原则

变动成本法根据成本性态来划分和核算成本,将与产品制造过程直接相关的变动生产成本列入产品成本,随着产品的出售或结存分别转入销售成本或存货成本,而将与各期经营活动能力和管理需要直接有关,不受产品生产量变动影响的固定制造费用列入期间成本,随时间的消逝而一次全部转销。这样做,比全部成本法更符合"收益与费用相配比"的会计准则。因而用变动成本法计算的利润也就更真实。

事实证明,用变动成本法计算的利润更真实准确,更能恰当评价企业的经营成果和经营者的工作业绩。如前所述,按全部成本计算法,在其他条件不变的情况下,企业的产量越大,产品库存越多,利润就越大。这是一种错误的信息。这种信息会误导决策者,鼓励决策者盲目生产,自觉不自觉地寻求增加库存量,虚计资产、虚增利润。

2. 有利于成本控制和业绩评价

在全部成本法的单位产品成本中,包括变动和固定两种性态的成本,当发现单位成本偏离时,不易分析其中的影响因素,从而给成本控制带来了困难。另外,固定制造费用往往是人为地分配到每种产品成本中去的,在实践中,很难找到适当的分配依据。这样,一方面增加了成本核算的复杂性,另一方面使每种产品单位成本的高低受到主观随意性的影响,难以正确反映各部门成本控制的效果。由于以上原因,根据全部成本法提供的数据评价各部门的业绩自然不尽合理。

变动成本法的单位产品成本中仅包含变动制造成本,因此,每种产品的成本高低可以客观地反映该产品的成本控制情况,而不受固定制造费用分配方式的影响。另外,由于变动成本法对变动成本和固定成本分别计算,管理人员可以根据这两种成本各自的特点,采用不同的成本控制方法。对于变动制造成本,应从直接材料成本、直接人工成本和变动制造费用三个方面分别控制单位成本的高低;对于固定制造费用,则应将酌量性成本和约束性成本分开,通过预算的方式控制酌量性成本总额。这样,既可以提高成本控制的效果,又便于考核各部门的可控成本,为业绩评价提供较为合理的依据。

3. 简化了产品成本的计算,又提高了成本核算信息的客观性

由于变动成本法将固定制造费用列入期间成本,因此省去了大量的费用分配

工作。同时,由于固定成本与产量无关,所以在将固定制造费用直接分配到产品成本中时,无论采取哪一种分配标准(如产量、工时等)都是不恰当的,在实际工作中必然是主观随意的。用变动成本法就不再对固定制造费用进行分配,这就大大提高了成本核算信息的客观性。

(二)变动成本法的局限性

1. 成本性态的划分带有一定的假定性,不能提供准确的资料

在成本的划分上,特别是在混合成本的分解上带有一定的假定性,这样就有可能提供误差较大的资料而影响预测、决策的正确性。

2. 不能满足企业长期预测、决策的需要

从较长的经营期考察,企业的生产能力、经营条件和生产工艺、技术水平等不可能一成不变,成本消耗水平(即单位变动成本和固定成本总额)也不可能始终保持稳定不变。同时,单位变动成本和固定成本总额在一定条件下会呈某种此消彼长的关系。这样变动成本法在企业经营预测、决策上的作用也就受到了限制。

3. 与传统的成本计算方法相违背,难以为企业外界有经济利害关系的单位或个人接受和利用

变动成本是一种新的成本观念,变动成本法在产品成本的构成上与传统的成本计算方法相违背,未能得到会计准则的认可。更重要的是,如果企业在某一年把全部成本法改成变动成本法,会导致当年由于存货不能"吸收"固定制造费用而使存货成本减少、期间费用增加,并最终导致当期利润减少。这样会减少政府的税收和股东的价值,使其难以接受变动成本法。

综上所述,变动成本法是侧重于"对内服务"的一种成本计算方法,而全部成本法是侧重于"对外服务"的一种成本计算方法,两种方法各有其职能,在会计管理上应将两种方法结合起来进行成本核算。

第四节　关于变动成本法与全部成本法结合应用的问题

如前所述,按全部成本法核算的会计资料能够满足企业外部利益相关者的要求,但不能满足企业内部经营管理的需要;相反,按变动成本法核算的会计资料能满足企业内部经营管理的需要,却难以得到外界的认可。因此,无论使用哪一种成本计算法都有不可克服的缺陷。可见,企业的会计核算工作必须提供两方面信息:一方面,必须为企业内部管理部门进行日常经营管理决策提供有用的资料,另一方面必须定期编制财务报表,把会计核算的结果定期提供给投资者、债权人以及其他有关各方。变动成本法和全部成本法能分别满足这两方面的需要,只有同时采用两种成本计算法进行会计核算才能同时满足企业内部和外部两方面的要求。

一、变动成本法和全部成本法如何结合

要同时使用变动成本法和全部成本法来处理会计信息，就要设计一个科学的账户体系，使两种成本计算法结合起来。具体办法有两种：一是所谓的“双轨制”。即同时采用两种口径，两套账户来分别进行变动成本计算和全部成本计算，得到两套成本费用资料和利润资料，并以此为基础分别编制两个利润表。这种方法能够充分发挥两种成本计算法的优点，提供的会计信息内容丰富。但是，在一个企业里同时采用两种成本计算法会造成人力、物力、财力和时间上的浪费，而且还会造成大量的重复计算。当然，在计算机技术广泛使用于会计工作中的今天，这个问题已经影响不大了。另一种方法是“单轨制”。就是在会计核算工作中将两种成本计算方法有机地结合起来，同时提供对内、对外两方面信息的需要。本章主要介绍“单轨制”。

二、变动成本法和全部成本法相结合的会计核算方法

通常情况下，由于企业成本计算的主要任务是为企业内部经营管理提供必要的成本数据，这是一项经常性的大量的工作，而编制对外财务报表只是一项定期性工作。因此，日常会计核算应该采用变动成本法来核算成本、利润和产品存货资产，期末编制财务报表时，再按全部成本法的要求对会计报表上的有关成本、利润和产品存货资产项目进行调整，使对外的财务报表得以按全部成本法反映。

采用变动成本法进行日常核算，首先应该把全部的成本费用分为变动成本和固定成本两部分。日常核算时按变动成本法的要求把生产中发生的直接材料费用、直接人工费用和变动制造费用计入生产成本和存货成本。固定制造费用则不计入生产成本，而是在期末直接结转本年利润。期末，为了满足按全部成本法编制财务报表的要求，要把固定制造费用中应由销货分摊的部分加到“营业成本”项目上；应归属于期末在产品、产成品的一部分，仍应留在账户上，其余额附加在资产负债表中的存货项目上，使其仍按全部成本法反映。这样，既避免了成本计算上的重复，又同时兼顾了对内、对外提供成本信息的需要。具体核算程序如下所述。

(1) 设置“生产成本”、“库存商品”等账户，生产成本中的变动部分记入这两个账户，固定成本则不记入。

(2) 设置“变动制造费用”账户，核算生产过程中发生的变动制造费用，发生时记入本账户的借方，然后再从该账户贷方分配结转到“生产成本”账户。

(3) 单独设置“固定制造费用”账户，用以归集本期日常发生的固定制造费用，期末全部结转到“本年利润”账户。

(4) 这样，企业的成本、利润和产品存货资产都按变动成本法反映，这时也可

以编制变动成本法下的利润表和资产负债表。

(5) 期末,为了满足按全部成本法编制财务报表的要求,要把固定制造费用中应由存货分摊的部分加到“存货”项目上,应由销货分摊的部分加到“主营业务成本”项目上,同时调整利润额。

(6) 根据有关账户的资料加以调整,便可分别编制全部成本法下的利润表和资产负债表,以对外报告。

第三章　利润性态分析会计（量本利分析）

上一章对成本进行了分析，探讨了成本和业务量的关系，揭示了成本变化的规律，得到了成本函数；又通过变动成本法把成本性态分析的理论运用到会计的日常核算之中，使核算出来的成本和利润数据更科学、更有用，便于企业进行成本的预测、决策、规划、控制和考核。本章在此基础上进一步分析利润，通过对量本利三者之间关系的研究，探讨利润的变化规律，以寻求改善经营、提高利润、降低风险的有效途径。

第一节　利润性态分析(量本利分析)概述

一、利润性态分析(量本利分析)的含义

企业的经营目标是追求利润的最大化。利润是企业全部经营活动的综合成果，是评价企业经营效果的最综合指标。企业的每一项经营活动、每一个部门的行为都会影响利润。可以说，影响利润的原因是多种多样的、全方位的。从会计的角度来看，影响利润的因素可归结到两个方面。一是收入，二是成本。从上一章对成本因素进行的性态分析已知：业务量是决定成本的因素。同时，业务量也是决定收入的因素。对业务量、成本和利润之间的依存关系进行分析，就称为“量本利分析”，简言之，就是“量利分析”。

在上一章，我们已经对业务量和成本之间依存关系进行了分析，即成本性态分析，这种分析就是“量本分析”。

在“量本利”三者的关系中，利润是因变量，业务量是自变量，成本则是既受业务量影响，又影响利润的中间变量，可见“量本利”分析也可以简称为“量利”分析。量本利关系如图 3-1 所示。

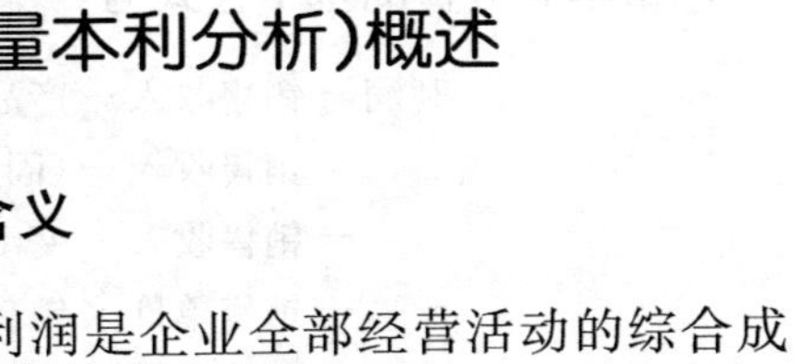

图 3-1　量本利关系图

利润是企业的出发点。影响利润的因素包括了企业的全部方面，如各项资源投入（资本、人力、技术、信息等），各项活动（营业、财务、管理等）以及各个部门乃至每一个员工。但从会计的角度来说，影响利润的因素不外乎就是收入和成本两个方面。从图 3-1 可以看出，其中影响收入的因素有两个：销售价格（p）和销售量（x）；影响成本的因素则有三个：销售量（x）、单位变动成本（b）和固定成本（a）。

在影响利润的全部四个因素中，提高销售价格（p）、降低单位变动成本（b）和固定成本（a）的措施通常是不可取的（当然在采用更先进的技术、进一步提高管理水平和推出新产品以及大幅度提高产品质量的情况下是大有潜力可挖的）。最有效的办法是扩大销售量（x），占有更多的市场。

由于收入的影响因素相对简单，研究销售量（x）和成本对利润的影响就成为分析的重点内容。这就是为什么这种分析被称之为“量本利分析”或“量利分析”的原因。

二、量本利关系的表示方法

量本利关系的表示方法有三种：公式法、表格法和图示法。

（一）公式法

量本利分析的基本公式为：

利润＝销售收入－产品总成本
＝销售收入－（固定成本＋变动成本）
＝销售收入－变动成本－固定成本
＝销售单价×销售量－单位变动成本×销售量－固定成本
＝（销售单价－单位变动成本）×销售量－固定成本

用 P 表示利润，a 表示固定成本总额，b 表示单位变动成本，x 表示销售量，则上述公式可以表示为：

$$\begin{aligned} P &= px-(bx+a) \\ &= px-bx-a \\ &= (px-bx)-a \\ &= (p-b)x-a \end{aligned}$$

在以上量本利分析的基本公式中，$px-bx$ 称为贡献毛益，也叫边际贡献，是指销售收入减去变动成本后的余额。贡献毛益（$px-bx$）的计算公式可作如下变换：

$$\begin{aligned} px-bx &= (p-b)x \\ &= \frac{p-b}{p}px \\ &= \left(1-\frac{b}{p}\right)px \end{aligned}$$

上式中，$p-b$ 称为单位贡献毛益，$\frac{p-b}{p}$ 称为贡献毛益率，$\frac{b}{p}$ 称为变动成本率。

1. 单位贡献毛益

单位贡献毛益为单价和单位变动成本之差 $(p-b)$，也等于贡献毛益总额和销售量之商 $\left(\frac{px-bx}{x}\right)$。

2. 贡献毛益率

贡献毛益率为单位贡献毛益和单价之商 $\left(\frac{p-b}{p}\right)$，也等于贡献毛益总额和销售额之商 $\left(\frac{px-bx}{px}\right)$。

3. 变动成本率

变动成本率为单位变动成本和单价之商 $\left(\frac{b}{p}\right)$，也等于变动成本总额和销售额之商 $\left(\frac{bx}{px}\right)$。

由 $\frac{p-b}{p}=1-\frac{b}{p}$ 可知，贡献毛益率和变动成本率是相互互补的关系，即贡献毛益率与变动成本率之和恒为 0。

由 $P=(px-bx)-a$ 可知，利润等于贡献毛益扣除固定成本。也就是说，贡献毛益等于利润加上固定成本。利润和贡献毛益的关系如图 3-2 所示。

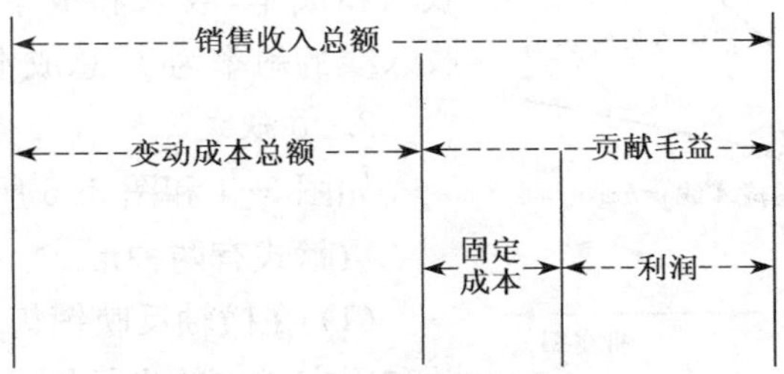

图 3-2　利润和贡献毛益关系图

在管理会计中，由于固定成本与生产量的变动无关，所以产品成本的计算不考虑固定成本，由此产生了变动成本法；同样，由于固定成本与有关的经营业务量的变动无关，所以收益的计算也不应该考虑固定成本，由此在考核收益时就产生了一个新的概念：贡献毛益。

(二) 表格法

表格法是用表格的形式来反映业务量和利润的关系的。

【例 3-1】 A 企业的销售量和利润对照如表 3-1 所示。

表 3-1 销售量的利润对照

销售量(件)	利润(万元)	销售量(件)	利润(万元)
1	−300	5	100
2	−200	6	200
3	−100	7	300
4	0	8	400

在表 3-1 中,销售量为自变量 x,利润为因变量 y。根据表中的数据,可以用回归分析法、高低点法等方法求得利润函数:

$$y = 100x - 400$$

由以上利润函数可以看出:该企业的固定成本为 400 万元,单位贡献毛益为 100 万元。

(三) 图示法

使用图示法,可以非常形象地反映销售量与收入、成本、贡献毛益、利润等的关系。量本利分析图根据反映的重点可分为基本式、贡献式、单位式、利润式、多种产品式等几种。

1. 基本式

如图 3-3 所示。

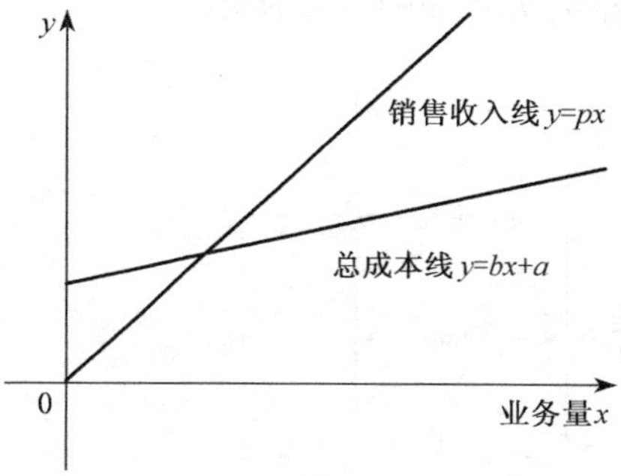

图 3-3 基本式保本图

在基本式中,横轴反映销售量,纵轴反映收入和成本,收入和成本之差为利润。销售收入线的斜率为 p,总成本线的斜率为 b。

2. 贡献式

如图 3-4 和图 3-5 所示。

贡献式有两种形式。

(1) 在横轴反映销售量,纵轴反映贡献毛益和固定成本的坐标图上,画两条线:贡献毛益线和固定成本线,两者之差为利润。贡献毛益线的斜率为 $p-b$,见图 3-4。

(2) 在同样的坐标图上,画同样的两条线:贡献毛益线和固定成本线,但贡献毛益线的表达式不是 $y=(p-b)x$,而是 $y=\frac{p-b}{p}px$,也就是说,贡献毛益线不是以销售量 x 为自变量,而是以销售额 px 为自变量,贡献毛益线的斜率为 $\frac{p-b}{p}$,贡献毛益线与横轴的夹角恒为 45 度。这一图式的优点是可用于多种产品的分析。见图 3-5。

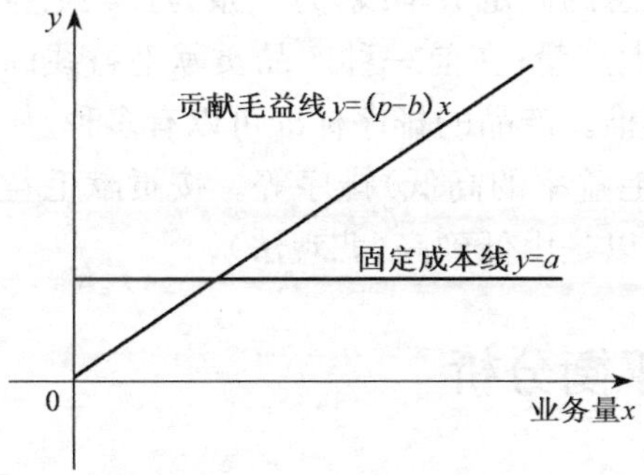

图 3-4　贡献式保本图(一)

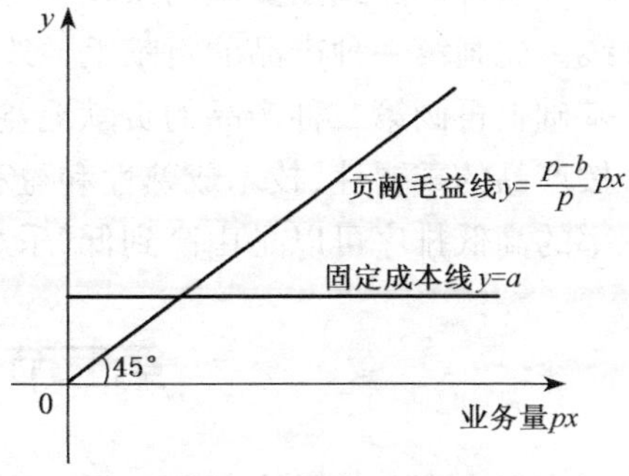

图 3-5　贡献式保本图(二)

3. 单位式

如图 3-6 所示。

在单位式中,横轴反映销售量,纵轴反映单位收入(单价)和单位成本,单位收入(单价)线和单位成本线之差为单位利润。

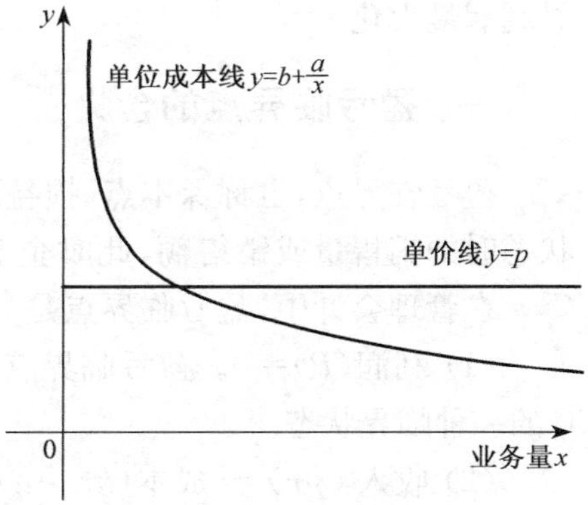

图 3-6　单位式保本图

4. 利润式

如图 3-7 所示。

在利润式中,横轴反映销售量,纵轴反映利润,利润线和横轴之差即利润。利润线的斜率与贡献毛益线的斜率一样,亦为 $p-b$。利润式图的优点是不仅简明(只画一条线),更重要的是能直接反映利润,只要已知销售量,即可立即了解利润所达到的水平。

5. 多种产品式

如图 3-8 所示。

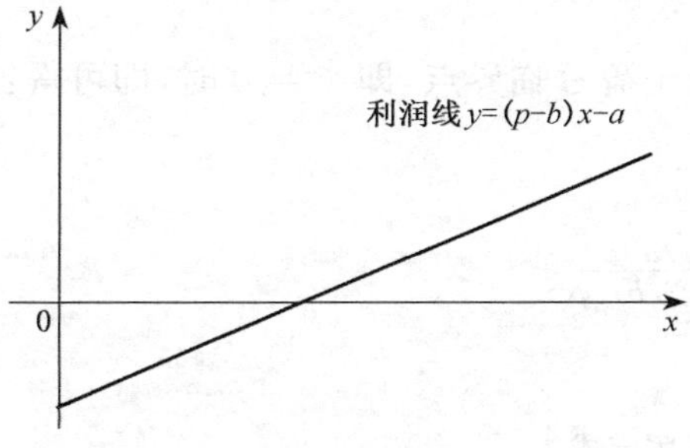

图 3-7　利润式保本图

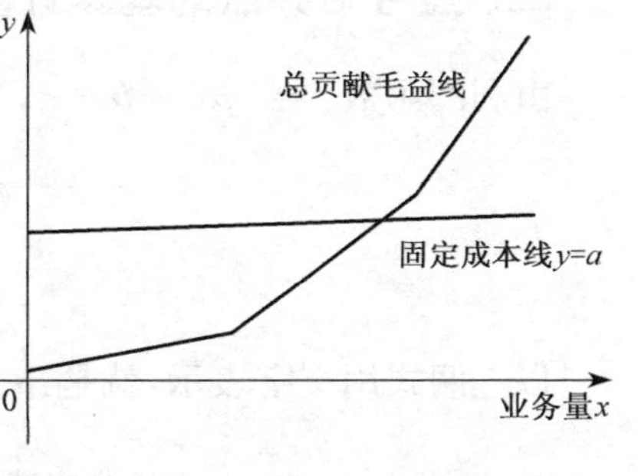

图 3-8　利润式保本图

多种产品式图要画两条线，一是呈水平状态的固定成本线，另一条为贡献毛益线。先画第一种产品的贡献毛益线直到其最大产量；在前一种产品贡献毛益线的基础上再画第二种产品的贡献毛益线，依此类推。产品的排序标准可以有多种，如按产品的重要性、技术成熟性和盈利性（贡献毛益率的高低）排序等。按贡献毛益率的高低排序可以是由高到低（乐观法），也可以是由低到高（悲观法）。

第二节 盈亏平衡分析

量本利分析是为了研究量本利之间的因果关系，揭示利润变动的规律，以探寻利润最大化之路。在研究如何增加利润之前，我们先要研究如何才能不亏，做到盈亏平衡。盈亏平衡对企业可以说是生死攸关，盈亏平衡的重要性丝毫也不亚于探寻利润最大化。

一、盈亏临界点的含义

盈亏临界点，也称保本点、损益两平点，是指企业经营达到收支平衡、不盈不亏状态时的销售量或销售额，此时企业的贡献毛益总额正好补偿固定成本，利润为零。在管理会计中，盈亏临界点是一项很重要的信息。

(1) 利润(P)=0。盈亏临界点就是利润既不大于 0，也不小于 0，而刚好等于 0 的一种临界状态。

(2) 收入(px) = 成本($bx+a$)。盈亏临界点就是取得的收入正好可以弥补成本的一种临界状态。

(3) 贡献毛益($px-bx$) = 固定成本(a)。盈亏临界点就是创造的贡献毛益($px-bx$)正好可以弥补固定成本的一种临界状态。

盈亏临界点一般有两种表现形式：一种以实物单位表示，称为盈亏临界点销售量；另一种以货币单位表示，称为盈亏临界点销售额。

二、盈亏临界点的基本计算公式

由利润函数 $y=px-b-a$，当企业处于盈亏临界点，即 $y=0$ 时，即可得：

$$x_0=\frac{a}{p-b}$$

$$px_0=\frac{a}{(p-b)/p}$$

以上两式用文字表示，就是：

$$保本销售量=\frac{固定成本}{单位贡献毛益}$$

$$保本销售额=\frac{固定成本}{贡献毛益率}$$

【例 3-2】 A公司生产A产品,每件售价180元,每件变动成本90元,固定成本总额450 000元。要求计算盈亏临界点。

$$贡献毛益率=\frac{180-90}{180}=0.5$$

$$盈亏临界点的销售量=\frac{450\ 000}{180-90}=5\ 000(件)$$

$$盈亏临界点的销售额=\frac{450\ 000}{0.5}=900\ 000(元)$$

三、多品种盈亏临界点计算

前面所讨论的盈亏临界点计算都是假定在单一品种条件下进行的,但是在实际操作时,绝大多数企业都不止生产经营一种产品,因此需要进一步讨论在多品种条件下盈亏临界点计算的方法。

在企业生产多种产品的情况下,因为各产品的销售单价和单位变动成本均不同,就不能再用数量来反映盈亏临界点,而只能用金额来表示,即只能计算盈亏临界点销售额。

计算多品种盈亏临界点的方法主要有主要产品法、分别计算法和加权平均法。

1. 主要产品法

如果企业生产的所有产品中有一种主要产品,它所占比重很大,其他产品所占的比重很小,则为简化计算,可忽略次要产品,使用主要产品。主要产品法是在进行量本利分析时按照主要产品的贡献毛益率来计算的一种方法。在此方法下,用企业的全部固定成本除以该主要产品的单位贡献毛益或贡献毛益率来求得盈亏临界点。

2. 分别计算法

分别计算法就是将每一种产品的专属固定成本分别除以每一种产品的单位贡献毛益或贡献毛益率来求得每一种产品的盈亏临界点。

采用这种方法的条件是:固定成本必须是专属的。即使有一部分固定成本是共同的,也要能够合理地分摊,否则计算结果会出现很大的误差。

3. 加权平均法

加权平均法是多品种盈亏临界点的计算方法中采用最广泛的,它先是根据各种产品的销售单价、单位变动成本和销售量计算一个加权平均贡献毛益率,再据此计算企业全部产品的综合盈亏平衡点销售额,最后计算出各种产品的盈亏临界点销售额。

(1) 总额法。就是先将各产品的贡献毛益之和与各产品全部销售收入相除作为加权平均贡献毛益率,再计算盈亏临界点的方法。加权平均贡献毛益率的计算公式如下:

$$加权平均贡献毛益率=\frac{各种产品贡献毛益额之和}{各种产品销售收入之和}$$

【例 3-3】 某企业生产甲、乙两种产品,甲产品销售单价为 30 元,单位变动成本为 24 元,本月销售 5 000 件。乙产品销售单价为 45 元,单位变动成本为 36 元,本月销售量为 2 000 件。固定成本为 10 000 元。计算甲、乙两种产品的贡献毛益率和加权平均贡献毛益率。

甲产品的贡献毛益=(30－24)×5 000=30 000(元)

乙产品的贡献毛益=(45－36)×2 000=18 000(元)

贡献毛益总额=30 000＋18 000=48 000(元)

销售收入总额=150 000＋90 000=240 000(元)

加权平均贡献毛益率=48 000/240 000×100%=20%

盈亏临界点的销售额=10 000/20%=50 000(元)

(2) 比重法。就是先将各产品的销售收入与全部销售收入相除得到的销售比重作为权数,计算出加权平均的贡献毛益率,再求盈亏临界点的方法。加权平均贡献毛益率的计算公式如下:

$$加权平均贡献毛益率=\sum(各种产品贡献毛益率\times各种产品销售比重)$$

根据[例 3-3]的资料计算如下:

计算各种产品的贡献毛益率:

$$甲产品的贡献毛益率=\frac{30\ 000}{150\ 000}\times100\%=20\%$$

$$乙产品的贡献毛益率=\frac{18\ 000}{90\ 000}\times100\%=20\%$$

计算各种产品的销售比重:

$$甲产品的销售比重=\frac{150\ 000}{240\ 000}\times100\%=62.5\%$$

$$乙产品的销售比重=\frac{90\ 000}{240\ 000}\times100\%=37.5\%$$

计算加权平均贡献毛益率:

加权平均贡献毛益率=20%×62.5%＋20%×37.5%=20%

盈亏临界点的销售额=10 000/20%=50 000(元)

甲产品盈亏临界点的销售额=50 000×62.5%=31 250(元)

乙产品盈亏临界点的销售额=50 000×37.5%=18 750(元)

四、从盈亏临界点分析企业的盈利性和安全性

1. 达到盈亏平衡点的作业率(或保本点率)

盈亏临界点作业率是指盈亏临界点销售量(或销售额)在企业现有销售量(或销售额)中所占的比例,它能说明企业在保本情况下生产经营能力的利用程度。其表达公式为:

$$\text{达到盈亏平衡点的作业率} = \frac{\text{盈亏临界点销售量(或销售额)}}{\text{现有销售量(或销售额)}} = \frac{x_0}{x_1}$$

企业要盈利,其作业率必须高于该指标;否则会亏损。企业的达到盈亏平衡点的作业率越高,说明其盈利性和安全性越差。

2. 安全边际与安全边际率

安全边际是指现有销售量(销售额)与盈亏临界点的销售量(销售额)之间的差额。它有两种表现形式,一种是实物单位表现形式,即安全边际量;一种是货币单位表现形式,即安全边际额。计算公式为:

$$\text{安全边际量} = \text{现有销售量} - \text{盈亏临界点的销售量} = x_1 - x_0$$

$$\text{安全边际额} = \text{现有销售额} - \text{盈亏临界点的销售额} = px_1 - px_0$$

安全边际越大,表明企业越安全。

安全边际率是安全边际的相对数形式,它是安全边际与实际(或预计)销售量(销售额)之间的比值。

$$\text{安全边际率} = \frac{\text{安全边际}}{\text{实际(或预计)销售量(或销售额)}} = \frac{x_1 - x_0}{x_1}$$

安全边际率和达到盈亏平衡点的作业率之间的关系是一种互补关系。即:

$$\text{安全边际率} + \text{达到盈亏平衡点的作业率} = 1$$

安全边际率反映了企业生产经营活动(或现有销售水平)的安全程度,和安全边际一样,安全边际率越大,说明企业越安全。根据国内外的经验,利用安全边际率判别企业经营安全状态的数据如表 3-2 所示。

表 3-2　企业经营安全状态表

安全边际率	30%以上	25%～30%	15%～25%	10%～15%	10%以下
经营安全状态	安全	较安全	不太好	要注意	危险

【例 3-4】 某公司生产的 A 产品,每件售价 200 元,单位变动成本 160 元,预计全年销售 4 000 件,固定成本总额为 50 000 元。计算销售 4 000 件 A 产品时的安全边际、安全边际率和达到盈亏平衡点的作业率。

$$盈亏临界点销售量 = \frac{50\ 000}{200 - 160} = 1\ 250(件)$$

$$盈亏临界点销售额 = \frac{50\ 000}{1 - \frac{160}{200}} = 250\ 000(元)$$

$$达到盈亏平衡点的作业率 = 1\ 250/4\ 000 = 31.25\%$$

$$安全边际量 = 4\ 000 - 1\ 250 = 2\ 750(件)$$

$$安全边际额 = 4\ 000 \times 200 - 250\ 000 = 550\ 000(元)$$

$$安全边际率 = 3\ 750/4\ 000 \times 100\% = 68.75\%$$

或

$$安全边际率 = 550\ 000/800\ 000 \times 100\% = 68.75\%$$

$$\begin{aligned}&达到盈亏平衡点的作业率 + 安全边际率\\&= 31.25\% + 68.75\%\\&= 100\%\end{aligned}$$

安全边际和利润的关系是:

$$\begin{aligned}利润 &= 安全边际 \times 单位贡献毛益\\&= (x_1 - x_0) \times (p - b)\end{aligned}$$

安全边际和销售利润率的关系是:

$$\begin{aligned}销售利润率 &= \frac{安全边际}{现有销售量} \times \frac{单位贡献毛益}{销售价格}\\&= \frac{x_1 - x_0}{x_1} \times \frac{p - b}{p}\end{aligned}$$

五、盈亏临界点的影响因素分析

从前面盈亏临界点的分析中可以看到,影响盈亏临界点的因素有:销售价格、变动成本、固定成本以及品种结构。这些因素是如何影响盈亏临界点的呢?

(一) 销售单价与盈亏临界点呈反方向变动

销售单价与盈亏临界的关系可由图 3-9 反映。

可见,在一定的成本水平下,销售单价越高,销售总收入线的斜率越大,盈亏临界点就越低,于是,补偿全部固定成本所需要的销售量就越少;同样,销售量水平实

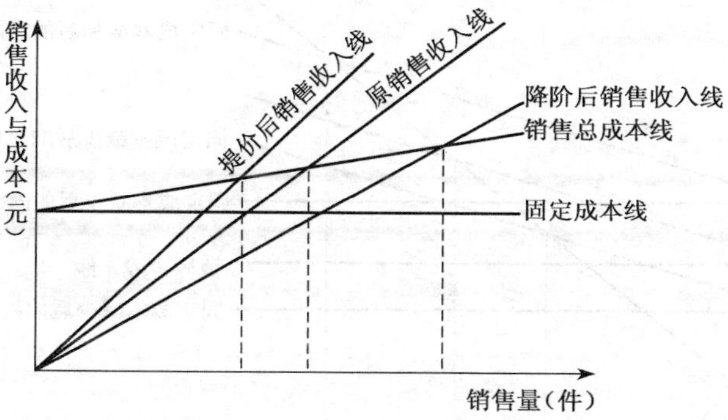

图 3-9　单价变动的盈亏临界图

现的利润就越多;反之,单价越低,销售总收入线斜率越小,盈亏临界点越高,补偿全部固定成本所需销售量就越多;同样,销售量实现的利润越少。

(二) 变动成本与盈亏临界点呈同方向变动

变动成本与盈亏临界的关系可由图 3-10 反映。

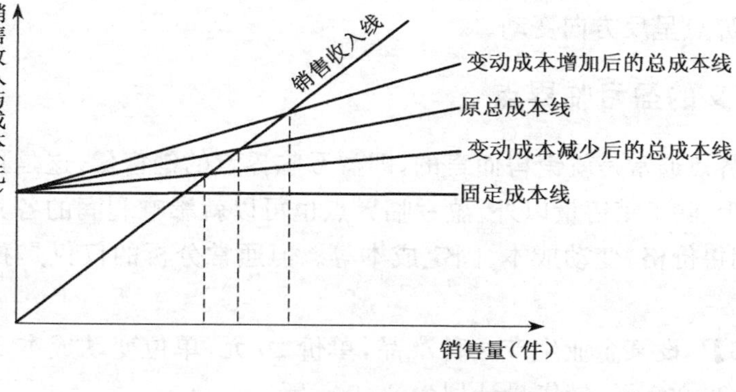

图 3-10　变动成本变动的保本图

可见,单位变动成本增加,变动成本线的斜率变大,单位贡献毛益减少,盈亏临界点提高,盈利就减少;而如果单位变动成本减少,变动成本线的斜率变小,单位贡献毛益增加,盈亏临界点降低,盈利也就相应增加。

(三) 固定成本与盈亏临界点呈同方向变动

固定成本与盈亏临界的关系可由图 3-11 反映。

由于固定成本的增加,销售总成本线水平上移,要求更多的销售量以补偿固定成本,盈亏临界点相应提高,盈利也就相应减少;而当固定成本减少,销售总成本线水平下移,盈亏临界点降低,盈利也就相应增加。

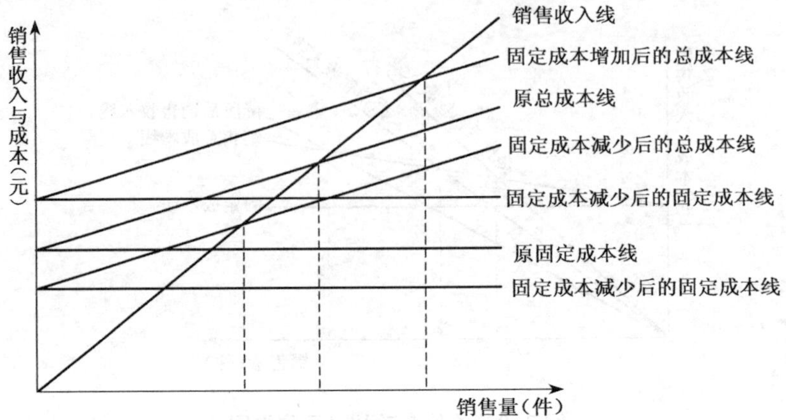

图 3-11 固定成本变动的保本图

(四) 调整品种结构所引起的综合的贡献毛益率的变动与盈亏临界点呈反方向变动

当企业生产或销售多种产品时,由于不同产品创造的利润价值各不相同,那么,品种结构的变动势必要影响加权平均贡献毛益率。加权平均贡献毛益率的变动与盈亏临界点呈反方向变动。

六、广义的盈亏临界点

盈亏临界点通常是就销售而言的,即盈亏临界点的销售量,这是狭义的盈亏临界点。实际上,除了销售量以外,盈亏临界点也可以就影响利润的各其他因素而言的。例如,销售价格、变动成本、固定成本等。但通常分析的仅仅是狭义的盈亏临界点。

【例 3-5】 设某企业生产一种产品,单价 20 元,单位变动成本 15 元,全年固定成本预计 30 000 元,销售量计划为 80 000 元。

根据[例 3-5],可以计算以下广义的盈亏临界点。计算公式都是根据"(销售单价－单位变动成本)×销售量－固定成本总额＝0"推导来的。

(1)
$$盈亏平衡点的价格=\frac{销售量\times 单位变动成本+固定成本总额}{销售量}$$
$$=\frac{80\ 000\times 15+30\ 000}{80\ 000}=15.375(元)$$

也就是说,销售单价不能低于 15.375 这个最小允许值,否则企业便会发生亏损。

(2)
$$盈亏平衡点的销售量=\frac{固定成本总额}{单价-单位变动成本}$$
$$=\frac{30\ 000}{20-15}=6\ 000(件)$$

6 000 件是销售量的最小允许值，是盈亏的临界点，也就是说，只要完成了计划销量的 7.5%(6 000/80 000)，企业就可以保本。

(3)

$$盈亏平衡点的单位变动成本=\frac{销售量\times单价-固定成本总额}{销售量}$$

$$=\frac{80\ 000\times20-30\ 000}{80\ 000}=19.625(元)$$

就是说，当单位变动成本由 15 元上升到 19.625 元时，企业利润就由 100 000 元降为零。所以，只要单位变动成本的范围在 19.625 元以内，即单位变动成本上涨幅度在 30.83%[(19.625－15)/15]以内，企业就可以保本。

(4)

$$盈亏平衡点的固定成本=销售量\times(销售单价-单位变动成本)$$

$$=80\ 000\times(20-5)=160\ 000(元)$$

这就是说，当固定成本超过 160 000 元，企业就会发生亏损。

第三节　量本利分析

一、保利分析

企业经营希望的不只是盈亏平衡而已，而是最大化的盈利。在保本的基础上，还要保利。

确定目标利润之后，就要规划为实现目标所需完成的目标销售量和目标销售额。

由于利润＝单位贡献毛益×销售量－固定成本，则可以得到目标销售量和目标销售额的计算公式：

$$目标销售量=\frac{目标利润+固定成本}{单位贡献毛益}$$

$$目标销售额=\frac{目标利润+固定成本}{单位贡献率}$$

【例 3-6】 某企业生产甲产品，单价 20 元，单位变动成本 10 元，固定成本总额 5 000 元，企业目标利润为 15 000 元，则：

$$目标销售量=\frac{15\ 000+5\ 000}{20-10}=2\ 000(件)$$

$$目标销售额=\frac{15\ 000+5\ 000}{50\%}=40\ 000(元)$$

上述公式中的目标利润一般指的是税前目标利润。在实际中，企业可以支配的利润是税后利润，所以对税后利润进行目标利润的分析更符合企业的实际需要。

那么,当目标利润以税后形式表示时,就必须先将公式中的税后利润转换为税前利润。

$$税后利润 = 税前利润 \times (1 - 所得税税率)$$

$$税前利润 = \frac{税后利润}{1 - 所得税税率}$$

于是我们可以得到以下公式:

$$目标销售量 = \frac{\dfrac{税后目标利润}{1 - 所得税税率} + 固定成本}{单位贡献毛益}$$

$$目标销售额 = \frac{\dfrac{税后目标利润}{1 - 所得税税率} + 固定成本}{贡献毛益率}$$

【例 3-7】 根据[例 3-6]资料,假设该企业制定的上述目标利润为税后利润,则

$$目标销售量 = \frac{\dfrac{15\ 000}{1 - 25\%} + 5\ 000}{20 - 10} = 1\ 250(件)$$

$$目标销售额 = \frac{\dfrac{15\ 000}{1 - 25\%} + 5\ 000}{50\%} = 5\ 000(元)$$

二、利润变动的影响因素分析

从前面盈亏临界点的分析中可以看到,影响盈亏临界点的因素有:销售价格、变动成本、固定成本以及品种结构。这些因素是如何影响盈亏临界点的呢?

(一) 有关因素变动对盈亏临界点的影响

1. 销售量与利润呈同方向变动

在其他条件不变的情况下,销售量越大,利润越高。

2. 销售单价与利润呈同方向变动

在其他条件不变的情况下,销售单价越高,利润越高。

3. 单位变动成本与利润呈反方向变动

在其他条件不变的情况下,单位变动成本越高,利润越小。

4. 固定成本与利润呈反方向变动

在其他条件不变的情况下,固定成本越高,利润越小。

(二) 有关因素变动对目标利润的影响

根据目标利润量的计算公式可以看到,销售单价、单位变动成本和固定成本的

变化都会引起目标利润相应变化。这里我们只考虑税前目标利润控制。

1. 单价变动的影响

在[例 3-6]中,如其他因素不变,产品的单价由原来的 20 元提高到 30 元,则

$$目标销售量 = \frac{15\,000 + 5\,000}{30 - 10} = 1\,000(件)$$

$$目标利润的变化 = (2\,000 - 1\,000) \times (30 - 10) = 20\,000(元)$$

也就是说,在其他条件不变化的情况下,单价提高 10 元使目标利润增加 20 000元。

2. 单位变动成本变动的影响

在[例 3-6]中,如其他因素不变,单位变动成本由原来的 10 元变为 15 元,则

$$目标销售量 = \frac{15\,000 + 5\,000}{20 - 15} = 4\,000(件)$$

$$目标利润的变化 = (2\,000 - 4\,000) \times (20 - 15) = -10\,000(元)$$

也就是说,在其他条件不变化的情况下,单位变动成本提高 5 元使目标利润降低 10 000 元。

3. 固定成本变动的影响

在[例 3-6]中,如其他因素不变,固定成本由原来的 5 000 元变为 6 000 元,则

$$目标销售量 = \frac{15\,000 + 6\,000}{20 - 10} = 2\,100(件)$$

$$目标利润的变化 = (2\,000 - 2\,100) \times (20 - 10) = -1\,000(元)$$

也就是说,在其他条件不变化的情况下,固定成本增加 1 000 元使目标利润减少 1 000 元。

三、利润变动的敏感性分析

产品售价、销售量、固定成本和变动成本等因素的变动都会对企业利润产生影响,但它们对利润的影响程度各不相同。这种影响程度就叫敏感度。利润对有的因素反映比较敏感,该因素发生微小变动就会使利润发生较大幅度的变动,我们称之为强敏感因素;反之,有的因素敏感度较小,它们的变动使利润变动不大,或者它们需要很大的变动才会对利润产生比较明显的影响,我们称这类因素为弱敏感因素。

反映敏感程度的指标是敏感系数。公式为:

$$敏感系数 = \frac{目标值变动百分比}{因素值变动百分比}$$

敏感系数也称弹性系数，敏感分析也称弹性分析。弹性分析是经济分析的一种常用方法。在利润变动的敏感性分析中，上式的目标值就是利润额。因素值包括影响利润的销售价格、销售量、变动成本和固定成本四个因素。

下面以一简例说明影响利润的各有关因素的敏感系数的计算。

【例 3-8】 设某企业预计本期产销 A 产品 5 000 件，单位售价 40 元，单位变动成本 20 元，固定成本总额 20 000 元。

1. 单价的影响程度

$$单价的敏感系数=\frac{利润变动率}{单价变动率}=\frac{px}{(p-b)x-a}$$

在[例 3-8]中，如其他因素不变，仅产品单价由原来的 40 元提高到 48 元，即上升 20%，则

$$利润变动率=\frac{120\ 000-80\ 000}{80\ 000}=50\%$$

将有关数据代入上述公式，得

$$单价的敏感系数=\frac{50\%}{20\%}=\frac{5\ 000\times 40}{(40-20)\times 5\ 000-20\ 000}=2.5$$

由此可见，单价对利润的影响很大，从百分率来看，利润以 2.5 倍的速率随单价变化。涨价是企业提高利润的最迅速有效手段，但是价格下跌也是企业的最大威胁。

2. 单位变动成本的影响程度

$$单位变动成本的敏感系数=\frac{利润变动率}{单位变动成本变动率}=\frac{-bx}{(p-b)x-a}$$

在[例 3-8]中，如其他因素不变，仅单位变动成本由原来的 20 元上升为 24 元，即上升 20%，则

$$目标利润=5\ 000\times(40-24)-20\ 000=60\ 000(元)$$

$$利润变动百分比=\frac{60\ 000-80\ 000}{80\ 000}=-25\%$$

$$单位变动成本的敏感系数=\frac{-25\%}{20\%}=\frac{-20\times 5\ 000}{(40-20)\times 5\ 000-20\ 000}=-1.25$$

可以看到，单位变动成本对利润的影响比单价对利润的影响要小很多。单位变动成本每上升 1%，利润将减少 1.25%。但是，敏感系数的绝对值大于 1，仍属于敏感因素，说明单位变动成本的变化会造成利润更大的变化。

3. 销售量的影响程度

$$\text{销售量的敏感系数} = \frac{\text{利润变动率}}{\text{销售量变动率}} = \frac{(p-b)x}{(p-b)x-a}$$

在[例 3-8]中,如其他因素不变,仅销售量由原来的 5 000 件增加到 6 000 件,即增长 20%,则

$$\text{目标利润} = 6\,000 \times (40-20) - 20\,000 = 100\,000(\text{元})$$

$$\text{利润变动百分比} = \frac{100\,000-80\,000}{80\,000} = 25\%$$

$$\text{销售量的敏感系数} = \frac{25\%}{20\%} = \frac{(40-20)\times 5\,000}{(40-20)\times 5\,000-20\,000} = 1.25$$

这意味着,销售量每增长 1%,利润将增加 1.25%,销售量对利润的影响比较小。

4. 固定成本的影响程度

$$\text{固定成本的敏感系数} = \frac{\text{利润变动率}}{\text{固定成本变动率}} = \frac{-a}{(p-b)x-a}$$

在[例 3-8]中,如其他因素不变,仅固定成本由原来的 20 000 元增加到24 000 元,即上升 20%,则

$$\text{目标利润} = 5\,000 \times (40-20) - 24\,000 = 76\,000(\text{元})$$

$$\text{利润变动百分比} = \frac{76\,000-80\,000}{80\,000} = -5\%$$

$$\text{固定成本的敏感系数} = \frac{-5\%}{20\%} = \frac{-20\,000}{(40-20)\times 5\,000-20\,000} = -0.25$$

这意味着,固定成本每增加 4 个单位,利润将减少 1 个单位。

由上可知,在影响利润变动的各因素中,敏感系数为正值,则它与利润同向增减;敏感系数为负值,则它与利润反向增减。一般情况下,销售单价的敏感性是最大的,其次是单位变动成本,再次是销售量,固定成本的敏感性最小。通过上述分析可以看出,只要具体了解各有关因素对利润的敏感程度,有效地控制各因素的变化范围允许值,就能保证企业目标利润的实现。

四、杠杆分析

利用一根杠杆和一个支点,就能用很小的力量撬起很重的物体。杠杆是一种

装置，具有两个特点：

(1) 杠杆有一个“杆”，这个“杆”具有传导性、间接性和因果性。由于有一根“杆”，通过杠杆，可以不必直接推动目的物，而是可以将力作用于杠杆的一端来推动在另一端的目的物。这样，无需直接作用于目的物就可以把力传导给目的物从而推动目的物，通过杠杆这个“中介”让原因（给力）产生结果（发力）。

(2) 杠杆有一个“支点”，使得杠杆具有放大性，可以把力放大从而达到省力的目的。

企业有两个“杠杆”，一是经营杠杆，二是财务杠杆。

（一）经营杠杆

1. 经营杠杆的含义

经营杠杆，又称营业杠杆，是对物理学中杠杆概念的借用，指销售量的微量变化，引起的利润大幅度变动的现象。严格地说，就是利润变动率大于产销量变动率的这样一种现象。

经营杠杆率，也称营业杠杆系数，用 DOL 表示，是反映经营杠杆现象的一个比率值，用公式表示为：

$$\text{经营杠杆率}(DOL)=\frac{\text{利润变动率}}{\text{销售量变动率}}=\frac{(p-b)x_0}{(p-b)x_0-a}$$

显然，经营杠杆率就是销售量的敏感系数。前面已经介绍，利润对各有关因素的敏感系数有四个，四个敏感系数中，为什么只把销售量的敏感系数称为经营杠杆率呢？这是因为，在实际工作中，受技术因素的制约，企业很难通过提高单价、降低单位变动成本和降低固定成本等三个因素来实现利润的增长，尽管从理论上说这三个因素对增加利润也很有效。

唯有扩大销售，才是提高利润的根本出路。

上式推导如下（P 为利润，p 为单价，下标 0 表示变动前的数，下标 1 表示变动后的数）：

$$\begin{aligned}DOL&=\frac{\Delta P/P_0}{\Delta x/x_0}=\frac{P_1-P_0}{P_0}\Big/\frac{x_1-x_0}{x_0}\\&=\frac{[(p-b)x_1-a]-[(p-b)x_0-a]}{p_0}\times\frac{x_0}{x_1-x_0}\\&=\frac{(p-b)x_0}{P_0}=\frac{(p-b)x_0}{(p-b)x_0-a}\end{aligned}$$

从上式可知，经营杠杆率有两个计算公式。一是利润变动率除以销售变动率，二是贡献毛益除以利润。

从上式还可知,存在经营杠杆现象的原因是由于企业有固定成本。如果没有固定成本,经营杠杆现象就不会存在(即利润变动率除以销售变动率恒为 1,也就是利润与销售成正比例关系变动)。由于企业不可能没有固定成本,因而经营杠杆现象就必然存在。

2. 经营杠杆的影响因素

影响经营杠杆率的因素很多,在此主要分析固定成本和销售量。我们对经营杠杆率的公式稍作推导:

$$DOL = \frac{\text{基期贡献毛益}}{\text{基期利润}}$$

$$= \frac{(p-b)x}{(p-b)-a} = 1 + \frac{a}{(p-b)x-a}$$

(1) 固定成本总额对经营杠杆率的影响。从上式看,固定成本(a)越多,$\frac{a}{(p-b)x-a}$ 的分子越大,分母越小,这个分数的值就越大,从而经营杠杆率也越大。说明只要企业固定成本存在,经营杠杆现象就总会存在(经营杠杆率总是大于 1),且随着固定成本同向变动,即固定成本越多,经营杠杆率就越大;反之,企业固定成本越少,经营杠杆率也就越小。

因此,在销售量的相关范围内,降低固定成本总额(如精简管理机构等),不仅能提高等额的利润,而且还能降低企业的经营风险。

(2) 销售量对经营杠杆率的影响。从上式看,销售量(x)越多,$\frac{a}{(p-b)x-a}$ 的分母就越大,这个分数的值就越小,从而经营杠杆率也越小,且随着销售量反向变动。即销售量越多,经营杠杆率就越小;反之,销售量越少,经营杠杆率就越大。

(二) 财务杠杆

财务杠杆指息税前利润($EBIT$)的小幅度变化所引起的普通股每股利润(EPS)大幅度变动的现象。

具体地说,就是每股收益(EPS)变动率大于息税前利润($EBIT$)变动率的这样一种现象。

财务杠杆率,用 DFL 表示,是反映财务杠杆现象的一个比率值,用公式表示(式中,E 为优先股股利,t 为所得税税率,n 为普通股股数)为:

$$DFL = \frac{\text{普通股每股利润变动率}}{\text{息税前利润变动率}} = \frac{\Delta EPS/EPS}{\Delta EBIT/EBIT_0} = \frac{EBIT_0}{EBIT_0 - I - \frac{E}{1-t}}$$

上式的推导过程如下:

$$
\begin{aligned}
DFL &= \frac{\text{普通股每股利润变动率}}{\text{息税前利润变动率}} = \frac{\Delta EPS/EPS}{\Delta EBIT/EBIT_0} \\
&= \frac{EPS_1 - EPS_0}{EPS_0} \Big/ \frac{EBIT_1 - EBIT_0}{EBIT_0} \\
&= \left[\frac{(EBIT_1 - I)\times(1-t) - E}{n} - \frac{(EBIT_0 - I)\times(1-t) - E}{n}\right] \\
&\quad \Big/ \frac{(EBIT_0 - I)\times(1-t) - E}{n} \Big/ \frac{EBIT_1 - EBIT_0}{EBIT_0} \\
&= \frac{(EBIT_1 - EBIT_0)(1-t)}{(EBIT_0 - I)\times(1-t) - E} \times \frac{EBIT_0}{EBIT_1 - EBIT_0} \\
&= \frac{EBIT_0(1-t)}{(EBIT_0 - I)\times(1-t) - E} = \frac{EBIT_0}{EBIT_0 - I - \dfrac{E}{1-t}}
\end{aligned}
$$

从上式可知,财务杠杆率有两个计算公式:一是普通股每股利润(EPS)变动率除以息税前利润($EBIT$)变动率,二是息税前利润除以税前息后利润(如果企业有优先股,在计算利润时优先股股利视同利息扣除)。

从上式还可知,存在财务杠杆现象的原因是由于企业有固定性的财务费用(主要是借款利息,如果企业有优先股,优先股股利也如同利息一样,属于固定性的财务费用)。如果没有负债性筹资,就没有固定性财务费用,财务杠杆现象就不会存在(即普通股每股利润变动率除以息税前利润变动率恒为 1,也就是普通股每股利润与息税前利润成正比例关系变动)。由于企业不可能没有负债筹资,因而财务杠杆现象就必然存在。

另外需要说明的是,经营杠杆计算公式中的“利润”[即$(p-b)x-a$]是指息税前利润($EBIT$),而不是我国财务会计中的“营业利润”。

(三) 联合杠杆

联合杠杆指销售的微量变化所引起的普通股每股利润(EPS)大幅度变动的现象。严格地说,就是息税前利润($EBIT$)变动率大于销售变动率的这样一种现象。

联合杠杆率,用 DTL 表示,是反映联合杠杆现象的一个比率值,用公式表示为:

$$
\begin{aligned}
DTL &= \frac{\Delta EPS/EPS_0}{\Delta x/x_0} = \frac{\Delta EBIT/EBIT_0}{\Delta x/x_0} \times \frac{\Delta EPS/EPS_0}{\Delta EBIT/EBIT_0} \\
&= DOL \times DFL = \frac{(p-b)x - a}{EBIT_0 - I - \dfrac{E}{1-t}}
\end{aligned}
$$

从上式可知,联合杠杆率(DTL)等于经营杠杆率(DOL)乘以财务杠杆率(DFL)。另外,联合杠杆率还有两个计算公式。一是普通股每股利润(EPS)变动率除以销售变动率,二是贡献毛益除以税前息后利润(如果企业有优先股,在计算利润时优先股股利视同利息扣除)。

杠杆现象告诉我们,销售量、息税前利润($EBIT$)和每股利润(EPS)的变化不是成比例的。如果销售量增长1倍,则所引起的息税前利润的增长绝不止1倍。假设经营杠杆为3倍,息税前利润的增长为3倍;在此基础上,假设财务杠杆为2,每股利润的增长应该是$3\times2=6$(倍)。

(四) 杠杆现象与企业风险

杠杆现象是客观存在的。其原因是企业存在固定的成本费用:由于存在固定的经营成本,所以必然存在经营杠杆现象;由于存在固定的财务成本,所以必然存在财务杠杆现象;由于存在固定总成本(包括固定经营成本和固定财务成本),所以必然存在联合财务杠杆现象,固定总成本越大,联合杠杆现象就越明显,联合杠杆率就越高。

从表面上看,杠杆现象越明显,收益增长越快。然而,如果销售下降,收益下降同样越快。所以,从数学意义上看,杠杆现象越明显,仅表示企业的风险增加,而并不表示企业的盈利能力增加。

不过,从实际效果来看,杠杆现象越明显,往往意味着企业投入的固定成本越多。而企业投入的固定成本越多,往往又反映了企业的能力越强。具体来说,企业投入的固定性经营成本越多,往往销售能力就越强,而且单位贡献毛益也越高,获得贡献毛益的能力就越强;企业投入的固定性财务成本多,说明企业借款筹资多,说明资本实力强,获得的税前息后利润就多。所以,在销售能力强且稳定时,杠杆率的提高对企业是有利的。

杠杆本身并不是企业风险的原因,企业风险的来源主要是市场风险,即销售的不稳定。但杠杆效应放大了风险:经营杠杆放大了营业风险,财务杠杆放大了财务风险,两者又以乘积的形式(其值就是联合杠杆率)共同放大了企业的总风险。

在销售情况多变的情况下,适当降低企业的生产能力、销售能力和管理能力,从而减少固定经营成本以降低经营杠杆率;适当降低企业的借款规模,或者把借款筹资改为增加股票筹资,从而减少固定财务成本以降低财务杠杆率,对企业来说是有利的。

相反,在销售情况稳定且市场潜力较大的情况下,提高企业的生产能力、销售能力和管理能力,适当增加固定经营成本的投入,从而提高经营杠杆率,对企业来说是有利的。适当提高企业的借款规模,或者把股票筹资改为增加借款筹资,从而增加固定财务成本以提高财务杠杆率,对企业来说也是有利的。

第四章　短期经营决策会计

第一节　短期经营决策概述

一、短期经营决策的概念

所谓决策就是为了实现一定的预期目标，在两个或者两个以上的备选方案中选择一个最优方案的过程。

短期经营决策是指决策行为所影响的期限不超过1年（或者一个营业周期）的决策。

与长期投资决策相比，短期经营决策具有两个明显的特点：一是影响期短，通常不超过1年，因而可以不考虑资金的时间价值和风险价值。二是不（或很少）投入新的资源，仅仅是现有资源如何利用的问题，因此不需要考虑资本成本、投资报酬和投资回收等问题。所以，短期经营决策比长期投资决策问题简单。

比如，一块菜地是种白菜还是种萝卜？这项决策影响期短，因为蔬菜的生长期只有几个月，也不需要增加固定资产等长期投资，所以这项决策属于短期经营决策。

如果需要决策的问题是这块菜地是种菜还是盖房？情况就不同了。盖房对企业未来的影响期长，同时也需要较多的长期投资，所以这种决策就属于长期投资决策。

长期投资决策将在下一章进行分析。

二、短期经营决策会计的内容

短期经营决策会计是指通过对企业提出的短期投资方案的效益进行核算，对各方案进行评价和对比分析，以作出最优决策，寻求企业的经营活动的效益最大化的会计。

（一）短期经营决策会计的对象

财务会计的对象是指过去已经发生的用货币表现的经济活动，短期经营决策会计的对象则是未来可行的、可供选择的各种经营活动，其客体具体表现为各种备选方案。财务会计的目的是反映和评价企业的总体财务状况及其成果，以向投资者报告企业的受托经营责任的履行情况并为外界了解企业的经营能力提供信息。短期经营决策会计的目的则是反映和评价各备选方案的相关收支状况及其效益，以帮助企业作出科学决策。

（二）短期经营决策会计的要素

财务会计的要素是财务会计内容中的各个项目，即资产、负债、所有者权益等。决策会计的要素不同，决策会计的要素是评价各种决策方案时要考虑的各个因素，即相关收入和相关成本。由于短期经营决策只是面对现有资源如何利用的问题，因而不必考虑资产、负债、所有者权益等内容。

（三）短期经营决策会计的方法

财务会计的任务主要是“反映”，要求进行完整的记录、整理和报告，因而其方法只要用复式记账法就可以了。短期经营决策会计无需“复式”，且“反映”只是其基础工作，其任务主要还是在对各个方案的优劣进行比较，因而使用的方法主要是分析方法，如比较法、平衡法、边际分析法等，具体来说有差量分析法、贡献毛益法、相关分析法、成本无差别点法、利润无差别点法和线性规划法等。

（四）短期经营决策会计的信息质量要求

财务会计的信息质量要求主要有可靠性、相关性、配比性、清晰性、可比性、实质重于形式、重要性、谨慎性和及时性等。决策会计的信息质量要求则主要为预见性、相关性和容错性等。

因为决策都是面向未来的，决策会计的相关性要求也与财务会计不同，财务会计强调客观真实性，而决策会计的数据都是未来尚未发生的，不能避免地需要主观估计，只要这种主观估计能有助于决策就是有效的，因而决策会计最关心的就是预见性。

决策会计和财务会计一样，都要求具有相关性。但这种相关性的含义是不同的。财务会计的相关性是指和外部投资者决策相关，而决策会计的相关性是指与对企业经营管理中的有关备选方案的决策相关（有用）。

财务会计要求其信息客观可靠，而管理会计则在要求其信息质量基本客观可靠的同时，应该允许有一定的误差，是谓容错性。

三、短期经营决策方案的类型

财务会计核算的客体是整个企业，而短期经营决策会计的客体（即其内容的对象化）是各种备选方案。方案的性质不同，决策的方法也会不一样。短期经营决策方案有以下几种类型。

（1）按决策影响期的长短来分，可分为短期经营决策和长期投资决策。短期经营决策的影响期一般不超过1年，对企业的影响通常比较小，影响因素也比较简单，一般仅仅影响企业的收入和成本。长期投资决策的影响期则至少是几年甚至更长，对企业的影响重大，影响因素也比较复杂。

短期经营决策主要是面对如何利用现有资源的问题，所以也叫经营决策。长期投资决策的目的是扩大企业的经营能力，需要投入大量的资金，所以也叫投资决策。

(2) 按决策的可确定程度来分，可分为确定型决策、不确定型决策(含完全不确定型决策和风险型决策)。确定型决策是指影响决策的因素或自然状态是明确肯定的，并且可以用具体的数字表示出来，每个决策方案的预测结果也是确定的，只要比较不同方案的不同结果，就可从中作出选择。完全不确定型决策是指影响决策的因素或自然状态存在两种以上，未来出现什么情况不仅不能完全肯定，而且决策的可能结果出现的概率也不确定。风险型决策与完全不确定型决策类同，只是对未来出现的情况可以大致估计出其概率，其决策结果受概率的影响，故具有一定的风险性。

(3) 按决策范围的大小分为战略决策和战术决策。战略决策指直接关系到组织的生存和发展，涉及组织全局的长远性的、方向性的决策。所需解决问题复杂，环境变动较大，并不过分依赖数学模式和技术，定性、定量并重，对决策者的洞察力和判断力要求高。战术决策又称管理决策，是企业贯彻企业战略的决策，是属于战略决策过程的具体决策，不直接决定企业命运，但会影响企业目标的实现和工作质量的高低。

(4) 按照决策所涉及的备选方案的数量特征，可将决策方案划分为单一方案和多方案。具体论述如下：

单一方案决策是指只有一个备选方案的决策。其要解决的问题是在“采用”和“放弃”之间进行选择。严格地说，单一方案实际上仍可以被看成是两个方案：“采用”方案和“放弃”方案。单一方案决策实际上是一种特殊和比较简单的决策。可以不进行对比分析，只要确定该方案能否为企业创造价值就可以了。实际上，单一方案是比较少的，因为通常备选方案都不止一个。

多方案决策是指有多个备选方案的决策。其要解决的问题是“选 A”还是“选 B”。必须进行对比分析，决策的目标是企业价值的最大化。

依据方案之间的关系，多方案决策可以分为互斥方案、排队方案和组合方案。

互斥方案是指决策过程中同一项决策任务所涉及的所有备选方案之间存在着相互排斥的关系。采纳方案组中的某一方案，就会必然排斥这组方案中的其他方案。因此，进行互斥方案的决策，要求决策者必须从所有的备选方案中选出唯一的一个最优方案。

排队方案是指决策过程中同一项决策任务所涉及的所有备选方案之间存在着你先我后的次序关系。因此，进行排队方案的决策，要求决策者将所有的备选方案按照优劣好坏的标志排出顺序。

组合方案是指决策过程中同一项决策任务所涉及的所有备选方案之间存在着不同的组合搭配情况。因此，进行组合方案的决策，要求决策者从所有的备选方案之间的各种组合中，选出最优的方案组合；或根据决策任务的不同约束条件，分别选择不同的最优组合。

(5) 依据决策所在的经营领域可以进行业务决策和财务决策。业务决策包括销售决策、生产决策、采购决策、后勤服务决策和库存决策等。财务决策包括筹资决策、投资决策等。

(6) 按照决策所在的管理层次可以高层决策、中层决策和基层决策。高层决策（企业一级）主要解决企业全局性的以及同外部环境有密切联系的战略性重大问题。中层决策（部门、车间一级）主要解决人、财、物等资源的准备、组织、计划、控制等问题，又称为管理性决策。基层决策（工段、班组一级）主要解决日常作业任务中的业务问题，又称为技术性的业务决策。

(7) 按决策的程序特征来分，可以分为程序化决策和非程序化决策。程序化决策是指可按一定的程序、处理方法和标准去进行决策，又称常规决策。它所解决的问题是企业生产经营活动中经常重复出现的问题，而且影响决策的因素是有规律的。非程序化决策是指不能按常规办法处理的一次性决策，又称非常规决策。它所解决的问题，不是经常重复出现而是偶发性的问题。无先例可循，随机性和偶然性大。

随着决策经验的不断丰富，决策方法的日益成熟，非程序化决策通常都会转化为程序化决策。但有企业的经营实践中，总是会涌现各种新情况新问题，对这些新情况新问题的决策，一开始总是属于非程序化决策。

(8) 按照决策所在的经营环节来分，可以分为经营什么的决策和如何经营的决策。①经营什么。如，新产品应否开发及如何开发、亏损产品是否应该停产、半成品是否深加工、是否接受特殊价格追加订货、在资源约束条件下不同产品如何组合等。②如何经营。如，增产何种产品、零配件是自制还是外购的决策、选择何种生产工艺技术、一项追加任务交给哪个分厂独立完成，如何确定最优批量、如何制定合理的价格等。

四、短期经营决策分析的基本程序

短期经营决策分析的程序一般包括以下五个环节。

(1) 确定目标。企业经营决策的目标就是创造价值。价值的大小取决于收益和风险。增加收益和降低风险是提高价值的途径。在短期经营决策中，由于通常风险不大，因而主要考虑收益。

(2) 寻找机会,提出并确定备选方案,排除明显不可行的方案。

(3) 预测和收集各备选方案的收入和成本,把成本和收益分为相关及不相关两类,排除不相关成本与收益。

(4) 选择恰当的方法进行决策分析,选择相关收益最高的备选方案作为最优方案。

(5) 实施选取的方案并进行反馈和调整。

俗话说,提出问题比解决问题更重要,所以第(2)步寻找机会,提出并确定备选方案是最重要的步骤。

第二节 短期经营决策的要素

财务会计的要素有资产、负债、所有者权益、收入、费用和利润。短期经营决策会计由于考虑的是如何利用现有资源,不涉及筹资、投资等问题,也不涉及企业的产权,因而只需要考虑收入、成本和利润要素就可以了。另外,短期经营决策会计的对象是各备选方案,其会计要素都是按方案归集和计算的,也就是只核算与特定方案相关的内容,即相关收入、相关成本和相关利润。相关收入减相关成本等于相关利润。

与相关收入、相关成本相对应的是无关收入、无关成本。无关收入和无关成本不属于短期经营决策要素,必须予以剔除,不予考虑。那么,如何判断一项收入或成本是决策相关的呢?可以根据如下标准来分析。

1. 现时性

如果方案的一项收入或成本已经发生,就是历史收入或历史成本,肯定与决策不相关。如果一项收入或成本尚未发生,就是一项可能的现时收入或现时成本。当然这种成本实际上在现时也不一定会发生,这取决于决策。如果放弃这个方案,这项收入或成本就会不发生;相反,如果选择这个方案,这项收入或成本就会发生。

历史成本在过去已经发生,任何决策行为都不可改变,当然也不可能让其不发生,所以,历史成本也叫沉没成本,为无关成本。

但一项过去的支出有时也会影响现时的决策。例如,某个方案如果需要消耗过去购买的资源,则这一消耗是与决策相关的。但相关的不是其历史成本,而是其重置成本。重置成本在后文中再分析。

2. 专属性

如果在若干备选方案中,各方案都发生某一项同样的收入或成本,则为共同收入或共同成本,与决策无关,决策时不应考虑。如果某一项收入或成本为若干备选方案中某个方案所特有,则为相关收入或相关成本,与决策相关,决策时必须考虑。

3. 差量性

如果在若干备选方案中，各方案都发生某项相同的收入或成本，但金额存在差异，则为差量收入或差量成本，与决策相关，决策时必须考虑。如果金额完全相等，则为无关成本。

4. 可避免性

当无法直接判断某项收入或成本是否与决策相关时，可通过检验其可避免性来进行分析：可以设想在放弃某方案的情况下，如果某种收入或成本也相应地不再发生，就可以确定其为可避免项目，与决策相关，在决策时必须考虑；如果这种收入或成本仍然发生，就可以确定其为不可避免项目，与决策无关，在决策时不予考虑。

短期经营决策会计的要素有两个：相关收入和相关成本。

一、相关收入

相关收入是指与特定决策方案相联系的，能对决策产生重大影响的、在短期经营决策中必须予以充分考虑的收入。判断某项收入是否属于方案的相关收入，关键是看收入的产生和方案的实施是否具有直接的必然关系，即若方案实施，则收入发生，否则收入不发生，则该收入属于方案的相关收入。

与相关收入相对立的概念是无关收入。所谓无关收入指的是无论方案实施与否，均会产生的收入。显然在进行方案决策时，只要考虑相关收入，无需考虑无关收入。

二、相关成本(方案专属成本)

与相关收入类似，相关成本是指与特定决策方案相联系的、能对决策产生重大影响的、在短期经营决策中必须予以充分考虑的成本。判断某项成本是否属于方案的相关成本，关键是看成本的发生和方案的实施是否具有直接的必然关系。即，若方案实施，则成本发生，否则成本不发生，则该成本属于方案的相关成本。

短期经营决策中的相关成本概念表现为多种形式，如机会成本、重置成本、专属成本、差量成本、增量成本和边际成本等。

1. 机会成本

机会成本指在决策中，假定选择某一个方案，必须相应放弃另一个方案，由此丧失另一个方案的收益而造成的损失。机会成本存在的条件是：①有多种选择。②只能选择一个方案。如果不同时具备这两个条件，机会成本就不存在。机会成本是普遍存在的。机会成本一般在“是否”型决策中使用。

2. 重置成本

重置成本是目前从市场上重新获得某项现有资产所需支付的成本。在决策时，对所消耗的资源一律以重置成本计量，而不考虑其历史成本。

3. 专属成本

专属成本指明确归属于某一特定决策方案的固定成本或混合成本。狭义的专属成本指实施某方案时由于需要弥补生产能力不足，而需要支付的成本，如租入设备而需要支付的租金成本。广义的专属成本就是指专属于某方案的全部相关成本。

4. 可避免成本

可避免成本是指如果放弃某方案，则相应地也不会发生的成本。如果选择某方案，则这种成本就必然会发生。相反，如果无论放弃还是选择某方案，某项成本都会发生，则这种成本就是不可避免成本，为无关成本。

广义地说，特定方案的全部相关成本都是可避免成本。

5. 差量成本

与上述相关成本不同，差量成本不是某个方案的相关成本，而是两个备选方案相关成本之差。在使用差量分析法时，就需要通过计算差量成本来进行决策。在两个备选方案中，如果有一个相同的成本项目，且其金额也相等，差量为 0，则这一成本为无关成本，因为其对决策没有影响。如果这一成本项目的金额也不相等，差量不为 0，则这一成本为相关成本，必须考虑其对决策的影响。

6. 增量成本

增量成本特指由于增加业务量而导致的成本增量，即某一决策方案由于生产能力利用程度的不同而表现在成本方面的差额。

增量成本是一种差量成本。对于是否增加业务量的决策，在一定的相关范围之内，增量成本实际上就是增加的变动成本；如果突破了相关范围，则增量成本不但包括变动成本的增量而且也包括固定成本的增量。

7. 边际成本

边际成本指的是当业务量无限小变动时所造成的总成本差额与业务量变动额之比的极限值，即总成本函数的一阶导数：

$$MC = \lim_{\Delta x \to 0} \frac{f(x + \Delta x) - f(x)}{\Delta x}$$

上式中，x 为业务量，MC 为边际成本。

边际成本实质上也是一种差量成本，同时也是一种由业务量无限小变动时所产生的增量成本。

在实际工作中，业务量无限小变化是相对的，只能小到一个经济单位（如一个单位的产量或销量），再小就失去了经济含义。因此，在管理会计中，边际成本通常是指业务量以一个最小经济单位变动所引起的增量成本。

并不能说相关成本可分成上述 7 种。在实务中，发生的某种相关成本可能同时符合上述几个特征。例如，边际成本同时又是增量成本，也是差量成本；机会成本同时也是专属成本、可避免成本。而上述所有的成本又都是相关成本。

与相关成本相对立的是与决策无关的无关成本，也就是对决策不产生影响的成本。无关成本包括沉没成本、共同成本和不可避免成本等。

沉没成本是指由过去决策结果引起并已经实际发生的成本。这种成本不具有现时性，无论决策如何，该成本都已经无法改变，因而也不具有决策相关性，所以是无关成本。例如在进行固定资产是否需要更新的决策中，旧设备原来的购置成本就是沉没成本。

共同成本是一个与专属成本相对立的概念。指在多个备选方案中都同样发生的成本，由于其发生与特定方案的选择无关，因此在决策中无需考虑。

不可避免成本与可避免成本相对立，指在短期经营决策中，无论怎样决策都总会发生，无法避免的成本。

至于共同成本、不可延缓成本和不可避免成本，由于其与特定的方案无关，也不具有决策相关性，所以也是无关成本。

第三节　短期经营决策的方法及其运用

决策就是择优，就是比较哪一个方案的效益最好，所运用的基本方法就是比较。但决策面对的问题不同，决策所运用的具体方法也有所不同。一般有差量分析法、相关分析法、边际贡献法、成本无差别点法、利润无差别点法、边际分析法和线性规划法对比法等。

一、差量分析法

两个方案的收入之差叫做差量收入，两个方案的成本之差叫做差量成本，差量收入和差量成本之差叫做差量利润。差量分析法是指对两个互斥方案进行决策时，以差量利润作为评价方案取舍标准的一种方法。差量分析法一般需要编制差量分析表进行决策，差量分析表如表 4-1 所示。

表 4-1　差量分析表

	方案 A	方案 B	差　异
相关收入	相关收入	相关收入	差量收入
减：相关成本	相关成本	相关成本	差量成本
相关利润			差量利润

在表 4-1 中：

方案 A 相关收入－方案 B 相关收入＝差量收入
方案 A 相关成本－方案 B 相关成本＝差量成本
差量收入－差量成本＝差量利润

如果差量利润大于零，则 A 方案较优；如果差量利润小于零，则 B 方案较优；如果差量利润等于零，则 A 方案和 B 方案等效。

如果能够对两个方案的相关收入、相关成本以及相关收入和相关成本中的各个具体项目进行全面的差量分析，就可运用差量分析法。差量分析法是最常用的短期经营决策方法。

二、相关分析法

用某方案的相关收入减去其相关成本，即为某方案的相关利润。相关分析法是指在进行若干个互斥方案决策时，以相关利润最大者作为最优方案的一种决策方法。相关分析法一般需要编制相关利润分析表进行决策，相关损益分析表如表 4-2 所示。

表 4-2 相关损益分析表

	方案 A	方案 B	方案 C	……
相关收入	相关收入	相关收入	相关收入	……
减：相关成本	相关成本	相关成本	相关成本	……
相关利润	相关利润	相关利润	相关利润	……

在表 4-2 中：

方案A相关收入－方案A相关成本＝方案A相关利润
方案B相关收入－方案B相关成本＝方案B相关利润
……

与差量分析法只能用于两个方案的决策不同，相关分析法能够对两个以上的多个方案进行决策，不需要对相关收入和相关成本进行差量分析，只进行相关利润的比较。在表 4-2 中，方案 A 相关利润、方案 B 相关利润、方案 C 相关利润以及其他方案的相关利润中，哪一个最大，则此方案就是最优方案。

在只有两个方案的条件下，可以把差量分析法和相关分析法结合起来，通过编制差量分析和相关分析综合表来进行决策，差量分析和相关分析综合表如表 4-3 所示。

运用差量分析和相关分析综合表，既可以比较各数值的大小，又可以了解相关数值的差量，可以为决策提供比较透彻的有用信息。

表 4-3　差量分析和相关分析综合表

	方案 A	方案 B	差　异
相关收入	相关收入	相关收入	差量收入
减:相关成本	相关成本	相关成本	差量成本
相关利润	相关利润	相关利润	差量利润

三、贡献毛益法

用某方案的相关收入减去其相关变动成本为某方案的相关贡献毛益。贡献毛益分析法所用的贡献毛益分析表如表 4-4 所示。

表 4-4　贡献毛益分析表

	方案 A	方案 B	方案 C	……
相关收入	相关收入	相关收入	相关收入	……
减:相关变动成本	相关变动成本	相关变动成本	相关变动成本	……
相关贡献毛益	相关贡献毛益	相关贡献毛益	相关贡献毛益	……

在短期经营决策中,一般不涉及生产能力的改变,不同方案的固定成本没有差别,因而只要对产品所创造的边际贡献进行比较分析,就可以决定方案的优劣,这种方法称为边际贡献法。边际贡献法具体又可分为单位资源边际贡献法和边际贡献总额分析法。

有关边际贡献的概念有四个:单位产品边际贡献、单位工时边际贡献、边际贡献率和边际贡献总额。以上这些指标中,单位产品边际贡献和边际贡献率不能用于决策,边际贡献总额可以用来作为决策依据,前面已经作了分析。下面介绍单位工时边际贡献法。这是一种简化的边际贡献分析法。

单位工时所创造的边际贡献最大的方案,也是边际贡献总额最大的方案,因而也是最优的方案。以单位工时所创造的边际贡献为标准来进行决策的方法,叫单位工时边际贡献法。单位工时边际贡献的计算公式为:

$$单位工时贡献毛益 = \frac{单位贡献毛益}{单位产品工时消耗定额}$$

需要说明的是,如果企业受到某项资源(如某种原材料、某种机器的机时)的约束,就应该以这种资源的单位资源所创造的边际贡献为标准来进行决策。单位资源所创造边际贡献的计算公式为:

$$单位资源所创造的贡献毛益 = \frac{单位贡献毛益}{单位产品资源消耗定额}$$

上述公式中的资源指企业由于稀缺而受到约束的原材料、机时等。

需要注意的是，使用以上两种边际贡献法时，相关成本中只能有变动成本，固定成本必须不相关，不能有变动成本以外的其他专属成本（如机会成本等）存在，否则就不能用这种方法。

四、平衡法（无差别点法）

上面介绍的方法，都是在相关因素已确定的情况下，方案优劣的确定。有的方案虽然业务量未确定，也不影响决策的结果。但在有的情况下，方案的谁优谁劣取决于业务量的大小，这时就要寻找不同方案优劣发生转换的临界点，即平衡点。在平衡点上，两个方案是等效的，即相关利润相同，差量利润为 0。这一临界状态也叫利润无差别点。

如果两个方案都不涉及收入，或收入均不相关，就只需要考虑成本，这时的临界状态就为成本平衡点，或称成本无差别点。

1. 成本无差别点法

成本无差别点是指能使两个方案总成本相等的业务量，也称为成本分界点和成本平衡点。

设方案 1 和方案 2 的成本分别为：b_1x+a_1 和 b_2x+a_2，成本无差别点即为：$b_1x+a_1=b_2x+a_2$，可得

$$x_0=\frac{a_1-a_2}{b_2-b_1}$$

x_0 即为成本无差别点的业务量。

根据实际业务量与成本无差别点之间的大小关系，可以进行决策：

当实际业务量小于成本无差别点的业务量，则固定成本较低的方案较优。

当实际业务量大于成本无差别点的业务量，则固定成本较高的方案较优。

当实际业务量等于成本无差别点的业务量，则两个方案等效。

2. 利润无差别点法

设方案 1 和方案 2 的相关利润分别为：$p_1-b_1x-a_1$ 和 $p_2-b_2x-a_2$，利润无差别点即为：$p_1x-b_1x-a_1=p_2x-b_2x-a_2$，可得

$$x=\frac{a_1-a_2}{(p_1-p_2)-(b_1-b_2)}$$

若设方案 1 的相关利润为：$p-bx-a$，方案 2 的相关利润为 P_0，可得

$$x=\frac{a+P_0}{p-b}$$

根据以上公式计算出来的 x 的值即为利润无差别点，即在业务量正好等于 x_0 时，两个方案的利润相等。

例如，在调价决策中，就是利用调价后可望实现的销量与利润无差别点销量之间的关系，通过利润无差别点法来判断是否应该调价。

当调价后可望实现的销售量大于利润无差别点销售量，则应当调价。

当调价后可望实现的销售量小于利润无差别点销售量，则不能调价。

当调价后可望实现的销售量等于利润无差别点销售量，则调价与不调价的利润无差别。

五、边际分析法

边际分析法是经济学的基本研究方法之一，也是重要的决策方法。边际分析法一般用于资源配置的最优化决策。

设目标函数的数学模型为 $y = f_1(x)$，根据边际平衡原理，对其求一阶导数，并令其为 0，即

$$y' = f_1'(x) = 0$$

所求得的 x 即为最优业务量。

六、概率分析法和不确定条件下的决策方法

在不确定条件下，如果已知概率，决策可用概率分析法，即通过计算相关收入和相关成本的数学期望值来进行决策。如果不知道概率，可用大中取大法、小中取大法和大中取小法等。

所谓大中取大法，就是先在各备选方案的多种可能收益中找出最大的收益值，然后再从各最大收益值中再找出最大的值，这个值所在的方案即为最优方案。

所谓小中取大法，就是先在各备选方案的多种可能收益中找出最小的收益值，然后再从各最小收益值中再找出最大的值，这个值所在的方案即为最优方案。

所谓大中取小法，也叫后悔值法、萨维奇法或遗憾法，此决策法由萨维奇(Savage)提出的，决策者制定决策之后，若情况未能符合理想，必将产生一种后悔的感觉；决策者以后悔值作为依据进行决策。

后悔值是指决策者失误所造成的损失价值。后悔值决策法的要求是后悔感最小。后悔感的大小是以“后悔值”指标来反映的，后悔值是指每种自然状态下最高收益值与本方案收益值之差。

大中取大法属于乐观法，小中取大法和大中取小法属于悲观法。

短期经营决策的方法是开放的，不限于以上方法。只要能够有效地决策，各种学科的方法都可以采用，如线性规划法等。

第四节　短期经营决策实例

一、亏损产品是否停产的决策

【例 4-1】 某企业目前生产 A、B、C 三种产品，产品有关收入和成本资料如表 4-5 所示，假设三种产品共同承担的固定成本按照营业收入比例进行分摊。下面对其中的亏损产品 C 是否应该停产的问题进行分析(见表 4-5)。

表 4-5　各产品的收入和成本资料　　单位:万元

项　目	A 产品	B 产品	C 产品	合计
营业收入	2 100	1 200	800	4 000
变动成本	1 300	900	700	2 900
边际贡献	700	300	100	1 100
固定成本	400	240	160	800
营业利润	400	60	−60	300

从表 4-5 来看，A 产品和 B 产品都是盈利的，只有 C 产品为亏损产品。如果 C 产品停产，就可以减亏，其实不然。如何决策？可用差量分析法(见表 4-6)。

表 4-6　差量分析表　　单位:万元

方　案	停产	不停产	差异
相关收入	0	800	−800
减:相关成本	0	700	−700
相关利润			−100

在本例中，相关成本只需考虑变动成本。固定成本不可避免，为无关成本。分析的结果，差量利润为负，所以应选择后一个方案，即“不停产”方案。“不停产”方案比“停产”方案利润多 100 万元。

本例也可用贡献毛益分析法进行决策(见表 4-7)。

表 4-7　贡献毛益分析表　　单位:万元

方　案	停产	不停产
相关收入	0	800
减:变动成本	0	700
贡献毛益	0	100

由表4-6,表4-7可知,“停产”方案和“不停产”方案相比,“不停产”方案创造的贡献毛益为100万元,比“停产”方案的0要大,所以,应该选择“不停产”方案。

本例还可用相关分析法进行决策,结论相同:停产方案相关利润为0,不停产方案相关利润为100万元。不停产方案相关利润较大、较优。

在本例中,假设该企业停产C产品,可以将剩余的C产品的生产能力对外出租,1年可以获得租金收入120万元。又如何决策(见表4-8)?

表4-8 相关分析表 单位:万元

方案	停产	不停产	差异
相关收入	0	800	−800
减:相关成本	0	700 120(机会成本)	−820
相关利润			20

租金收入120万元为“不停产”方案的机会成本。分析结果表明,差量利润为正,所以应选择前一个方案,即“停产”方案,最终能使企业多获利20万元。

需要注意的是,本例在停产方案有租金收入120万元的情况下,就不能使用贡献毛益分析法了,因为租金收入120万元这项“不停产”方案的机会成本不属于变动成本。

二、是否接受特殊订货的决策

所谓特殊订货是指在企业尚有一定剩余生产能力可以利用的情况下,如果客户要求以低于正常价格,甚至低于计划产量的平均单位成本的特殊价格追加订货量,企业是否可以考虑接受这种条件苛刻的追加订货?此类问题在西方会计中称为“特殊订货”问题,这需要结合各有关因素进行综合分析后才能决策。

【例4-2】 某企业只生产一种产品(甲产品),每年最大生产能力为20 000台,每年正常情况下的销售量为16 000台;按照16 000台计算的平均完全成本为1 000元,其中变动成本为800元。现有某客户提出要额外追加订货3 000台,单价为900元,试分析是否可以接受这一特殊订货?假设企业的剩余生产能力无法转移。差量分析如表4-9所示。

表4-9 差量分析表 单位:元

方案	不接受	接受	差异
相关收入	0	2 700 000	−2 700 000
减:相关成本	0	2 400 000	−2 400 000
相关利润			−300 000

差量利润为负,应该选择后一个方案,即“接受”方案,这能使企业多获利300 000元。

也可以使用贡献毛益分析法。“接受”方案的贡献毛益为 300 000 元(2 700 000－2 400 000),比“不接受”方案贡献毛益为 0 大,所以应该选择“接受方案”。

假设[例 4-2]中,特殊订货的数量为 5 000 台,正常订货单价为 1 200 元,试分析是否应该接受该特殊订货呢?

特殊订货量超过企业剩余生产能力 1 000 台,势必造成正常销售量减少 1 000 台,企业将会损失由于正常销售量减少而损失的贡献毛益 400 000 元[(1 200－800)×1 000],此为“接受”方案的机会成本。差量分析如表 4-10 所示。

表 4-10 差量分析表 单位:元

方 案	不接受	接受	差异
相关收入	0	4 500 000	－4 500 000
减:相关成本	0	4 000 000 400 000	－4 400 000
相关利润			－100 000

差量利润为负,应该选择后一个方案,即“接受”方案,这能使企业多获利100 000元。

这时不能使用贡献毛益分析法,因为相关成本中包含非变动成本。

如果追加的特殊订货为 6 000 台,超过企业剩余生产能力 2 000 台,为了不影响正常销售量,需要租用生产设备,租金为 400 000 元。如果不接受追加订货,剩余生产能力无法转移。试分析能否接受订货?差量分析如表 4-11 所示。

表 4-11 差量分析表 单位:元

方 案	不接受	接受	差异
相关收入	0	5 400 000	－5 400 000
减:相关成本	0	4 800 000 400 000	－5 200 000
相关利润			－200 000

租金支出 400 000 元为“接受”方案的专属成本。差量利润为负,所以应选择后一个方案,即“接受”方案。选择该方案最终能使企业多获利 200 000 元。

假设剩余的生产能力可以出租,租金为 200 000 元,是否应该接受特殊订货要求?差量分析如表 4-12 所示。

租金收入 200 000 元为“接受”方案的机会成本。差量利润为负,所以应选择后一个方案,即“接受”方案。选择此方案最终能使企业多获利 400 000 元。

本例同样也可以用相关分析法进行决策。

表 4-12 差量分析表 单位:元

方　案	不接受	接受	差异
相关收入	0	5 400 000	－5 400 000
减:相关成本	0	4 800 000 200 000	－5 000 000
相关利润			－200 000

三、新产品开发的品种决策

【例 4-3】 某企业目前只生产一种产品,最大生产能力为 300 000 机器小时,实际利用率为 60%,剩余生产能力具有开发新产品的功能。现有 A、B 两个新品种可供选择。预测两种新产品的单价、单位变动成本和单位产品定额机器小时的资料如表 4-13 所示。现有生产能力的固定成本为 50 000 元,开发新产品不需要增加专属成本。

表 4-13 成本资料

项　目	A 产品	B 产品
单位售价(元)	100	60
单位变动成本(元)	40	30
单位产品边际贡献(元)	60	30
单位产品机时(小时)	6	2

要求:就 A、B 两种新产品进行决策。

先用贡献毛益分析法进行决策分析。

根据上述资料,可以采用单位机时贡献毛益法或者贡献毛益总额分析法进行决策,分析如表 4-14 所示。

表 4-14 贡献毛益计算表

项　目	A 产品	B 产品
单位产品贡献毛益(元)	60	30
单位产品定额机时(小时)	6	2
单位机时贡献毛益(元)	10	15
机器台时总额(小时)	120 000	120 000
产销量(台)	20 000	60 000
贡献毛益总额(元)	1 200 000	1 800 000

决策可以用“单位机时贡献毛益”和“贡献毛益总额”作为标准。A 产品和 B 产品的“单位机时贡献毛益”分别为 10 元和 15 元，“贡献毛益总额”分别为 1 200 000元和 1 800 000 元，均是 B 产品为大，所以应该选择 B 产品。

实际上，本例只要分析“单位机时贡献毛益”就可以作出决策了，无需计算“贡献毛益总额”。但要注意的是，不能用“单位产品贡献毛益”和“贡献毛益率”来进行判断。

本例也可用差量分析法和相关分析法。表 4-15 同时运用差量分析法和相关分析法进行综合分析。如表 4-15 所示。

表 4-15 差量分析和相关分析综合表 单位：元

方 案	A 产品	B 产品	差异
相关收入	0	2 700 000	−2 700 000
减：相关成本	0	2 400 000	−2 400 000
相关利润	0	300 000	−300 000

根据表 4-15 进行分析。

从差量分析法角度分析：差量利润为负，因而应该选择后一方案即 B 产品方案。

从相关分析法角度分析：B 产品的相关利润较大，因而应该选择 B 产品方案。

当新产品开发的品种决策方案中涉及追加专属成本时，就不能使用贡献毛益法了，可以使用差量分析法和相关分析法。

四、半成品是否深加工的决策

企业常常会面临半成品是直接出售还是深加工成为产成品后再上市销售的决策问题，半成品经过深加工后成为产成品的售价肯定高于半成品，但相应地也会增加一定的深加工成本。除此之外，可能还要考虑专属固定成本以及生产能力是否可以转移等问题。

在这类决策中，深加工前的半成品的成本，无论是变动成本还是固定成本，都属于沉没成本，在考虑是否需要深加工的决策中都不需要考虑，相关成本只包括与深加工方案有关的成本。

【例 4-4】 某企业生产的半成品 A，若经过深加工可加工为 B 产品，年产量为 20 000 台。半成品 A 的单位售价为 100 元，B 产品单位售价为 200 元，每件变动加工成本为 40 元。

要求：根据以下各种情况，作出半成品是直接出售还是加工成 B 产品后再出售的决策。

(1) 加工不需要追加专属成本，半成品与产成品的投入产出比为 1∶1。

(2) 如果企业深加工需要租入一台专用设备,年租金为 100 000 元,半成品与产成品的投入产出比为 1∶1。

(3) 如果企业只具有深加工 10 000 台半成品 A 的能力,且该能力可用于对外承揽加工业务,预计 1 年可获得边际贡献为 120 000 元。

根据上述 4 种情况,分别编制相关损益分析表如表 4-16、表 4-17、表 4-18 所示。

表 4-16　情况(1)差量分析表　　单位:元

项　目	深加工 B 产品出售	直接出售半成品 A	差异额
相关收入	4 000 000	2 000 000	2 000 000
相关成本	800 000	0	800 000
差别损益			1 200 000

表 4-17　情况(2)差量分析表　　单位:元

项　目	深加工 B 产品出售	直接出售半成品 A	差异额
相关收入	4 000 000	2 000 000	2 000 000
相关成本	900 000	0	900 000
其中:加工成本	800 000	0	
专属成本	100 000	0	
差别损益			1 100 000

表 4-18　情况(3)差量分析表　　单位:元

项　目	深加工 B 产品出售	直接出售半成品 A	差异额
相关收入	2 000 000	1 000 000	1 000 000
相关成本	520 000	0	520 000
其中:加工成本	400 000	0	
机会成本	120 000	0	
差别损益			480 000

根据以上各表可知,无论是哪种情况,均应该出售产成品 B。

五、零部件年需用量确定时自制或外购的决策

【例 4-5】 某企业每年需用某种零件 2 000 件,其市场单位售价为 100 元。企业有剩余生产能力安排辅助车间自行生产,每件成本 100 元,其中直接材料 60 元,直接人工 20 元,变动制造费用 12 元,固定制造费用 8 元,如果外购,每件 96 元。

要求:就以下各不相关情况作出该零件取得方式的决策分析。

本例不涉及相关收入,决策时仅分析成本就可以了。可根据相关成本孰低原则进行决策,是谓"比较法"。

$$自制方案的相关成本 = (60 + 20 + 12) \times 2\,000 = 184\,000(元)$$
$$外购方案的相关成本 = 96 \times 2\,000 = 192\,000(元)$$

本例中,由于企业有剩余生产能力,自制方案无需追加专属固定成本,因而,单位固定制造费用 8 元不能予以考虑,仅计算变动成本就可以了。通过比较,自制方案的相关成本(184 000 元)比外购方案的相关成本(192 000 元)小,所以应该自制。

【例 4-6】 仍依[例 4-5],自制方案需租入有关专用设备,年租金 12 000 元。且该零件年需用量不确定。

要求:作出企业取得零件方式的决策。

此种情况需用成本无差别点法进行决策。

设 x 为零件的需用量,则

$$自制方案预期总成本 = 92x + 12\,000$$
$$外购方案预期总成本 = 96x$$

当上述两个方案的成本相等时的零件需用量,即为成本无差别点。

设 $2x+12\,000=96x$,得

$$x_0 = \frac{12\,000}{96 - 92} = 3\,000(件)$$

当该零件全年需用量低于 3 000 件时,应安排外购;超过 3 000 件时,则以自制为宜。

六、生产工艺技术方案的决策分析

企业在组织生产过程中,常常面临不同的工艺技术方法选择的问题。采用先进工艺生产时,所用的设备价值较高,维修费、管理费等也相应较高,因此固定成本较高。但由于先进工艺具有生产效率高、材料消耗少、废品率低等特点,使得单位变动成本相对较低;而采用普通工艺生产时,固定成本虽小,但是单位变动成本较高。对这类问题的决策,主要取决于业务量。可采用成本无差别点分析法。

【例 4-7】 某企业生产 A 产品可采用甲、乙两种工艺技术方案。甲方案:采用自动化生产,其单位变动成本为 18 元/件,固定成本为 200 000 元;乙方案:采用机械生产,单位变动成本为 26/件,固定成本为 120 000 元。

要求:分析该企业因采用何种方案进行产品生产。

采用成本无差别点法进行决策。

设 x 为产量，则

$$甲方案的预期成本 = 18x + 200\,000$$
$$乙方案的预期成本 = 26x + 120\,000$$

两方案成本相等时的产量即为甲、乙两种方案的成本无差别点。

$$8x + 200\,000 = 26x + 120\,000$$
$$x = 10\,000(件)$$

当该产品产量为 10 000 件时，甲、乙两方案的成本总额保持相等；当该产品产量小于 10 000 件时，乙方案的总成本小于甲方案的总成本，则应选择乙方案；当该产品产量大于 10 000 件时，甲方案的总成本小于乙方案的总成本，则应该选择甲方案。

七、定价决策

【例 4-8】 已知：当某公司生产经营的 A 产品的售价为 100 万元/件，可以实现销售量 10 000 件，固定成本为 300 000 万元，单位变动成本为 60 万元/件，实现利润为 100 000 万元，假定企业现有最大生产能力为 19 000 件。若将价格调低为 85 万元/件，预计市场容量可达到 16 500 件。问：调价是否可行？

可用利润无差别点法评价该调价方案的可行性。

$$利润无差别点销售量 = \frac{300\,000 + 100\,000}{85 - 60} = 16\,000(件)$$

利润无差别点的销售量为 16 000 件，小于最大生产能力(19 000 件)，也小于预计市场容量(16 500 件)。也就是说，16 000 件既不受限于生产能力，也不受限于市场容量，调价不会导致利润减少，还能提高竞争能力，方案可行，应当考虑调价。

【例 4-9】 某产品售价 p 和销售量 x 之间的关系式为：$p = 60 - 2x$，单位变动成本 b 与销售量 x 之间的关系式为：$b = 20 + 0.5x$，固定成本 $a = 70$(万元)。

要求：计算最优售价。

此题需要用边际分析法。

边际分析法是经济学的基本研究方法之一，不仅在理论上，而且在实际工作中也起着相当大的作用，是打开经济决策王国的钥匙。边际分析法也是管理会计决策的重要方法。

边际分析法是把边际收入和边际成本进行比较，两者相等时为临界点，即边际平衡点，此时利润最大；如果某项经营活动由两项呈负相关的成本组成，当这两项成本的边际成本相等时，此时总成本最低。

设相关收入的数学模型为 $y = f_1(x)$，相关成本的数学模型为 $y = f_2(x)$，x 为

业务量。对上述函数模型求一阶导数,可得

$$边际收入为\ y' = f'_1(x)$$

$$边际成本为\ y' = f'_2(x)$$

根据边际平衡原理,设

$$f'_1(x) = f'_2(x)$$

根据上式所求得的 x 即为利润最大点。

以上数学模型中的 x 可以表示销售量、销售价格、生产量、最优资源投入量等。

在本例中:

总收入模型为:$TR = px = (60 - 2x)x = 60x - 2x^2$

边际收入:$MR = 60 - 4x$

总成本模型为:$TC = a + bx = 70 + (20 + 0.5x)x = 70 + 20x + 0.5x^2$

边际成本:$MC = 20 + x$

令 $MC = MR$,可求得最优销量 $x_0 = 8$(件)

将最优销量代入 $p = 60 + 2x$,可求得最优售价 $p_0 = 44$(万元 / 件)

显然,当企业按照每件 44 万元的价格销售时,可实现最大利润为:

$$E = (p - b)x - a = (44 - 20 - 0.5 \times 8) \times 8 - 70 = 90(万元)$$

当收入和成本函数均为离散型函数时,边际分析法可以采用列表的方式进行。在此不举例。

八、信用期的决策

【例 4-10】 某企业预计信用期限为 20 天,销量可达 50 万件;信用期若延长到 40 天,销量可增加到 60 万件。假定该企业投资报酬率为 9%,产品单位售价为 4 元,其余条件如表 4-19 所示。

表 4-19 不同信用期决策资料表 单位:元

信用期	20 天	40 天
销售额	200	240
销售成本:		
变动成本	60	72
固定成本	20	20
毛利	120	148
收账费用	10	12
坏账损失	3	5

要求：确定该企业应选择哪一个信用期限？

由于两方案都要占用资金，将会损失获得投资收益的机会，由此产生机会成本。

“20天”方案和“40天”方案的差量机会成本为：

$$240\times\frac{72}{240}\times9\%\times\frac{40}{360}-200\times\frac{60}{200}\times9\%\times\frac{20}{360}=-0.42(\text{元})$$

表4-20　不同信用期决策表　　单位：元

方案	20天	40天	差异
相关收入	200	240	−40
减：相关成本	0		
变动成本	60	72	−12
机会成本	$200\times\frac{60}{200}\times9\%\times\frac{20}{360}$	$240\times\frac{72}{240}\times9\%\times\frac{40}{360}$	−0.42
收账费用	10	12	−2
坏账损失	3	5	−2
相关利润			−23.58

结论：差量利润为负，应选择后一个方案，即40天信用期方案。

九、批量决策

（一）经济订货批量

经济订货批量是指存货采购进货成本和保管仓储成本之和最低的最佳订货量。

$$\text{存货总成本}=\text{存货购买成本}+\text{订货成本}+\text{库存成本}$$

假设存货购买成本与订货量无关，订货量决策相关成本只与订货成本和库存成本相关，则有：

$$\text{订货量决策相关成本}=\text{订货成本}+\text{库存成本}$$

$$\text{订货成本}=\text{每次订货成本}\times\text{订购次数}$$

$$\text{库存成本}=\text{单位存货每年平均库存成本}\times\text{平均库存}$$

用Q表示每次订货量，D表示全年需要量，K表示每次订货成本，K_c表示单位存货年储存成本，则

$$\text{订购次数}=\frac{\text{年需要量}}{\text{每次订货量}}=\frac{D}{Q}$$

$$\text{平均库存}=\frac{\text{每次订货量}}{2}=\frac{Q}{2}$$

$$全年订货总成本 = 每次订货成本 \times 订购次数 = K \cdot \frac{D}{Q}$$

$$全年平均储存总成本 = 单位存货每年平均存储成本 \times 平均库存 = K_c \cdot \frac{Q}{2}$$

$$全年总成本\ TC = 全年订货总成本 + 全年平均储存总成本 = \frac{K \cdot D}{Q} + \frac{K_c \cdot Q}{2}$$

对上述函数模型 $TC = \frac{K \cdot D}{Q} + \frac{K_c \cdot Q}{2} = 0$，求一阶导数，可得：

$$经济订货批量\ Q = \sqrt{\frac{2DK}{K_c}} = \sqrt{\frac{2 \times 年需要量 \times 每次订货成本}{单位存货每年平均存储成本}}$$

$$全年经济订货量总成本\ TC = \sqrt{2K \cdot D \cdot K_c}$$

$$= \sqrt{2 \times 每次订货成本 \times 年需要量 \times 单位存货每年平均存储成本}$$

【例 4-11】 企业全年耗用甲种材料 1 800 千克，该材料单价 20 元，年单位储存成本 4 元，一次订货成本 25 元。

要求：确定(1)经济订货批量；(2)最小相关总成本；(3)最佳订货次数；(4)最佳订货周期；(5)最佳存货资金占用额。

解：依上述资料计算：

(1) 经济订货批量 $= \sqrt{\frac{2 \times 1\ 800 \times 25}{4}} = 150$（千克）

(2) 最小相关总成本 $= \sqrt{2 \times 1\ 800 \times 25 \times 4} = 600$（元）

(3) 最佳订货次数 $= 1\ 800 \div 150 = 12$（次）

(4) 最佳订货周期 $= 360 \div 12 = 30$（天）

(5) 最佳存货资金占用额 $= 20 \times \frac{150}{2} = 1\ 500$（元）

（二）最佳货币资金持有量

【例 4-12】 某企业预计 1 个月内经营所需货币资金约为 800 万元，准备用短期有价证券变现取得，有价证券每次交易的固定成本为 100 元，证券市场年利率为 12%。

要求：计算最佳货币资金持有量及最小相关总成本。

可以参照经济订货批量的计算方法来分析。

最佳货币资金持有量为

$$Q = \sqrt{\frac{2 \times 100 \times 8\ 000\ 000}{12\% \div 12}} = 400\ 000（元）$$

最小相关总成本为：

$$TC = \sqrt{2 \times 100 \times 8\ 000\ 000 \times 12\% \div 12} = 4\ 000(\text{元})$$

十、不确定条件下的决策分析

1. 概率分析法

不确定条件下的生产决策方法包括概率分析法、大中取大法、小中取大法和大中取小法等。下面对这些方法进行具体说明。

【例 4-13】　某公司准备开发一种新产品，现有 A 和 B 两个方案可供选择，有关资料如表 4-21 所示。

表 4-21　相关资料　　单位：元

	A 产品	B 产品
单价	100	120
单位变动成本	50	60
固定成本	2 400	2 400

销售量表现为一种随机变量，有关预测资料如表 4-22 所示。

表 4-22　销售预测

品种	销量(件)	概率
A 产品	10 000	0.8
	20 000	0.2
B 产品	15 000	1.0

要求：利用概率分析法作出开发何种新产品的决策。

解：根据上述资料，可编制期望价值分析表，如表 4-23 所示。

表 4-23　A 产品期望价值计算分析法

品种	销量(件)	单位贡献毛益(元)	贡献毛益(元)	概率	贡献毛益期望值(元)
A 产品	10 000	100－50＝50	500 000	0.8	400 000
	20 000		1 000 000	0.2	200 000
B 产品	15 000	120－60＝60	900 000	1.0	900 000

从表 4-21 的结果可知，因为 B 产品的贡献毛益期望值 900 000 元比 A 产品的 600 000 元(400 000＋200 000)高，所以应选择 B 产品。

2. 大中取大法

在不确定条件的决策中，如果决策者对未来持乐观态度，可采用大中取大法。

此法又称最大的最大收益值法，是在几种不确定的随机事件中，选择最有利的市场需求情况下的收益值最大的方案作为中选方案的决策方法。这里的“收益值”指的是短期经营决策中的“边际贡献总额”或“税前利润”；或是长期投资决策中的“净现值”、“内部收益率”或“获利指数”。

【例 4-14】 某公司准备开发一种新产品，根据市场调查结果提出三种方案，并预计气候不同情况下的收益总额。收益资料如表 4-24 所示。

表 4-24 收益资料 单位：元

方案	少雨	多雨	干旱
A 方案	50	40	22
B 方案	53	35	15
C 方案	20	42	60

要求：根据上述资料采用大中取大法进行方案选择。

根据上述资料进行分析，如表 4-25 所示。

表 4-25 决策分析表 单位：元

方案	少雨	多雨	干旱	最大收益值	最小收益值
A 方案	50	40	22	50	22
B 方案	53	35	15	53	15
C 方案	20	42	60	60	20

按大中取大法分析，最大收益值在 A 方案少雨时的 50 元，B 方案在少雨时的 53 元，C 方案在干旱时的 60 元，三个最大收益值中，最大的是 C 方案在干旱时的 60 元，所以，应选择 C 方案。

按小中取大法分析，最小收益值在 A 方案干旱时的 22 元，B 方案在干旱时的 15 元，C 方案在少雨时的 20 元，三个最小收益值中，最大的是 A 方案在干旱时的 22 元，所以，应选择 A 方案。

不确定条件下的决策也可以用后悔值决策法。

后悔值是指决策者失策所造成的损失价值。后悔值决策法要求决策者在选择决策方案时所产生的后悔感最小。后悔感的大小是以“后悔值”指标来反映的，“后悔值”是指某种状态下最高收益值与此种状态下本方案收益值之差。即：

$$后悔值 = 某种状态下最高收益值 - 此种状态下本方案收益值$$

根据上述资料可以进行后悔值分析，如表 4-26 所示。

表 4-26 后悔值计算表 单位:元

方 案	少雨	多雨	干旱	最大后悔值
A方案	53－50＝3	42－40＝2	60－22＝38	38
B方案	53－53＝0	42－35＝7	60－15＝45	45
C方案	53－20＝33	42－42＝0	60－60＝0	33

从表 4-26 可见,最大后悔值分别为 38 元、45 元和 33 元,在这三个值中,最小的最大后悔值为 C 方案的 33 元,所以应选择 C 方案。

第五章　长期投资决策会计

第一节　长期投资决策概述

一、长期投资决策的概念和特征

长期投资，是指为了获得未来的长期收益或扩大企业的长期经营能力而作出的资金投放行为。

长期投资包括固定资产的新建、扩建、改建，以及对原有固定资产的更新改造等对内投资，也包括对外直接投资和购买债券、股票等有价证券的证券投资等。本章所介绍的长期投资只包括对内投资。

资金的投放不一定形成投资。如果资金被消耗，属于消费；如果用于生活消耗，则为生活费用；如果用于经营消耗，则为经营费用。如果没有被消耗而形成资产(权利)，则是投资，如果只是形成临时性短期资产，是为短期投资；如果形成长期资产或者能够稳定提高经营能力，则为长期投资。

长期投资决策就是关于长期投资方案的评价和选择，也称资本支出决策、资本预算决策。

二、长期投资决策的程序

(1) 设计投资项目：相关部门提议，由各部门专家组成专家小组提出方案并进行可行性研究。

(2) 估算出投资方案的预期现金流量。

(3) 预计未来现金流量的风险，并确定预期现金流量的概率分布和期望值。

(4) 确定必要报酬率水平，以此作为投资决策方案的取舍标准，并以此作为对现金流量进行贴现的贴现率。

(5) 通过项目投资决策评价指标的计算，作出投资方案是否可行的决策。

三、长期投资决策会计的内容

长期投资决策会计指通过对企业提出的长期投资方案进行全面系统的核算与

分析，作出科学的投资决策，以提高企业的长期经营能力、提高企业价值的会计。

（一）长期投资决策会计的对象

财务会计的对象是用货币表现的资金运动，或经济活动，其客体是各项财务权利（资产）和财务责任（负债和保护所有者的权益）；长期投资决策会计的对象是企业的长期投资决策活动，其客体是各种决策方案。

（1）按投资方案的经济内容来分，可分为：①固定资产增置与更新的决策，包括固定资产的购置、改建、扩建、更新改造、修理、自制或租赁等方面的决策。②产品开发决策，包括对现有产品的改造和发展新产品的决策。③资源的开发和利用决策。④技术引进决策。

（2）按投资方案之间的关系，可分为：①采纳与否决策。②互斥选择决策。③投资分配决策。

采纳与否决策是指对提出的投资方案表示同意还是否定，决定采纳还是拒绝的决策。它是决定是否投资于某一待定项目的基本决策。

互斥选择决策是指在两个或两个以上的待选项目中，只能选择一个方案的决策。

投资分配决策是指当企业有很多投资机会而资金有限时，如何有效分配投资的决策，也叫资金定量决策。

（3）按决策的可靠程度分类，可分为：①确定型技资决策。②风险型投资决策。③非确定型投资决策。

确定型投资决策是指以一些与决策有关的因素的未来状况是确定的，并可用一定方法计算出方案的经济效益指标作为评价方案优劣的依据。

风险型投资决策是指与决策方案相关的条件虽然是已知的但不能肯定，即有几种可能的状态和相应的结果，可以预测每种状态和后果出现的概率。

非确定型投资决策是指与决策相关的因素的未来状况无从判断，甚至连可能出现何种状态和后果都不知道。

（4）按影响范围的广狭，可分为：①战略性投资决策。②战术性投资决策。

（5）按涉及的内容，可分为：①固定资产投资决策。②流动资产投资决策。

（6）按投资与企业原有的生产经营能力的关系，可分为：①发展性投资决策。②重置性投资决策。

（二）长期投资决策会计的要素

财务会计的要素是财务会计内容中的各个项目，即资产、负债、所有者权益等。长期投资决策会计与财务会计不同。长期投资决策会计的要素有现金流量、货币的时间价值、投资的风险价值和必要报酬率。

1. 现金流量

在长期投资决策中，现金流量是指一个投资项目引起的企业现金流入量与流出量的总称。现金流量可按以下标准来分类。

(1) 按发生的时期间分类,可分为投资期现金流量、营业现金流量和终结期现金流量。

(2) 按现金流动的方向分类,可分为现金流入量、现金流出量和现金净流量。

在实际的投资决策中,需要测算和计算各年的现金流量,还要计算所有各年的现金流量合计数并编制现金流量表。

需要注意的是,在财务会计中,也要编制现金流量表,其时间范围限于1年,其空间范围为整个企业。与财务会计不同的是,在长期投资决策中,现金流量应反映某投资项目整个寿命周期中每1年的现金流量,而不是只反映某1年的现金流量;其空间范围则不是整个企业,而是某个特定投资方案的相关现金流量。

2. 货币的时间价值

投资过程同时也是一个企业价值变动的过程。所谓货币的时间价值,是指货币随着时间的推移而发生的增值。

资金在周转过程中会随着时间的推移而发生增值,使资金在投入、收回的不同时点上价值不同,形成价值差额。这就是货币的时间价值。财务会计由于侧重于可验证性而以历史成本计量,往往不考虑时间价值,但管理会计必须充分考虑时间价值这一客观存在的现象,在会计中予以充分的重视和计量。

3. 投资的风险价值

投资的风险价值是指投资项目由于存在风险而必须获得的额外补偿(报酬)。风险是指损失发生的可能性。风险越大,投资方案的价值越低。投资方案通常都存在一定的风险。这种存在风险的投资项目若要有可选性,就必须有较高的超出一般的额外报酬。这种由于冒风险而必须获得的超出一般的额外报酬,就是投资的风险价值。风险价值是长期投资决策会计必须考虑的一个要素。风险报酬有两种表达方式:一是绝对数,即风险报酬额;二是相对数,即风险报酬率,是指取得风险报酬额占原投资额的百分比。在长期投资决策中,风险价值一般用风险报酬率表示。

4. 必要报酬率

由于资金具有时间价值,也就是说,投资中投入的资本具有"自然"的增值性,因此,若某投资项目获得的报酬低于时间价值,还不如不投资这个项目。所以,获得相当于资金时间价值的投资报酬,是投资有效性的必要条件。另外,投资项目通常都具有一定的风险,如果不能获得高于时间价值的报酬,冒险就是不值得的。所以,一个投资项目有效性的最低要求,就是除了获得时间价值以外,还必须获得与风险大小相匹配的必要的风险价值。时间价值和必要的风险价值之和就被称为必要报酬率。若投资项目的实际报酬率大于必要报酬率,方案就可行;否则,方案就不可行。可见,必要报酬率也是投资决策会计必须考虑的一个会计要素。

(三) 长期投资决策会计的方法

长期投资决策会计的方法,就是对投资方案产生的现金流量进行分析,以判断方案可行性的方法。长期投资决策会计的方法通常是在预测和计量各年现金流量的基础上,再以一定的必要的报酬率为标准对投资方案进行分析决策的方法,但也往往使用一些不考虑必要报酬率的方法。因此,长期投资决策会计的方法具体分类如下。

(1) 按投资者的期望,可分为保本法(如回收期法)和效益法(如净现值法、内部收益率)。

(2) 按投资效益的统计特征来分,可计算总值、平均值和比率值,相应地有总额法(如净现值法)、平均法(如等年值法)和比率法(如净现值率法)。

(3) 因时间价值因素的不同,可以根据投资过程中的现金流量计算现值、终值、年金和利率等。相应地,按时间价值特征来分,可分为现值法(如净现值法)、终值法(此类方法用得较少)、年金法(如等年值法)、利率法(如内部收益率法)和期限法(如回收期法)等。

(4) 按是否考虑时间价值来分,有不考虑必要报酬率的方法和要考虑必要报酬率的方法。不考虑必要报酬率的评价指标又称为静态指标,包括投资利润率、年平均投资报酬率、原始投资回收率和静态投资回收期。考虑必要报酬率的评价指标又称为动态指标,包括净现值、净现值率、获利指数和内部收益率等。

(5) 按评价指标的价值特征来分,可分为正指标法(如净现值法、内部收益率法)和反指标法(如回收期法)。越大越好的指标为正指标,越小越好的指标为反指标。

四、长期投资决策会计的特征

(一) 与财务会计比较

(1) 财务会计建立在企业主体假设的基础上,对企业的全部经济活动进行计量和报告。包括资产、负债、所有者权益等全部内容。长期投资决策会计则以特定的投资方案为对象,对投资活动进行价值分析和价值评价。

两者都要反映企业的资源状况,但财务会计核算的资源是各种资产的变化,而长期投资决策会计核算的仅仅是特定方案中投入的资源及其收回的情况。

负债是财务会计核算的重要内容,而长期投资决策会计不核算负债,因为负债多发生在筹资领域而非投资领域。

财务会计要核算企业所有者权益,而长期投资决策会计核算的是投资效益。

(2) 财务会计建立在持续经营假设的基础上,因而没有企业经营期限和经营寿命的考虑，也不存在终结期；而长期投资决策都有寿命周期的问题。

(3) 财务会计建立在分期假设的基础上，收入和费用的确认和计量都是以当期为标准，因而一般不考虑资金的时间价值；而在长期投资决策会计中资金的时间价值是一个重要的要素。

(4) 财务会计以收益为目标，不考虑风险，对风险的分析由报表使用者或其他学科进行；而长期投资决策会计既要考虑收益，也要考虑风险，以完整地反映投资的价值。

(5) 界定和明晰产权是财务会计的主要任务，因而财务会计必须以权责发生制为基础，而不能以现金为基础；而长期投资决策会计无须进行产权的界定和明晰，长期投资决策会计关注的是做蛋糕，而不是分蛋糕，长期投资决策会计以现金为基础。

(6) 财务会计的任务仅仅是对经济活动进行反映，即科学地确认、计量和汇总，通常不进行分析，因而只使用借贷记账法；而长期投资决策会计不仅要反映经济活动，还要进行决策，要计算相关指标，所以需要用到多种数学方法。

与短期经营决策只与收入和成本相关、而不涉及资源不同，长期投资决策与财务会计都既要考虑收入成本要素，又要考虑资源要素。具体来说，财务会计要对资产进行计量，长期投资决策会计要计算投资的价值。

(二) 与短期经营决策会计比较

长期投资决策会计与财务会计的区别主要在目标上，与短期经营决策会计的区别则主要在内容上。

(1) 长期投资决策会计要核算流量和存量，而短期经营决策会计只核算流量。长期投资，特别是战略性扩大生产能力的投资需要的金额一般都较大，往往是企业多年的资金积累，在企业总资产中占到很大比重。因此长期投资对企业未来的财务状况和现金流量影响巨大。这样，长期投资决策会计不仅要核算营业收入和营业成本(流量)，也要核算资金(存量)的投入和收回；而短期经营决策会计只需核算流量，即核算相关收入和相关成本。

(2) 长期投资决策会计持续时间长，必须考虑资金的时间价值，而短期经营决策会计没有这一要求。长期投资周期较长，项目建成后对企业的经营能力和经济效益会产生长久的效应，长期投资决策会计不能忽略资金时间价值的影响；而短期经营决策由于几乎不受资金变动的影响，而且持续的时间也很短，因而短期经营决策会计不需考虑资金的时间价值。

(3) 长期投资决策不可逆，而短期经营决策易于调整。长期投资一般不会在短期内变现，即使由于种种原因想在短期内变现，其变现能力也较差。长期投资项目一旦建成，想要改变是很困难的，不是无法实现，就是代价太大。长期投资决策具有不易逆转性，如果投资正确，形成的优势可以在较长时期内保持，否则，就会伤筋动骨，元气大伤。短期经营决策由于是利用现有资源，往往不需要投入新的资金而形成专用性的固定资产，因而易于调整，即使经营方案的选择有失误，也很容易“改弦更张”。

(4) 长期投资风险大。长期投资影响期长，投入资金多，面临的不确定因素很多，如原材料供应情况、市场供求关系、技术进步速度、行业竞争程度、通货膨胀水平等都会影响投资的效果，因而长期投资面临较高的投资风险。长期投资决策必须对风险保持高度关注，投资项目的风险越大，获得的超额报酬(即风险价值)也要越大，否则就是不合理的。而短期经营决策通常可以不考虑风险因素的影响。

长期投资决策的以上特点，决定了长期投资决策比短期经营决策更重要，也更复杂，需要高度重视和谨慎。短期经营决策通常只要考虑相关收入和相关成本就可以了，而长期投资决策影响因素更多，只考虑相关收入和相关成本是远远不够的。

第二节　长期投资决策会计的要素

财务会计的要素有资产、负债、所有者权益等，短期经营决策会计的要素是相关收入和相关成本，长期投资决策会计的要素则有现金流量、货币的时间价值、投资的风险价值和必要报酬率等。

一、现金流量

现金流量(NCF)是指投资项目所引起的现金流入量和现金流出量。这里的“现金”概念是广义的，包括各种货币资金及相关非货币资产的重置成本或变现价值。现金流量包括现金流入量、现金流出量和现金净流量。

现金净流量是指投资项目所引起的现金流入量和现金流出量的差额，或者说，是现金流量的合计数。其中营业期的现金流量叫营业现金流量。

现金流量按其流动的方向分类，可分为现金流入量(可用“+”数表示)、现金流出量(可用“−”数表示)和现金净流量。

现金流量按其发生的时期分类，可分为投资期现金流量、营业现金流量和终结期现金流量。

1. 投资期现金净流量的计算

$$投资期现金净流量=-该年投资额$$

投资期现金净流量主要包括以下项目：

(1) 固定资产和无形资产投资。其中固定资产投资包括购置成本、建造成本、运输成本和安装成本等。

(2) 流动资金投资。流动资金投资指投资项目建成投产后需要占用的存货、存款等的营运资金。

(3) 其他投资。例如,开办费等。

2. 营业期现金净流量的计算

营业期营业现金净流量是指投资项目投产后,在营业期内由于经营活动而产生的现金流量。

(1) 不考虑所得税情况下的现金净流量计算。计算公式为:

营业净现金流量＝营业收入－付现成本＝营业收入－(营业成本－折旧)
＝(营业收入－营业成本)＋折旧＝营业利润＋折旧

营业收入是指项目投产后各年实现的销售现金收入。

付现成本是指项目投产后在营运过程中需要用现金支付的成本。付现成本是按收付实现制计算的,付现成本与按权责发生制计算的营业成本的关系是:

付现成本＝营业成本－折旧

(2) 考虑所得税情况下的现金净流量计算。计算公式为:

营业净现金流量＝营业收入－付现成本－所得税　　(公式 1)
＝税后利润＋折旧　　(公式 2)
＝(营业收入－营业成本)×(1－税率)＋折旧
＝(营业收入－付现成本－折旧)×(1－税率)＋折旧
＝营业收入×(1－税率)－付现成本×(1－税率)－折旧×(1－税率)＋折旧
＝营业收入×(1－税率)－付现成本×(1－税率)＋折旧×税率　　(公式 3)

所得税是指由于该项目投产后取得利润而引起的企业交纳所得税的增量。

从上面考虑所得税情况下的现金净流量的计算公式可以看出,现金净流量的计算公式有三个。需要指出的是,(公式 3)虽然看起来比较复杂,实际上比(公式 1)和(公式 2)更方便。这是因为使用(公式 3)无需知道相关利润数,而相关利润的计算往往是比较复杂的。

“营业收入×(1－税率)”称为税后收入,“付现×(1－税率)”称为税后成本,“折旧×(1－税率)”称为“折旧的所得税挡板效应”。“折旧的所得税挡板效应”是指由于投资而增提折旧所引起的由于利润减少而可以少交的增值税额,是现金流出的一个减项,因而用正数表示。

3. 终结期现金净流量的计算

终结期现金净流量 = 该年原始投资的收回额

终结期现金净流量包括如下两部分。

(1) 固定资产的残值变价收入。固定资产的残值变价收入是指投资投入的固定资产在终结报废清理时的残值收入和中途停止使用时的变价收入。

(2) 回收的流动资金。回收的流动资金是指投资项目在项目结束时和中途减少占用时收回原来投放在各种流动资产上的营运资金。

当然,实际情况可能要复杂一些。比如,投资期可能也有某些现金流入(如培训收入等)。另外,投资期、营业期和终结期也不是截然分开的。有的项目没有独立的投资期(投资期就是第 0 期),有的项目没有独立的终结期(终结期也就是营业期的最后一期)。

投资项目现金流量的分布可用表 5-1 表示。

表 5-1　投资项目现金流量分布

<table>
<tr><th colspan="2">时　期</th><th>现金流入</th><th>现金流出</th><th>现金净流量</th></tr>
<tr><td colspan="2" rowspan="3">投资期</td><td></td><td>固定资产</td><td rowspan="3">－固定资产－流动资产－其他资产</td></tr>
<tr><td></td><td>流动资产</td></tr>
<tr><td></td><td>其他(如开办费)</td></tr>
<tr><td rowspan="4">营业期</td><td>方法 1</td><td>营业收入</td><td>付现成本</td><td>营业收入－付现成本</td></tr>
<tr><td rowspan="2">方法 2</td><td>利润</td><td></td><td rowspan="2">利润＋折旧</td></tr>
<tr><td>折旧</td><td></td></tr>
<tr><td>考虑所得税</td><td></td><td>所得税</td><td>－所得税</td></tr>
<tr><td colspan="2" rowspan="2">终结期</td><td>残值变价收入</td><td></td><td rowspan="2">残值变价收入＋流动资产收回</td></tr>
<tr><td>流动资产收回</td><td></td></tr>
</table>

【例 5-1】　A 公司寻得一投资机会,需要固定资产投资 60 万元,使用寿命为 5 年,5 年后有残值 5 万元。5 年中每年销售收入为 32 万元,付现成本第 1 年为 10 万元,以后由于设备陈旧,逐年将增加修理费 5 000 元。另需垫支营运资金 6 万元。所得税税率 30%(为简化计算,本章所得税税率假设均按 30%的税率计算),公司要求的必要报酬率为 8%。

要求计算该投资方案寿命期内各年的税后现金净流量。

(1) 先计算营业期各年税后现金净流量。如表 5-2 所示。

表 5-2 营业期各年现金流量测算表 单位:元

营业现金流量项目	行次	年次						
		0	1	2	3	4	5	合计
1. 营业收入	①		32	32	32	32	32	160
2. 付现成本*	②		−10	−10.5	−11	−11.5	−12	−55
3. 折旧	③		11	11	11	11	11	55
4. 营业利润	④=①+②+③		11	10.5	10	9.5	9	50
5. 所得税*	⑤=④×30%		−3.3	−3.15	−3	−2.85	−2.7	−15
6. 税后利润	⑥=④−⑤		7.7	7.35	7	6.65	6.3	35
合 计	⑦=①+②+⑤ =⑥+③	0	18.7	18.35	18	17.65	17.3	90

*付现成本和所得税均为现金流出,导致现金流量减少,其数值用负数表示。

(2) 计算投资方案整个寿命周期内各年的现金流量。如表 5-3 所示。

表 5-3 整个寿命周期内各年的现金流量测算表 单位:元

现金流量项目 \ 年次	0	1	2	3	4	5	合计
1. 初始现金流量							
1. 固定资产投资	−60						−60
2. 垫动的流动资产	−6						−6
3. 其他							0
合 计	−66	0	0	0	0	0	−66
二、营业现金流量							
1. 营业收入		32	32	32	32	32	160
2. 付现成本		−10	−10.5	−11	−11.5	−12	−55
3. 折旧							0
4. 营业利润							0
5. 所得税		−3.3	−3.15	−3	−2.85	−2.7	−15
合 计	0	18.7	18.35	18	17.65	17.3	90
三、终结现金流量							
1. 固定资产残值						5	5
2. 流动资金回收						6	6
3. 其他							0
合 计	0	0	0	0	0	11	11
各期现金流量合计	−66	18.7	18.35	18	17.65	28.3	35

二、资金时间价值

（一）资金时间价值的概念

资金时间价值是指资金随着时间的推移而发生的增值。是一定量资金在不同时点上价值量的差额。一定量资金周转利用的时间越长，其产生的增值额也越大。假设可以在今天给你1元钱，也可以在明天给你1元钱。问：你愿意要哪一个1元钱？你一定会回答：今天的。为什么？原因之一就是今天的1元钱价值比较大。

再比如：今天给你1元钱，明天再给你1元钱。问：一共给你几元钱？你可能会回答：2元钱。这是不对的。为什么？一共给你的钱的价值实际比2元小，因为明天的1元钱折算到今天会少于1元钱。也就是说，“1＋1＜2”！

设银行存款的年利率为6%，如果今天存入银行100元，1年以后就得到本利和106元。经过1年的时间，100元产生了增值额6元。这说明今天的100元和1年后的106元等值。换句话说，这项增值是因为放弃现在使用货币的机会，可以按一定利率和放弃时间长短计算其报酬，这种报酬就是资金时间价值。由于长期投资的投资额大，投资收益回收时间长，因此，为了正确评价长期投资各备选方案，必须考虑资金的时间价值。

在利润平均化规律的作用下，货币时间价值的一般表现形式就是在没有风险与通货膨胀条件下社会平均的资金利润率。由于资金时间价值的计算方法与利息的计算方法相同，很容易将资金时间价值与市场利率相混淆。实际上，投资活动或多或少总存在风险，市场经济条件下通货膨胀也是客观存在的。市场利率既包含时间价值，也包含风险价值和通货膨胀的因素。资金时间价值相当于没有风险、没有通货膨胀条件下的社会平均资金利润率。当通货膨胀很低的情况下，可以用政府债券利率来表示资金时间价值。

资金时间价值产生的前提条件，是资金必须投入经营。资金的所有者把资金使用权转让给使用者，使用者必须把资金增值的一部分支付给资金的所有者作为报酬，资金占用的金额越大，使用的时间越长，所有者所要求的报酬就越高。可见，资金在周转过程中的价值增值是资金时间价值产生的根本源泉。

反映资金的时间价值的静态指标有两个，即现值和终值。现值是指现在资金的价值（或未来资金相当于现在的价值），终值是指未来某个时点的资金的价值（或现在的资金相当于未来某个时点的资金的价值）。

反映资金的时间价值的动态指标可用绝对数（利息）和相对数（利息率）两种形式表示，通常用相对数表示。利息表示资金产生的时间价值总额，利息率是利息与资金的比率。资金时间价值的本质是假设没有风险和没有通货膨胀条件下的社会平均资金利润率，是企业要求的资金利润率的最低限度，也是使用资金的最低成本率。

（二）资金时间价值的影响因素

资金时间价值是指投入的资金随着时间的推移而发生的“增值”，这个“增值”是一个客观的过程。“增值”额的大小取决于如下几个因素。

(1) 资金投入额。资金投入越多，时间价值就越大。

(2) 资金投入时间的长度。资金投入的时间越长，时间价值就越大。

(3) 资金“增值”的速度。资金“增值”的速度就是时间价值率，表现为利率。时间价值率越高时间价值就越大。

事实上，这种“增值”每时每刻都在进行着，资金在某一瞬间的“增值”可以用边际时间价值来反映。

(4) 计算期的长短。尽管这种“增值”每时每刻都在进行着，时间价值率就是边际时间价值，但在实际工作中我们通常只能按一定时段（如年、季、月和日）来计算这种“增值”。显然，计算的时段越短，计算出来的“增值”额就越多，越接近边际时间价值，也越符合实际，但通常是按年计算。

(5) 计算的方法。资金时间价值正确的计算方法应该是“利上滚利”，但在实际工作中，为了简化计算，经常只就本金计算时间价值，而不使用“利上滚利”的方法。“利上滚利”称为复利，不“利上滚利”称为单利。按复利计算的时间价值要比单利多，也比单利方法科学。长期投资决策不允许用单利计算的方法。

（三）资金时间价值的运用

在实际工作中，资金时间价值的计算通常用于计算利息，也常常需要用于现值、终值、年金、利率和期限之间的折算。

在资金时间价值的运用中，通常涉及现值(P)、终值(F)、利息(I)、利率(i)和期数(n)等几个因素。现值也叫本金，终值也叫本金和利息之和（简称本利和），利率又称折现率或贴现率。

1. 单利现值和终值

单利是指只对本金计算利息，利息部分不再计息。

(1) 单利的利息。已知现值、利率和期限，求单利的利息，其公式为：

$$I = Pin$$

(2) 单利终值。已知现值、利率和期限求单利的终值，其公式为：

$$F = P(1 + in)$$

(3) 单利现值。已知终值、利率和期限，求单利的现值，实际上就是根据现值求终值公式的逆运算，其公式为：

$$P = F\frac{1}{1+in}$$

假设某人将一笔 5 000 元的现金存入银行，银行 1 年期定期利率为 5%。要求：计算第 2 年的终值和利息。

$$I = 5\,000 \times 5\% \times 2 = 500(元)$$

$$F = P \times (1 + i \times n) = 5\,000 \times (1 + 5\% \times 2) = 5\,500(元)$$

假设某人希望 5 年后获得 10 000 元本利和，银行利率为 5%。要求：计算某人现在须存入银行多少资金？

$$P = 10\,000 \times \frac{1}{1 + 5\% \times 5} = 8\,000(元)$$

2. 复利现值和终值

复利是指不仅对本金要计息，而且对本金所生的利息也要计息，即"利滚利"。

(1) 复利终值。复利的终值是指一定量的本金按复利计算若干年后的本利和。复利终值的计算公式为：

$$F = P(1+i)^n$$

上式中 $(1+i)^n$ 称为"复利终值系数"或"1 元复利终值系数"，用符号 $(F/P, i, n)$ 表示，其数值可查阅附表"1 元复利终值表"。

设某人现在将 5 000 元存入银行，银行利率为 5%。要求计算第 2 年的本利和。

$$F = 5\,000 \times (1+5)^2 = 5\,512.5(元)$$

(2) 复利现值。复利现值是指将终值按复利折算到现在的价值。复利现值的计算公式为：

$$P = F\frac{1}{(1+i)^n} = F(1+i)^{-n}$$

上式中的 $(1+i)^{-n}$ 称为"复利现值系数"或"1 元复利现值系数"，用符号 $(P/F, i, n)$ 表示，其数值可查阅附表"1 元复利现值表"。

假设某人希望 5 年后获得 10 000 元本利，银行利率为 5%。计算某人现在应存入银行多少资金？

$$P = 10\,000 \times (1+5\%)^{-5} = 10\,000 \times 0.783\,5 = 7\,835(元)$$

(3) 名义利率和实际利率。在前面的复利计算中，所涉及的利率均假设为年利率，并且每年复利一次。但在实际业务中，复利的计算期不一定是 1 年，也可能是按半年、1 季、1 月或 1 天计算复利。当利息在 1 年内要复利几次时，给出的年利率称名义利率，用 r 表示，根据名义利率计算出的每年复利一次的年利率称实际利率，用 i 表示。实际利率和名义利率之间的关系如下：

$$i=\left(1+\frac{r}{m}\right)^{m}-1$$

式中，m 表示每年复利的次数。

假设某人现存入银行 10 000 元，年利率为 5%，每季度复利一次。计算 2 年后能取得多少本利和。

解〈1〉：

$$\text{实际利率 } i=\left(1+\frac{5\%}{4}\right)^{4}-1=5.09\%$$

$$F=10\,000\times(1+5.09\%)^{2}=11\,043.91(\text{元})$$

解〈2〉：

$$\text{季利率 } i=5\%/4=1.25\%$$

$$n=2\times4=8(\text{季})$$

$$F=10\,000\times(1+1.25\%)^{8}=11\,043.91(\text{元})$$

3. 年金的终值和现值

年金是指一定时期内，每隔相同的时间，收入或支出相同金额的系列款项。例如，折旧、租金、等额分期付款、养老金、保险费、零存整取形式的存款等都属于年金问题。年金具有连续性和等额性特点。连续性要求在一定时间内，每间隔一相等时间就要发生一次收支业务，中间不得中断，必须形成系列。等额性要求每期收、付款项的金额必须相等。

年金根据每次收付发生的时点不同，可分为普通年金、预付年金、递延年金和永续年金四种。在管理会计中，如没有特别说明，年金一般是指普通年金。

普通年金是指从第一期开始，在一定时期内每期期末等额收付的系列款项，又称为后付年金。

即付年金是指从第一期开始，在一定时期内每期期初等额收付的系列款项，又称为先付年金。

递延年金是指开头若干期并不发生，若干期后在一定时期内每期期末等额收付的系列款项，它是普通年金的特殊形式。凡不是从第一期开始的普通年金都是递延年金。

永续年金是指从第一期开始，无限期每期期末等额收付的系列款项，是普通年金的一种特殊形式。

(1) 普通年金终值的计算。普通年金终值的计算公式为：

$$F_A = A\frac{(1+i)^n-1}{i}$$

式中，$\frac{(1+i)^n-1}{i}$称为“年金终值系数”，用符号$(F/P, i, n)$表示，其数值可查阅附表“1 元年金终值表”。

设某人在银行每年年末存入 1 000 元，年利率为 6%，8 年后可获本利和为多少？

$$F_A = 1\,000\times\frac{(1+6\%)^8-1}{8\%} = 9\,897.5(\text{元})$$

年金终值系数的倒数称为偿债基金系数，用于年金终值的逆运算，即由已知的年金终值 F，求年金 A。在这里，年金 A 称为偿债基金。偿债基金的计算公式为：

$$A = F_A\frac{i}{(1+i)^n-1}$$

式中，$\frac{i}{(1+i)^n-1}$为年金终值系数的倒数，称利率为 i，期限为 n 的“偿债基金系数”，记为$(A/F, i, n)$。

设某企业有一笔 500 万元的长期债务，在第 5 年年末到期。企业准备在 5 年内每年年末存入银行一笔资金，以便在第 5 年年末偿还这笔长期债务。假定银行利率为 5%，则在每年年末应存入银行多少钱？

$$A = 500\times\frac{5\%}{(1+5\%)^5-1} = 90.487\,9(\text{万元})$$

企业每年年末应存入银行 90.487 9 元。

(2) 普通年金现值的计算。普通年金现值的计算公式为：

$$P_A = A\frac{1-(1+i)^{-n}}{i}$$

式中，$\frac{1-(1+i)^{-n}}{i}$称为“年金现值系数”，用符号$(P/A, i, n)$表示，其数值可查阅附表“1 元年金现值表”。

设某公司准备租用一台设备，每年年末需要支付租金 10 000 元，假定年利率为 8%，问 5 年内支付租金总额的现值是多少？

$$P_A = 10\,000\times\frac{1-(1+8\%)^{-5}}{8\%} = 10\,000\times(P/A, 8\%, 5)$$
$$= 10\,000\times 3.992\,7 = 39\,927(\text{元})$$

年金现值系数的倒数称为资本回收系数，也称投资回收系数，用于年金现值的逆运算，即由已知的年金现值，求年金 A。在这里，年金 A 称为资本回收额。资本回收额的计算公式为：

$$A = P_A \frac{i}{1-(1+i)^{-n}}$$

式中，$\frac{i}{1-(1+i)^{-n}}$ 为年金终值系数的倒数，称利率为 i，期限为 n 的“资本回收系数”，记为$(A/P,\ i,\ n)$。

设某企业准备投资 50 万元建造一条生产流水线，预计使用寿命为 10 年，若企业期望的资金收益率为 10%，问该企业每年年末至少要从这条流水线获得多少收益，方案才是可行的？

$$A = 50 \times \frac{10\%}{1-(1+10\%)^{-10}} = 81\ 372(\text{元})$$

该企业每年年末至少要从这条流水线获得收益 8.137 2 万元，方案才是可行的。

(3) 预付年金的现值。预付年金又称先付年金或即付年金，是指从第一期起，每期期初等额发生的系列收付款项。预付年金与普通年金的区别仅在于收付款的时点不同。

预付年金终值的计算有两种方法。

其一为：

$$P_A = A\frac{1-(1+i)^{-n}}{i}(1+i)$$

即在普通年金终值的基础上，乘上$(1+i)$便可计算出预付年金的终值。

其二为：

$$P_A = A\left(\frac{1-(1+i)^{-(n+1)}}{i} - 1\right)$$

也就是说，预付年金与普通年金，其收付款次数一样，只是收付款时点不一样。计算年金终值时，预付年金要比普通年金多计一期的利息，同时系数减 1。

【例 5-2】 某人连续 6 年在每年年初存入 1 000 元，年利率为 6%，则相当于在第 1 年初存入多少钱？

$$P_A = 1\ 000 \times (P/A,\ 6\%,\ 6) \times (1+6\%) = 1\ 000 \times 4.917\ 3 \times 1.06\% = 5\ 212.34(\text{元})$$

或 $$P_A = 1\ 000 \times [(P/A,\ 6\%,\ 6-1)+1] = 1\ 000 \times (4.212\ 4+1) = 5\ 212.40(\text{元})$$

(4) 递延年金的现值。递延年金是指第一次收付款发生时间不在第一期期末，而是在第二期或第二期以后才开始发生的等额系列收付款项。即递延年金开始有一个不发生收付的递延期 m，在后的期间 n，每个期末都要发生等额收付款。

递延年金现值的计算方法有三种。

计算方法一：先假设递延期照样有年金发生，计算 $m+n$ 期的递延年金的现值，再减去 m 期的年金现值。公式为：

$$P_A = A\,\frac{1-(1+i)^{-(m+n)}}{i} - A\,\frac{1-(1+i)^{-m}}{i}$$

即：$P_A = A\times(F/A,\ i,\ m+n) - A\times(F/A,\ i,\ m)$

计算方法二：先计算 n 期的年金现值，再将其折算到第 1 年年初，即可求得递延年金的现值。公式为：

$$P_A = A\,\frac{1-(1+i)^{-n}-1}{i}(1+i)^{-m}$$

设某企业于年初投资一项目，预计从第 4 年开始至第 8 年，每年年末可获得投资收益 30 万元，年利率为 8%，计算该投资项目年收益的现值。

方法一：

$$\begin{aligned} P_A &= 30\times[(P/A,\ 8\%,\ 8)-(P/A,\ 8\%,\ 3)] \\ &= 30\times(5.746\,6-2.577\,1) \\ &= 95.085(\text{万元}) \end{aligned}$$

方法二：

$$\begin{aligned} P_A &= 30\times(P/A,\ 8\%,\ 5)\times(P/F,\ 8\%,\ 3) \\ &= 30\times 3.992\,7\times 0.793\,8 \\ &= 95.082(\text{万元}) \end{aligned}$$

（5）永续年金的现值。永续年金是指无限期等额收付的年金。在经济生活中，并不存在无限期的年金，但可将持续期较长的年金视同为永续年金。由于假设永续年金没有终止的时间，因此不存在终值，只存在现值。永续年金的现值计算公式可由普通年金现值公式推导得出。

永续年金现值的计算公式为：

$$P_A = \frac{A}{i}$$

设某企业考虑建立一项永久性帮困基金，每年计划拿出 100 000 元用于帮助企业内部和社会上的困难家庭，若银行年利率为 5%，问现在应一次性存入多少钱才能保证以后的支付。

$$P_A = \frac{100\,000}{5\%} = 2\,000\,000(\text{元})$$

表 5-4 为资金时间价值计算公式汇总表。

表 5-4 资金时间价值计算公式

公式名称	公 式	系数	符号
复利终值 F	$F=P(1+i)^n$	$(1+i)^n$	$(F/P, i, n)$
复利现值 P	$P=F\frac{1}{(1+i)^n}=F(1+i)^{-n}$	$(1+i)^{-n}$	$(P/F, i, n)$
普通年金的终值 F_A	$F_A=A\frac{(1+i)^n-1}{i}$	$\frac{(1+i)^n-1}{i}$	$(F_A/A, i, n)$
每期偿债基金提取额 A	$A=F_A\frac{i}{(1+i)^n-1}$	$\frac{i}{(1+i)^n-1}$	$(A/F_A, i, n)$
普通年金的现值 P_A	$P_A=A\frac{1-(1+i)^{-n}}{i}$	$\frac{1-(1+i)^{-n}}{i}$	$(P_A/A, i, n)$
每期资本回收额 A	$A=P_A\frac{i}{1-(1+i)^{-n}}$	$\frac{i}{1-(1+i)^{-n}}$	$(A/P_A, i, n)$
预付年金的终值 F_A	$F_A=A\frac{(1+i)^n-1}{i}(1+i)$ $F_A=A\left[\frac{1-(1+i)^{-(n+1)}}{i}-1\right]$		
预付年金的现值 P_A	$P_A=A\frac{1-(1+i)^{-n}}{i}(1+i)$ $P_A=A\left[\frac{1-(1+i)^{-(n-1)}}{i}+1\right]$		
递延年金的现值 P_A	$P_A=A\frac{1-(1+i)^{-(m+n)}}{i}-A\frac{1-(1+i)^{-m}}{i}$ $P_A=A\frac{1-(1+i)^{-n}-1}{i}(1+i)^{-m}$		
永续年金的现值 P_A	$P_A=\frac{A}{i}$	$\frac{1}{i}$	

三、必要收益率

必要收益率，又称最低必要报酬率或最低要求的收益率，是指投资者进行投资所必须赚得的最低报酬率。其实质是投资必须考虑的机会成本，其值为同等风险的其他备选方案(如金融证券投资)的报酬率。

必要收益率 = 无风险收益率 + 风险收益率

(一) 无风险收益率

无风险收益率是指假设把资金投资于一个没有任何风险的投资方案所应该能得到的收益率。投资决策时把这一收益率作为基本收益，再考虑可能出现的各种风险。

无风险收益率是资金时间价值与通货膨胀补偿率之和，是除了通货膨胀风险之外，没有风险情况下的投资收益率。其计算公式为：

无风险收益率 ＝ 资金时间价值(纯利率) ＋ 通货膨胀率

由于资金具有时间价值的“自然”属性，资金的时间价值也就成了任何投资方案的机会成本。获得相当于资金的时间价值的报酬和通货膨胀补偿就成为投资的最低要求。另外，资金的时间价值是“自然”获得的，没有任何风险。

(二) 风险收益率

投资方案一般都存在大小不等的风险。如果一个投资方案获得的报酬只相当于资金的时间价值，那还不如不投资。所以，一个投资方案若要可行，获得的报酬必须能够弥补而且还要高于资金的时间价值。这个高于资金时间价值的额外报酬是对所冒风险的一种补偿，称为投资的风险价值。

根据“风险与收益均衡”的原理，所冒的风险越大，就应该获得越多的补偿(报酬)。所以，要计算投资的风险价值，就先要估计投资项目的风险程度。投资风险价值的计算步骤如下。

(1) 确定投资项目未来的各种预计收益及其可能出现的概率，并计算出未来收益的“预期价值”。未来收益的“预期价值”就是每一种可能性下预计年收益及其相应概念的乘积之和，其计算公式为：

$$EV = \sum X_i P_i$$

式中，EV 代表未来收益的期望值；X_i 代表在第 i 种情况下的预计年收益；P_i 代表在第 i 种情况下发生的概率。

(2) 计算标准离差和标准离差率。公式为：

$$\text{标准离差} = \sqrt{\sum (x_i - EV)^2 p_i}$$

$$\text{标准离差率} = \frac{\text{标准离差}}{\text{收益的期望值}} = \frac{\sqrt{\sum (x_i - EV)^2 p_i}}{EV}$$

(3) 确定风险价值系数。风险价值系数用 F 表示。

风险价值系数是指某项投资的风险收益率相对于其标准离差率的比率。

风险价值系数的大小取决于投资者对风险的偏好。对风险的态度越是回避，风险价值系数的值也就越大；反之则越小。

风险价值系数的大小由投资者根据经验并结合其他因素加以确定，以及根据以往同类项目的有关数据确定。即根据以往同类投资项目的投资收益率、无风险收益率和收益标准离差率等历史资料可以求得风险价值系数。如果现在进行的投资项目缺乏同类项目的历史资料，不能采用上述方法计算，则可根据主观经验加以确定。可以由相关负责人或专家研究确定。这时，风险价值系数的确定在很大程度上取决于企业对风险的态度。比较敢于冒风险的企业，往往把风险价值系数定得低些；而比较稳健的企业，则往往定得高些。当然，国家财政、银行、证券等管理部门也可组织有关方面的专家，根据各行业的条件和有关因素确定各行业的风险价值系数。这种风险价值系数的国家参数由有关部门定期颁布，供投资者参考。

(4) 导入风险价值系数，计算该项投资方案的风险报酬率。风险报酬率的计算公式为：

$$\text{风险报酬率} = \text{风险系数} \times \text{标准离差率}$$

第三节 长期投资决策的方法

长期投资决策要考虑的因素尽管很多，但最主要的因素是现金流量。长期投资决策的方法尽管多种多样，但对现金流量的分析总是其基础。通常把长期投资决策方法分成两类。

1. *不考虑必要收益率的方法*

这类方法比较简单，决策所依据的原始资料仅为现金流量。决策以全部现金净流量为基本依据：

$$\text{全部现金净流量} = \sum \text{各年的现金净流量}$$

如果各年的现金净流量之和为正数，就说明投资项目能为企业带来现金净流入，方案就是可行的。当然，以各年的现金净流量为依据，我们还可以从不同的角度，设置不同的评价指标(如静态回收期)来反映投资方案的效果。这类方法比较简单，但忽略了投资所要求的必要收益率，这是其缺点。这类方法一般不能作为主体方法，但往往也是投资决策的重要依据。

2. *考虑必要收益率的方法*

这类方法除了要考虑决策所依据的现金流量外，还要考虑投资所要求的必要收益率，按把各期现金流量折算成现值。这种方法能够比较全面、科学地评价投资方案的效果。决策以全部现金净流量的现值为基本依据。

$$\text{全部现金净流量的现值} = \sum \text{各年的现金净流量的现值}$$

各年的现金净流量的现值之和若为 0，则说明投资项目获得的收益达到了必要收益的要求，不会导致企业价值的下降；若大于 0，则说明投资项目获得的收益超过了必要收益的要求，能够为企业创造更多的价值。同样，以各年的现金净流量的现值之和为依据，我们也可以从不同的角度，设置不同的评价指标来反映投资方案的效果。这类方法是投资决策分析的主体方法。

长期投资决策的评价指标可以分成两大类：不考虑必要收益率的方法称静态评价指标法，也称非贴现指标法。静态评价指标不考虑资金时间价值，主要包括投资利润率、投资回收期等。另一类是考虑必要报酬率的方法称动态评价指标法，也称贴现指标法，动态评价指标考虑资金时间价值，主要包括净现值、净现值率、获利指数、内含报酬率等。

一、投资利润率

投资利润率又称投资报酬率，是指投资方案的年平均利润额与投资总额的比率，记为 *ROI*。投资利润率的计算公式为：

$$\text{投资利润率} = \frac{\text{年平均利润额}}{\text{投资总额}}$$

根据[例 5-1]的资料，计算投资利润率如下：

$$\begin{aligned}\text{投资利润率} &= \frac{\text{年平均利润额}}{\text{投资总额}} \\ &= \frac{(7.7+7.35+7+6.65+6.3)/5}{66} \\ &= 10.6\%\end{aligned}$$

投资利润率的优点主要是计算简单，易于理解。其缺点主要是：①没有考虑资金时间价值；②没有直接利用现金净流量信息；③计算公式的分子是时期指标，分母是时点指标，缺乏可比性。基于这些缺点，投资利润率不宜作为投资决策的主要依据，一般只适用于方案的初选，或者投资后各项目间经济效益的比较。

二、投资回收期

投资回收期是指以投资项目营业现金净流量抵偿原始总投资所需要的全部时间，通常以年来表示。简单地说，投资回收期就是当投资项目的逐年累计的现金流量之和正好等于 0 时的年数(n)，即

设：$\sum$ 各年的现金流量 $= 0$，求 $n = ?$

其计算可分为以下两种情况。

1. 各年现金净流量相等

$$\text{回收期} = \frac{\text{投资金额}}{\text{年现金净流量}}$$

【例 5-3】　企业拟投资 5 万元购买一台机器，预计未来 10 年内每年可为企业增加利润 1.5 万元。要求：计算该方案的投资回收期。

$$\begin{aligned}年现金净流量 &= 年利润 + 年折旧 \\ &= 15\,000 + \frac{50\,000}{10} \\ &= 20\,000(元)\end{aligned}$$

$$\begin{aligned}回收期 &= \frac{50\,000}{20\,000} \\ &= 2.5(年)\end{aligned}$$

2. 各年现金净流量不相等

若各年现金净流量不相等，则不能用上述公式。此时需要用“逐年累计法”，即逐年累计现金净流量。在开始时，逐年累计现金净流量为负数，随着年数的增加，达到 N 年时，逐年累计现金净流量由负数变为正数，这就说明，回收期就在第 $N-1$ 和第 N 年之间。具体计算如下：

$$回收期 = 投资全部收回的年份\ N-1+\frac{到第\ N-1\ 年为止尚未收回的投资}{第\ N\ 年的现金净流量}$$

根据[例 5-1]的资料，要求计算投资回收期。

因营业期各年的现金流量不相等，需要先计算逐年累计现金净流量，并编制逐年累计现金净流量表来进行分析。如表 5-5 所示。

表 5-5　逐年累计现金净流量　　单位：万元

年份	投资额	利润	折旧	现金净流量(NCF)	逐年累计现金净流量(NCF)
0	−66			−66.00	−66.00
1		7.70	11	18.70	−47.30
2		7.35	11	18.35	−28.95
3		7.00	11	18.00	−10.95
4		6.65	11	17.65	6.70
5		6.30	11	17.30	—

根据表 5-5 的计算，发现该方案到第 4 年时累计现金净流量由负数转正数，说明回收期在第 3 年到第 4 年之间，N 为 4。因而：

$$回收期 = 4-1+\frac{10.95}{17.65} = (4-1)+0.65 = 3.65(年)$$

投资回收期的优点主要是简单易算，并且投资回收期的长短也是衡量项目风险的一种标志，所以在实务中被广泛使用。其缺点主要是：①没有考虑必要收益率，对回收期的测算偏于乐观。②仅考虑了回收期以前的现金流量，没有考虑回收期以后的现金流量，而有些长期投资项目在中后期才能得到较为丰厚的收益，投资回收期不能反映其整体的盈利性。

反映投资回收效率的指标还有投资回收率。投资回收率为回收期的倒数，其公式为：

$$\text{投资回收率} = \frac{\text{年平均现金流量}}{\text{投资额}} = \frac{1}{\text{回收期}}$$

[例 5-1]的投资回收率计算如下：

$$\text{投资回收率} = \frac{1}{3.65} = 27.4\%$$

测算回收期时也可以考虑必要收益率，用必要收益率把各年的现金流量折算成现值，再按前述的公式计算回收期，叫动态回收期。这样测算的结果更加真实，但要稍复杂一些。

动态回收期的原理和静态回收期一样，只是在具体计算时先要用必要收益率对各年的现金流量进行折现。其公式为：

$$\text{回收期} = \text{投资全部收回的年份} - 1 + \frac{\text{到第 } n-1 \text{ 年为止尚未收回的投资额的现值}}{\text{第 } n \text{ 年的现金流量的现值}}$$

三、净现值

净现值是指在项目计算期内，以必要收益率作为贴现率计算的各年现金净流量的现值之和，记为 NPV。净现值的基本计算公式为：

$$\text{净现值} = \sum \text{各年的现金净流量} \times \text{复利现值系数}$$

即：

$$NPV = \sum NCF \times (1+i) - n$$

从上式来看，净现值似乎为各年的现金净流量的"总现值"。实际上，由于各年的现金净流量的现值有正有负，其和也就是各年现金净流量现值的正负值相抵的结果。所以，称净现值是恰当的。显然，净现值也可表示为投资方案的现金流入量的总现值减去现金流出量的总现值的差额。

若净现值大于 0，投资方案可行；小于 0，则投资方案不可行。

根据[例 5-1]的资料，假定 A 企业的必要收益率为 8%。要求计算净现值。

表 5-6　净现值计算表

年　份	0	1	2	3	4	5	合计
一、初始现金流量							0
1. 固定资产投资	−60						−60

（续表）

年　份	0	1	2	3	4	5	合计
2. 垫付的流动资产	−6						−6
3. 其他							0
合计	−66	0	0	0	0	0	−66
二、营业现金流量							0
1. 营业收入		32	32	32	32	32	160
2. 付现成本		−10	−10.50	−11	−11.50	−12	−55
3. 折旧		11	11	11	11	11	55
4. 营业利润		11	10.50	10	9.50	9	50
5. 所得税		−3.3	−3.15	−3	−2.85	−2.7	−15
合计	0	18.7	18.35	18	17.65	17.3	90
三、终结现金流量							0
1. 固定资产残值						5	5
2. 流动资金回收						6	6
3. 其他							0
合计	0	0	0	0	0	11	11
各期现金流量合计	−66	18.7	18.35	18	17.65	28.3	35
复利现值系数(按8%计算)	1	0.925 9	0.857 3	0.793 8	0.735	0.680 6	
净现值(必要收益率为8%)	−66	17.315	15.732	14.289	12.973	19.261	13.570

净现值 NPV 为该投资方案各年现金流量的现值之和，即：

$$NPV = -66 \times 1 + 18.7 \times 0.9259 + 18.35 \times 0.8573 + 18 \times 0.7938 + 17.65 \times 0.735 + 28.3 \times 0.6806 = 13.57(\text{元})$$

净现值是长期投资决策评价指标中最重要的指标之一。其优点在于：①充分考虑了货币时间价值，能较合理地反映投资项目的真正经济价值。②考虑了项目计算期的全部现金净流量；体现了流动性与收益性的统一。③考虑了投资风险性，贴现率选择应与风险大小有关，风险越大，贴现率就可选得越高。但是该指标的缺点也是明显的：①净现值是一个绝对值指标，无法直接反映投资项目的实际投资收益率水平；当各项目的投资额和寿命周期不同时，难以确定投资方案的好坏。②贴现率的选择比较困难，很难有一个非常客观的标准。

四、净现值率

净现值率是指投资项目的净现值与原始总投资现值之和的比率。记为

$NPVR$，净现值率的基本计算公式为：

$$净现值率=\frac{净现值}{原始总投资现值之和}$$

根据[例 5-1]的资料，假定 A 企业的必要收益率为 8%。要求计算净现值率。

$$\begin{aligned}净现值率&=\frac{净现值}{原始总投资现值之和}\\&=\frac{13.57}{66}\\&=0.2056\end{aligned}$$

净现值率反映每元原始投资的现值未来可以获得的净现值有多少。净现值率大于或等于 0，投资方案可行；净现值率小于 0，投资方案不可行。净现值率可用于投资额不同的多个方案之间的比较，净现值率最高的投资方案应优先考虑。

净现值率是贴现的相对数评价指标，其优点在于，可以从动态的角度反映投资方案的资金投入与净产出之间的关系，反映了投资的效率，使投资额不同的项目具有可比性。

五、现值指数

现值指数又称获利指数，是指项目投产后按一定贴现率计算的经营期内各年现金净流量的现值之和与原始总投资现值之和的比率，记为 PI。其计算公式为：

$$\begin{aligned}现值指数\ PI&=\frac{经营期各年现金净流量现值之和}{原始总投资现值之和}\\&=1+净现值率\end{aligned}$$

根据[例 5-1]的资料，假定 A 企业的必要收益率为 8%。要求计算现值指数。

$$\begin{aligned}现值指数&=\frac{经营期内各年现金净流量的现值之和}{原始总投资现值之和}\\&=\frac{17.315+15.732+14.289+12.973+19.261}{66}\\&=1.2056\end{aligned}$$

现值指数反映每元原始投资的现值未来可以获得报酬的现值有多少。现值指数大于或等于 1，投资方案可行；现值指数小于 1，投资方案不可行。现值指数可用于投资额不同的多个相互独立方案之间的比较，现值指数最高的投资方案应优先考虑。

现值指数同样是贴现的相对数评价指标，可以从动态的角度反映投资方案的资金投入与总产出之间的关系，同样反映了投资的效率，能使投资额不同的项目具有可比性。

六、内含报酬率

内含报酬率又称内部收益率，是指投资方案在项目计算期内各年现金净流量现值之和等于 0 时的贴现率，或者说能使投资方案净现值为 0 时的贴现率，记为 *IRR*。也就是说，内含报酬率应满足：

$$\sum 各年的现金净流量 \times (1+i)^{-n} = 0，求\ i = ?$$

计算内含报酬率实际上就是一个高次方程求根的问题。高次方程一般不能直接把根解出，只能采用测试法，经过反复调整贴现率逐渐逼近。通常计算步骤如下。

1）估计一个贴现率，用它来计算净现值。如果净现值为正数，说明方案的实际内含报酬率大于预计的贴现率，应提高贴现率再进一步测试；如果净现值为负数，说明方案本身的报酬率小于估计的贴现率，应降低贴现率再进行测算。如此反复测试，寻找出能使净现值由正到负或由负到正且接近零的两个贴现率。

2）根据上述相邻的两个贴现率用插入法求出该方案的内含报酬率。由于逐步测试法是一种近似方法，因此相邻的两个贴现率不能相差太大(最好只相差一个百分点)，否则误差会很大。

根据[例 5-1]的资料，内含报酬率的计算步骤如下所述。

(1) 测试。先用一个较小的贴现率 $i_1 = 15\%$ 测试，得：

$$NPV_1 = -66 + 16.26 + 13.88 + 11.84 + 10.09 + 14.07 = 0.14(万元)$$

净现值 0.14 万元>0，说明 15%比内含报酬率小。

再把贴现率加大，用 $i_2 = 16\%$ 测试，得：

$$NPV_2 = -66 + 16.12 + 13.64 + 11.53 + 9.75 + 13.47 = -1.49(万元)$$

净现值−1.49 万元<0，说明 16%比内含报酬率大。

可见，内含报酬率的值在 15%～16%之间。

(2) 插值(使用线性内插法)。其公式为：

$$IRR = i_1 + (i_2 - i_1) \times \frac{NPV_1}{NPV_1 - NPV_2}$$

代入公式，得：

$$IRR = 15\% + (16\% - 15\%) \times \frac{0.14}{0.14 - (-1.49)} = 15.09\%$$

测试过程如表 5-7 所示。

表 5-7　内含报酬率测试数据表　　单位：万元

年　次	0	1	2	3	4	5	合计
一、初始现金流量							0
1. 固定资产投资	−60						−60
2. 垫付的流动资产	−6						−6
3. 其他							0
合计	−66	0	0	0	0	0	−66
二、营业现金流量							0
1. 营业收入		32	32	32	32	32	160
2. 付现成本		−10	−10.50	−11	−11.50	−12	−55
3. 折旧							0
4. 营业利润							0
5. 所得税		−3.30	−3.15	−3	−2.85	−2.70	−15
合计	0	18.70	18.35	18	17.65	17.30	90
三、终结现金流量							0
1. 固定资产残值						5	5
2. 流动资金回收						6	6
3. 其他							0
合计	0	0	0	0	0	11	11
各期现金流量合计	−66	18.70	18.35	18	17.65	28.30	35
净现值(用 8%测试)	−66	17.31	15.73	14.29	12.97	19.26	13.56
净现值(用 15%测试)	−66	16.26	13.88	11.84	10.09	14.07	0.14
净现值(用 16%测试)	−66	16.12	13.64	11.53	9.75	13.47	−1.49

总之，投资决策就是要首先测算各年的现金流量，然后对“$\sum NCF$”进行分析决策。

如果不考虑必要收益率，一般来说，只要 $\sum NCF$ 为正，方案就能够为企业创造价值，就可行。

如果要考虑必要收益率，一般来说，只要 $\sum NCF \times (P/F,\ i,\ n)$ 为正，即 NPV 为正，方案就能够为企业创造价值，就可行。

设 $\sum NCF \times (P/F,\ i,\ n) = 0$，求 $N = ?$，就是回收期。

设 $\sum NCF \times (P/F,\ i,\ n) = 0$，求 $I = ?$，就是内含报酬率。

直接求$\sum NCF \times (P/F, i, n) = ?$,就是净现值。

根据$\sum NCF \times (P/F, i, n)$,求$A = ?$,就是等年值。

若是独立方案,投资决策的基本标准就是$NPV > 0$;$IRR >$必要收益率。

若有两个方案,且皆可行的情况下,投资决策的标准就是选择NPV和IRR较高者。

以上的决策标准有一个要求,就是两个方案的期限N必须相等,否则就缺乏可比性。

如果两个方案的期限N不相等。就必须使用等年值法。

七、等年值法

当若干个投资方案具有不同的寿命年限时,方案的净现值就没有可比性。这时就必须使用等年值法。等年值法将各个方案的现金流量换算为等年值,就可以将各个方案置于同一可比的基础上。等年值法在一些特殊的投资决策中非常有用。

采用等年值法,即分别将所有投资方案的净现值平均分摊到每一年,得到每一方案的等年值,通过比较等年值的大小来选择最优方案。等年值最大的方案为最优方案。

$$等年值 A = \frac{净现值}{年金现值系数} = \frac{NPV}{(P/A, i, n)}$$
$$= \sum NPV_i \times (A/P, i, n)$$

【例 5-4】 A 企业有三项互斥的投资方案,其各年的现金净流量如表 5-8 所示。

表 5-8 各方案现金净流量 单位:万元

年序	0	1	2	3	4	5	6	7	8
A 方案	−100	40	45	50					
B 方案	−120	35	35	35	35	45			
C 方案	−150				48	48	48	48	48

公司要求的必要收益率为 10%,要求用等年值法作出投资决策。

(1) 计算三个方案的净现值。计算如下:

$$NPV_A = 40 \times (P/F, 10\%, 1) + 45 \times (P/F, 10\%, 2) + 50 \times (P/F, 10\%, 3) - 100$$
$$= 40 \times 0.9091 + 45 \times 0.8264 + 50 \times 0.7513 - 100 = 11.117(万元) > 0$$

$$NPV_B = 35 \times (P/A, 10\%, 4) + 45 \times (P/F, 10\%, 5) - 120$$
$$= 35 \times 3.1699 + 45 \times 0.6209 - 120 = 18.887(万元) > 0$$

$$NPV_C = 65 \times (P/A, 10\%, 5) \times (P/F, 10\%, 3) - 150$$
$$= 35.1218(万元) > 0$$

A、B、C三方案的净现值均大于0,均可行。但由于三个方案的期限不一样,无法判断哪一个方案最优。

(2) 计算三个方案的等年值。计算如下:

$$A方案的等年值=\frac{11.117}{(P/A,\ 10\%,\ 3)}=\frac{11.117}{2.4869}=4.4702(万元)$$

$$B方案的等年值=\frac{18.887}{(P/A,\ 10\%,\ 5)}=\frac{18.887}{3.7908}=4.9823(万元)$$

$$C方案的等年值=\frac{35.1218}{(P/A,\ 10\%,\ 8)}=\frac{35.1218}{5.3349}=6.5834(万元)$$

计算结果表明,C方案等年值最大、最优。

在投资方案没有现金流入只有现金流出的情况下,企业投资决策所需考虑的只是投资的成本问题。在这种情况下,净现值就表现为现值成本。当投资方案具有不同的寿命年限时,方案的现值成本同样没有可比性。等年值法可以将各个方案的现金流出换算为等年成本,简称为年成本,同样可以使方案具有可比性。年成本最低的方案为最优方案。

$$年成本=\frac{现值成本}{年金现值系数}=\frac{PC}{(P/A,\ i,\ n)}$$

【例5-5】 某企业有甲、乙两个设备更新方案可供选择,两个方案的设备生产能力相同,设备的寿命期均为4年,无投资建设期。甲方案的投资额为64 000元,每年的经营成本分别为4 000元、4 400元,4 600元,4 800元,寿命终期有6 400元的净残值;乙方案投资额为60 000元,每年的经营成本均为6 000元,寿命终期有6 000元净残值。

公司要求的必要收益率为8%,要求用年成本法作出投资决策。

因为甲、乙两方案的收入与决策无关,无法计算 *NPV*,且项目计算期相同,均为4年,所以可采用成本现值比较法。

甲方案的投资成本现值

$$=64\,000+4\,000\times(P/F,\ 8\%,\ 1)+4\,400\times(P/F,\ 8\%,\ 2)+4\,600\times(P/F,\ 8\%,\ 3)+4\,800\times(P/F,\ 8\%,\ 4)-6\,400\times(P/F,\ 8\%,\ 4)$$

$$=64\,000+4\,000\times0.9259+4\,400\times0.8573+4\,600\times0.7938+4\,800\times0.7350-6\,400\times0.7350$$

$$=73\,951.20(元)$$

乙方案的投资成本现值

$$=60\,000+6\,000\times(P/A,\ 8\%,\ 4)-6\,000\times(P/F,\ 8\%,\ 4)$$

$$=60\,000+6\,000\times3.3121-6\,000\times0.7350=75\,462.6(元)$$

根据以上计算结果表明，甲方案的投资成本现值较低，所以甲方案优于乙方案。

仍根据[例 5-5]所给的资料，假设甲、乙投资方案寿命期分别为 4 年和 5 年，建设期仍为零，其余资料不变。公司要求的必要收益率为 8%。

要求：应选择哪个方案？

(1) 计算甲、乙方案的成本现值。具体计算如下：

$$\text{甲方案成本现值} = 73\,951.20(\text{元})(\text{已求得})$$

$$\begin{aligned}\text{乙方案成本现值} &= 60\,000 + 6\,000 \times (P/A,\ 8\%,\ 5) - 6\,000 \times (P/F,\ 8\%,\ 5)\\ &= 60\,000 + 6\,000 \times 3.992\,7 - 6\,000 \times 0.680\,6\\ &= 79\,872.6(\text{元})\end{aligned}$$

甲方案的成本现值较低，但因为甲、乙两个方案的项目计算期不相同，所以不能采用成本现值比较法，而应采用年成本比较法。

(2) 计算甲、乙方案的年均成本。具体计算如下：

以下使用公式“年成本 $= NPV(A/P,\ i,\ n)$”：

$$\begin{aligned}\text{甲方案的年均成本} &= \frac{73\,951.20}{(P/A,\ 8\%,\ 4)}\\ &= \frac{73\,951.20}{3.312\,1}\\ &= 22\,327.59(\text{元})\end{aligned}$$

$$\begin{aligned}\text{乙方案的年均成本} &= \frac{79\,872.60}{(P/A,\ 8\%,\ 5)}\\ &= \frac{79\,872.60}{3.992\,7}\\ &= 20\,004.66(\text{元})\end{aligned}$$

以上计算结果表明，乙方案的年均成本低于甲方案的年均成本，因此应采用乙方案。

设 P 为投资额，F 为报废时的残值，A 为每年相等的运行成本。年成本有以下的多种计算方法。

$$\text{年成本} = P(A/P,\ i,\ n) - F(A/F,\ i,\ n) + A$$

$$\text{年成本} = [P - F(P/F,\ i,\ n)](A/P,\ i,\ n) + A$$

$$\text{年成本} = [P(F/P,\ i,\ n) - F](A/F,\ i,\ n) + A$$

$$\text{年成本} = (P - F)(A/P,\ i,\ n) + Fi + A$$

$$\text{年成本} = NPV(A/P,\ i,\ n)$$

第六章　全面预算会计

全面预算是指在预测、决策分析的基础上，通过一整套相互关联的数字和表格形式反映出来的企业未来某一特定期间全部生产经营活动的总体规划的数量说明，是控制和评价企业日常经济活动的主要标准和依据。全面预算的主要内容包括业务预算、财务预算和专门决策预算，其编制的专门方法有固定预算、弹性预算、概率预算、零基预算和滚动预算等。本章着重介绍全面预算体系的内容、编制方法以及编制程序。

第一节　全面预算概述

企业的经营经常会遇到各种各样的"多岔口"，我们必须作出决断。当然，这种反应性绝不能是消极被动的。企业应该主动寻找机会、创造机会。这比决策本身更重要。

决策作出之后，下一步就是行动。行动必须有蓝图、有标准、有具体行动指南，这就是预算。如果说决策是作出决断，那么预算就要全面安排；如果说决策往往是一次性解决问题，那么预算就是一项日常性的、重复性的工作。

一、全面预算的概念和作用

任何组织都需要预算管理。最早的预算是指政府预算。一般来说，国家机关、团体和事业单位的预算是指未来一定时期内的收入和支出的计划。企业的全面预算则是指企业未来一定期间内全部经营活动各项具体目标的计划与相应措施的数量说明。预算是行为计划的量化，这种量化有助于管理者协调、贯彻计划，是一种重要的管理工具。

对企业来说，预算不是简单的收支预计。预算是一种资源分配，是对投入产出内容、数量以及投入产出时间安排的详细说明。通过预算的编制，使企业明确经营目标和依据。预算是一种预测，企业可以根据预测到的未来可能存在的问题、环境变化的趋势，采取措施预作准备，控制偏差，保证计划目标的实现。

预算在企业管理当中有着非常重要的作用，具体来说，表现在以下几个方面。

（一）明确目标

通过全面预算的编制，明确整个企业和各个职能部门在计划期间的工作目标，并把目标系统化、具体化、明细化，这将有助于企业各方面详细了解自身所处的地位和作用，明确各自的奋斗目标和任务。

（二）控制业务

预算以数量化的方式来明确管理工作标准。控制就是以预算所确定的标准，通过计量、对比，及时提供实际执行结果与预算之间的差异数额，分析其原因，采取有效措施，纠正偏差，保证经营目标的实现。

（三）协调力量

在企业的经营过程中，各个环节需要协调、平衡，保持一定的比例和节奏，各个部门经常会出现各种矛盾和冲突，局部利益和整体利益经常会出现不一致的情况，所有这些都需要通过预算来得到协调和解决。例如，生产部门根据现有生产能力提出可以增加产量，而销售部门则基于市场需求已经饱和的情况认为应当减产或转产。又如，产、销部门提出应购买设备增加某种产品的生产，而财务部门可能会因为资金融通上的困难而不能满足其要求，等等。在全面预算的编制和执行过程中，就必须解决各相关部门的协商沟通、相互配合的问题，从而保证预算目标的实现。

（四）评价业绩

预算是控制的标准，同时也是评价业绩的依据。企业各方面工作好坏必须要有一个严格、统一、具体、唯一的数量化的尺度。这个尺度只能是预算数。通过实际数与预算数的比较分析，可以检查评价各部门、个人和环节的经济责任的履行和计划任务的完成情况。

（五）激励

编制全面预算要从高层到基层，自上而下而又自下而上多次分解、综合，上下反复磋商。在编制全面预算的过程中，企业各个方面都要深入参与、反复思考和分析，系统了解企业的经营情况和自身工作的重要性，这有助于提高员工自觉做好本职工作和完成预算的主动性和积极性。

做好全面预算，可以极大地提高企业的管理水平，把复杂的事情简单化，把简单的事情标准化，把标准的事情表格化，把表格的事情流程化，把流程的事情形象化，实现管理数量化、目标具体化，控制精细化、考核标准化、分配公开化。

二、全面预算的内容

全面预算是企业计划期间全部经济活动及其成果的预算，既包括有关生产经营活动方面的预算,又包括有关财务活动和经营成果方面的预算,其最终结果表现为一整套预计的财务报表和有关附表。一般来讲,一个完整的全面预算应包括业务预算、专门决策预算和财务预算三大部分。其具体内容如下所述。

（一）业务预算

业务预算也称经营预算,是与企业计划期内各种日常生产经营活动有关的预算,主要包括销售预算、生产预算、直接材料预算、直接人工预算、制造费用预算、单位产品成本与期末存货成本预算、销售及管理费用预算和投资预算等。

（二）财务预算

财务预算是反映企业在计划期内有关现金收支、经营成果和财务状况的预算,主要包括现金收支预算、预计利润表、预计资产负债表、预计现金流量表等。

全面预算的上述内容之间存在着相互钩稽和相互制约的关系,构成一个严密的预算体系。其体系结构的关联性如图 6-1 所示。

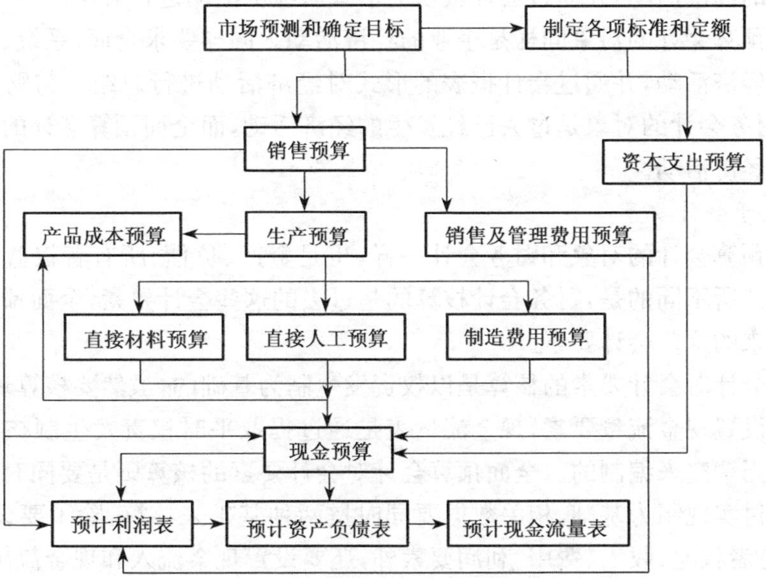

图 6-1　全面预算的结构体系

在全面预算体系中,销售预算起着基础和核心的作用。因为在市场经济条件下,企业必须适应市场的要求,实行以销定产。因此,企业在编制全面预算时,首先应做好市场预测和确定战略目标,在此基础上制定各项标准和定额,然后根据已确定的目标利润编制出科学合理的销售预算,这是全面预算能否成功的关键。然后,再依次编制各项其他预算。生产部门根据确定的预计销售量以及产品库存定额,计算出预计生产量。而后,采购部门根据预计生产需要量和期初、期末材料存货量,确定需要购进的材料数量;人事部门根据预计的生产任务,配备相应的工人和技术力量。与此同时,销售部门、生产车间、企业行政管理部门也要核算出相应的制造和管理费用。最后,由财务部门根据上述各业务部门的经济活动需要确定用于购置固定资产、支付股息红利、支付应付料款、工资及其他费用的货币资金,并在此基础上编制预计利润表、预计资产负债表和预计现金流量表。

编制全面预算的程序是,首先组织基层各经营部门按具体要求自行编制本部门的业务预算,然后再由财务部门对各项业务预算进行汇总和协调,编制财务预算。

三、全面预算会计和财务会计的对比分析

1. 关于会计对象

财务会计的对象是用货币表现的经济运动。财务会计要求全面、系统、连续地反映企业的经济活动,并通过会计报表的形式对经济活动进行总结。

全面预算会计的对象同样是企业的经济活动。同样要求全面、系统、连续地反映企业的经济活动,并通过会计报表的形式对经济活动进行总结。与财务会计不同的是:财务会计的对象是过去已经发生的经济活动,而全面预算会计的对象是企业未来的经济活动。

2. 关于会计要素

全面预算会计的对象和财务会计一样,也是资产、负债、所有者权益、收入、费用和利润。所不同的是,财务会计核算的是过去的这些会计要素,全面预算会计核算的是未来的这些会计要素。

财务会计对会计要素的核算是以权责发生制为基础的,虽然要核算现金流量,但不专门设置现金流量要素,现金流量表是通过提取平时权责发生制核算的资料并经过适当调整来编制的。全面预算会计对会计要素的核算则是要同时以权责发生制和收付实现制为基础,相关数据要同时按两种基础来核算,除了要设置资产、负债、所有者权益、收入、费用、利润要素外,还要设置现金流入和现金流出要素,按权责发生制编制资产负债表和利润表,根据现金流入和现金流出要素编制现金流量表。

需要注意的是:财务会计关注的是“财务”,财务会计的要素也是资产、负债和所有者权益等“财务要素”;而全面预算会计关注的显然不仅仅是财务,其要素也不仅仅是“财务要素”,还有“经营要素”、“责任要素”、“作业要素”等。因为全面预算不像财务会计一样,只反映“财务状况”和“财务成果”,而是要为管理提供全面的会计信息,要为各种管理服务,包括为“财务管理”、“经营管理”、“责任考核评价”、“作业管理”等提供会计信息。

3. 关于信息处理方法

全面预算会计和财务会计都要反映企业的经济活动。财务会计面对的是已经发生的经济活动，表现为“大量经济业务的集合”。财务会计所要做的工作就是把这个“大量经济业务的集合”有条不紊地记录下来并进行分析汇总，所以，财务会计使用的方法就是记账，为了记录的完整性，记账方法必须使用复式记账法。

现行的全面预算会计使用的方法则主要是表格法。

这是因为，全面预算会计面对的是尚未发生的经济活动，没有原始凭证，似乎无需记账。其实，全面预算会计根据目标和预测数，可以把未来的经济活动划分成若干种经济业务，使用分析的方法，根据各有关变量的内在关系，建立函数关系来计算需要的各种数据，然后同样可以把测得的数据编制成会计分录，用借贷记账法记录下来。这不仅是完全可行的，从科学性和便于与“历史会计”（包括财务会计）进行差异分析的角度来看，也是完全必要的。

4. 关于会计循环

财务会计的循环过程是从凭证到账簿，再到报表；从记账，到算账，再到报账。是一个从“零星算之”，然后到“总合算之”的过程。全面预算会计也一样。具体来说，先也要“零星算之”，即分部门、分项目编制各种业务预算，然后再“总合算之”，即通过对业务预算的汇总和协调，编制财务预算。全面预算会计的具体循环过程是：先预测、确定经营目标，再制定和修改各项定额标准、编制各项经营预算，最后编制预算报表。

当然，全面预算循环初始阶段的信息处理与财务会计是完全不同的。财务会计是根据已经发生的经济活动取得原始凭证，然后作会计分录、编制记账凭证，最后记入账簿；而全面预算会计则是以对未来经济活动的预测和各项控制标准为依据，再根据各项指标的内存数量关系计算其预期的值，形成各项业务预算数据。

5. 关于会计报告

现行的全面预算会计报告的类型与财务会计基本一致，主要包括预计资产负债表、预计利润表、预计现金流量表等。

当然，完整的全面预算报告不仅仅包括传统的“三大报表”，还应该编制责任预算报告、经营预算报告和作业预算报告等，以满足全面管理的需要。

第二节　全面预算的内容

编制全面预算的目标，就是确定把经营目标具体化，为各项经营活动制定具体的任务，为考核制定明细的标准，并编制未来期间全套的会计报表。全面预算会计和财务会计一样，应该全面、系统、连续地反映企业的经营活动。不同的是：财务会计反映的是过去，而全面预算会计反映的是未来。

一、全面预算的内容及计算公式

（一）营业预算

1. 销售预算编制

销售预算是整个预算的编制起点，其他预算的编制都以销售预算作为基础。销售预算要以销售预测的数据，分别按权责发生制和收付实现制确定销售收入和销售现金收入。按权责发生制确定的销售收入还要用来编制预计的利润表预算，按收付实现制确定的销售现金收入还要用来编制预计的现金流量表预算。

销售预算的计算公式为：

销售收入 ＝ 销售量 × 价格

销售现金收入 ＝ 销售收入 ＋ 期初应收账款 － 期末应收账款

销售预算还应该分产品品种、分月份、分销售方式、分销售区域、分销售员来编制。为简便起见，本节未作分类，并暂未考虑增值税和其他销售税。

2. 生产预算的编制

生产预算是按照“以销定产”的原则，根据销售预算编制的。通常，企业的生产和销售不能同步。因为生产量除了满足销售量外，还需要设置一定的产品库存，以保证能在发生意外需求时按时供货，并可均衡生产，节省赶工的额外开支。产品库存应该按“最佳存货量”的要求事先确定好，多于或少于“最佳存货量”都会导致成本增加。

生产预算的计算公式为：

生产量 ＝ 销售量 ＋ 期末结存量 － 期初结存量

期末结存量 ＝ 期初结存（上期期末结存）＋ 本期增加 － 本期减少

3. 材料采购预算编制

材料采购预算是按照“以产定购”的原则，根据生产预算编制的。材料采购预算除了满足生产需要外，也要设置一定的材料库存。材料库存也应该按“最佳存货量”的要求确定。

材料采购成本预算也要分别按权责发生制和收付实现制确定材料采购支出和材料采购现金支出。按权责发生制确定的采购支出用来编制预计的产品成本预算，按收付实现制确定的采购现金支出用来编制预计的现金流量表预算。

材料采购预算的计算公式为：

采购量 = 耗用量 + 期末结存量 − 期初结存量

耗用量(生产需用量) = 产品生产量 × 单位产品材料耗用量

材料采购支出 = 当期现购支出 + 支付前期赊购

4. 直接人工预算

直接人工预算也是按照“以产定工”的原则，以生产预算为基础编制的。其主要依据有：生产预算的预计生产量、标准成本资料中的单位产品工时定额和单位工时的工资率等。其计算公式为：

直接人工工时 = 产品生产量 × 单位产品工时消耗量

直接人工成本 = 直接人工工时数 × 小时工资率

5. 制造费用预算

制造费用预算指除了直接材料和直接人工预算以外的其他一切生产成本的预算。制造费用按其成本性态可分为变动制造费用和固定制造费用两部分。变动制造费用以生产预算为基础来编制，即根据预计生产量和预计的变动制造费用分配率来计算；固定制造费用是期间成本直接列入损益作为当期利润的一个扣减项目，与本期的生产量无关，一般可以按照零基预算的编制方法编制。另外，为了便于以后编制现金预算，还应从制造费用总额中扣除折旧等非现金支出的制造费用数额，求出以现金支出的制造费用数额。其计算公式为：

变动制造费用 = 直接人工工时数 × 变动制造费用工时分配率

制造费用总额 = 变动制造费用 + 固定制造费用

制造费用现金支出 = 制造费用总额 − 折旧

6. 成本预算

编制成本预算要综合考虑生产预算、直接材料预算、直接人工预算、制造费用预算和销售量预算。其主要内容是产品的单位成本、总成本、存货成本和销售成本。单位生产成本的三个项目直接材料、直接人工、制造费用中，都要分解为“数量”和“价格”两个因素。其计算公式为：

单位产品直接材料 = 单位产品材料消耗量 × 单位材料价格

单位产品直接人工 = 单位产品直接人工工时消耗量 × 小时工资率

单位产品变动制造费用 = 单位产品直接人工工时消耗量 × 变动制造费用工时分配率

$$\text{单位产品成本} = \begin{matrix}\text{单位产品直}\\\text{接材料成本}\end{matrix} + \begin{matrix}\text{单位产品直}\\\text{接人工成本}\end{matrix} + \begin{matrix}\text{单位产品变}\\\text{动制造费用}\end{matrix}$$

$$单位存货成本=\frac{期初存货成本+本期生产成本}{期初存货量+本期生产量}$$

$$销货成本=销售量\times单位存货成本$$

$$存货成本=期末存货量\times单位存货成本$$

7. 销售和管理费用预算

销售及管理费用预算是指对制造业务范围以外的，在预算年度内预计销售业务和管理活动中将要发生的各种费用项目及其金额的预算。该预算的编制方法与制造费用预算编制方法大体相同，也应该将有关费用项目划分为变动与固定两部分，为便于现金预算的编制，其预算中包括的非付现项目应予以扣除。影响生产成本及制造费用的相关业务量是产量，而影响销售和管理费用的相关业务量则不同，是销售量。其计算公式为：

$$变动销售管理费用=销售量\times单位变动销售管理费用$$

$$销售管理费用=变动销售管理费用+固定销售管理费用$$

（二）财务预算

1. 现金预算

现金预算是用来反映企业在预算期内预计现金收支详细情况的预算。编制现金预算的目的在于加强对预算期现金收支的控制，合理地使用和调度资金，保证企业资金的正常流转。现金预算一般由以下四部分组成：

(1) 现金收入。现金收入包括预算期期初现金余额和预算期内现金收入，其主要来源是销售收入和应收账款的收回。

(2) 现金支出。现金支出包括预算期内业务预算及专门决策预算中的各项现金支出，如支付采购材料的价款、直接人工、制造费用、销售及管理费用，购买设备，预付税金和支付股利等。

(3) 现金多余和不足。现金多余和不足是现金收入合计与现金支出合计的差额。如果等于企业最佳的现金持有量，说明现金正好满足需要；大于企业最佳的现金持有量，则多余；少于企业最佳的现金持有量，则不足。后两种情况都需要通过资金的调节来解决。

(4) 资金的筹集和运用。资金调节的方法是资金的筹集和运用。现金不足时，可向银行借款或发行股票、债券等，以筹集资金；现金多余时，则可归还借款，购入债券、股票等，以充分地运用资金。

现金预算的计算公式为：

$$可运用现金合计=期初现金余额+经营现金收入$$

$$现金余缺=可运用现金合计-现金支出合计-最佳现金持有量$$

2. 利润表预算

利润表预算是以货币形式综合地反映企业在预算期间全部经营活动财务成果的预算报表，可依据上述有关预算进行编制。通过利润表预算，可以了解企业预期的盈利水平。如果预算利润与最初规划的目标利润有较大差别，就需要调整部门预算，设法达到目标，或者经企业领导同意修改目标利润。

3. 资产负债表预算

资产负债表预算是反映企业预计在预算期结束时有关资产、负债、所有者权益各项目预算执行结果的预算报表。该表可利用期初的资产负债表，根据上述有关预算的有关数据加以调整编制而成。借助资产负债表预算，可以分析预算期间财务状况的稳定性和流动性，如果发现某些财务比率不佳，必要时可以修改有关预算，以改善财务状况。

二、全面预算的编制举例

下面举例说明全面预算的编制。

（一）编制全面预算的数据来源

1. 基期数据

预算期是建立在基期的基础上的，未来的经营是建立在基期资源的基础上的。基期的资源状况表现在基期的资产负债表数据上。

【例 6-1】 A 企业的基期资产负债表如表 6-1 所示。

表 6-1　基期资产负债表　　单位：元

资　　产	年初数	负债和所有者权益	年初数
流动资产		流动负债	
库存现金	30 000	应付账款	6 000
应收账款	30 000	一年内到期的长期负债	24 000
原材料存货	2 500	应交所得税	
产成品存货	3 500	流动负债合计	30 000
流动资产合计	66 000	长期负债	25 000
		负债合计	55 000
固定资产			
房屋	200 000	所有者权益	
设备	110 000	实收资本	220 000
减：折旧	52 500	留存收益	88 500
固定资产净值	257 500	所有者权益合计	308 500
无形资产净值	40 000		
资产总计	363 500	负债和所有者权益总计	363 500

注：原材料存货数量为 500 千克，产成品存货数量为 100 件。

2. 定额标准数据

为了控制成本费用和资金,在编制全面预算前,需要制定成本费用和资金的定额标准。其中成本费用要分别按变动项目和固定项目编制。变动项目按单位控制,固定项目实行总额控制。资金项目也要制定资金定额。

(1) 产品成本预算。产品成本预算包括单位产品变动成本预算和固定制造费用总额预算两部分。单位产品变动成本预算分直接材料、直接人工和变动制造费用三个项目。这三个项目的成本为用量标准和价格标准的乘积。固定制造费用总额预算按总额核定。企业的基期制造成本预算如表 6-2 所示。

表 6-2 制造成本预算表

单位产品变动成本预算				
成本项目		单位成本		
		用量标准	价格标准	成本(元)
		①	②	③=①×②
直接材料		2 千克	5 元/千克	10
直接人工		5 小时	4 元/小时	20
变动制造费用	间接材料	5 小时	0.4 元/小时	2
	间接人工	5 小时	0.3 元/小时	1.5
	维修费用	5 小时	0.1 元/小时	0.5
	水电费	5 小时	0.12 元/小时	0.6
	其他	5 小时	0.08 元/小时	0.4
	小计	5 小时	1 元/小时	5
单位产品变动成本合计				35
固定制造费用总额预算				
折旧费				10 000
维修费				2 800
管理费				12 000
保险费				6 000
其他				5 320
合计				36 120

(2) 销售及管理费用预算。销售及管理费用预算包括单位变动销售及管理费用预算和固定销售及管理费用总额预算两部分。变动销售及管理费用的相关业务量为销售量,其价格标准为单位销售量的费用。固定销售及管理费用预算按总额核定。A 企业的销售及管理费用如表 6-3 所示。

表 6-3 销售及管理费用表 金额单位:元

单位变动销售及管理费用预算	
项 目	价格标准
销售人员工资	0.6 元/件
运输费	0.5 元/件
售后服务费	0.7 元/件
其他	0.2 元/件
合计	2 元/件
固定销售及管理费用总额预算	
项目	金额
管理人员工资	12 000
办公费	2 000
广告费	3 200
保险费	2 800
无形资产摊销	4 000
其他	8 000
合计	32 000

(3) 资金定额预算。有关资金项目的保持额不能过多,也不能过少,需要事先按最优化的要求核定其定额。可以按第四章中的决策方法进行计算确定。A 企业的资金定额如表 6-4 所示。

表 6-4 资金定额表 金额单位:元

项 目	数 量	单 价	金 额
库存现金			35 160
应收账款			48 000
原材料存货	600 千克	5	3 000
产成品存货	120 件	35	4 200
应付账款			7 380

3. 预测和专门预算数据

销售量、销售价格和原材料采购价格应根据未来市场的情况事先进行预测。工资率也是一种“市场价格”,按理也要根据市场变化趋势进行调整确定,但实际工作中工资率数据一般还是作为一个定额数列入成本预算,因而未记入预测数据表。专门预算由长期投资决策、所得税和股利支付计划等内容组成。A 企业的预测数据和专门预算如表 6-5、表 6-6 所示。

表 6-5 预测数据表

项　目	数　量(件)	单　价(元)	金　额(元)
产品销售	6 000	80	480 000
原材料采购		5	

表 6-6 专门预算表

项　目	金　额(元)	备　注
购置设备一台	40 000	年折旧 10 000 元
支付所得税	56 000	
支付股利	60 000	
支付长期借款利息	900	

（二）编制全面预算表

全面预算表如表 6-7 所示。

表 6-7 全面预算表

	项　目	行　次	数量	单位数	金额(或数量)	会计分录
销售预算	销售量(件)	(1)据预测表	6 000			
	销售单价（千克/件）	(2)据预测表		80		
	销售收入(元)	(3)＝(1)×(2)			480 000	(1) 贷:主营业务收入
	期初应收账款(元)	(4)据基期资产负债表			30 000	(2) 贷:应收账款
	期末应收账款(元)	(5)据资金定额表			48 000	(1) 借:应收账款
	销售现金收入(元)	(6)＝(3)＋(4)－(5)			462 000	(1) 借:库存现金
生产预算	预计销售量(件)	(7)＝(1)	6 000			
	加:预计期末存货量(件)	(8)据资金定额表	120			
	减:期初存货量(件)	(9)据基期资产负债表	100			
	预计生产量(件)	(10)＝(7)＋(8)－(9)	6 020			
材料采购预算	预计生产量(件)	(11)＝(10)	6 020			
	单位产品材料耗用量(千克/件)	(12)据产品成本预算表		2		
	预计生产需用量(千克)	(13)＝(11)×(12)		2	12 040	
	加:期末存料量(千克)	(14)据资金定额表			600	

（续表）

	项　目	行　次	数量	单位数	金额（或数量）	会计分录
材料采购预算	减：期初存料量（千克）	(15)据基期资产负债表			500	
	预计材料采购量（千克）	(16)＝(13)＋(14)－(15)			12 140	
	材料计划单价（元/千克）	(17)据预测表		5		
	预计材料采购金额	(18)＝(16)×(17)			60 700	(2) 借：原材料
	期初应付账款	(19)据基期资产负债表			6 000	(2) 借：应付账款
	期末应付账款	(20)据资金定额表			7 380	(2) 贷：应付账款
	购料现金支出	(21)＝(18)＋(19)－(20)			59 320	(2) 贷：库存现金
直接人工预算	预计生产量（件）	(22)＝(10)	6 020			
	单位产品工时定额（小时/件）	(23)据产品成本预算表		5		
	人工总工时（小时）	(24)＝(22)×(23)			30 100	
	单位工时工资率（元/小时）	(25)据产品成本预算表		4		
	预计直接人工总成本	(26)＝(24)×(25)	30 100	4	120 400	(3) 借：生产成本 (3) 贷：库存现金
制造费用预算	预计生产量（件）	(27)＝(10)	6 020			
	人工总工时（小时）	(28)＝(24)	30 100			
	间接材料	(29)据产品成本预算表	30 100	0.4	12 040	
	间接人工	(30)据产品成本预算表	30 100	0.3	9 030	
	维修费用	(31)据产品成本预算表	30 100	0.1	3 010	
	水电费	(32)据产品成本预算表	30 100	0.12	3 612	
	其他	(33)据产品成本预算表	30 100	0.08	2 408	
	分配率（元/件）	(34)＝(29)＋(30)＋(31)＋(32)＋(33)		1		
	变动制造费用小计	(35)＝(29)＋(30)＋(31)＋(32)＋(33)	30 100	1	30 100	(4) 借：生产成本
	折旧费	(36)据产品成本预算表			10 000	
	维修费	(37)据产品成本预算表			2 800	
	管理费	(38)据产品成本预算表			12 000	
	保险费	(39)据产品成本预算表			6 000	
	其他	(40)据产品成本预算表			5 320	

（续表）

	项　目	行　次	数量	单位数	金额(或数量)	会计分录
制造费用预算	固定制造费用小计	(41)＝(36)＋(37)＋(38)＋(39)＋(40)			36 120	(4) 借:固定制造费用
	制造费用合计	(41)＝(35)＋(41)			66 220	
	减:折旧	(42)＝(36)			10 000	(4) 贷:累计折旧
	制造费用现金支出	(43)＝(41)－(42)			56 220	(4) 贷:库存现金
成本预算	单位直接材料	(44)据产品成本预算表	2 千克	5	10	
	单位直接人工	(45)据产品成本预算表	5 小时	4	20	
	单位变动制造费用	(46)据产品成本预算表	5 小时	1	5	
	单位生产成本合计	(47)＝(44)＋(45)＋(46)			35	
	生产成本	(48)＝(10)×(47)	6 020	35	210 700	
	期末存货	(49)＝(8)×(47)	120	35	4 200	
	销售成本	(50)＝(1)×(47)	6 000	35	210 000	(5) 借:产品销售成本 (5)贷:库存商品
销售和管理费用预算	预计销售量(件)	(51)＝(1)	6 000			
	变动性销售及管理费用	据销售及管理费用预算表				
	销售人员工资	(52)＝(1)	6 000	0.6	3 600	
	运输费	(53)＝(1)	6 000	0.5	3 000	
	售后服务费	(54)＝(1)	6 000	0.7	4 200	
	其他	(55)＝(1)	6 000	0.2	1 200	
	单位变动销售及管理费用	(56)＝(52)＋(53)＋(54)＋(55)		2		
	变动性销售及管理费用合计	(57)＝(52)＋(53)＋(54)＋(55)	6 000	2	12 000	(6) 借:变动性销售及管理费用
	固定性销售及管理费用	据销售及管理费用预算表				
	管理人员工资	(58)据销售及管理费用预算表			12 000	
	办公费	(59)据销售及管理费用预算表			2 000	
	广告费	(60)据销售及管理费用预算表			3 200	
	保险费	(61)据销售及管理费用预算表			2 800	
	无形资产摊销	(62)据销售及管理费用预算表			4 000	
	其他	(63)据销售及管理费用预算表			8 000	
	固定性销售及管理费用小计	(64)＝(58)＋(59)＋(60)＋(61)＋(62)＋(63)			32 000	(6) 借:固定性销售及管理费用

（续表）

	项　目	行　次	数量	单位数	金额(或数量)	会计分录
销售和管理费用预算	销售及管理费用合计	(65)＝(57)＋(64)			44 000	
	减:无形资产摊销	(66)＝(62)			4 000	(6) 贷:累计摊销
	销售及管理费用现金支出	(67)＝(65)－(66)			40 000	(6) 贷:库存现金
专门预算	购置设备一台	(68)据专门预算表			40 000	(7) 借:固定资产 (7) 贷:库存现金
	支付所得税	(69)据专门预算表			56 000	(8) 借:应交税费 (8) 贷:库存现金
	支付股利	(70)据专门预算表			60 000	(9) 借:应付股利 (9) 贷:库存现金
现金流量预算	期初现金余额	(71)据基期资产负债表			30 000	
	加:本期现金收入	(72)＝(6)			462 000	
	可供使用的现金	(73)＝(71)＋(72)			492 000	
	减:现金支出					
	直接材料	(74)＝(21)			59 320	
	直接人工	(75)＝(26)			120 400	
	制造费用	(76)＝(43)			56 220	
	销售及管理费用	(77)＝(67)			40 000	
	购置设备	(78)＝(68)			40 000	
	支付所得税	(79)＝(69)			56 000	
	支付利润	(80)＝(70)			60 000	
	现金支出合计	(81)＝(74)＋(75)＋(76)＋(77)＋(78)＋(79)＋(80)			431 940	
	现金多余和不足	(82)＝(73)－(81)			60 060	
	期末现金余额	(83)据资金定额表			35 160	
	支付长期借款利息	(84)据专门预算表			900	(10) 借:财务费用 (10) 贷:库存现金
	可偿还长期借款	(85)＝(82)－(83)－(84)			24 000	(11) 借:长期借款 (11) 贷:库存现金

（续表）

	项目	行次	数量	单位数	金额（或数量）	会计分录
利润表预算	销售收入	(86)＝(3)			480 000	
	变动成本					
	变动生产成本	(87)＝(50)			210 000	
	变动销售及管理费用	(88)＝(57)			12 000	
	变动成本合计	(89)＝(87)＋(88)				
	贡献毛益	(90)＝(86)－(89)			258 000	
	固定成本					
	固定制造费用	(91)＝(41)			36 120	
	固定销售及管理费用	(92)＝(64)			32 000	
	利息支出	(93)＝(84)			900	
	固定成本合计	(94)＝(91)＋(92)＋(93)				
	税前利润	(95)＝(90)－(94)			188 980	
	所得税	(96)＝(95)×30％			56 694	
	税后净利润	(97)＝(95)－(96)			132 286	
资产负债表预算	流动资产					
	库存现金	(100)据资金定额表			35 160	
	应收账款	(101)据资金定额表			48 000	
	原材料存货	(102)据资金定额表			3 000	
	产成品存货	(103)据资金定额表			4 200	
	流动资产合计	(104)＝(100)＋(101)＋(102)＋(103)			90 360	
	固定资产					
	房屋	(105)据基期资产负债表			200 000	
	设备	(106)＝期初数＋(68)			150 000	
	减：折旧	(107)＝期初数＋(36)			62 500	
	固定资产净值	(108)＝(105)＋(106)－(107)			287 500	
	无形资产净值	(109)＝期初数－(62)			36 000	
	资产总计	(110)＝(104)＋(108)＋(109)			413 860	
	流动负债					
	应付账款	(111)据资金定额表			7 380	

（续表）

	项　目	行　次	数量	单位数	金额(或数量)	会计分录
利润表预算	一年内到期的长期负债	(112)＝期初数＋转入一年内到期的长期负债1 000			25 000	
	应交所得税	(113)＝(96)＋(69)			694	
	流动负债合计	(114)＝(111)＋(112)＋(113)			36 380	
	长期负债	(115)＝期初数－(85)－转入一年内到期的流动负债1 000			0	
	负债合计	(116)＝(114)＋(115)			36 380	
	所有者权益					
	实收资本	(117)＝期初数			220 000	
	留存收益	(118)＝期初数＋(97)－(70)			160 786	
	所有者权益合计	(119)＝(117)＋(118)			377 480	
	负债及所有者权益总计	(120)＝(116)＋(119)			413 860	
		以上行次中未标出计算过程者系根据例题所给已知数据抄列				

现行的全面预算是用表格来编制的，是否可以像财务会计一样，编制会计分录，利用复式簿记系统来对预算数据进行记录、分析和报告，这是一个值得探讨的问题。表中尝试用会计分录来处理全面预算数据，以便用复式簿记系统来进行数据加工并编制预算报告。

第三节　全面预算的方法

按确定的实际数来反映，按日历期进行报告是财务会计的特征。全面预算会计和财务会计一样，都是一个会计信息系统，但两者存在着一些明显的不同，使得全面预算会计的数据处理方法与财务会计不一样。

(1) 全面预算会计面向未来。未来的不确定性使得全面预算会计不应该是固定的和确定的，而应该是弹性的，且要考虑概率。未来有近期和远期之分，远期的不确定性大于近期。远期和近期的预算数据精确程度应有区别。

(2) 财务会计仅仅是对过去的反映和描述，而全面预算会计是管理优化的重要手段。全面预算会计的数据不应该是历史数据的简单延伸，而应该注重挖掘潜力、发现问题，不断改进和创新管理，同时尽可能地加强预算数据的指导性和有效地控制效果。这使得零期预算和滚动预算的方法成为必要。

一、是否考虑业务量的变动性：从固定预算到弹性预算

（一）固定预算

传统的预算方法是固定预算，又称静态预算，是以一个确定的预期业务量为基础来编制全面预算的方法。这种方法不考虑未来由于各种原因而导致的业务量可能发生的变化，比较简单，工作量比较小。实际上，由于市场行情变化或季节性等原因，各期间的实际业务量水平如销售量等常常与预计完成的业务量不一致。这种方法存在的问题是如下所述。

(1) 如果未来的实际业务量水平和预计的业务量存在显著差异，编制的全面预算就会大大降低其有效性，甚至变得毫无意义。

(2) 由于预算数和未来的实际数因业务量基础不同而失去可比性，预算标准无法用于控制和考核。

【例 6-2】 某企业 20××年度第四季度预计生产量为 2 000 件，实际产量为 2 200件，产品成本预算资料与实际资料对比如表 6-8 所示。

表 6-8 实际资料与固定预算的比较 单位：元

成本项目	固定预算	实际资料	差异
直接材料	20 000	22 000	2 000
直接人工	12 000	12 800	800
变动性制造费用	10 000	11 200	1 200
合 计	42 000	46 000	4 000

从表 6-8 看，该企业的实际成本超过预算 4 000 元，但这种超支并不足以说明企业生产成本控制工作的质量。因为未来的实际生产量与预计生产量不同，两种成本总额没有可比性，如果简单地以成本总额超支了 4 000 元对有关部门的工作业绩加以考核，显然是不恰当的。

为了克服固定预算的缺点，有必要采用弹性预算法。

（二）弹性预算

弹性预算又称变动预算或动态预算，就是企业为了在不能准确预测业务量的情况下，根据收入、成本等同业务量之间的函数关系，按不同业务量水平编制的，具有伸缩性的预算。其中，业务量是指产量、销售量、销售额、服务量、人工工时、机器工时等的数量。

弹性预算的编制方法是在确定的业务量范围内，划分出若干个不同的水平，然后分别计算出各水平下的预算金额，汇总列示在一张表上。表 6-9 为按 21 000 工时、24 000 工时、27 000 工时、30 000 工时和 33 000 工时编制的制造费用弹性预算表。

表 6-9 制造费用弹性预算算表

费用项目	每小时费用分配率	业务量水平(人工小时)				
		21 000	24 000	27 000	30 000	33 000
变动费用						
间接材料	0.20	4 200	4 800	5 400	6 000	6 600
间接人工	0.30	6 300	7 200	8 100	9 000	9 900
维护费	0.12	2 520	2 880	3 240	3 600	3 960
水电费	0.20	4 200	4 800	5 400	6 000	6 600
其他	0.18	3 780	4 320	4 860	4 800	5 940
小 计	1.00	21 000	24 000	27 000	30 000	33 000
固定费用						
管理费		12 000	12 000	12 000	12 000	12 000
折旧费		10 000	10 000	10 000	10 000	10 000
保险费		6 000	6 000	6 000	6 000	6 000
维护费		2 800	2 800	2 800	2 800	2 800
其他		5 320	5 320	5 320	5 320	5 320
小 计		36 120	36 120	36 120	36 120	36 120
合 计	1.00	57 120	60 120	63 120	66 120	69 120

弹性预算的优点是不论实际业务量是多少，不必经过计算，就可以找到相近业务量的预算成本，用以控制成本，比较方便。

弹性预算并不仅仅适用于对制造费用和销售与管理费用的控制。实际上，任何随业务量的变化而变化的预算项目，如成本、收入、利润、资产负债等均可以采用这种方法编制预算。

假设 A 企业可能实现的销售量分别为 5 500 件、6 000 件、6 500 件，表 6-10 为编制的利润弹性预算表。

在手工会计条件下，弹性预算法存在如下局限：①工作量大。②虽然已经考虑到未来的多种业务量水平，但任何一种业务量水平都不可能与未来的实际业务量完全一致。在电算会计条件下，根据各项数据与业务量的性态关系，可以运用公式很方便地由计算机自动计算各项预算数据。

表 6-10 利润弹性预算表

销售量(件)	5 500	6 000	6 500
销售收入	440 000	480 000	520 000
减:变动生产成本	192 500	210 000	227 500
变动销售及管理费用	11 000	12 000	13 000
贡献毛益	236 500	258 000	279 500
减:固定制造费用	36 120	36 120	36 120
固定销售及管理费用	32 000	32 000	32 000
利息支出	900	900	900
税前利润	167 480	188 980	210 480

例如,可以根据成本性态模型 $y=a+bx$ 来编制弹性成本预算。因为任何成本都可用"$y=a+bx$"来近似地表示。

A 企业正常生产能力为 30 000 人工小时,预计的业务量范围是生产能力的 70%～110%,A 企业编制的制造费用弹性预算如表 6-11 所示。变动项目以单位数列示,固定项目以总额列示。

表 6-11 制造费用弹性预算表 单位:元

费用项目	a	b
间接材料		0.20
间接人工		0.30
水电费		0.20
维护费	2 800	0.12
其他	5 320	0.18
折旧费	10 000	
管理费	12 000	
保险费	6 000	
合计	36 120	1.00

根据表 6-11,可利用公式 $y=a+bx$ 计算相关范围内某个业务量的制造费用总额。例如,当业务量为 30 100 人工小时时,制造费用预算总额为:$y=a+bx=36\,120+1.00\times 30\,100=66\,220$(元)

只要在相关范围内,固定成本 a 不随业务量的增减而变动,单位变动成本 b 不受业务量变动的影响,因而只要在预算中列示出 a 和 b,便可随时利用公式计算任一业务量 x 的预算成本 y,无论未来的业务量为多少,都可以编制出一套按未来业务量计算的预算。

二、是否以前期数据为基础:从调整预算到零基预算

（一）调整预算

未来的发展是以历史为基础的。考虑未来的变化趋势对历史数据进行适当的增减调增而编制预算的方法就是调整预算法,也叫增量预算法。简单地说,就是在历史数据的基础上,根据管理的要求增加或减少一定的百分率来编制预算。

这种预算方法比较简单,但不对各变量之间的关系进行分析,不从历史数据中分析管理中存在的缺陷,实际上就是承认过去是合理的。因此往往不加分析地保留或接受原有项目和相关参数,或只作简单的追加,或只作一刀切的平均削减,或只增不减。这样造成的结果是:不追求管理的改进,不追求提高经营的有效性,不追求结构的优化,不重视未来新因素对经营的影响。这样就必然会造成制定的目标不合理,不合理的开支也会延续甚至加剧。

（二）零基预算

1. 零基预算的概念与方法

零基预算就是"以零为基础的计划和预算"的方法,是指在编制预算时,对所有的数据均以零为基底,不考虑其历史情况如何,按经营和管理的需要,确定必要的项目,根据每个项目的影响因素及其有效性来确定各预算数额。该方法是由在美国得州仪器公司担任财务预算工作的彼得·派尔于1970年编制该公司的费用预算时提出的,它主要用于对各项费用的预算。

下面以费用项目为例,说明零基预算的编制方法。

编制零基预算的具体方法,大体可以分为以下几个步骤。

(1) 提出预算目标。即企业内部各部门根据预算期内本企业的总体经营目标和本部门的具体目标,提出必须安排的费用项目,并对每一费用项目提出详细计划,说明其目的以及需要开支的确切金额。

(2) 进行成本效益分析。即对每一成本费用项目,与其对应的业务量进行比较,或与其可能取得的收益比较,用以评价其经济效益。然后,在权衡各个费用开支项目的轻重缓急的基础上,将其分成若干层次,排列成序。

(3) 分配资金,落实预算。即根据上一步骤确定的顺序,将企业预算期内可动用的资金合理地分配到各项目,编制预算。

【例6-3】 A公司采用零基预算法编制下一年度的销售及管理费用预算,具体过程如下。

第一步,由有关部门根据公司下一年度的利润目标、销售目标和成本目标以及销售和管理部门具体承担的经营管理任务的要求,经多次研究讨论,反复协商,提出下一年度各费用项目及其预计的开支水平如下:工资16 000元,保险费2 800

元，办公费 2 200 元，运输费 2 000 元，差旅费 2 000 元，广告费 4 500 元，培训费 3 500元。

第二步，对上述各费用项目进行成本效益分析。①工资、保险费、办公费、运输费、差旅费等费用项目均属于预算期间必不可少的费用开支，必须足额保证。②广告费和培训费可根据公司的财务状况适当调整，根据以往有关平均费用金额与其相应的平均收益金额，计算出两项费用的成本收益比率，如表 6-12 所示。

表 6-12　零基预算分配表

项　目	成本(元)	收益(元)	成本收益比
广告费	4 000	80 000	1∶20
培训费	2 000	20 000	1∶10

第三步，根据成本效益分析的结果，对上述费用项目排序。工资、保险费、差旅费、办公费、运费是必须支出项目，需全额保证，列为第一层次；广告费成本效益高于培训费，列为第二层次；培训费列为第三层次。

最后，分配资金和落实预算。

假设 A 公司在下一年度对于销售及管理费用项目可动用的资金为 31 000 元，则首先足额保证必须开支项目，余下金额按成本收益比在可增减成本间分配，其分配结果如表 6-13 所示。

表 6-13　零基预算分配表

<table>
<tr><th>费 用 项 目</th><th>金额(元)</th><th></th></tr>
<tr><td>1. 工资</td><td>16 000</td><td rowspan="5">25 000</td></tr>
<tr><td>2. 保险费</td><td>2 800</td></tr>
<tr><td>3. 办公费</td><td>2 200</td></tr>
<tr><td>4. 运输费</td><td>2 000</td></tr>
<tr><td>5. 差旅费</td><td>2 000</td></tr>
<tr><td>6. 广告费</td><td>4 000</td><td></td></tr>
<tr><td>7. 培训费</td><td>2 000</td><td></td></tr>
<tr><td>合　计</td><td>31 000</td><td></td></tr>
</table>

在表 6-13 中：

$$广告费 = (31\,000 - 25\,000) \times 20/(20 + 10) = 4\,000(元)$$

$$培训费 = (31\,000 - 25\,000) \times 10/(20 + 10) = 2\,000(元)$$

2. 零基预算的特点

零基预算的优点是不受历史资料和现行预算的约束，对一切业务活动及其费用开支都像新开办事务一样以零为起点来考虑其必要性和重要程度,因而能促使各方面精打细算,量力而行,有效地压缩开支,提高资金的使用效果和合理性。但是,零基预算也有不足之处。首先,零基预算编制工作量过大,因而在具体运用时,可以每隔几年编制一次零基预算,而在其他时间仍编制增量预算;其次,零基预算的方案评级和资源分配具有较大的主观性,容易引起部门间的矛盾;再次,零基预算只注重预算期内各业务活动及费用开支的必要性和重要程度,容易引起人们注重短期利益而忽视企业的长远利益。

三、是否按日历期编制:从定期预算到滚动预算

(一) 定期预算

定期预算就是按日历期编制的预算,每一个年度预算从 1 月 1 日至 12 月 31 日。每一个月度预算从 1 日至 31 日。这种预算和会计年度相配合,有利于对预算执行结果进行分析评价。但是,这种固定以 1 年为期的预算,在实际运用中存在以下缺陷:

(1) 预算的编制通常在预算期开始之前几个月进行,由于预算期较长,难于准确预测未来预算期的经济活动,而且越是靠后的月份越难准确预测,往往只能对其进行大致的估计或推测,提出一个比较笼统的预算,从而给预算执行工作造成很大困难。

(2) 事先预见到的预算期内的某些活动,在预算执行过程中往往会有所变动,而原有预算却未能及时调整,从而使原有的预算显得不相适应。

(3) 固定期间的预算,在执行一段时间后,往往会使管理人员只注重剩余预算月份的经济活动,因而缺乏长期打算,对企业经营不利。

为了解决固定期间预算的上述问题,企业可以采用滚动预算的方法。

(二) 滚动预算

滚动预算又称"永续预算"或"连续预算",其预算期连续不断,始终保持 12 个月,其中头几个月的预算详细完整,后几个月的预算笼统概略。每过去 1 个月,就按照新的情况调整和修订以后几个月的预算,使之逐渐细化,并在原有的预算期期末补充 1 个月的预算,逐期向后滚动。

滚动预算的编制过程中,应随时根据市场情况、企业内部的情况等的变化对预算进行调整。为了做到长计划、短安排,远略近详,在实务中,往往先按年分季,其中第 1 季度按月划分,建立各月的明细预算数字,而对以后几个季度则按季粗略预算,在第 1 季度结束时,再将第 2 季度按月划分,列出明细预算数,同时增加下一年度第 1 季度的粗略预算,以此类推,不断滚动,使企业在任何时候都能了解 1 年的预算情况。滚动预算示意图如图6-2所示。

年份	20×1年												20×2年											
月份	1	2	3	4	5	6	7	8	9	10	11	12	1	2	3	4	5	6	7	8	9	10	11	12

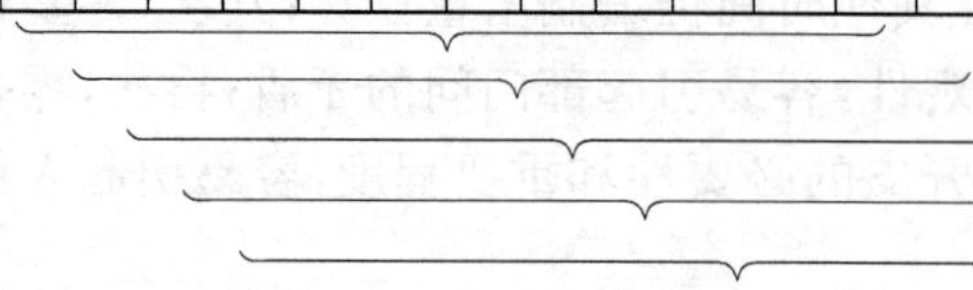

……

图 6-2 滚动预算示意图

滚动预算可以保持预算的连续性和完整性，帮助企业管理者通过动态的预算过程对企业未来经营活动作出全面的、长远的规划，从而保证企业经营管理工作有条不紊地进行。同时，滚动预算符合人们对事物的认识过程，允许对预算作出调整和修正以适应变化了的实际情况，提高了预算的科学性和有效性。

四、是否考未来的不确定性：从确定预算到概率预算

确定预算把影响预算的各因素都视为已知的，因而编制出来的各项预算数据也都是确定的和唯一的。然而，预算毕竟是对未来的一种估计，既然是一种估计，就带有许多不确定性，不可能在现在就十分准确地预知各种因素在将来会发生何种变化，以及将要变化到何种程度，而只能大体上估计它们变化的趋势、范围和可能结果。也就是说，未来是一个未知空间。通过预测分析，可以把未知性缩小，估计未来的多种可能性，并估算每一种可能性概率的大小，使未来成为一个概率空间，编制概率预算。

概率预算是一种将每一事项可能发生的概率结合应用到弹性预算编制之中的修正的弹性预算。也就是说，编制预算时，不仅要考虑各因素可能发生变化的水平范围，而且要考虑在此范围内有关数据可能出现的概率情况。

第七章　责任会计和标准成本会计

第一节　责任会计的基本概念

一、责任会计的基本概念

责任会计是管理会计的重要组成部分，是为了配合以责、权、利结合为核心的经济责任制而建立起来的一个会计信息系统。实行责任会计，是把各责任单位的目标和任务，通过以数量形式编制的责任预算具体地反映出来，可使各下属单位和各类人员目标明确、责任清晰。同时，通过对各责任单位(而不是按产品)为主体的会计核算，全面系统地反映各责任单位的工作业绩和经营成果，对各责任单位进行科学、有效的考核。

(一) 责任会计的目标

财务会计的一个重要目标就是反映企业整体对外部所有者受托责任的履行情况，责任会计不对外，其目标是反映企业内部各责任中心受托责任的履行情况。

(二) 责任会计的对象

财务会计的对象是企业整体的经济活动，责任会计的对象是企业内部各责任中心的经济活动及其业绩。

(三) 责任会计的要素

财务会计的要素包括资产、负债、所有者权益、收入、费用和利润，责任会计的要素包括可控资产、可控收入、可控成本、可控贡献毛益和可控利润等。

(四) 责任会计的方法

财务会计的核算方法主要是借贷记账法，责任会计的核算方法也可用借贷记账法，还可用表格法、数学分析法和统计图法等。

二、责任会计循环

财务会计按照事先设置好的会计科目，依据会计原则，循环往复、周而复始地进行记账、算账和报账，称之为财务会计循环。同样，责任会计也是一个不断循环的过程。责任会计循环包括以下环节。

（一）划分责任中心

财务会计以企业整体为主体，以资产、负债、所有者权益、收入、费用和利润为核算要素。而责任会计除了也要核算这些财务要素外，更要构建责任要素。具体来说，应根据自身生产经营管理的特点，以现行组织机构为基础，将企业内部凡独立承担某项工作责任，能够授予其相应权力，并能进行明确考核、评价的各职能部门和责任单位划分为若干相互独立的责任中心，然后按可控性原则进行责任考核。不同类型的责任中心组成了责任会计的要素体系。

（二）确定权责范围

财务会计需要事先确定会计要素，相应设置所属的各有关会计账户，并明确每一个要素及会计科目的核算内容。责任会计则在划分责任中心后，要确定各责任中心权责范围。

企业内部凡被划定为责任中心的部门和单位，都应拥有履行其工作责任所必需的管理决策权限，同时担负与权力相当的工作责任，所以必须明确各责任中心的权责范围，这是责任会计基础工作。

责任会计划分权责范围的基本做法，是将企业的总体经营目标逐级分解到不同层次、不同种类的责任中心，以此作为各责任中心的责任目标，并制定各责任中心的责任预算，确定责任中心在成本费用、收入、利润、投资收益等责任目标要素方面的具体数额，同时分析决定各责任中心为完成其工作责任所应拥有的决策管理权力，将这些必需的权力授予各责任中心。

（三）编制责任预算

财务会计仅仅是事后反映。责任会计则不仅要事后反映各责任中心的业绩，还要事先编制责任预算，使经营有具体任务，工作有标准，考核有依据。“没有规矩不成方圆”，没有责任预算，就无法进行考核。

（四）责任会计的日常核算

和财务会计一样，责任会计也要进行日常核算。开展责任会计工作，需要建立责任会计信息系统。责任会计信息系统首先要按各责任中心设置责任会计账户，然后对各责任中心的经济活动所产生的信息，进行会计记录和整理加工。提供各责任中心责任完成情况的会计信息。通过定期编制责任中心的责任业绩报告，使企业管理部门的控制和考核建立在详细、真实和具有针对性的责任会计信息之上。

（五）绩效分析、考评和奖惩

众所周知，财务分析是企业的一项重要工作，但这项工作不由财务会计来承担，而是由财务管理来进行的。责任会计则不仅要记录，还要进行绩效分析、考评和奖惩。

责任会计要反映各责任中心的工作完成情况，还要计算工作完成情况与责任预算之间的差异，并对其分析，考核评价各责任中心工作绩效的优劣，按照其绩效优劣和经营成果的大小给予相应的奖惩，总结经验，及时发现问题，激励员工积极向上，提高整个企业的工作绩效。

三、责任中心

责任中心是指拥有一定的管理权限，同时也担负相应的工作责任的一个责任主体，或责任单位。凡是拥有一定管理权限，并独立担负相应工作责任的责任主体，我们都可将其视为一个责任中心。所以责任中心不是以职能部门或责任单位大小而划分，而是以其可确定独立责任的范围而划分。大至企业的一个职能部门，乃至一个分厂、事业部，小至生产线上的一个班组，乃至负有专项独立责任的一个职工个人，都可作为一个责任中心。在企业中，按照责任主体所负担责任的内容及范围，可将责任中心划分为成本中心、利润中心和投资中心三大类。

（一）成本中心

一个责任中心，如果不形成或者不考核其收入，只考核其所发生的成本和费用，这类中心称为成本中心。成本中心的特点是，这个中心往往没有收入，或者有少量收入，但不成为主要的考核内容。成本中心的应用范围最广。任何发生成本的责任领域，都可以确定为成本中心。大的成本中心可能是一个分公司、分厂，小的成本中心可以是车间、工段、班组。

成本中心又可分为标准成本中心和费用中心两种类型。标准成本中心，所生产的产品必须是稳定而明确的，并且已经知道单位产品所需要的投入量的责任中心。标准成本中心的典型代表是制造业工厂、车间、工段、班组等。费用中心，适用于那些产出物不能用财务指标来衡量，或者投入和产出之间没有密切关系的单位。费用中心包括一般行政管理部门，如会计、人事、劳资、计划等部门。

对于成本中心，责任会计核算的内容是责任成本。所谓责任成本，就是以具体的责任单位（部门、单位或个人）为对象，以其承担的责任为范围所归集的成本，也就是特定责任中心的全部可控成本。

责任成本不同于变动成本，也不同于财务会计中的产品成本。它们的主要区别如下所述。

第一，核算目的不同，核算责任成本的目的是为了控制成本。

第二，成本计算对象不同，责任成本以责任中心为成本计算对象。

第三，成本范围不同，责任成本计算的范围是各责任中心的可控成本。

第四，共同费用在成本对象间分摊的原则不同。责任成本法按可控原则把成本归属于不同的责任中心，谁能控制谁负责，不仅可控的变动间接费用要分配给责任中心,可控的固定间接费用也要分配给责任中心。

产品成本与责任成本是不同的。产品成本是按承担的客体(产品)进行计算的,归集产品成本的原则是:谁受益,谁承担,即哪种产品受益,就由哪种产品负担;责任成本则是按作为该项成本控制主体的责任中心进行计算的,归集责任成本的原则是:谁负责,谁承担,即按成本中心分别归集其责任成本。

可控性是责任会计的一个重要原则。责任会计在对责任中心的各种成本进行核算时,必须首先根据可控性原则对全部成本进行分析。在责任会计看来,各责任中心所发生的成本应区分为可控成本和不可控成本两类。

可控成本是指在特定时期内,特定责任中心能够直接控制其发生的成本。可见,可控成本总是针对特定责任中心来说的,判断一项成本是否为可控成本,可依据以下三项条件。

第一,成本可以事先确定。责任中心可以事先确定将要发生哪些成本耗费。

第二,成本可以准确计量。责任中心能及时准确地计量所发生的成本耗费。

第三,成本可以控制调节。责任中心有办法控制和调节成本的发生。

可控成本与不可控成本是相对而言的。某项成本对某一个责任中心而言是不可控成本,而对另一个责任中心而言则可能是可控成本。例如,存货的采购成本,对于生产部门而言是不可控成本,但对供应部门来说,则是可控成本。某项成本对低层的责任中心而言是不可控成本,但在较高层的责任中心则可能为可控成本。例如,制造费用中的固定部分对生产班组来说,虽属于不可控成本,但对制造车间来说,则是可控的。某些成本在短时期内是不可控的,但在较长时期内又成为可控的了。例如,固定资产的折旧费和摊销的长期租赁费,从已开始计提折旧和已开始摊销的会计期间看,是企业不可控的费用,但从购置和祖入资产时的较长时期看,则又是可控的。另外,还有某些成本是否可控,要视其分配方法而定。例如,维修、供水、供电、供汽、内部运输等企业内部产品和劳务提供部门的成本,如果按规定的固定比例分配给受益部门,就属于各受益部门的不可控成本;如果按各受益部门的耗用数量(如维修工时、用水量、用电量、用气量、运输量等)分摊,则属于受益部门的可控成本。由此可见,成本的可控性总是与一定的条件相联系而确定的,不能脱离有关的具体条件抽象地谈论哪项成本是可控的或哪项成本是不可控的。

(二) 利润中心

一个责任中心,如果能同时控制生产和销售,既要对成本负责又要对收入负责,但没有责任或没有权力决定该中心资产投资的水平,因而可以根据其利润的多少来评价该中心的业绩,那么,该中心称之为利润中心。

可见,利润中心是指既对成本负责,又对收入和利润负责的责任中心。它既能控制成本的发生,也能对应当取得的收入进行控制,并将收入和成本相配比,考核所取得的利润。通常,利润中心被看成是一个可以用利润衡量其一定时期业绩的组织单位。但是,并不是可以计量利润的组织单位都是真正意义上的利润中心,也不是必须创造现实营业利润的组织才算利润中心。从根本目的上看,利润中心是指管理人员有权对其供货的来源和市场的选择进行决策的单位。

责任会计中的利润中心有两种类型,一种是自然的利润中心,另一种是人为的利润中心。

自然的利润中心是指能够在外界市场上销售其产品或提供劳务,获得销售收入和利润的责任中心,自然的利润中心的收入主要包括当期的产品销售收入、加工收入、其他业务收入。自然的利润中心的利润是企业利润总额的组成部分,自然的利润中心的利润发生增减变动,企业利润总额也随之发生相应的变动。

人为的利润中心是指那些并不对外销售其产品或提供劳务以取得实际的销售收入,而只是为了加强内部经济责任管理,利用内部结算价格对其提供的半成品或劳务进行计价结算,并考核其内部利润的责任中心。人为的利润中心的利润不是企业从市场销售中获得的已实现的利润,而是企业内部各责任中心互相提供产品或劳务,按照内部结算价格结转时视同内部销售而形成的利润,是没有真正实现的利润。

（三）投资中心

企业中的某些分散经营的下属单位或部门,其经理所拥有的自主权不仅包括制定价格,确定产品和生产方法等短期经营决策权,而且还包括投资规模和投资类型等投资决策权,像这样的单位或部门称为投资中心。投资中心的经理不仅能控制成本和收入,而且能控制其所占用的资产。因此,对投资中心的考核不仅要衡量其利润,而且要衡量其资产,并把利润与其所占用的资产联系起来。

可见,投资中心是既对成本、收入、利润负责,又对其投资效果负责的责任中心。投资中心的责任权限既包括产品生产、销售自主权,还包括独立地运用其所掌握的资金并进行长期投资决策的权力。作为一个投资中心,其成本、收入、利润、资金都是可控的,因此考核投资中心的工作绩效时,不仅要考核其成本、收入、利润,而且要将所获利润与所占用的资金进行对比,考核资金的运用效果。

投资中心是比利润中心更高一层的责任中心,只适用于企业内部管理权限业务规模较大的部门,如事业部、分公司、分厂等。投资中心因为要对投资效果负责,所以必须拥有充分的决策权,包括在其可运用资金额度内的投资决策权,不到紧要关头,或遇到关系到公司全局的重大事项,公司管理当局不宜进行干涉。为了明确划分各投资中心的责任界限,计算其经济效益和投资效果,对于各投资中心相互之间现金、存货等资产的转移,应该实行有偿使用,计息清偿;对各投资中心共同发生的成本应该按照适当的标准进行分配;各项经济资源都应明确归属于一定的投资中心。只有这样,才符合责任会计的要求,才能对各投资中心进行全面有效的考核评价。

四、责任中心的评价与考核

对责任中心进行评价与考核的标准是责任预算。对每个责任中心可控制的成本、收入、利润、投资收益等编制的预算称为责任预算。责任预算既是责任中心努力的目标,又是责任完成过程中日常控制的依据和考核责任中心责任完成情况的标准。在实行责任会计制度的企业,责任预算是总预算的一部分,是部门预算在各责任中心更为具体的划分与落实,企业的责任预算可以与总预算融为一体。

责任预算在执行过程中,应该组织以责任中心(而不是产品)为对象的核算,以便记录和反映责任预算的实际执行情况。为此,需要分别按各责任中心设置成本、收入、利润、投资收益等辅助明细账户,以记录和反映各责任中心实际发生的责任成本、责任收入、责任利润和投资效果。

(一) 成本中心的业绩与考核

对成本中心考核与评价的指标是责任成本。责任成本是由不同层次的责任成本汇总计算的。责任成本等于其所辖的下一责任层次的责任成本之和,加上下一层次不可控而本层次可控的成本。例如,某企业的成本中心共设三个责任层次,即班组、车间和分厂,那么各级责任中心责任成本逐级汇总计算的,具体方法如下。

(1) 班组责任成本由班组长负责。计算公式为:

$$\text{班组责任成本} = \text{可控直接材料成本} + \text{可控直接人工成本} + \text{班组可控间接成本}$$

(2) 车间责任成本由车间主管负责。计算公式为:

$$\text{车间责任成本} = \text{各班组责任成本} + \text{车间可控间接成本}$$

(3) 分厂责任成本由分厂厂长负责。计算公式为:

$$\text{分厂责任成本} = \text{各车间责任成本} + \text{分厂可控间接成本}$$

企业的责任成本经过逐级汇总后,其总额与同一时期的产品成本总额相等。

责任会计通过对各成本中心的实际成本(费用)与预算成本(根据历史条件和目前的生产状况编制,利润中心投资中心同此)的比较,评价成本中心业务活动的优劣。其指标包括成本费用降低额和降低率。

期末各成本中心要编制本期业绩报告,如表 7-1 所示。

表 7-1　A企业B车间业绩报告(示例)　　单位:元

项　目	实际数	预算数	差　异
下属单位转来的责任成本:			
A工段	27 000	28 000	－1 000(有利)
B工段	23 000	26 000	－3 000(有利)
C工段	24 000	22 000	2 000(不利)
小　计	74 000	76 000	－2 000(有利)
本车间可控间接成本:			
间接材料	2 500	2 300	200(不利)
间接人工	2 500	2 600	－100(有利)
设备维修费	700	600	100(不利)
设备折旧费	1 500	1 500	0
管理人员工资	1 500	1 800	－300(有利)
小　计	8 700	8 600	－100(有利)
本车间责任成本合计	82 700	84 600	－1 900(有利)

(二) 利润中心的业绩评价与考核

由于利润中心既要对成本负责,又要对收入、利润负责,因此每个利润中心都应对其成本、收入和利润进行完整、独立的责任会计核算,提供完整的资料,为正确进行责任业绩的评价考核提供依据。

利润中心的业绩评价和考核,重点应集中于分析收入、成本及利润的责任预算执行情况。实际工作中,在考核自然的利润中心的业绩时,通常是以贡献毛益与税前净利润为重点;在考核人为的利润中心时,则是以内部结算价格为计算依据,重点考核内部利润的完成情况。

对利润中心的考核指标是利润。但在责任会计里,利润的含义不是单一的,不同的利润中心,由于其责权利状况的特殊性,层次的不同以及可控性的差异,其应该负责的"利润"指标也不一样。具体来说,对利润中心的考核时所用的"利润"指标有贡献毛益、部门可控利润、部门利润、公司利润等。其具体含义是:

贡献毛益 ＝ 销售收入 － 变动成本总额

部门可控利润 ＝ 部门边际贡献 － 部门可控固定成本

部门利润 ＝ 部门可控利润 － 部门不可控固定成本

公司利润 ＝ 部门利润合计 － 公司管理费用

在以上指标中,以贡献毛益作为利润中心的业绩评价依据不够全面。以部门可控利润作为业绩评价的依据可能是最好的;以部门利润作为业绩评价依据,可能更适合评价该部门对企业利润的形成和分摊费用的贡献，而不适合于部门经理的评价；以税前利润作为业绩评价依据，通常是不合适的。

期末各利润中心要编制本期业绩报告。

（三）投资中心业绩的评价与考核

由于投资中心不仅要对成本、收入、利润负责，而且要对所占用资金的利用效果负责，因而对投资中心的业绩进行评价与考核，其内容不仅包括投资中心的成本、收入和利润，而且还有全部投资的收益情况。因此，对投资中心进行业绩评价和考核的指标应该比利润指标更综合，考虑的因素更多。通常对投资中心的业绩评价与考核，主要采用投资报酬率和剩余收益这两个指标。

1. 投资报酬率

投资报酬率又称投资的获利能力，是投资中心的利润与其所占用资金的比率，是综合反映投资中心经营活动的质量指标。它的计算公式为：

$$\text{投资报酬率}=\frac{\text{经营净收益}}{\text{经营资产}}\times 100\%$$

这里的经营净收益，可以是税前净利，也可以是税后净利。经营资产是指包括生产经营活动所占用的固定资产和流动资产在内的全部资产。计算时应以期初和期末的平均余额为准。

投资报酬率全面反映了投资中心降低成本、扩大销售和合理占用经营资产等方面的努力，能够促使投资中心尽力提高资源的使用效果。但单一地依据投资报酬率的高低来评价、考核投资中心工作，可能会使一些投资中心只关注本部门的业绩而接受有损公司整体利益的投资项目，而另一些中心却放弃了对公司整体有利的投资项目。

2. 剩余收益

由于投资报酬率有上述缺点，所以美国通用电气公司首创了剩余收益指标，以评价考核各投资中心的工作绩效。剩余收益是指投资中心的经营净收益扣除其经营资产按规定的最低报酬率计算的投资报酬后的余额。最低报酬率一般是指企业各投资中心的平均报酬率或企业的预期报酬率，也可以是企业为各投资中心规定的报酬率。

剩余收益是采用绝对数指标来实现利润与投资之间的联系。其计算公式为：

$$\begin{aligned}\text{剩余收益}&=\text{部门利润}-\text{部门资产应计报酬}\\&=\text{部门利润}-\text{部门资产}\times\text{最低报酬率}\end{aligned}$$

剩余收益指标的主要优点是可以使业绩评价与企业目标协调一致，克服了由于使用投资报酬率来衡量部门业绩带来的问题。而且还有一个好处是允许使用不同的风险调整资金成本。不足之处是，该指标是绝对数指标，不便于不同部门之间的比较。

采用剩余收益指标来评价和考核投资中心业绩，将有利于各投资中心在投资决策中保持与总公司利益的一致性。只要各投资中心的某项投资收益达到或超过最低报酬额，那么进行该项投资来增加该投资中心的剩余收益，对其工作业绩的评价、考核及总公司都是有利的；反之，若某项投资收益达不到最低报酬额，则进行该项投资将减少该投资中心的剩余收益，对其工作业绩的评价考核及总公司都是不利的。

【例 7-1】 A公司要求的最低投资报酬率为 11%，A 投资中心有一投资项目，投资额为 1 000 000 元，期望净收益为 120 000 元；B 投资中心也有一投资项目，投资额为 800 000 元，期望净收益为 65 000 元，该两个项目的剩余收益计算如表 7-2 所示。

表 7-2 剩余收益计算表 单位:元

投资中心	经营资产投资额	经营净收益	要求的最低投资报酬率(%)	最低投资报酬额	剩余收益
A	1 000 000	120 000	11	110 000	10 000
B	800 000	65 000	11	88 000	−23 000
总公司	1 800 000	185 000			

若 A 投资中心进行项目投资，将增加剩余收益 10 000 元，应该接受该项投资；而 B 投资中心进行项目投资，将减少剩余收益 23 000 元，应该拒绝该项投资。投资中心的决策与总公司的利益是一致的。

期末各投资中心要编制本期业绩报告。

投资中心的业绩报告与利润中心的业绩报告相比，除列示利润中心的报告内容，即收入、成本及利润的预算数、实际数之外，还要列出经营资产占用额、资产周转率、投资报酬率及剩余收益的预算数和实际数，以便对投资中心的业绩进行全面的评价与考核。投资中心业绩报告的基本内容的一般格式如表 7-3 所示。

表 7-3 A公司北方地区事业部业绩报告 单位:元

项目	实际数	预算数	差异
销售收入	1 168 000	1 000 000	168 000
减:变动成本			
变动生产成本	561 000	480 000	81 000
变动推销及管理成本	58 000	50 000	8 000
小计	619 000	530 000	89 000

(续表)

项　目	实际数	预算数	差异
贡献毛益	549 000	470 000	79 000
减:部门可控固定成本	223 000	210 000	13 000
部门可控利润			
减:部门不可控固定成本	186 000	160 000	26 000
部门利润	140 000	100 000	40 000
经营资产平均余额	1 246 000	1 200 000	46 000
销售利润率(%)	11.99	10	1.99
资产周转率	0.937	0.833	0.104
投资报酬率(%)	11.24	8.33	2.903
最低投资报酬率(%)	7.80	7.80	—
最低投资报酬额	97 188	93 600	—
剩余收益	42 812	6 400	36 412

利润中心业绩报告的格式实际上就是投资中心业绩报告的上半部分,即只到"部门利润"为止。

五、内部转移价格

与财务会计一样,责任会计在进行业绩评价时也需要确认和用货币计量。责任会计对各责任中心的经营业绩进行反映、确认和计量,就需要解决价格标准问题,以便为企业经济责任制的贯彻、执行和责任会计核算提供价值管理依据。

内部转移价格是企业内部各责任中心之间相互结算或责任成本相互转账时所采用的价格标准。

内部转移价格的制定应建立在客观、公正和可比的基础上,有利于调动各责任中心的积极性,并保证各责任中心与企业的经济目标一致。制定内部转移价格的基本要求如下:

(1) 凡成本中心相互之间提供产品或劳务,一般应以"成本"作为内部转移价格。此处的"成本",应为"标准成本"或"预计分配率"。这样不仅简便易行、责任分明,不会让下游单位负担上游单位的浪费或无效劳动,同时能调动双方降低成本的积极性。若以"实际成本"作为计价基础,就会使下游单位承担上游单位的全部功过,削弱了双方控制成本的积极性和责任感,这不符合责任会计的基本要求。

(2) 企业内部产品或劳务的转移,如果有一方涉及利润中心或投资中心,应采用"售价"作为制定内部转移价格的基础。采用"售价"作为制定内部转移价格的基础时,应尽可能采用市场价格标准。因为,以市场价格作为内部转移价格较为客观,而且能够在企业内部营造出竞争性的市场态势,促使各责任中心直接面对市场竞争,努力改善经营管理。如果采用市场价格有困难,也可以采用“协商价格”、“双重价格”、“成本加成”或其他价格标准。

常用的内部转移价格主要有以下几种。

(1) 标准成本。凡企业内部成本中心之间相互提供产品或劳务,以及成本中心之间的责任成本转账,一般均应按标准成本或预计分配率确定内部转移价格。标准成本作为内部转移价格有以下优点。①可以有效地控制转出方的成本。②消除转出方成本升降对转入方的影响并为转入方提供耗费的计价标准。

(2) 标准成本加成。对于利润中心和投资中心所提供的产品或劳务,可将标准成本加上合理百分比的利润作为转出部门的内部转移价格,以计算收入和内部利润。特别是对人为的利润中心,其半成品往往没有市场价格可作参照,如果以标准成本作为其产品转出的内部转移价格,则起不到作为利润中心管理的激励作用,这时采用标准成本加成作为其产品转出的内部转移价格更是合理而必然的选择。对于加成部分的百分比利润,管理当局必须慎重确定,以达到充分体现责任中心的工作成绩、协调整个企业利益分配关系的目的。

(3) 市场价格。所谓市场价格,就是指在责任中心之间提供的产品和劳务存在完全竞争市场的情况下,直接以外界市场价格作为内部转移价格。市场价格比较客观公正,不会偏袒任何一方,最能反映考核评价的要求。因此,市场价格被认为是制定内部转移价格的最佳标准。

因为产品和劳务是在责任中心之间内部转移,可以节省相关的销售费用,以及交货、运输和保修等成本。因此,以市场价格为基础制定的内部转移价格,应该低于外界的市场价格。这在“卖方”完全是可以接受的,“卖方”还可以从大量、稳定的“销路”上得到好处。但是,如果内部转移的产品和劳务没有可供参考的市场价格,这种定价方式就失去基础了。

(4) 双重价格。当市场上同一产品或劳务有多种不同价格时,提供产品或劳务的责任中心当然会力争采用最高的市价作为内部转移价格,而接受产品或劳务的责任中心也会坚持采用最低市价。这时,公司管理当局除了可以决定采用一个适中的价格以外,也可以同意双方各自选用自己愿意采用的市场价格。一般供方以市场价格作为内部转移价格,而购方则以供方的变动成本作为购入产品的结算价格。

(5) 协商价格。在责任中心之间转移产品或劳务,也可以在管理部门协助和监督下,由提供和接受产品或劳务的双方通过协商,确定一个双方均愿意接受的价格作为内部转移价格。这个价格在正常情况下应以市价为上限,以单位变动成本为下限。之所以要由管理部门协助和监督，是为了能够在双方争执不休时进行协调和仲裁。另外，也是为了防止当责任中心之间相互都有产品或劳务的提供和接受的情况下，只图双方利益而过高或过低地制定内部转移价格，因而损害其他责任中心和企业整体的利益。

第二节 标准成本会计

一、标准成本和标准成本会计

（一）标准成本的概念

标准成本是通过精确的调查、分析与技术测定而制定的，用来评价实际成本、衡量工作效率的一种预计成本。在标准成本中，基本上排除了不应该发生的“浪费”，因此被认为是一种“应该成本”。标准成本和估计成本同属于预计成本，但后者不具有衡量工作效率的尺度性。标准成本要体现企业的目标和要求，主要用于衡量产品制造过程的工作效率和控制成本，也可用于存货和销货成本计价。

“标准成本”一词在实际工作中有三种含义：

（1）单位产品标准成本＝单位产品直接材料标准成本＋单位产品直接人工标准成本＋单位产品制造费用标准成本

（2）单位产品各成本项目标准成本＝单位产品各成本项目的特定资源标准消耗量×该资源的标准单价

各成本项目包括直接材料、直接人工和制造费用。直接材料项目消耗的资源为原材料，直接人工项目消耗的资源为人工工时，制造费用消耗的资源也为人工工时。

（3）各成本项目的标准成本总额＝实际产量所消耗各成本项目的特定资源标准消耗量×该资源的标准单价

（二）标准成本的种类

1. 基本的标准成本

基本的标准成本是以基期的实际成本作为标准，用以衡量一个年度的成本高低，据以观察成本升降的趋势。这种标准成本一经制定，多年保持不变，它可以使各个时期的成本以相同的标准为基础进行比较。但是随着时间的推移，产品的生产技术和企业经营情况会发生变化，使原有的标准成本显得越来越过时，不能很好地发挥成本管理的作用，所以，这种标准成本在实际工作中较少采用。

2. 理想的标准成本

理想的标准成本是以现有的技术、设备在最好的经营管理条件下，所发生的成本水平作为成本标准。采用这种标准成本，意味着实际发生的成本应该达到现有条件理想的最低限度，不允许任何浪费存在。这种标准成本由于过于严格，在实际工作中较难达到，所以采用也较少。

3. 正常的标准成本

正常的标准成本是根据企业的正常生产能力，以有效经营条件为基础而制定的标准成本。可以采用企业过去较长时期内实际数据的平均值，并要考虑到未来的变动趋势。由于在制定这种标准成本时，把那些现实条件难以完全避免的超额耗费也计算在内，所以，它既不是轻而易举就可以达到的，又不是高不可攀的。因此在成本管理工作中能充分发挥其应有的积极作用，在实际工作中也得到了广泛的应用。

（三）标准成本的用途

1. 作为成本控制的依据

成本控制的标准有两类：一类是以历史上曾经达到的水平为依据；另一类是以应该发生的成本为依据，如各种标准成本。

2. 代替实际成本作为存货计价的依据

由于标准成本中已去除了各种不合理因素，以它为依据，进行材料在产品和产成品的计价，可使存货计价建立在更加健全的基础上。而以实际成本计价，往往同样实物形态的存货有不同的价格。

3. 作为经营决策的成本信息

由于标准成本代表了成本要素的合理近似值，因而可以作为定价依据，并可作为本、量、利分析的原始数据资料，以及估算产品未来成本的依据。

4. 作为登记账簿的计价标准

使用标准成本来记录材料、在产品和销售账户，可以简化日常的账务处理和报表的编制工作。在标准成本系统中，上述账户按标准成本入账，使账务处理及时、简单，减少了许多费用的分配计算。

二、标准成本会计

标准成本会计是管理会计的重要组成部分，是指预先制定成本标准并以此为基础来进行标准成本计算，然后用标准成本与实际成本进行比较，核算和分析成本差异的会计。

（一）标准成本会计的职能

标准成本会计的职能包括成本核算、成本控制和成本管理业绩评价。

标准成本会计的核算职能是指运用标准成本法对企业的经营活动（重点是发生的成本）进行核算，以反映标准成本和各项差异。

标准成本会计的控制职能是指通过事先制定成本标准、事后对发生的各项耗费进行核算、揭示各项成本差异来反映成本标准的执行情况，以发现成本管理中的各种偏差，及时进行调整，保证管理的有效性。

标准成本会计的业绩评价职能是指通过成本的差异分析来分析实际成本脱离标准的原因、科学评价各项有关的经营活动的业绩，以贯彻成本管理的责任原则。

标准成本系统是为了克服实际成本计算系统的缺陷，尤其是不能提供有助于成本控制的确切信息的缺点而研究出来的一种会计信息系统和成本控制系统。

（二）标准成本会计的循环

标准成本会计的循环过程一般由以下几个步骤组成：

（1）制定单位产品标准成本。

（2）根据实际产量和成本标准计算产品的标准成本。

（3）汇总计算实际成本。

（4）计算标准成本与实际成本的差异。

（5）分析成本差异的发生原因。

（6）将标准成本控制纳入账簿体系，进行标准成本及其成本差异的账务处理。

（7）向成本负责人提供成本控制报告。

（三）标准成本会计的对象及要素

标准成本会计的对象为企业的成本控制过程。其基本会计要素包括标准成本、实际成本和成本差异。

三、标准成本的制定

制定标准成本，首先要制定直接材料和直接人工的标准成本；其次要制定制造费用的标准成本；最后制定单位产品的标准成本。

在制定标准成本时，无论是哪一个成本项目，都需要分别确定其用量标准和价格标准，两者相乘后得出成本标准。用量标准是指每单位产品应该投入资源的数量。价格标准是指每单位资源投入应该支付的价格。

用量标准包括单位产品材料消耗量、单位产品直接人工工时，主要由生产技术部门主持制定，吸收执行标准的部门参加。

价格标准包括原材料单价、小时工资率、小时制造费用分配率等，由会计部门和有关其他部门共同研究确定。采购部门是材料价格的责任部门，劳资部门和生产部门对小时工资率负有责任，各生产车间对小时制造费用率承担责任，在制定有关价格标准时要与其协商。

（一）直接材料标准成本

直接材料的标准消耗量，是用统计方法、工业工程法或其他技术分析方法确定的，是现有技术条件生产单位产品所需的材料数量，其中包括必不可少的消耗，以及各种难以避免的损失。

直接材料的价格标准，是预计下一年度实际需要支付的进料单位成本，包括发票价格、运费、检验和正常损耗等成本。

（二）直接人工标准成本

直接人工的用量标准是单位产品的标准工时。确定单位产品所需的直接生产工人工时，需要按产品的加工工序分别进行，然后加以汇总。标准工时是指在现有生产技术条件下，生产单位产品所需要的时间，包括直接加工操作必不可少的时间，以及必要的间歇和停工，如工间休息、调整设备时间、不可避免的废品耗用工时等。标准工时应以作业研究和工时研究为基础，参考有关统计资料来确定。

直接人工的价格标准是指标准工资率。它可能是预定的工资率，也可能是正常的工资率。如果采用计件工资制，标准工资率是预定的每件产品支付的工资除以标准工时，或者是预定的小时工资；如果采用月工资制，需要根据月工资总额和可用工时总量来计算标准工资率。

（三）制造费用标准成本

制造费用标准成本分为变动制造费用标准成本和固定制造费用标准成本两部分。

1. 变动制造费用标准成本

变动制造费用的数量标准通常采用单位产品直接人工工时标准，它在直接人工标准成本制定时已经确定，有的企业采用机器工时或其他用量标准。

变动制造费用的价格标准是每一工时变动制造费用的标准分配率，它根据变动制造费用预算和直接人工总工时计算求得。计算公式为：

$$\begin{matrix}\text{变动制造费用}\\\text{标准分配率}\end{matrix}=\frac{\text{变动制造费用预算总数}}{\text{直接人工标准总工时}}$$

确定数量标准和价格标准之后，两者相乘即可得出变动制造费用标准成本。计算公式为：

$$\begin{matrix}\text{变动制造费用}\\\text{标准成本}\end{matrix}=\begin{matrix}\text{单位产品直接}\\\text{人工的标准工时}\end{matrix}\times\begin{matrix}\text{每小时变动制造}\\\text{费用的标准分配率}\end{matrix}$$

2. 固定制造费用标准成本

如果企业采用变动成本计算，固定制造费用不计入产品成本，因此单位产品的标准成本中不包括固定制造费用的标准成本。在这种情况下,不需要制定固定制造费用的标准成本,固定制造费用的控制则通过预算管理来进行。如果采用完全成本计算,固定制造费用要计入产品成本,还需要确定其标准成本。

固定制造费用的用量标准与变动制造费用的用量标准相同,包括直接人工工时、机器工时、其他用量标准等,并且两者要保持一致,以便进行差异分析。这个标准的数量在制定直接人工用量标准时已经确定。

固定制造费用的价格标准是其每小时的标准分配率,它根据固定制造费用预算和生产能力总工时来计算求得。计算公式为:

$$\frac{\text{固定制造费用}}{\text{标准分配率}}=\frac{\text{固定制造费用预算总数}}{\text{生产产能力总工时}}$$

确定了用量标准和价格标准之后,两者相乘,即可得出固定制造费用的标准成本。计算公式为:

$$\frac{\text{固定制造费用}}{\text{标准成本}}=\frac{\text{单位产品直接}}{\text{人工的标准工时}}\times\frac{\text{每小时固定制造}}{\text{费用的标准分配率}}$$

各车间固定制造费用的标准成本确定之后,可汇总出单位产品的固定制造费用标准成本。

将以上确定的直接材料、直接人工和制造费用的标准成本按产品加以汇总,就可确定有关产品完整的标准成本。通常,企业编制"标准成本卡"(见表 7-4),反映产成品标准成本的具体构成。在每种产品生产之前,它的标准成本卡要送达有关人员,包括各级生产部门负责人、会计部门、仓库等,作为领料、派工和支出其他费用的依据。

表 7-4 实际成本和标准成本各项目的因素

	实际成本=实际数量×实际价格	标准成本=标准数量×标准价格
直接材料	实际数量×实际价格	标准数量×标准价格
直接人工	实际工时×实际工资率	标准工时×标准工资率
变动制造费用	实际工时×变动制造费用实际分配率	标准工时×变动制造费用标准分配率
固定制造费用	实际工时×固定制造费用实际分配率	标准工时×固定制造费用标准分配率

四、标准成本的差异分析

标准成本是一种目标成本,由于种种原因,产品的实际成本会与目标不符。实际成本与标准成本之间的差额,称为标准成本的差异,或称为成本差异。成本差异是反映实际成本脱离预定目标程度的信息。成本差异分析就是对产生的成本差异进行分析，找出原因和对策，以便采取措施加以纠正。

（一）变动成本差异的分析

直接材料、直接人工和变动制造费用都属于变动成本，其成本差异分析的基本方法相同。由于它们的实际成本高低取决于实际用量和实际价格，标准成本的高低取决于标准用量和标准价格，所以其成本差异可以归结为价格脱离标准造成的价格差异与用量脱离标准造成的数量差异两类。

$$
\begin{aligned}
\text{成本差异} &= \text{实际成本} - \text{标准成本} \\
&= \text{实际数量} \times \text{实际价格} - \text{标准数量} \times \text{标准价格} \\
&= \text{实际数量} \times \text{实际价格} - \text{实际数量} \times \text{标准价格} + \text{实际数量} \times \text{标准价格} - \text{标准数量} \times \text{标准价格} \\
&= \text{实际数量} \times \left(\text{实际价格} - \text{标准价格}\right) + \left(\text{实际数量} - \text{标准数量}\right) \times \text{标准价格} \\
&= \text{价格差异} + \text{数量差异}
\end{aligned}
$$

1. 直接材料成本差异分析

直接材料实际成本与标准成本之间的差额，是直接材料成本差异。该项差异形成的基本原因有两个：一是价格脱离标准；二是用量脱离标准。前者按实际用量计算，称为价格差异；后者按标准价格计算，称为数量差异。计算公式为：

$$\text{材料价格差异} = \text{实际数量} \times (\text{实际价格} - \text{标准价格})$$

$$\text{材料数量差异} = (\text{实际数量} - \text{标准数量}) \times \text{标准价格}$$

材料价格差异是在采购过程中形成的，不应由耗用材料的生产部门负责，而应由采购部门对其作出说明。采购部门未能按标准价格进货的原因有许多，如供应厂家价格变动、未按经济采购批量进货、未能及时订货造成的紧急订货、采购时舍近求远使运费和途耗增加、不必要的快速运输方式、违反合同被罚款、承接紧急订货造成额外采购等，需要进行具体分析和调查，才能明确最终原因和责任归属。

材料数量差异是在材料耗用过程中形成的，反映生产部门的成本控制业绩。材料数量差异形成的具体原因有许多，如操作疏忽造成废品和废料增加、工人用料不精心、操作技术改进而节省材料、新工人上岗造成多用料、机器或工具不适用造成用料增加等。有时多用料并非生产部门的责任，如购入材料质量低劣、规格不符也会使用料超过标准；又如工艺变更、检验过严也会使数量差异加大。因此，要进行具体的调查研究才能明确责任归属。

2. 直接人工成本差异分析

直接人工成本差异，是指直接人工实际成本与标准成本之间的差额。它也被区分为“价差”和“量差”两部分。价差是指实际工资率脱离标准工资率，其差额按实际工时计算确定的金额，又称为工资率差异。量差是指实际工时脱离标准工时，其差额按标准工资率计算确定的金额，又称人工效率差异。计算公式为：

$$工资率差异 = 实际工时 \times (实际工资率 - 标准工资率)$$

$$人工效率差异 = (实际工时 - 标准工时) \times 标准工资率$$

工资率差异形成的原因，包括直接生产工人升级或降级使用、奖励制度未产生实效、工资率调整、加班或使用临时工、出勤率变化等，原因复杂而且难以控制。一般说来，应归属于人事劳动部门管理，差异的具体原因会涉及生产部门或其他部门。

直接人工效率差异的形成原因，包括工作环境不良、工人经验不足、劳动情绪不佳、新工人上岗太多、机器或工具选用不当、设备故障较多、作业计划安排不当、产量太少无法发挥批量节约优势等。它主要是生产部门的责任，但这也不是绝对的。例如，材料质量不好，也会影响生产效率。

3. 变动制造费用的差异分析

变动制造费用的差异，是指实际变动制造费用与标准变动制造费用之间的差额。它也可以分解为“价差”和“量差”两部分。价差是指变动制造费用的实际小时分配率脱离标准，按实际工时计算的金额，反映耗费水平的高低，故称为耗费差异。量差是指实际工时脱离标准工时，按标准的小时费用率计算确定的金额，反映工作效率变化引起的费用节约或超支，故称为变动制造费用效率差异。计算公式为：

$$\begin{matrix}变动制造费用\\耗费差异\end{matrix} = \begin{matrix}实际\\工时\end{matrix} \times \left(\begin{matrix}变动制造费用\\实际分配率\end{matrix} - \begin{matrix}变动制造费用\\标准分配率\end{matrix}\right)$$

$$变动制造费用效率差异 = (实际工时 - 标准工时) \times 变动费用标准分配率$$

变动制造费用的耗费差异，是实际支出与按实际工时和标准费率计算的预算数之间的差额。耗费差异的超支可能是水、电和其他资源在数量上的浪费造成，也可能是水、电和其他资源的外购价格上涨造成。前者的原因一般是管理不善，属主观原因，应由生产部门负责；后者的原因一般是物价上涨，属客观原因，属不可控因素。当然，具体原因如何，还必须深入分析。

变动制造费用效率差异，是由于实际工时脱离了标准，多用工时导致的费用增加，因此其形成原因与人工效率差异相同。

（二）固定制造费用的差异分析

固定制造费用的差异分析与各项变动成本差异分析不同，其分析方法有“二因素分析法”和“三因素分析法”两种。

1. 二因素分析法

二因素分析法，是将固定制造费用差异分为耗费差异和能量差异。

耗费差异是指固定制造费用的实际金额与固定制造费用预算金额之间的差额。固定费用与变动费用不同，不因业务量而变，故差异分析有别于变动费用。在考核时不考虑业务量的变动，以原来的预算数作为标准，实际数超过预算数既视为耗费过多。其计算公式为：

$$\text{固定制造费用耗费差异}=\text{固定制造费用实际数}-\text{固定制造费用预算数}$$

能量差异是指固定制造费用预算与固定制造费用标准成本的差异，或者说是实际业务量的标准工时与生产能量的差额用标准分配率计算的金额。它反映实际产量标准工时未能达到生产能量而造成的损失。其计算公式为：

$$\begin{aligned}\begin{matrix}\text{固定制造费}\\\text{用能量差异}\end{matrix}&=\begin{matrix}\text{固定制造}\\\text{费用预算数}\end{matrix}-\begin{matrix}\text{固定制造}\\\text{费用标准成本}\end{matrix}\\&=\begin{matrix}\text{固定制造费用}\\\text{标准分配率}\end{matrix}\times\begin{matrix}\text{生产}\\\text{能量}\end{matrix}-\begin{matrix}\text{固定制造费用}\\\text{标准分配率}\end{matrix}\times\begin{matrix}\text{实际产量}\\\text{标准工时}\end{matrix}\\&=\left(\begin{matrix}\text{生产}\\\text{能量}\end{matrix}-\begin{matrix}\text{实际产量}\\\text{标准工时}\end{matrix}\right)\times\begin{matrix}\text{固定制造费用}\\\text{标准分配率}\end{matrix}\end{aligned}$$

2. 三因素分析法

三因素分析法，是将固定制造费用成本差异分为耗费差异、效率差异和闲置能量差异三部分。耗费差异的计算与二因素分析法相同。不同的是要将二因素分析法中的“能量差异”进一步分为两部分：一部分是实际工时未达到生产能量而形成的闲置能量差异；另一部分是实际工时脱离标准工时而形成的效率差异。其计算公式为：

$$\text{固定制造费用耗费差异}=\text{固定制造费用实际数}-\text{固定制造费用预算数}$$

$$\begin{aligned}\begin{matrix}\text{固定制造费用}\\\text{能力利用差异}\end{matrix}&=\begin{matrix}\text{固定制造}\\\text{费用预算}\end{matrix}-\begin{matrix}\text{实际}\\\text{工时}\end{matrix}\times\begin{matrix}\text{固定制造费用}\\\text{标准分配率}\end{matrix}\\&=\left(\begin{matrix}\text{生产}\\\text{能量}\end{matrix}-\begin{matrix}\text{实际}\\\text{工时}\end{matrix}\right)\times\begin{matrix}\text{固定制造费用}\\\text{标准分配率}\end{matrix}\end{aligned}$$

$$\begin{aligned}\begin{matrix}\text{固定制造费用}\\\text{效率差异}\end{matrix}&=\begin{matrix}\text{实际}\\\text{工时}\end{matrix}\times\begin{matrix}\text{固定制造费用}\\\text{标准分配率}\end{matrix}-\begin{matrix}\text{实际产量}\\\text{标准工时}\end{matrix}\times\begin{matrix}\text{固定制造费用}\\\text{标准分配率}\end{matrix}\\&=\left(\begin{matrix}\text{实际}\\\text{工时}\end{matrix}-\begin{matrix}\text{实际产量}\\\text{标准工时}\end{matrix}\right)\times\begin{matrix}\text{固定制造费用}\\\text{标准分配率}\end{matrix}\end{aligned}$$

标准成本差异计算汇总如表 7-5 所示。

表 7-5　标准成本差异计算汇总表

<table>
<tr><th></th><th colspan="2">数量差异</th><th colspan="2">价格差异</th></tr>
<tr><td>直接材料</td><td colspan="2">(实际数量－标准数量)×标准价格</td><td colspan="2">实际数量×(实际价格－标准价格)</td></tr>
<tr><td>直接人工</td><td colspan="2">(实际工时－标准工时)×标准工资率</td><td colspan="2">实际工时×(实际工资率－标准工资率)</td></tr>
<tr><td>变动制造费用</td><td colspan="2">(实际工时－标准工时)×变动费用标准分配率</td><td colspan="2">实际工时×(变动制造费用实际分配率－变动制造费用标准分配率)</td></tr>
<tr><td rowspan="2">固定制造费用</td><td>开支差异</td><td colspan="2">能力利用差异</td><td>效率差异</td></tr>
<tr><td>固定制造费用实际数－固定制造费用预算数</td><td colspan="2">(生产能力工时－实际工时)×固定制造费用标准分配率</td><td>(实际工时－实际产量标准工时)×固定制造费用标准分配率</td></tr>
</table>

五、标准成本系统的账务处理

有的企业将标准成本作为统计资料处理，并不记入账簿，只提供成本控制的有关信息。但是，把标准成本纳入账簿体系不仅能够提高成本计算的质量和效率，使标准成本发挥更大功效，而且可以简化记账手续。

(一) 标准成本系统账务处理的设计

为了同时提供标准成本、成本差异和实际成本三项成本资料，标准成本系统的账务处理可作如下设计。

1. “原材料”、“生产成本”和“产成品”账户登记标准成本

通常的实际成本系统，从原材料到产成品的流转过程，使用实际成本记账。在标准成本系统中，这些账户改用标准成本，无论是借方和贷方均登记实际数量的标准成本，其余额亦反映这些资产的标准成本。

2. 设置成本差异账户分别记录各种成本差异

在标准成本系统中，要按成本差异的类别设置一系列成本差异账户，如“材料价格差异”、“材料数量差异”、“直接人工效率差异”、“直接人工工资率差异”、“变动制造费用耗费差异”、“变动制造费用效率差异”、“固定制造费用耗费差异”、“固定制造费用效率差异”、“固定制造费用能量差异”等。差异账户的设置，要同采用的成本差异分析方法相适应，为每一种成本差异设置一个账户。

在需要登记“原材料”、“生产成本”和“产成品”账户时，应将实际成本分离为标准成本和有关的成本差异，标准成本数据记入“原材料”、“生产成本”和“产成品”账户，而有关的差异分别记入各成本差异账户。

为了便于考核，各成本差异账户还可以按责任部门设置明细账，分别记录各部门的各项成本差异。

3. 各会计期末对成本差异进行处理

各成本差异账户的累计发生额，反映了本期成本控制的业绩。在月末(或年

末)对成本差异的处理方法有两种。

(1) 结转本期损益法。按照这种方法,在会计期末将所有差异转入“本年利润”账户,或者先将差异转入“主营业务成本”账户,再随同已销产品的标准成本一起转至“本年利润”账户。

采用这种方法的依据是确信标准成本是真正的正常成本,成本差异应当直接体现在本期损益之中,使利润能体现本期工作成绩的好坏。此外,这种方法的账务处理比较简便。但是,如果差异数额较大或者制定的标准成本不符合实际的正常水平,则不仅使存货成本严重脱离实际成本,而且会歪曲本期经营成果,因此,在成本差异数额不大时采用此种方法为宜。

(2) 调整销货成本与存货法。按照这种方法,在会计期末将成本差异按比例分配至已销产品成本和存货成本。

采用这种方法的依据是税法和会计制度均要求以实际成本反映存货成本和销货成本。本期发生的成本差异,应由存货和销货成本共同负担。当然,这种做法会增加一些计算分配的工作量。此外,有些费用计入存货成本不一定合理,如闲置能量差异是一种损失,并不能在未来换取收益,作为资产计入存货成本明显不合理,不如作为期间费用在当期参加损益汇总。

(二) 标准成本系统账务处理程序

下面根据第六章全面预算例题中的有关数据举例说明标准成本账务处理的程序。

资料:设某企业拥有生产 6 020 件产品的生产能力。

1. 制定的成本标准

单位产品消耗某原材料 2 千克,原材料单位成本为 5 元/千克。

单位产品消耗直接人工 5 小时,工资率为 4 元/小时。

变动制造费用分配率为 1 元/小时。

固定制造费用预算为 36 120 元。

2. 该企业生产活动的实际执行情况

实际产量 6 000 件。

材料实际消耗量 11 400 千克。

材料实际消耗额 45 600 千克。

工时实际消耗量 30 000 工时。

实际支付工资 150 000 元。

实际变动制造费用总额 33 000 元。

实际固定制造费用总额 30 000 元。

要求:计算产品的标准成本和实际成本,进行成本差异分析,运用标准成本法进行账务处理。

1. 计算单位产品的标准成本

先计算固定制造费用标准分配率：

生产能力工时 = 生产能力产量 × 单位产品标准工时 = 6 020 × 5 = 30 100(工时)

固定制造费用标准分配率 $= \frac{36\ 120}{30\ 100} = 1.2$(元/工时)

然后根据已知资料编制单位产品标准成本计算单，如表 7-6 所示。

表 7-6　单位产品标准成本计算单

项　　目	数量因素	价格因素	标准成本
直接材料(千克)	2	5	10
直接人工(小时)	5	4	20
变动制造费用(元)	5	1	5
固定制造费用(元)	5	1.20	6
合　计			41

2. 进行总成本差异分析

先编制单位产品实际成本计算单，如表 7-7 所示。

表 7-7　实际单位成本计算单

项　　目	数量因素	价格因素	实际成本
直接材料(千克)	1.90	4	7.60
直接人工(工时)	5	5	25
变动制造费用(元)	5	1.10	5.50
固定制造费用(元)	5	1	5
合　计			43.10

然后计算成本差异：

单位产品成本差异 = 单位产品实际成本 − 单位产品标准成本

= 43.1 − 41 = 2.1(元)(超支)

单位产品成本差异为正数，表现为成本超支。

总成本差异 = 实际成本总额 − 标准成本总额

= 单位产品成本差异 × 实际产量

= 2.1 × 6 000 = 12 600(元)(超支)

3. 计算各成本项目的实际成本、标准成本和成本差异，并运用标准成本系统进行账务处理

（1）生产领用原材料。计算过程如下：

$$\begin{matrix}\text{直接材料}\\\text{实际成本}\end{matrix}=\begin{matrix}\text{实际}\\\text{数量}\end{matrix}\times\begin{matrix}\text{实际}\\\text{价格}\end{matrix}=(6\,000\times1.9)\times4=45\,600(\text{元})$$

$$\begin{matrix}\text{直接材料}\\\text{标准成本}\end{matrix}=\begin{matrix}\text{标准}\\\text{数量}\end{matrix}\times\begin{matrix}\text{标准}\\\text{价格}\end{matrix}=(6\,000\times2)\times5=60\,000(\text{元})$$

$$\begin{matrix}\text{直接材料}\\\text{数量差异}\end{matrix}=\left(\begin{matrix}\text{实际}\\\text{数量}\end{matrix}-\begin{matrix}\text{标准}\\\text{数量}\end{matrix}\right)\times\begin{matrix}\text{标准}\\\text{价格}\end{matrix}=(11\,400-12\,000)\times5=-3\,000(\text{元})$$

$$\begin{matrix}\text{直接材料}\\\text{价格差异}\end{matrix}=\begin{matrix}\text{实际}\\\text{数量}\end{matrix}\times\left(\begin{matrix}\text{实际}\\\text{价格}\end{matrix}-\begin{matrix}\text{标准}\\\text{价格}\end{matrix}\right)=11\,400\times(4-5)=-11\,400(\text{元})$$

分录为：

借：生产成本	60 000
贷：原材料	45 600
材料数量差异	3 000
材料价格差异	11 400

（2）消耗直接人工工资。计算过程如下：

$$\begin{matrix}\text{直接人工}\\\text{实际成本}\end{matrix}=\begin{matrix}\text{实际}\\\text{工时}\end{matrix}\times\begin{matrix}\text{实际}\\\text{工资率}\end{matrix}=(6\,000\times5)\times5=150\,000(\text{元})$$

$$\begin{matrix}\text{直接人工}\\\text{标准成本}\end{matrix}=\begin{matrix}\text{标准}\\\text{工时}\end{matrix}\times\begin{matrix}\text{标准}\\\text{工资率}\end{matrix}=(6\,000\times5)\times4=120\,000(\text{元})$$

$$\begin{matrix}\text{直接人工}\\\text{效率差异}\end{matrix}=\left(\begin{matrix}\text{实际}\\\text{工时}\end{matrix}-\begin{matrix}\text{标准}\\\text{工时}\end{matrix}\right)\times\begin{matrix}\text{标准}\\\text{工资率}\end{matrix}=(30\,000-30\,000)\times4=0$$

$$\begin{matrix}\text{直接人工}\\\text{工资率差异}\end{matrix}=\begin{matrix}\text{实际}\\\text{工时}\end{matrix}\times\left(\begin{matrix}\text{实际}\\\text{工资率}\end{matrix}-\begin{matrix}\text{标准}\\\text{工资率}\end{matrix}\right)=30\,000\times(5-4)=30\,000(\text{元})$$

分录为：

借：生产成本	120 000
直接人工工资率差异	30 000
贷：应付职工薪酬	150 000

（3）消耗变动制造费用。计算过程如下：

$$\begin{matrix}\text{变动制造费}\\\text{用实际成本}\end{matrix}=\begin{matrix}\text{实际}\\\text{工时}\end{matrix}\times\begin{matrix}\text{变动制造费用}\\\text{实际分配率}\end{matrix}=(6\,000\times5)\times1.1=33\,000(\text{元})$$

$$\begin{matrix}\text{变动制造费}\\\text{用标准成本}\end{matrix}=\begin{matrix}\text{标准}\\\text{工时}\end{matrix}\times\begin{matrix}\text{变动制造费}\\\text{用标准分配率}\end{matrix}=(6\,000\times5)\times1=30\,000(\text{元})$$

$$\text{变动制造费用效率差异}=\left(\text{实际工时}-\text{标准工时}\right)\times\text{变动费用标准分配率}=(30\,000-30\,000)\times 1=0$$

$$\text{变动制造费用耗费差异}=\text{实际工时}\times\left(\text{变动制造费用实际分配率}-\text{变动制造费用标准分配率}\right)=30\,000\times(1.1-1)=3\,000(\text{元})$$

分录为：

借:变动制造费用	33 000	
贷:各有关账户		33 000
借:生产成本	30 000	
变动制造费用耗费差异	3 000	
贷:变动制造费用		33 000

(4) 消耗固定制造费用

$$\text{固定制造费用实际成本}=\text{实际工时}\times\text{固定制造费用实际分配率}=(6\,000\times 5)\times 1=30\,000(\text{元})$$

$$\text{固定制造费用标准成本}=\text{实际工时}\times\text{固定制造费用标准分配率}=(6\,000\times 5)\times 1.2=36\,000(\text{元})$$

$$\text{固定制造费用耗费差异}=\text{固定制造费用实际数}-\text{固定制造费用预算数}=30\,000-36\,120=-6\,120(\text{元})$$

$$\text{固定制造费用能力利用差异差异}=\left(\text{生产能力工时}-\text{实际工时}\right)\times\text{固定制造费用标准分配率}$$
$$=(30\,100-30\,000)\times 1.2=120(\text{元})$$

$$\text{固定制造费用效率差异}=\left(\text{实际工时}-\text{实际产量标准工时}\right)\times\text{固定制造费用标准分配率}=(30\,000-30\,000)\times 1.2=0$$

分录为：

借:固定制造费用	30 000	
贷:各有关账户	30 000	
借:生产成本	36 000	
固定制造费用闲置能量差异	120	
贷:固定制造费用耗费差异		6 120
固定制造费用		30 000

$$\text{总成本差异}=\text{材料数量差异}+\text{材料价格差异}+\text{固定制造费用耗费差异}+\text{直接人工工资率差异}+\text{变动制造费用耗费差异}+\text{固定制造费用闲置能量差异}$$
$$=(-3\,000)+(-11\,400)+(-6\,120)+30\,000+3\,000+120=12\,600(\text{元})$$

其结果与前面计算的总成本差异 = 单位产品成本差异 × 实际产量 = 2.1 × 6 000 = 12 600(元) 相等。

(5) 完工产品入库。计算过程如下：

本月完工产成品 6 020 件。

$$完工产品标准成本 = 6\ 020 \times 41 = 246\ 820(元)$$

分录为：

借:库存商品	246 820	
贷:生产成本		246 820

上述分录过账后，“生产成本”账户余额为 3 920 元，其中材料标准成本 2 100 元(70×30)，直接人工 1 120 元(70×32×0.5)，变动制造费用 420 元(70×12×0.5)，固定制造费用 280 元(70×8×0.5)。

(6) 产品销售。计算过程如下：

本月销售 6 000 件，单位价格 80 元，计 480 000 元。

分录为：

借:应收账款	480 000	
贷:主营业务收入		480 000

结转已销产品成本 246 000 元(6 000×41)。

分录为：

借:主营业务成本	246 000	
贷:库存商品		246 000

上述分录过账后，“产成品”账户期末余额为 1 640 元。它反映 20 件期末存货的标准成本 1 640 元(20×82)。

(7) 结转成本差异。计算过程如下：

假设本企业采用“结转本期损益法”处理成本差异：

分录为：

借:主营业务成本	12 600
材料数量差异	3 000
材料价格差异	11 400
固定制造费用耗费差异	6 120
贷:直接人工工资率差异	30 000
变动制造费用耗费差异	3 000
固定制造费用闲置能量差异	120

第八章　管理会计新发展

传统管理会计发展始于20世纪20年代，成于20世纪50年代。20世纪80年代后，管理会计的环境发生了深刻的变化，表现在战略管理热的出现、服务业的兴起、全球化的竞争、信息技术的进步、制造环境的发展（包括适时制造和计算机集成制造）、作业管理等。一些西方学者对这一现象进行了反思，并且提出了许多新的改革建议，进而推动了管理会计的发展，我国会计界对西方管理会计的新变化作了大量的引进和研究工作，同时结合我国的实践作了广泛的探索。所有这些工作，推动了管理会计的观念的更新和方法的创新。

第一节　战略管理会计

一、战略管理会计的概念

战略管理会计是指为企业战略管理服务的会计信息系统，即服务于战略比较、选择和战略决策的一种新型会计，是管理会计向战略管理领域的延伸和渗透。具体说，战略管理会计是指会计人员运用专门的方法为企业提供自身和外部市场以及竞争者的信息，通过分析、比较和选择，帮助企业管理层制定、实施战略计划以取得竞争优势的手段。

战略管理会计的形成和发展不是对传统管理会计的否定和取代，而是为了适应社会经济环境的变化对传统会计理论的丰富和发展。

战略管理涉及一系列的决策，而决策的基础是信息，信息的数量和质量是影响决策不确定性和风险的关键因素。管理会计作为决策支持系统的性质及其信息支持和控制两大基本职能，恰好可以满足战略决策的信息需要。所以，从战略决策角度来看，战略决策需要管理会计提供决策支持信息，以最大限度地降低决策的不确定性和风险。具体来说，要求管理会计在预算体系、控制方法、业绩评价体系等作用领域全面地考虑战略管理的需要。

二、战略管理会计循环

在战略管理的不同阶段，战略管理会计采用不同的方法和手段，提供与企业战略相关的会计信息。

在战略分析阶段，主要结合企业内外部的各种财务和非财务数据，利用战略分析方法，对企业目前的状况进行详细的分析，为下一阶段的战略选择打下好的基础。

在战略选择阶段，战略管理会计充分发挥其方法多样且所提供的信息灵活等特点，帮助管理层制定出几套可行的方案，然后再运用战略成本动因分析和竞争对手分析等手段，对已制定出的战略方案进行比较，选择对企业长期发展最有力的方案作为企业最终的战略方案。

在战略实施阶段，要根据企业战略管理的需要，设计实施战略管理会计以实现企业的战略目标。由于企业在不同的发展阶段所选择的战略目标是不尽相同的，且不同的战略在实施时又需要不同的战略管理会计的信息，因此，企业可以结合自身的情况，有选择地采取适当的战略管理会计方法（如作业成本法等）。

在战略业绩评价阶段，主要依靠战略业绩评价系统，如平衡计分卡等。平衡计分卡综合了财务和非财务的指标，能够对企业战略实施的效果进行全面的评价。

三、战略管理会计的特点

战略管理会计在方法上对传统管理会计的改进，并没有改变管理会计在企业管理中的定位，其基础性模块没有很大的变化，但其在内容方法上始终以企业战略为导向，充分体现了战略管理会计的战略导向性，即以企业战略为导向，对内进行战略审视，对组织资源等进行战略性识别或整合并对其进行管理，拓展企业对自身的战略性认识深度，以更好地进行战略性资源配置；对外则进行战略环视，收集、整理、分析与战略相关的多样化信息，拓展企业信息广度，帮助企业进行战略式思考。

具体来看，战略导向性使战略管理会计呈现以下特点。

1. 整体性

在明确了战略目标后，企业组织必须形成战略合力，上下一心，为实现这一共同目标而努力。但是，企业战略目标要得以实现，又必须逐层分解至各个战略业务单位，最后落实到具体的执行层，其中，战略管理会计通过平衡计分卡起着穿针引线的作用。因此，战略管理会计必须通盘考虑企业战略，才能增强企业内部运作的协调性，促使内部组织间达成目标一致，减少内部职能失调。

2. 外向性

战略管理会计将视角向外拓展，密切关注市场、顾客需求和竞争对手的动向。

市场方面,战略管理会计主要关注企业的市场占有率,顾客需求则以产品品质、质量为关注的重点,而针对竞争对手则主要收集其市场占有率、营销战略等信息,并综合加以分析,以估计竞争者各方面的经营状况,从而帮助企业管理部门作出正确的战略定位。

3. 长期性

企业的战略目标是企图获得持久的竞争优势,所以战略管理会计强调企业的可持续发展,因而具有长期性。例如,战略管理会计关注市场占有率这一战略地位指标,并认为市场占有率是联系成本与利润的重要指标,在一定程度上决定了未来的现金流入量,其变化反映了企业战略地位的变化。

4. 全面性

战略管理会计的主要内容之一是价值链分析,通过价值链分析可以找出能够增加顾客价值或降低企业成本的因素,并跟踪分布于价值链中的各种作业的有关信息,开发出能反映顾客满意程度的各种财务指标与非财务指标,从而提高效率、降低成本。这较传统管理会计只重点关注生产活动以及分析不细致而言,更具全面性。

5. 应变性

现代的商业竞争环境瞬息万变,这决定了企业的战略必须可以针对环境以及内部条件变化进行灵活的调整。战略管理会计也必须有内外部环境变化的敏感度,及时进行分析、比较和选择,灵活调配资源,以求在企业内外部寻找战略平衡点,提高企业的市场竞争能力。

四、战略分析管理会计

要制定战略,先要对企业的内外环境条件进行全方位的分析,具体包含以下内容。

(一) 企业外部环境分析

环境对于企业来说是一把双刃剑。一方面为企业发展提供机遇,另一方面又制约企业的经营活动,甚至可能会带来风险。企业必须充分适应环境变化。在高新技术迅速发展、市场竞争异常激烈的情况下,企业对环境变化的敏感程度和反应能力以及对环境变化的适应程度从某种意义上讲决定着企业的发展前景。企业战略的制定和实施相关的会计信息,不仅包括企业内部信息,而且应该包括与外部环境相关的信息。战略管理会计对与企业外部环境因素相关的信息进行收集、整理的目的在于使企业能够根据环境的变化修改原有发展战略,制定新的发展战略,使企业战略能够建立在科学合理的基础之上。例如,战略管理会计通过分析、判断经济周期的变化情况来确定最近的投资;又如,技术进步既可以创造新市场,产生大量新型的和改进型的产品，也使得现有的产品与服务过时。不论属于哪一种情况，技术环境因素的变化会改变企业在产业中的相对地位及其竞争优势。因此，战略管理会计必须根据企业特点及其所在的行业特点，关注宏观环境的变化，研究与判断宏观环境变化可能带来的机会与威胁，提供相关信息，并对可供采取的管理措施提出建议，使企业战略建立在多方位、多角度、多层次分析的基础之上。

（二）企业价值链分析

企业产品的生产过程是价值的形成过程，同时也是费用发生过程和产品成本形成过程。企业将产品移交给顾客时，也就是将产品的价值转移给顾客。价值是一次移交的，但产品的价值却是在企业内部逐步形成、逐渐累积的。“企业生产经营活动的有序进行构成了相互联系的生产活动链，生产经营活动链也就是企业的价值链”。企业的价值活动可以分为两大类：基本活动和辅助活动。基本活动涉及物质生产、销售和售后服务中的各种活动。基本活动可以划分为内部后勤、生产作业、外部后勤、市场销售、服务。内部后勤是与接受、存储和分配相关联的各种活动，生产作业是与将投入转化为最终产品相关的各种活动，外部后勤是与存储和将产品发送给买方有关的各种活动，市场销售是与提供一种顾客购买产品的方式和引导他们进行购买有关的各种活动，服务是与提供服务以增加或保持产品价值有关的各种活动。价值活动是构筑竞争优势的基石，对价值链的分析不仅要分析构成价值链的单个价值活动，而且重要的是，要从价值活动的相互关系中分析各项活动对企业竞争优势的影响。价值链分析的任务就是要确定企业的价值链，明确各价值活动之间的联系，提高企业创造价值的效率，增加企业降低成本的可能性，为企业取得成本优势和竞争优势提供条件。

（三）企业成本动因分析

成本动因即是引起成本发生变化的原因，多个成本动因结合起来决定一项既定活动的成本，一项价值活动的相对成本地位取决于它相对于重要成本动因的地位。对成本动因的细致划分难以穷尽，但从战略高度看，影响成本发生深刻变化的是那些具有普遍意义的、更具有战略意义的成本动因，如规模经济、生产能力利用模式、价值活动之间的联系及其相互关系、时机选择、企业政策、地理位置等，这些成本动因对企业的成本发生持久的影响。企业特点不同，具有战略意义的成本动因也会有所不同。这些成本动因或多或少能够置于企业的控制之下。识别每种价值活动的成本动因能够明确相对成本地位形成和变化的原因，为改善价值活动和强化成本控制提供有效的途径。由于企业的特点、条件不同，在进行成本动因分析时，除了要认识一般的成本动因外，还需要结合企业的实际情况，分析对企业影响重大的成本动因。

（四）企业业绩综合评价分析

从战略角度看，企业竞争能力受到外部环境、内部条件和竞争态势的强烈影响。竞争使企业经营的不稳定因素越来越多，市场增长、顾客需求、产品生命周期、技术更新等的变化速度大大提高。如何以最直接、最简便的方式满足顾客需求，如何构造企业组织体系以便能够对环境变化作出灵敏反应，如何在激烈竞争中获得优势是管理当局必须认真考虑的问题。面对这些问题，传统的业绩财务计量方法受到挑战，需要在业绩的财务计量基础上，对业绩进行综合评价，以便从更高层次上对企业的业绩进行更为全面的评价。业绩的综合评价包括业绩的财务计量和非财务计量两个方面。传统管理会计主要是财务计量，然而，当竞争环境越来越需要经理们重视和进行经营决策时，像市场占有率、革新、顾客满意、服务质量、业务流程、产品质量、市场战略、人力资源等非财务计量指标便被更多地用于衡量企业的业绩，在企业业绩计量方面起着更大的作用。业绩的非财务指标必须结合公司的行业特点、发展目标和发展战略加以确定。不同行业的企业和同一行业的不同企业，其目标、使命和战略各不相同，其业绩衡量指标也不尽相同。

（五）竞争对手分析

竞争对手分析是通过提供竞争者成本资源、成本结构、产品研发、市场份额、经营策略等财务与非财务信息，并进行深入分析，以帮助管理者进行战略定位，保持相对竞争优势，获取超额报酬的一种现代管理会计方法。

通过对竞争对手分析能够得到与企业自身战略定位显著相关的及时的信息，能够帮助企业衡量风险，洞察机遇，在预测和把握外部环境和内部条件变化的基础上，发扬相对优势，稳固和提高战略地位。竞争对手分析的主要内容是全面分析和了解竞争对手的各种财务和非财务的信息，以便企业制定适当的竞争策略以战胜竞争对手，增加市场份额或盈利能力。竞争对手分析的主要内容包括：竞争对手财务状况分析、竞争对手非财务状况分析、竞争对手成本分析、竞争对手竞争策略分析等几个方面。

在进行竞争对手分析时，需要对那些现在或将来对客户的战略可能产生重大影响的主要竞争对手进行认真分析。这里的竞争对手通常意味着一个比现有直接竞争对手更广的一个组织群体。在很多情况下正是因为企业未能正确识别将来可能出现的竞争对手，才导致了决策盲点的出现。

对竞争对手的信息进行例行的、细致的、公开的收集是竞争对手分析的基础工作。竞争对手信息的主要来源有：年度报告，竞争产品的文献资料，内部报纸和杂志，竞争对手的历史，广告，公司官员的论文和演讲，销售人员的报告，顾客，供应商，外聘专家意见，证券经纪人的报告，雇佣的高级顾问等。

对竞争对手分析的步骤如下。

(1) 根据行业和市场的标准辨识确认主要的和潜在的竞争对手。

(2) 识别并辨认竞争对手的目标。目标存在于各级管理层和各个战略层面，应重点关注获利能力、市场占有率、技术和服务方面。

(3) 确认并判断竞争对手的战略，特别是营销战略、生产作业战略和研究开发战略。了解竞争对手现在做什么以及能够做什么，了解竞争对手如何参与竞争和其在市场中的竞争地位。特别是营销战略、生产作业战略和研究开发战略。

(4) 评估竞争对手的优势和劣势。竞争对手的实力取决于其拥有的资源和对资源的利用和控制。

(5) 预测竞争对手的反应。判断竞争对手对其所在的地位是否满意，其将采取何种行动或战略转变，何种行为将引起竞争对手最激烈的反应。

(6) 根据上述分析，对攻击或回避竞争对手作出选择。

(六) 标杆分析

标杆分析(Benchmarking)是用来衡量组织的流程、活动是否达到了最佳实践水平的系统管理工具。所谓标杆(Benchmark)就是测量的参照点。通过将本企业各项活动与从事该项活动最佳者(标杆)进行比较，从而提出行动方法，以弥补自身的不足。实施标杆分析必须持续评估竞争对手或一流企业的产品、服务、经营业绩等来发现优势和不足。

确定标杆分析的内容，最好从思考使命和关键成功要素开始，即沿着"策略→使命→关键活动→关键成功要素"这一思路进行探索。重点分析的内容包括：①影响组织成功的最关键因素(如顾客满意度、费用比例、资产报酬率表现)。②当前的弱势因素(如绩效未达预期)。③产品定位。④决定顾客满意度的因素。⑤组织营运存在的问题。⑥企业价值链如何改进。

竞争对手业绩指标的获得是非常关键的。通常可以从行业协会或统计部门的公开资料中获得，也可以从专门的市场调查公司获得。将标杆法应用于竞争对手分析，其目的不是为了复制对手的某些管理和操作程序，而是将别人好的解决方案和经验借鉴到本企业的经营管理当中并加以改善，其最终目的是进一步加强本企业的竞争优势。

五、战略定位管理会计

战略分析之后，就需要对企业进行战略定位。战略定位可采用多种工具。如用行业生命周期分析方法来进行行业环境的分析；用波特五力模型来进行竞争环境的分析；用 SWOT 分析模型来进行环境适应性分析；用波特基本竞争战略分析方法来进行优势分析；用波士顿矩阵来进行产品组合的分析；用安索夫矩阵来进行市场分析等。在进行以上分析的基础上，研究相应的策略、确定企业的战略。

（一）行业环境的分析和策略：行业生命周期分析（Industry Life Cycle）

行业环境分析目的是找出该行业目前及预期的盈利性以及这些因素的变动情况，以便确定相应的战略和采取相应的策略。行业生命周期分析认为每个行业都会经历一个对行业当前业绩和未来前景产生影响的生命周期。一个行业的生命周期主要包括幼稚期、成长期、成熟期和衰退期四个发展阶段。判断行业所处生命周期阶段的主要指标有：市场份额、需求增长率、产品品种以及竞争者数量、进入壁垒及退出壁垒、技术变革、用户购买行为等。

(1) 起步期市场需求增长较快，行业进入壁垒较低，虽然行业利润率较低，但是市场增长率较高。企业主要致力于开辟新用户、占领市场，但由于不确定性很大，因而企业在制定战略时应力求灵活。

(2) 成长期延续了上一阶段市场增长率高的特点，但技术渐趋定型，行业特点、行业竞争状况及用户特点已比较明朗，行业进行快速发展的通道。这一阶段企业主要解决如何增加投资、扩大产能以满足高市场增长率，最终达到企业所设定的目标市场份额这一问题。这时，行业进入壁垒有所提高，产品品种及竞争者数量增多。

(3) 进入成熟期，市场增长率降到较正常的水平，各年销售量之间的变动较小，行业在技术上已经成熟或形成标准，行业特点、竞争状况及用户特点清晰且稳定，买方市场形成，行业竞争日趋激烈，行业进入壁垒很高。这一阶段企业应该重点关注效率、成本控制和市场细分。

(4) 衰退期呈现市场增长率下降，行业产能过剩等现象，替代性的先进技术出现，变革和转型应是这一时期的主题。

需要说明的是，除了行业周期外，宏观经济周期也是需要高度重视的。这两种周期经常相互影响并给人以错觉，这是需要注意的。

（二）竞争环境的分析和策略：波特五力分析模型

波特五力分析模型，又称波特竞争力模型，是迈克尔·波特（Michael Porter）于 20 世纪 80 年代初提出，主要用于企业竞争战略分析，对企业战略管理产生了深远的影响。五力分别指：供应商的议价能力、购买者的议价能力、潜在竞争者进入威胁、替代品的威胁以及同业竞争者的竞争强度，如图 8-1 所示。五种力量的不同组合变化最终影响行业利润潜力变化。

(1) 供应商议价能力。供应商主要通过提高供应价格或降低供应产品或服务的质量影响企业的盈利能力与产品竞争力。供应商议价能力越高，企业面临的竞争越激烈。市场中没有替代品，因而没有其他供货商；该产品或服务是独一无二的，且转换成本非常高；供应商所处行业有少数几家公司主导并面向大多数客户销售；供应商产品/服务对企业的生产经营活动很重要；企业的采购量占供应商产量的比例很低及供应商能够直接销售产品并于企业抢占市场等因素可以提高供应商

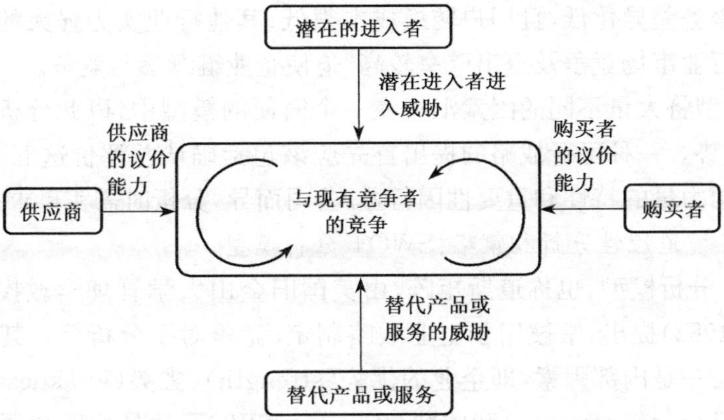

图 8-1　波特五力模型

在行业中的议价能力。

(2) 购买者议价能力。购买者可能会要求降低产品价格，提高产品质量和获得更多的优质服务，其结果是使行业竞争更加激烈，导致行业利润下降。购买者购买的产品占企业销售量的很大比例。购买者所购产品对其生产经营不是很重要；所购产品供应商有多家，且转换成本较低；所购产品或服务占购买者成本比例较高，其更有可能进行价格谈判；购买者所购买的产品或服务存在成熟的替代品市场；购买者的采购人员具有高超的谈判技巧和购买者有能力自行制造或提供供应商的产品或服务等情况的存在，可使购买者处于有利谈判地位。

(3) 潜在竞争者进入威胁。新进入行业的企业会对现有的竞争者构成威胁，削弱现有企业产生理想财务回报率的能力，分割市场份额并激化市场竞争。新进入者通常会采取降低产品价格、引入有特色的新产品或提高服务质量等策略来赢得市场份额。一般用行业的进入壁垒来衡量潜在竞争者进入威胁力度，主要包括行业的规模经济、客户忠诚度、资本金投入、转换成本、对销售渠道的使用权、政府政策以及现有产品的成本优势等。

(4) 替代品的威胁。替代产品的大量存在会使购买者的议价能力增强，所以购买者可以通过对购买的产品设置价格上限，从而影响企业盈利；又或者通过改变购买量和迫使企业投入更多资金并提高服务质量，提高企业成本。

(5) 竞争强度。大部分行业中的企业，相互之间的利益都是紧密联系在一起的，各企业的战略目标在于获得相对于竞争对手的优势。所以，在实施中必然会产生冲突与对抗等竞争现象。现有企业之间的竞争常常表现在价格、广告、产品介绍、售后服务等方面，其竞争强度主要与以下因素有关，即行业进入壁垒较低，竞争对手势均力敌；市场趋于成熟，产品需求增长缓慢；竞争者企图采用降价等手段促销;产品或服务差异化低,且用户转换成本很低;其他行业实力强大的公司进入该行业,加剧行业市场竞争及退出壁垒较高,迫使企业继续参与竞争。

五力模型将大量不同的因素汇集在一个简便的模型中,以此分析一个行业的基本竞争态势。一种可行战略的提出首先应该包括确认并评价这五种力量,应注意的是,不同力量的特性和重要性因行业/公司而异,分析时需实事求是。

(三)环境适应性分析和策略:SWOT 分析模型

SWOT 分析模型,也称道斯矩阵,由美国旧金山大学管理学教授韦里克(H. Weihrich, 1982)提出,常被用于企业战略制定、竞争对手分析等。其分析内容包括两个方面:一是内部因素,即企业的优势(strength)、劣势(weakness);二是外部环境,包括机会(opportunity)和威胁(threats),SWOT 就是这四个要素英文首字母大写的组合。

企业通过对所有的内部因素和外部环境进行识别后,需要将两者进行评估并发挥优势把握机会,克服劣势回避威胁。

针对上一步落在不同象限因素的情况,企业可以采用杠杆效应、抑制性、脆弱性和问题性四个基本概念进行模式分析,图 8-2 反映了具体的分析框架。

外部因素 \ 内部因素	优势	劣势
机会	• 发挥杠杆效应 企业可以用内部优势撬动外部机会,获取企业竞争优势。需要注意的是,机会往往是稍瞬即逝的,因此企业必须敏锐地捕捉机会并果断采取行动,才可能获得成功。	• 优势的抑制性 优势与机会不匹配时,企业优势将对获取竞争优势没有意义,抑制了优势的作用。此时,企业需提供和追加某种资源,以促进资源劣势向优势转化,适应外部机会。
威胁	• 优势的脆弱性 脆弱性意味着优势程度或强度下降。当环境状况对公司优势构成威胁时,优势得不到充分发挥,出现优势不优的脆弱局面。此时,企业必须克服威胁,以发挥优势。	• 问题性 当企业内部劣势与企业外部威胁相遇时,企业就面临着严峻挑战,如果处理不当,可能直接威胁到企业的生死存亡。

图 8-2 适应性分析框架

(四)优势分析和策略:波特基本竞争战略

波特提出的基本竞争战略(Generic Competitive Strategies)是根据企业的竞争范围和战略优势两个维度划分的,可以概括为成本领先战略(Cost Leadership)、差异化战略(Differentiation)、集中战略(Focus)三种基本竞争战略,如表 8-1 所示。

成本领先战略是指企业通过有效途径降低成本,使企业的全部成本低于竞争对手,甚至实现同行业中最低的成本,从而获取竞争优势的一种战略;

表 8-1　三种竞争战略的内容

成本领先战略	差异化战略	集中化战略
类型		
规模经济 改进设计 采购优惠	产品差异化(性能设计等) 服务差异化(售后服务等) 人事差异化(员工素质等)	产品线集中化 顾客集中化 销售区域集中化
外部条件		
存在大量价格敏感用户 购买者不太关注品牌 产品标准化或同质化 差异化难以实现 消费者转换成本低	差异化可实现且为顾客认可 顾客需求多样化 技术变革快,竞争以创新为主	目标市场具有较大的需求空间或增长潜力 目标市场的竞争对手尚未采用同一战略
组织因素		
可实现规模经济 产品设计简单可行 强大的融资能力 技术支持 专注于生产力的提高 优惠的供应价格	产品研发及设计能力强 富有创造性 很强的营销能力 有高品质/技术领先声誉 职能部门协调性好 销售商的支持	企业资源和能力有限,难以在整个产业实现成本领先或差异化
收益		
规模经济增加进入壁垒 比竞争对手高的边际收益能使企业更好地对抗替代品 购买者无法寻找出价更低者,其议价能力影响弱化 边际收益优势更容易消化采购成本的上升 在价格竞争中生存	顾客忠诚度及差异化特性构成进入壁垒 忠诚度弱化替代品威胁 忠诚度降低顾客价格敏感度 高利润率消化采购成本的上升 差异化降低直接竞争程度	便于集中力量和资源达成特定的目标 可有针对性地获取外部环境信息 战略目标集中明确,经济效果易于评价 战略管理过程容易控制
风险		
竞争者的模仿导致整个产业盈利水平降低 与竞争对手产品产生了差异 成本集中战略成功者的竞争 顾客开始关注价格以外的产品特征 技术变化削弱原有成本优势	竞争者模仿导致差异化消失 顾客认为差异化不再重要 与竞争对手的成本差异过大 差异化集中战略成功者的竞争	竞争者的模仿 目标市场需求下降 目标细分市场与其他细分市场差异过小,导致竞争者增多 新进入者对市场的瓜分

差异化战略是指企业取得产品中某种对顾客有价值的独特性,使其与竞争对手产品有明显区别而采取的一种战略;

集中化战略包括成本集中与差异化集中战略,是指企业或事业部的经营活动集中于某一特定用户群体、细分产品和销售区域的战略。

三种战略的差异很大，战略实施中需要不同的资源和技能，波特认为企业必须从这三种战略中选择一种，作为其主导战略，夹在中间的企业可能会遭遇失败，其具体内容如表 8-1 所示。

（五）产品组合的分析和策略：波士顿矩阵

波士顿矩阵(BCG Matrix)又称市场增长率-相对市场份额矩阵，是制定公司层战略常用方法之一。该方法是由波士顿咨询集团(Boston Consulting Group, BCG)在 20 世纪 70 年代初开发的。BCG 矩阵将组织所有的战略事业单位(SBUs)标在一个二维矩阵图上，因而区分出四种业务组合(见图 8-3)。该方法认为"公司若要取得成功，就必须拥有增长率和市场份额各不相同的产品组合。组合的构成取决于现金流量的平衡。"所以 BCG 矩阵的目的是通过优化业务组合实现企业现金流量平衡，因此 BCG 矩阵也常用于企业财务战略的制定。

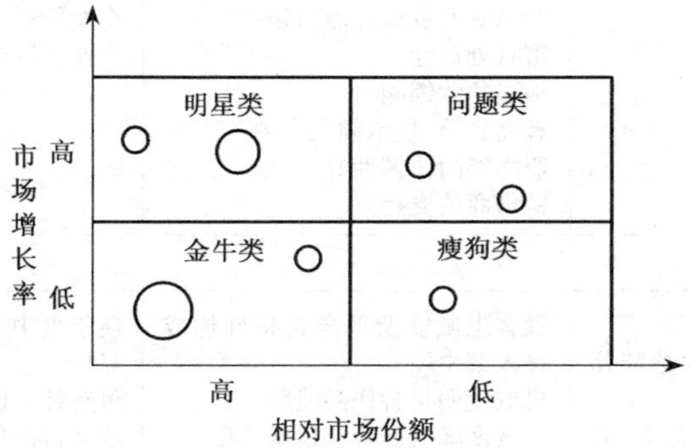

图 8-3　波士顿矩阵

图中一个圆圈代表一个战略事业单位，首先确定其业务坐标点，然后以坐标点为圆心画一个圆圈，圆圈大小表示企业每项业务的销售额。

1. 明星类业务

明星类业务处于快速增长的市场中并且占有居支配地位的市场份额，往往是新兴产业。企业为发展该业务，短期需要大量投入而产生负现金流，但未来会带来高额的市场回报。而高市场增长率将吸引潜在竞争者进入，企业必须继续投资以保持与市场的同步增长，巩固市场地位，因此该类业务现金净流量一般偏低。随着所处产业发展趋于成熟，市场增长率降低，该类业务将成为金牛类业务。

2. 金牛类业务

金牛类业务一般处于成熟产业，企业处于市场领导地位，享有规模经济和高边际利润的优势，因而为企业创造大量的现金流入，但其增长前景有限的。企业不必再进行大量投资，只需保持市场份额、进行成本控制，所以现金流出较少。企业常常用金牛业务产生的现金流来支付账款并支持需大量现金投入的业务。

3. 问题类业务

问题类业务市场增长率高，可能利润率也很高，但企业所占市场份额少，表现为少量的现金流入量。对问题类业务，要么增加投资提高其市场份额，使其成为明星类业务，要么将其淘汰。只有符合企业发展长远目标、企业具有资源优势、能够增强企业核心竞争力的业务才值得发展。如果选择发展该业务，则需要投入大量的现金，因而产生负现金流。

4. 瘦狗类业务

瘦狗类业务既不能产生大量的现金，也不需要投入大量现金。这类业务一般是微利甚至是亏损的，要占用很多资源，但投资回报却不高。瘦狗业务若不能为企业贡献现金，那么企业对其采取的战略就应是尽量避免或减少瘦狗的数量。

BCG矩阵把战略规划和资本预算结合，帮助多业务公司制定产品投资规划，其难点在于确定市场增长率和相对市场份额的分界点。市场增长率分界点可以采用该行业市场平均增长率或者多种产品的加权市场增长率平均值，一般来说，高市场增长表现为至少10%的年增长率(扣除通货膨胀后)。相对市场份额分界点较难确定，有观点认为市场份额之比小于2，竞争地位不稳定，企业就不一定能回收现金。但实际上，市场领先者市场份额是紧随其后的竞争者的2倍这种情况极少，所以利用BCG矩阵，要有充分的市场信息和竞争对手信息支持。

(六) 市场分析和营销策略：安索夫矩阵

安索夫矩阵(Ansoff Matrix)也往往被称作产品/市场方格，是安索夫于1975年提出的。该矩阵以安索夫战略理论为基础，即“战略四要素”(产品与市场范围、增长向量、竞争优势和协同作用)形成共同经营主线，从产品和市场两个维度出发，划分出四种产品/市场组合和相应的营销策略，以达到增加收入的目标，如图8-4所示。

		产品：现有产品	产品：新产品
市场	现有市场	市场渗透 (market penetration)	产品开发 (product development)
	新市场	市场开发 (market development)	多元化 (diversification)

图8-4 安索夫矩阵

(1) 市场渗透战略以增加现有产品或服务的市场份额为手段，以达到增收目的，并仍以原有的市场为渗透点。该战略可借由促销、提升服务品质等方式使顾客转向使用企业的产品，或说服顾客改变使用习惯、增加购买量来实现。

(2) 市场开发战略也旨在提高现有产品销售量增加收入，但以新市场为拓展点。企业必须在不同的市场上找到具有相同产品需求的使用者顾客，其中往往产品定位和销售方法会有所调整，但产品本身的核心技术则不必改变。

(3) 产品开发战略利用在现有市场与顾客的良好关系，通过开发、销售新产品实现增收。该战略可通过采用产品延伸策略实现，通常是扩大现有产品的深度和广度，推出新一代或是相关产品给现有顾客。

(4) 多样化经营战略提供新产品给新市场，这一战略仅依靠企业既有资源和能力可能无法实现，因而需要投入新资源、发展新能力，所以实行多样化经营战略的风险很大。成功实现该战略的企业大多能在销售、通路或产品技术等技能产生协同效应，否则多样化失败的几率很高。

在利用安索夫矩阵进行战略选择时，必须对市场环境是否适合发展该战略进行再思考。例如，企业选择市场渗透战略，要考虑在现有市场上，现有的产品是否还能得到更多的市场份额，如果现有市场处于产业成熟期，那么企业要增加市场份额会很困难。

第二节　平衡计分卡

一、平衡计分卡的概念

平衡计分卡(The Balanced Score Card，简称 BSC)，就是根据企业组织的战略要求而精心设计的一种指标体系。按照卡普兰和诺顿的观点，“平衡计分卡是一种绩效管理的工具。它将企业战略目标逐层分解转化为各种具体的相互平衡的绩效考核指标体系，并对这些指标的实现状况进行不同时段的考核，从而为企业战略目标的完成建立起可靠的执行基础”。

平衡计分卡于 20 世纪 90 年代初由哈佛商学院的罗伯特·卡普兰(Robert Kaplan)和诺朗诺顿研究所(Nolan Norton Institute)所长、美国复兴全球战略集团创始人兼总裁戴维·诺顿(David Norton)所从事的“未来组织绩效衡量方法”一种绩效评价体系。当时该计划的目的，在于找出超越传统以财务量度为主的绩效评价模式，以使组织的“策略”能够转变为“行动”而发展出来的一种全新的组织绩效管理方法。把平衡计分卡用于执行战略和计划的过程，将战略转化为行动。平衡计分卡自创立以来，在国际上，特别是在美国和欧洲，很快引起了理论界和客户界的浓厚兴趣与反响。

传统的绩效评估一般都将重点放在关键财务指标的业绩评价上，而平衡计分卡则主张单一指标不能恰当地评价战略业务单位对于战略成功的贡献，所以应对战略业务单位进行多维业绩评价，使评价更全面综合，更有效地实现其公平评价以及激励的目标。同时，平衡计分卡通过对企业的关键成功因素的直接关注，有效地连接了业绩评价过程和企业战略。

二、传统业绩评价体系的局限性

传统的业绩评价体系主要以财务指标为核心，在实际运用中存在许多弊端。

1. 重视对财务指标的评价，忽视对非财务指标的评价

企业成功的关键因素大多是非财务指标，如产品质量、市场占有率、客户满意度、员工满意度等。而传统业绩评价并没有将这些方面的内容纳入评价指标体系，只重视根据会计报表数据计算而得的财务指标，缺乏对影响企业成功的关键因素进行的综合评价，其评价结论不能科学地反映企业的真实情况。

2. 重视对过去的评价，忽视对未来的评价

传统的业绩评价方法是根据会计报表提供的数据，计算出反映企业盈利能力、偿债能力、营运能力等的各种比率，或者通过横向和纵向的比较，或者采用因素分析法等，对企业的经营过程及其结果进行评价。会计报表上的数据是在经济业务发生后，经过记账、算账，然后编报而得到的，是对过去事项记录的结果，据之进行的业绩评价，只能反映过去，不能反映未来。

3. 重视对企业内部经营过程的评价，忽视对企业与环境关系的评价

传统业绩评价指标体系偏重于企业内部因素对经营业绩影响的评价，忽视了外部因素对企业影响的评价。现在的经营环境动荡多变，企业面临的来自外部环境的挑战越来越严峻，没有对外部环境的正确分析与评价，企业很难发现自身的优缺点以及所面临的机会和威胁，也就很难在激烈的竞争中获得战略优势。

4. 重视对传统资产的评价，忽视对无形资产特别是知识资本的评价

货币资金、应收款项、存货、固定资产等传统资产在企业经营中起着必不可少的基础性作用。但是，在知识经济时代，知识和智力资本等无形资产对处于激烈竞争环境中的企业获得经营成功，有着举足轻重的作用，如微软公司账面资产价值与公司市值之间的巨大差异，不能不说是由于知识与智力资本作用的结果。因此，业绩评价体系应反映对知识和智力资本的评价。

5. 重视对经营能力的评价，忽视对企业创新能力的评价

现代经济发展的核心特征就是创新，正是因为不断创新，才使经济发展具有强劲的支撑和动力。当前，国际竞争主要是经济竞争，经济竞争的核心是技术和人才的竞争。创新是企业核心竞争力形成与保持的关键因素，一个企业在竞争中的地位和优势，主要取决于其技术创新及转化为现实生产力的速度、范围和效益。但

是，传统的业绩评价方法没有将创新能力的相关指标纳入评价体系，这不利于人们从长远的角度考虑企业的发展。

由于传统业绩评价指标存在上述种种局限，影响了业绩评价的实际效果，因此，许多人都在寻求更有效的业绩评价方法。这样，就出现了经济增加值和平衡记分卡等新型的业绩评价方法。

三、平衡计分卡的基本内容

平衡记分卡的内容主要包括以下四个方面。

1. *财务方面*

平衡记分卡仍保留了财务方面的指标作为业绩评价的内容，因为财务指标是对过去业绩的总结和评价，反映了企业的财务状况，经营成果和现金流量，并且财务指标能显示企业的经营战略及其执行是否正在为最终经营成果的改善做出贡献。财务计量的典型指标有利润、现金流量、资本报酬率、销售增长率以及经济增加值等。

2. *顾客方面*

平衡记分卡对顾客方面的计量主要针对为企业提供长期盈利能力的顾客群，既包括现有顾客，又包括潜在顾客。评价时主要衡量企业吸引和保持顾客的程度。因为企业只有努力提高顾客价值，才能吸引和保持顾客，获得长期竞争优势；只有顾客满意，才能实现企业的长期成功，并增进企业全体员工及社会的利益。对于顾客的计量指标主要有顾客满意度、顾客保持率、新顾客的获得、顾客盈利性和在目标市场上所占的份额等。

3. *内部经营过程方面*

平衡记分卡在内部经营过程方面的计量重视的是对顾客满意程度和实现组织财务目标影响最大的那些内部过程，包括长期革新和短期经营。革新过程着眼于研究现有顾客的潜在需求，或者潜在的顾客和市场，并生产出满足这些需求的产品。革新过程代表了企业价值创造的长波。经营过程是从接受顾客订单开始到交付产品为止的整个过程，是把现有的产品生产出来交给顾客的过程，它代表了企业价值创造的短波。平衡记分卡把革新过程引入到内部经营过程之中，要求企业创造全新的产品和服务，以满足现有和未来的目标客户的需求。这些过程能够创造企业未来的价值，提高企业未来的财务绩效。

4. *学习和成长方面*

企业为了实现长期的目标，满足顾客需求，只利用现有的技术和能力是不够的，需要改善。而财务、顾客和内部经营过程的计量，可使企业发现现有能力和要达到的目标之间的差距，这个差距就要依靠不断学习和成长来弥补。学习和成长主要来源于员工的再培训和企业组织程序的改善等方面。对员工的计量包括员工的满意度、员工保持率和员工技能水平等。对企业组织程序的计量主要是检验员工的合作和交流等情况，可以通过内部过程的改善率来衡量。

平衡记分卡管理体系使整个公司把焦点集中在战略上，并且以支持战略所需要的团队努力为核心，提供了一种能够引发和指导变化过程的机制。由于平衡记分卡的应用，创造了一种基于战略要求的新型组织形式——"以战略为核心的组织"，其特点是把战略放在变化和管理过程的核心地位。企业通过清晰地定义战略，始终如一地进行组织沟通，并将其与变化驱动因素联系起来，把每个人和每个部门都与战略联系起来。

四、平衡计分卡的本质属性

1. 平衡计分卡是一个系统性的战略管理体系，是根据系统理论建立起来的管理系统

平衡计分卡是一个核心的战略管理与执行的工具，是在对企业总体发展战略达成共识的基础上，通过设计实施，将其四个角度的目标、指针，以及初始行动方案有效地结合在一起的一个战略管理与实施体系。它的主要目的是将企业之战略转化为具体的行动，以创造企业的竞争优势。

2. 平衡计分卡是一种先进的绩效衡量的工具

平衡计分卡将战略分成四个不同角度的运作目标，并依此四个角度分别设计适量的绩效衡量指标。因此，它不但为企业提供了有效运作所必需的各种信息，克服了信息的庞杂性和不对称性的干扰，更重要的是，它为企业提供的这些指标具有可量化、可测度、可评估性，从而更有利于企业进行全面系统的监控，促进企业战略与远景目标的达成。

3. 平衡计分卡作为一种沟通工具

一个精心设计的清晰而有效的平衡计分卡绩效指标体系，能清楚地描述你指定的战略并使抽象的远景与战略变得栩栩如生。据调查，实施平衡计分卡之前，不到50%的人说他们知道并理解企业组织的战略。而在实施平衡计分卡1年之后，该比例上升到87%！

4. 平衡计分卡的特色在"平衡"

平衡计分卡反映了财务与非财务衡量（客户、内部流程和学习成长）方法之间的平衡，长期目标（内部流程和学习成长）与短期目标（财务和客户）之间的平衡，外部（财务和客户）和内部（内部流程和学习成长）的平衡，结果（财务和客户）和过程（内部流程和学习成长）平衡等多个方面。所以能反映组织综合经营状况，使业绩评价趋于平衡和完善，利于组织长期发展。

实际上，平衡计分卡方法打破了传统的只注重财务指标的业绩管理方法。平衡计分卡管理体系认为，传统的财务会计模式只能衡量过去发生的事情(落后的结果因素)，但无法评估组织前瞻性的投资(领先的驱动因素)。在工业时代，注重财务指标的管理方法还是有效的。但在信息社会里，传统的业绩管理方法并不全面的，组织必须通过在客户、供应商、员工、组织流程、技术和革新等方面的投资，获得持续发展的动力。

五、平衡记分卡的优越性和不足

实践表明，平衡记分卡是一种能体现知识经济时代特征、更好地促进企业长远发展的业绩评价方法。其优越性体现在以下几个方面。

1. 有利于加强企业的战略管理能力

在知识经济时代，企业的经营环境更加动荡多变，加强企业战略管理变得越来越重要。确定了正确的发展战略之后，在实际工作中能否顺利达到战略目标，关键在于对战略实施的有效管理。平衡记分卡把业绩评价工作纳入战略管理的全过程，通过建立与整体战略密切相关的业绩评价体系，把企业的战略目标转化成可操作的具体执行目标，使企业的长远目标与近期目标紧密结合，并努力使企业的战略目标渗透到整个企业的架构中，成为人们关注的焦点与核心，实现企业行为与战略目标的一致与协调。

2. 能促进经营者追求企业的长期利益和长远发展

在知识经济时代，决定企业竞争胜负的关键因素大多是非财务指标。平衡记分卡注重非财务指标的运用，如根据客观需要选择顾客满意度、员工满意度、市场占有率、产品质量、营销网络、团队精神等作为业绩评价指标。同时还将财务指标与非财务指标有机结合，综合评价企业长期发展能力。这有利于把企业现实的业绩与长远发展和长期获利能力联系在一起，增强企业的整体竞争能力和发展后劲，有效避免为了追求短期业绩而出现的短期行为。

3. 有利于增强企业的应变能力

在知识经济时代，管理方法要适应不断变化的内外环境，提高企业的适应能力。平衡记分卡就是一种动态的业绩评价方法，它不仅评价过去，而且更强调未来，是一种具有前瞻性的动态评价方法，因此，更符合新时代要求。

4. 有利于提高企业的创新能力

在知识经济时代，经济发展的核心特征是不断创新，创新能力是企业核心竞争力的主要内容。平衡记分卡将创新能力纳入业绩评价体系，鼓励经营者在追求短期利益的同时，充分考虑企业的长远发展。为了促使企业获得长期成功，经营者必须不断提高企业的产品创新、服务创新、市场创新及管理创新能力，以更好地满足现实的与潜在的消费需求。创新的过程是创造企业未来价值,提高未来财务绩效的过程。平衡记分卡对传统业绩评价体系的创新,有助于增强企业的核心竞争力,提高企业的价值。

平衡计分卡存在一定的局限性,导致其运用效果不如预期。

1. 平衡计分卡很难在不同战略业务单位间进行横向比较

每个战略业务单位都有自己的记分卡,而记分卡也是因各战略业务单位关注点不同而异的,所以,平衡计分卡的评价更可能与以前年度或者预算进行比较,看是否有进步,而很难实现横向比较。

2. 平衡计分卡的建立依赖企业全面可靠的信息系统

企业的资源计划(ERP)系统为平衡计分卡提供了信息基础。但对于一些小公司来说,没有足够的资金和精力建立 ERP 系统,则很难获取平衡计分卡所需的数据。

3. 可靠性和准确性值得怀疑

与财务数据需要进行审计和控制不同,平衡计分卡中的大多数非财务数据不受控制或不经审计,这类数据的可靠性和准确性就值得怀疑。另外,为满足经营或决策的需要,非财务信息通常在每周或每天随时编制,这与财务信息编制的周期不同,使得对有关数据的审议变得复杂。

虽然平衡计分卡在应用上存在一定的局限,但其先进的思想对企业的绩效评估系统的建立有启发性的意义,并且经过多年的推广及应用,平衡计分卡的绩效评估功能已得到许多公司的认可,所以作为战略管理会计的重要内容之一,必须对我国企业应用平衡计分卡的相关内容进行深入研究,以提高我国企业的管理水平。

第三节 作业成本法

一、作业成本法的概念

作业成本法(Activity-Based Costing,简称 ABC 法)是以作业为制造费用归集对象,通过确认、计量资源动因,归集资源费用到作业上,然后通过确认、计量作业动因、归集作业成本到产品或顾客的制造费用分配方法。

作业成本法认为,企业是一个为最终满足顾客需要而设计的“一系列作业”的有序集合体,也就是一个“作业链”。在这个“作业链”上,存在着“资源—作业—产品”的连接关系,即“作业耗用资源,产品耗用作业”。企业每完成一项作业,就有一定的资源被消耗,同时一定量的产出转移到下一作业,如此逐一进行,直至最终形成产品。

作业是企业为提供产品或劳务所进行的各种工序和工作环节的总称。作业是连接资源与成本目标的中介。例如,产品设计、材料搬运、包装、订单处理、机器调试、采购、设备运行及质量检验等均为不同的作业。

二、作业成本法产生与发展的背景

20世纪80年代以来,作业成本法在全球蓬勃发展,动因主要来自以下两个方面。

1. 制造环境的改变

当代高新技术的主要特征是电子数控机床和机器人、电脑辅助设计、电脑辅助工程、电脑辅助制造和弹性制造系统的广泛应用,这些技术将企业生产经营的所有阶段,包括产品订货,设计、制造、销售等综合成一个整体,由电脑中心统一调控。企业的制造环境发生重大变革,产品成本结构随之发生根本变化,许多人工被机器取代,直接材料成本、直接人工成本占产品成本的比例大大下降,而间接费用在产品成本中的比重日益上升。据相关统计,70年前间接费用仅为直接人工费用的50%～60%,而今天却高达500%,有些公司固定制造费用高达人工费用的10倍以上。直接人工、机器工时和产量等单件层次的成本动因,已经不能准确地分配间接费用。

2. 市场竞争的要求

技术进步催生了层出不穷的新产品,新产品的市场寿命大大缩短,市场竞争加剧。

客户需求的个性化、多样化也加剧了竞争,顾客要求厂家及时提供更加多样化和更具个性、日新月异的产品。

企业内部的生产组织和管理必须适应企业外部环境的这种巨大变化,企业不得不改变生产模式,把传统的少品种、大批量生产模式转变为适应客户需要的多品种、小批量的生产模式。在这种情况下,很多与批量(而不是与产量)直接相关的成本在产品成本中所占的比重日益提高。仍采用传统成本计算方法来分配这些成本,必然导致成本信息的严重失真。

用传统成本计算方法计算出的产品毛利信息往往是不可靠的,企业可能据此做出不恰当的经营决策,如大量销售低盈利甚至亏损的产品,却放弃了赢利水平高的产品市场;错误地计算与各个客户相关的成本,从而导致拥有一批不能获利的顾客等。

传统的成本计算方法提供的综合成本信息也不利于企业进行成本改进,扭曲的成本信息往往给成本控制提供错误的指向,使成本改进和成本控制失效由于成本信息的扭曲不实,企业财务报告的可靠性和公允性也受到冲击。

三、作业的种类

作业按作业产出或消耗的方式可分为单位作业、批次作业、产品作业和顾客作业四种类型。

1. 单位(产量)作业

单位作业是指每生产单位产品便相应进行一次的作业。单位作业所使用的资源量是同产品产量或销量成比例的,随产品产量的变化而变化。单位作业的成本驱动包括人工小时、机器小时,以及加工的材料数量等。如每生产一单位产品时,就需耗用电力及机器小时。

2. 批次作业

批量作业是指每生产一批产品时便相应执行一次的作业,其成本随批数的变化而变化,但对每批产品的产量而言,又是固定的。批量作业包括为新的生产批别准备机器、购买材料、处理顾客订单等。批量作业和单位作业的主要区别在于完成批量作业所需要的资源不依赖于每批次包含的单位数(如一次生产准备后生产的部件数,购买订单中包含的购买数量,一位顾客装运的产品数量等)。

传统的成本制度把进行批量作业所耗用的费用视为固定的,因为它们与一批中加工的产品数量无关。但是如果公司需要更多的批水平作业(为生产一系列不同类型产品和部件的工厂做生产准备,为复杂的产品材料清单购买材料、满足个别顾客的订单需要),那么必须提供额外的资源来完成。因此作业成本制度相对于传统成本制度的一个进步就是能够计量和分配处理生产通知单、搬运材料、生产准备、顾客订单和由产品、顾客、服务行为所引起的批次作业的成本。

3. 产品作业

产品作业指企业为维持多种产品的生产而需要执行的作业,这些作业消耗着用来开发产品或生产和销售产品的各类投入,其作业量与相应的成本均随不同产品数目的增加而增加,代表完成每一类产品(或服务)的生产所需要的工作。如产品测试程序的开发、过程设计等。

4. 顾客作业

把产品作业的概念扩展到工厂以外就是顾客作业,如为特定顾客服务所需的专门检验、技术支持,以及对顾客市场研究和支持等。

四、作业成本法的步骤

1. 设立资源库

企业在生产产品或提供服务过程中会消耗各种资源。企业所消耗的资源大致可以分为货币资源、材料资源、人力资源、动力资源以及厂房设备资源等几大类。

企业应分别为各项资源设立相应的资源库。

2. 确认主要作业，并设立相应的作业成本库

将企业发生的有关间接费用的作业进行分类，确认主要作业。理论上要求划分得越细越好，但基于成本效益的考虑，一般按重要性和同质性的要求进行作业划分，纳入同一个作业组。纳入同一个同质组的作业应具备的条件包括：必须属于同一类作业；是对于不同产品来说，有着大致相同的消耗比率。例如，“机器调整”是一项作业，所有与机器调整相关的费用都归属到“机器调整”这一作业成本库中。

3. 确定资源动因

资源动因是把资源库价值分解到各作业成本库的依据，确定资源动因通常就是指如何对所消耗的资源数量进行计量。例如，对于“电力资源”可以选择“消耗的电力度数”作为资源动因。对于“人力资源”可以选择“消耗的工时数”作为资源动因。

4. 将各资源库汇集的价值分配到各作业成本库

根据各项作业所消耗的资源动因数，将各资源库汇集的价值分配到各作业成本库。例如，“机器调整准备”作业消耗了 200 度电，而每度电成本为 0.5 元。那么，“机器调整准备”作业中所含的“电力成本”为 100 元。

5. 选择作业成本动因

作业成本动因是把作业成本分配到各成本计算对象的依据，确定作业成本动因通常就是指如何对所消耗的作业数量进行计量。例如，对于“维修作业”可以选择“维修次数”作为作业成本动因。对于“检验作业”可以选择“检验次数”作为作业成本动因。

6. 确定各作业成本的成本动因分配率

当各作业成本库已经建立，成本动因已经选定后，就可将各作业成本除以成本动因单位数，计算出以成本动因为单位的分配率。即：

$$\text{实际作业成本分配率} = \text{当期实际发生的作业成本} / \text{当期实际作业产出}$$

例如，一定时期内，“搬运材料”这项作业库的成本为 10 000 元，而该时期内企业的“搬运材料次数”为 100 次，则“搬运材料”作业的成本动因分配率为 100 元/次。

7. 计算每种产品的成本

根据每种产品所耗用的成本动因单位数和各该作业分配率，可以计算该产品应负担的成本，包括作业总成本和单位成本。

$$\begin{matrix}\text{某产品耗用}\\\text{的作业成本}\end{matrix} = \sum\left(\begin{matrix}\text{该产品耗用}\\\text{的作业量}\end{matrix} \times \begin{matrix}\text{实际作业成}\\\text{本分配率}\end{matrix}\right)$$

$$\begin{matrix}某产品当期\\发生的总成本\end{matrix} = \begin{matrix}当期投入该产\\品的直接成本\end{matrix}\left(\begin{matrix}直接\\材料\end{matrix}+\begin{matrix}直接\\人工\end{matrix}\right)+\begin{matrix}该产品当期耗用\\的各项作业成本\end{matrix}$$

五、作业成本法举例

【例 8-1】 A 企业生产 A、B 两种产品，有关资料如下：

(1) A、B 两种产品的基本资料如表 8-2 所示。

表 8-2　A、B 两种产品基本资料表

产品名称	年产量(台)	单位产品机器工时(小时)	直接材料单位成本(元)	直接人工单位成本(元)
A	5 000	4	25	10
B	20 000	4	15	10

(2) 企业每年制造费用总额为 975 000 元。A、B 两种产品的复杂程度不一样，所耗用的作业量也不一样。依据作业动因，设置五个成本库。相关资料如表 8-3 所示。

表 8-3　作业成本资料表

作业名称	成本动因	作业成本(元)	作业动因数			
			计量单位	甲产品	乙产品	合计
机器调整准备	机器调整准备次数	300 000	次	3 000	2 000	5 000
质量检验	检验次数	240 000	次	5 000	3 000	8 000
生产订单	生产订单份数	60 000	份	200	400	600
维修机器	维修次数	300 000	次	300	700	1 000
原材料收货	收货次数	75 000	次	150	600	750
合　计		975 000				

要求：分别用作业成本法与传统成本法计算上述两种产品的单位成本。

首先，用作业成本法计算各项作业的成本动因分配率，计算结果如表 8-4 所示。

表 8-4　作业成本动因分配率计算表

作业名称	成本动因	作业成本(元)	作业量				
			计量单位	甲产品	乙产品	合计	分配率＝作业成本/作业量
机器调整准备	机器调整准备次数	300 000	次	3 000	2 000	5 000	60
质量检验	检验次数	240 000	次	5 000	3 000	8 000	30
生产订单	生产订单份数	60 000	份	200	400	600	100
维修机器	维修次数	300 000	次	300	700	1 000	300
原材料收货	收货次数	75 000	次	150	600	750	100
合　计		975 000		/	/		

其次，计算作业成本计算法下两种产品的制造费用。计算过程与结果如下：

$$A\text{产品制造费用} = 3\,000\times60+5\,000\times30+200\times100+300\times300+150\times100$$
$$=180\,000+150\,000+20\,000+90\,000+15\,000=455\,000(\text{元})$$

$$B\text{产品制造费用} = 2\,000\times60+3\,000\times30+400\times100+700\times300+600\times100$$
$$=120\,000+90\,000+40\,000+210\,000+60\,000=520\,000(\text{元})$$

再次，利用传统成本计算法分别计算 A、B 两种产品的制造费用。

A、B 两种产品的机器工时分别为 20 000 小时（5 000×4）和 80 000 小时（20 000×4）。制造费用总额为 975 000 元。

$$\text{制造费用分配率} = 975\,000/(20\,000+80\,000)=9.75(\text{元/小时})$$
$$A\text{产品制造费用} = 20\,000\times9.75=195\,000(\text{元})$$
$$B\text{产品制造费用} = 80\,000\times9.75=780\,000(\text{元})$$

最后，比较两种成本计算法下的计算结果。有关结果如表 8-5 所示。

表 8-5　作业成本法与传统成本法计算结果比较表

项目	A 产品（产量 5 000 台）				B 产品（产量 20 000 台）			
	总成本（元）		单位成本（元）		总成本（元）		单位成本（元）	
	传统方法	作业成本法	传统方法	作业成本法	传统方法	作业成本法	传统方法	作业成本法
直接材料	125 000	125 000	25	25	300 000	300 000	15	15
直接人工	50 000	50 000	10	10	200 000	200 000	10	10
制造费用	195 000	455 000	35	75.44	780 000	520 000	35	24.89
合　计	370 000	630 000	74	126	1 280 000	1 020 000	64	51

从表 8-5 可以看出，高产量、生产过程简单的产品（如 B 产品）在传统成本计算法下的单位成本显著高于作业成本法下的单位成本。而低产量、生产过程复杂的产品（如 A 产品）的单位成本则相反。传统成本计算方法以机器工时为标准分配制造费用，忽视了各种产品生产的复杂程度不同及所需作业量的差异。所以，相比之下，传统的产品成本计算法失真度较大，而作业成本法能比较客观、真实地反映高新技术环境下各种产品的成本信息。

两种不同成本计算方式下成本相差的原因，直观地看是由于制造费用总额按直接人工工时分配与分成各部分按作业分配而形成的。实质上反映了两种计算方式所提供的成本信息的不同质量。作业成本计算方式下，由于将制造费用按作业分为几个不同部分，每部分按不同的分配标准分配，其准确性较传统的按单一分配标准进行分配的方式高。大量的经验调查表明，生产量大而技术复杂程度低的产品，在传统成本计算方式下，由于其消耗的人工工时比重大，分摊的制造费用数额就较大；而在作业成本计算方式下，由于这类产品技术复杂程度低，其消耗的作业量相对较少，分摊的制造费用就会相对降低。生产量小而技术复杂程度高的产品则刚好与上述情形相反。简言之，传统的成本计算方式低估了生产量小而技术复杂程度高的产品的成本，高估了生产量大而技术复杂程度低的产品的成本。

六、作业管理

ABC法出现若干年后，学者和成本核算从业人员开始意识到，作业和成本动因的财务信息和非财务信息对管理都有重要作用，这一发现直接促进了作业管理的出现和改进。作业管理（Activity Management，AM）也称为"以作业为基础的管理"（Activity-Based Management，ABM），是一种全新的管理理念或方法，以作业作为企业管理的起点和核心，将企业管理深入到作业层次，对作业链进行分析，消除非增值作业，提高增值作业的效率，持续改进作业。作业管理的主要目标是通过作业为顾客提供更多的价值，从而获得更多的利润。作业管理的内容包括作业分析和作业改善两方面组成。

1. 作业分析

作业分析指确认、描述和评价一个组织所执行的作业。作业分析主要围绕四个问题进行：生产经营包括哪些作业？有多少人执行作业？执行作业所需的时间和资源时间是多少？并评估作业对组织的价值。作业分析的主要目标是认识企业的作业过程，从中发现改善作业的机会及途径。作业分析主要包括以下内容。

（1）分析作业的必要性。如果某一作业对顾客来说是必要的，能为顾客增加价值，则是必要作业；如果某项作业对顾客来说是不必要的，则进一步看对企业而言是否必要，如果答案肯定，即使该作业与顾客无关也是必要作业。例如，企业编制年度财务报表的工作，对一般顾客而言不必要，但对企业而言，必须作好这项工作以满足企业不同利益相关者的需要。而那些既非顾客所需，也不能在企业经营管理中发挥作用的作业就是不必要作业。

（2）确定重点作业。企业的作业通常多达几十种上百种甚至上千种，逐一分析这些作业非常费时费力。重点作业所耗成本构成了企业成本的主要部分，如企业80%的成本通常是由20%的作业引起的，因此，将企业各项作业按其占成本的比例大小排列，排在前面的就是重点作业。

（3）比较本企业和其他企业的类似作业。通过与同行业其他企业的先进水平作业比较，可以判断企业的某项作业或整个作业链是否有效，并寻求改善的机会。如某企业一直采用手工方式处理顾客退货，而其他类似企业都采用成本低、差错率低和服务快捷的电子数据交换系统，通过比较可以看出，手工处理的效率低下，需要改进。

(4) 识别增值作业与非增值作业。作业按其是否具有增值性可以分为增值作业与非增值作业。一般来说,企业生产工艺流程中必不可少的各项作业都是增值作业,非增值作业指不必要的作业。判断一项作业是否为增值作业通常从以下三方面进行。①分析作业的必要性,如果一项作业是重复或不必要的,则是非增值作业。②判断作业是否得到有效执行。③一项作业有可能有时是增值的,有时是不增值的。例如,在生产操作间转移在产品是必要的,而将存储的原材料来回移动则没有必要。非增值作业的典型例子包括再定购零件、紧急生产、次品返工等。制造企业中,经常存在五种典型的非增值作业:调度、搬运、待工、检验、仓储。

2. 作业改善

作业管理的目标是持续改善企业经营过程。作业分析为实现这一目的提供了必要的信息,利用这些信息,企业可以着手进行作业和经营过程的持续改善。

(1) 重构作业链。重构作业链是一项较为复杂的过程改善措施,大致包含以下内容:①作业消除。指消除非增值作业,是改善经营过程的最重要环节。企业应消除所有不必要的作业,对于无法彻底消除的非增值作业,企业也要最大限度地降低其成本及所消耗的时间。例如,这样一条作业链:部件的规格—选择供应商—收到部件—生产—检验产成品—次品再加工。又如,次品的再加工是一项不增值作业,因为产生次品的根本原因是以前的某项作业存在瑕疵。此时,要追溯瑕疵的产生原因,是采购或资产的部件不符合要求,或是选择的供应商不可靠,还是收到的部件有误,或是生产作业的责任,从源头消除这项作业。②作业选择。是在由相互竞争的策略决定的不同作业组之间作出选择。例如,每一产品设计策略都对应相应的一组作业及其成本,在其他条件都相同的情况下,企业应选择最低成本的设计策略。③作业减低。是指降低作业所需的时间和资源。例如,改善工艺设计,优化作业流程等。改变工艺设计可降低生产过程的复杂程度,进而优化作业流程,缩短作业流程周期,降低总体作业成本。④作业分享,指通过达到经济规模来提高必要作业的效率,如合并那些划分过细,却又关系密切、属性基本相同的作业,以便提高作业过程总体效率;相反划分过粗的作业,可通过重新细分提高作业效率。

(2) 不断降低作业成本。激烈的市场竞争要求企业以尽可能低的成本,及时生产顾客需要的产品。企业根据作业成本法提供的信息,发现某项作业成本较高时,首先要确定这项作业是否增值作业,如果不是,直接消除该项作业,而不必提高该作业的效率。企业应该时时考虑这些问题:为什么要完成各项作业? 这些作业是否必要? 它们能否增加顾客价值? 能否改进?

(3) 计量和评价业绩。作业业绩指标评价作业的执行情况和取得的结果,对提高企业效益有重要意义。作业业绩指标既可以是财务性的,也可以是非财务性的，作业业绩指标主要集中于效率、质量及时间三个主要方面。通过作业业绩分析和评价，企业各方面的生产经营活动将处于持续改进中。

综上所述，作业管理利用作业成本计算提供的动态信息，不断分析和减少不增加价值的时间和成本。

作业成本计算法除了可用于作业管理以外，对企业的战略决策也是非常有效的。例如，作业成本法所提供的信息，可以帮助我们更好地分析顾客的获利能力，对产品重新定价；根据作业成本和作业价值进行产品替代与产品削减的决策；进行重新设计产品和技术投资的决策；进行改进生产过程和经营战略的决策等。

作业成本法不仅为改善作业、降低成本创造了条件，而且为产品的科学定价、分析顾客的获利能力、寻求产品替代与产品削减、重新设计产品和技术投资、改进生产过程和经营战略提供了有效的方法和具体的信息支持。作业成本法是 20 世纪管理会计领域最重要的创新之一。相比于传统成本计算方法，作业成本计算法的优点显而易见。但是，作业成本法并不完美。尽管作业成本法可以减少传统成本法在计算产品成本上的主观分配，但没有从根本上消除主观性，如作业的划分、成本动因的选择，在一定程度上还带有主观因素。同时，采用作业成本法必须以作业为基础设置责任中心，这不仅对成本计算和成本管理的组织体系提出了新的要求，而且不可避免地增大了成本计算，特别是增加于间接成本分配的工作量，从而提高了提供成本信息的代价。此外，很多因素影响了对作业成本法的采用，如规模、战略、环境不确定性以及产品多样性等因素影响了人们对实施作业成本法的决策。

第四节　管理会计的其他新领域

一、经济增加值

（一）经济增加值的含义

经济增加值（Economic Value Added，简称 EVA）是由 Stern Stewart 咨询公司针对剩余收益指标作为单一期间业绩评价指标所存在的缺陷，开发出的注册商标为 EVAQ 的经济增加值指标，并在 1993 年 9 月的《财富》杂志上完整地将其表述出来。EVA 是指一定会计期间企业使用一定量的资产创造的全部收益减去该资产使用成本后的余额。其计算公式为：

$$EVA = 调整的营业利润 - 加权平均资本成本 \times 资产平均余额$$

上述公式中，资本成本是指企业使用所有资本所付出的代价，包括债务资本成本和权益资本成本。EVA 的基本理念是资本获得的收益至少要能补偿投资者承担的风险，也就是说，股东必须赚取至少等于资本市场上类似风险投资回报的收益率。而在传统的会计方法下，很多公司财务报表显示盈利，但股东财富不一定增长，因为会计利润计算过程中，只扣除了债务利息，而没有扣除权益资本成本。实际上，只有企业利润超过股东的机会成本或资本成本，股东财富才真正增加了。

（二）经济增加值的作用

1. 建立在EVA基础上的激励制度使所有者和经营者的利益取向趋于一致，有助于避免决策次优化

建立在EVA基础上的激励制度的基本原则是：按照EVA增加值的一个固定比例来计算管理者的货币资金，即把EVA增加值的部分按不同比例回报给管理者、企业员工，而且奖金不封顶。这样，EVA激励制度就把股东、管理者和员工三者的利益在同一目标下很好地结合起来，使员工能够分享他们创造的财富，能更好地培养他们的团队精神和主人翁意识。将EVA与薪酬挂钩，使管理者与股东一样持有关注企业成功与失败的心态，可以使经理人员像所有者一样思考和决策，从而在较大程度上缓解因委托代理关系而产生的道德风险和逆向选择，最终降低全社会的管理成本。采用EVA作为业绩评价指标不会像采用投资报酬率作为业绩评价指标那样，出现部门决策者放弃高于投资成本、低于目前部门投资收益率的投资机会，从而避免决策次优化。

2. 扣除了全部资本成本的EVA，有利于克服传统指标对经济效率的扭曲，真正反映企业经营业绩

在EVA激励制度下，投资收益率的高低并非企业经营状况好坏和价值创造能力的评估标准，关键在于是否超过了资金成本。因而用EVA进行业绩评价与用常规的销售收入、会计利润或股票市值等指标进行业绩评价，其排序结果大相径庭。以可口可乐公司为例，该公司从1987年开始正式引入经济增加值指标，主要通过两个渠道增加公司的经济增加值。一方面将公司的资本集中于盈利能力较高的软饮料部门，逐步摒弃诸如意大利面食、速饮茶、塑料餐具等回报率低于资金成本的业务。另一方面通过适度增加负债规模来降低资本成本，成功地使平均资本成本由原来的16%下降到12%。结果，从1987年开始，可口可乐公司的经济增加值连续6年以平均每年27%的速度增长，公司的股票价格也在同期上升了300%，远远高于同期标准普尔指数55%的涨幅。

3. 在对营业利润进行调整后计算而得到的EVA，能最大限度地剔除会计信息失真的影响

由于根据企业会计准则编制的财务报表对公司真实情况的反映存在部分失真，在计算经济增加值时就需要对某些会计报表科目的处理方法进行必要的调整，

以便尽量消除会计信息失真所带来的负面影响，进而保证所作的评价结论趋于客观、全面。

4. EVA 比传统的指标评价体系能够更科学地进行业绩评价

虽然 EVA 具有以上优点，但 EVA 并不是万能的，它也存在一定的缺点与不足。例如，EVA 仍然注重财务数据，忽视非财务数据，EVA 应用过程比较复杂，项目调整具有随意性等。

(三) 如何运用 EVA 加强企业治理机制

EVA 的本质阐述的是企业经营产生的“经济”利润。相对于人们重视的企业“会计”利润而言，EVA——经济增加值理念认为企业所占用股东资本也是有成本的，所以在衡量企业业绩时，必须考虑到股东资本的成本。EVA 实质是股东考核企业经营水平，进行投资决策时的最好工具，同时也是企业经营者加强公司战略、财务管理、衡量员工业绩、设定奖罚机制的最佳武器。

如果说公司治理是企业的“宪法”。那么 EVA 就是股东执行宪法的“警察”，是企业经营者衡量自身及员工工作的“尺度”，是实现全面战略、财务管理的“操作手册”。

公司治理的关键是企业经营者的利益与所有者的利益统一起来，也就是说，是把企业的“内部人”变成股东的“自己人”。这需要股东和管理者有一样的语言、一样的标准在衡量管理者的业绩和制定他们的激励机制。EVA 正是最好的手段。

1. 应当明确企业存在的根本目的，即为股东创造最大的经济价值

也就是说，企业应当应用其筹集的资金创造高于资金成本的附加价值。这为企业的经营管理活动设定了目标并提供了衡量尺度。公司的董事会和管理层可以将 EVA 增加作为核心的计划工具。

2. 企业的经营管理者可以运用 EVA 作为战略及财务管理的上佳工具

由于 EVA 综合反映公司的经营活动，管理者可以通过对 EVA 驱动杠杆的分析和调节，有效地制定经营战略和企业的财务管理方案。例如，企业可以通过加快资金周转速度提高资金回报率；或通过调整资本架构，降低资本成本。

3. 企业股东和管理层可以运用 EVA 制定经营者和员工的激励报酬体系

由于 EVA 相较会计核算方法更真实地反映了企业经营的经济绩效。通过 EVA 管理系统可以设计一套真正有效的激励机制，把企业经营者员工的利益和股东利益完全广泛统一起来，也只有这样，才可能把企业“内部人”变成股东“自己人”。

4. 企业股东和管理者可以通过 EVA 基础知识培训加强员工沟通和管理、改善企业文化

企业管理者进而还可以用 EVA 作为与投资者交流的最好语言。

EVA概念简单易懂，同时又揭示了企业经营活动的本质，通过EVA管理体系的实施，企业管理者可以有效地制定目标、激励员工，将企业的资源和精力集中到财富的创造上去。

二、适时生产系统

适时生产系统(Just-in-time System，简称JIT系统)，也称无存货管理。20世纪70年代由日本的丰田汽车制造公司提出来的，随后被西方发达国家所采纳，并逐渐得到广泛的推广运用。适时生产系统改变了传统的推进式生产方式(Push Production)，采取需求拉动式生产(Demand-pull Production)，使企业减少、甚至完全消除了存货，导致了存货管理和质量控制方面的重大变革，极大地提高了生产效率，降低了成本，提高了企业的经济效益。

(一) 适时生产系统的目标

1. 零库存

一个充满库存的生产系统，会掩盖系统中存在的各种问题。例如，设备故障造成停机，工作质量低造成废品或返修，横向扯皮造成工期延误，计划不周造成生产脱节等，都可以动用各种库存，使矛盾钝化、问题被淹没。表面上看，生产仍在平衡进行，实际上整个生产系统可能已千疮百孔，更可怕的是，如果对生产系统存在的各种问题熟视无睹，麻木不仁，长此以往，紧迫感和进取心将丧失殆尽。因此，日本人称库存是“万恶之源”，是生产系统设计不合理、生产过程不协调、生产操作不良的证明，并提出“向零库存进军”的口号。所以，“零库存”就成为适时生产系统(JIT)追求的主要目标之一。

2. 高柔性

高柔性是指企业的生产组织形式灵活多变，能适应市场需求多样化的要求，及时组织多品种生产，以提高企业的竞争能力。面临市场多变这一新问题，适时生产系统(JIT)必须以高柔性为目标，实现高柔性与高生产率的统一。为实现柔性和生产率的统一，适时生产系统(JIT)必须在组织、劳动力、设备三方面表现出较高的柔性。

(1) 组织柔性。在适时生产系统(JIT)中，决策权力是分散下放的，而不是集中在指挥链上，它不采用以职能部门为基础的静态结构，而是采用以项目小组为基础的动态组织结构。

(2) 劳动力柔性。市场需求波动时，要求劳动力也作相应调整。适时生产系统(JIT)的劳动力是具有多面手技能的多能工，在需求发生变化时，可通过适当调整操作人员的操作来适应短期的变化。

(3) 设备柔性。与刚性自动化的工序分散、固定节拍和流水生产的特征相反，适时生产系统JIT采用适度的柔性自动化技术（数控机床与多功能的普通机床并存），以工序相对集中，没有固定节拍以及物料的非顺序输送的生产组织方式，使适时生产系统（JIT）在中小批量生产的条件下，接近大量生产方式由于刚性自动化所达到的高效率和低成本，同时具有刚性自动化所没有的灵活性。

3. 零缺陷

传统的生产管理很少提出零缺陷的目标，一般企业只提出可允许的不合格百分比和可接受的质量水平。其观念是：不合格品达到一定数量是不可避免的。而适时生产系统（JIT）的目标是消除各种产生不合格品的原因，在加工过程中每一工序都要求达到最好水平，追求零缺陷。

高质量来之零缺陷的产品，"错了再改"得花费更多的金钱、时间与精力，强调"第一次就作对"非常重要。每一个人若在自己工作中养成了这种习惯，凡事先做好准备及预防工作，认真对待，防患于未然，在很多情况下就不会有质量问题了。因此，追求产品质量要有预防缺陷的观念，凡事第一次就要做好，建立"零缺陷"质量控制体系。过去一般企业总是对花在预防缺陷上的费用能省则省，结果却造成很多浪费，如材料、工时、检验费用、返修费用等。应该认识到，事后的检验是消极的、被动的，而且往往太迟。各种错误造成需要重做零件的成本，常常是几十倍的预防费用。因此，应多在缺陷预防上下工夫，也许开始时多花些费用，但很快便能收回成本。

简言之，适时生产系统的目标就是要实现零库存、零废品、零准备时间和零生产提前期。

（二）产品生产周期分析

产品生产周期指材料进入生产过程直到产品完工等待向客户发运的全部时间。产品生产周期由以下公式组成：

产品生产周期 ＝ 加工时间 ＋ 材料整理 ＋ 运送时间、存储时间 ＋ 等待时间 ＋ 检验时间

通过调查，研究者发现，大多数企业的产品生产过程中加工时间不足总时间的10%，其余时间均为运送、校验和等待等时间。因为在传统的生产系统下，通常生产用材料事先采购存储于材料仓库，然后由原材料仓库向第一生产工序提供材料，第一生产工序将原材料加工为在制品、半成品，转入半成品仓库，然后由半成品仓库转入第二生产工序进一步加工。如此由前向后推进，直至加工完毕为制成品，通过校验转入产成品仓库，等待销售。采用这种生产系统，增加了各个环节的等待、运送、校验等时间，而且在各个产品环节还产生了大量的原材料、在制品、半成品和产成品的存货，从而导致了库存投资、存储、保管、运送、损毁等大量浪费。

适时生产系统的倡导者为改变传统的生产系统，将前述的产品生产周期公式改写为：

产品生产周期 = 增值时间 + 非增值时间

增值时间等于生产过程中队产品直接加工的必要等待时间，加工时间为产品必不可少，通过加工可增加产品价值。非增值时间为存储、等待、运送和校验等时间，非增值时间及其间发生的作业并非产品生产过程中必不可少，其存在不增加产品价值，纯属浪费。适时生产系统的创建者的目的正是在于消除这些非增值时间及其间作业，减少浪费，缩短时间，使产品生产周期等于生产过程对产品实际加工的增值时间，从而整个生产过程得以不间断地进行。

需求拉动式的适时生产系统要求生产企业必须根据客户订货或市场要求的数量、品种、质量标准和交货时间组织生产，安排采购。前一生产工序必须严格按照后一生产工序所要求的有关在产品、办成品，或零部件的数量、规格、质量和需求时间安排生产。

JIT 生产方式的基本思想是“只在需要的时候，按需要的量，生产所需的产品”，也就是追求一种无库存，或库存达到最小的生产系统。JIT 的基本思想是生产的计划和控制及库存的管理。

（三）JIT 的实施手段

JIT 生产方式的基本手段也可以概括为下述五方面。

1）实行拉动式物流方式，即企业的生产要有顾客对产品的需要来启动，上道工序根据下道工序对物料的需要而生产，下道工序需要多少则上道工序生产多少，整个企业以市场需要为目标组织准时化生产。

2）生产批量小量化，即每批产品的数量要尽可能减少，这样有利于减少库存，缩短生产周期，及早发现和消除质量隐患，保持均衡生产。

3）作业人员多能化，即要求作业人员能够胜任多种作业，以便增强人员使用的灵活性，更好地适应市场需求和生产的变化。

4）合理布置生产设备，使相互关联的生产作业配置在一起，从而减少运送工作量与费用，降低在制品库存，同时为各工序间协调配合创造良好条件。

5）改进与供应商之间的关系，使原材料、零部件供应在质量、时间、速度等诸方面适应 JIT 生产方式的要求。

6）生产指令看板化。在实现 JIT 生产中最重要的管理工具是看板，看板是用来控制生产现场的生产排程工具。具体而言，是一张卡片，卡片的形式随不同的企业而有差别。看板上的信息通常包括：零件号码、产品名称、制造编号、容器形式、容器容量、看板编号、移送地点和零件外观等。看板的功能如下。

(1) 生产以及运送的工作指令。看板中记载着生产量、时间、方法、顺序以及运送量、运送时间、运送目的地、放置场所、搬运工具等信息，从装配工序逐次向前工序追溯，在装配线将所使用的零部件上所带的看板取下，以此再去前工序领取。"后工序领取"以及"JIT 生产"就是这样通过看板来实现的。

(2) 防止过量生产和过量运送。看板必须按照既定的运用规则来使用。其中一条规则是："没有看板不能生产，也不能运送。"根据这一规则，看板数量减少，则生产量也相应减少。由于看板所表示的只是必要的量，因此通过看板的运用能够做到自动防止过量生产以及适量运送。

(3) 进行"目视管理"的工具。看板的另一条运用规则是："看板必须在实物上存放"，"前工序按照看板取下的顺序进行生产"。根据这一规则，作业现场的管理人员对生产的优先顺序能够一目了然，易于管理。通过看板就可知道后工序的作业进展情况、库存情况等。

(4) 改善的工具。在 JIT 生产方式中，通过不断减少看板数量来减少在制品的中间储存。在一般情况下，如果在制品库存较高、即使设备出现故障、不良品数目增加也不会影响到后道工序的生产，所以容易把这些问题掩盖起来。而且即使有人员过剩，也不易察觉。

根据看板的运用规则之一"不能把不良品送往后工序"，后工序所需得不到满足，就会造成全线停工，由此可立即使问题暴露，从而必须立即采取改善措施来解决问题。这样通过改善活动不仅使问题得到了解决。也使生产线的"体质"不断增强，带来了生产率的提高。JIT 生产方式的目标是要最终实现无储存生产系统，而看板提供了一个朝着这个方向迈进的工具。

三、目标成本法

目标成本法是以大量市场调查为基础，根据客户认可的价值和竞争者的预期反应，估计出在未来某一时点市场上的目标售价，然后减去企业的目标利润，从而得到目标成本。

目标成本法的特点是改变了成本管理的出发点，即从生产现场转移到产品设计与规划上，从源头抓起，具有大幅度降低成本的功效。

与传统的成本管理相比，目标成本法具有以下特点。

1. 在产品生命周期的初始阶段即注重成本的降低

传统的成本管理主要控制在生产阶段的耗费，即产品投产后的制造阶段，属于事后管理。而目标成本法主要在产品的研究、开发、规划与设计阶段实施，即在产品生命周期的初始阶段，就进行充分透彻的分析，有助于避免后续生产过程的大量无效劳动，耗费无谓的成本，从而实现成本降低的目的。

2. 以顾客为导向谋求竞争优势

传统的成本管理以生产为中心，难以适应复杂多变的外部环境。目标成本法是以顾客认可的价格、功能、需求量等因素为出发点，起始于对产品价格的估算。而产品价格综合考虑了多种因素的影响，包括产品的功能、性质及市场竞争力等。而对于价格和功能的权衡选择也反映了企业的战略和对产品发展的需要。

3. 拓宽了企业成本管理的范围

传统的成本管理在过程上重视控制生产阶段的耗费，在范围上局限于企业的内部。而目标成本法则超越了这一局限：在过程上，成本管理在产品的整个价值链，从产品的设计、原材料的采购、产中、产后、产品的销售和售后服务的全过程进行成本控制；在范围上，超越了企业的边界，构建了包括上游和下游的产品成本价值链，使供应商在满足产品性能水平的基础上提供成本最低的零部件。

四、质量成本分析

质量成本又称质量费用。根据ISO9000系列国际标准质量成本的定义是：将产品质量保持在规定的质量水平上所需的有关费用。质量成本由两部分构成，即运行质量成本和外部质量保证成本。

质量成本分析就是将质量成本核算后的各种质量成本资料，按照质量管理工作要求进行分析比较，以达到最大限度降低质量成本的目的。引通过质量成本分析，可以找出影响产品质量的主要缺陷和质量管理工作的薄弱环节，为提出质量改进意见提供依据。通过质量成本分析也可以找到一个最佳质量点，使质量总成本最低，从而实现质量与经济效益的平衡。

20世纪50年代初，美国通用电气公司质量管理专家A·V·菲根鲍姆首先明确提出质量成本的概念。20世纪80年代，菲根鲍姆进一步发展了质量成本的内涵。美国质量管理专家J·M·朱兰博士“矿中黄金”理论的提出，使质量成本理论更趋完善。此时，质量管理进入了一个全新的阶段，即由统计质量管理进入全面质量管理阶段。进而把产品质量同企业的经济效益联系起来，这对深化质量管理的理论、方法和改变企业经营观念都有着重要意义。

质量成本的组成项目如表8-6所示。

表8-6　质量成本的组成项目

质量成本类别		成本项目
因质量问题而引起的成本	内部故障成本	废品损失、返修品损失、复检费（返修品再检费用）、由于质量原因而引起的停工损失、不合格产品降级损失、产量损失、事故分析处理费用
	外部故障成本	退货损失、保修费用、索赔及诉讼费用、折价损失

（续表）

质量成本类别		成本项目
因保证和提高质量而引起的成本	鉴定成本	进料检验费用、工序检验费用、产品产量评审费用、检测设备折旧费、检测设备维修费、检测材料消耗及劳务费
	预防成本	质量计划工作费用、新产品评审费用、质量培训费用、质量情报费用、工序能力研究费用、质量审核费用、质量改进措施费用

1. 预防成本

当产品质量或服务质量及其可靠性提高时，预防成本通常是增加的。因为提高产品或服务质量通常需要更多的时间、努力和资金等的投入，这包括流程设计费用、产品设计费用、人员培训费用等。

2. 鉴定成本

当产品或服务的质量及其可靠性提高时，鉴定成本通常会降低。质量鉴定可以帮助管理人员发现质量问题的所在，从而可以立即采取措施解决存在的问题，保证质量能够持续得到改善，从而减少质量问题带来的成本。例如，在日本企业中，每名员工都不放过任何一个已发现的质量问题，绝对不让有质量问题的加工零件进入生产线的下一工位。这种做法有利于企业迅速发现质量问题，并找到引起质量问题的根源所在，这是一种降低质量管理中鉴定成本的有效方法。

3. 内部故障成本

当产品或服务的质量及其可靠性提高时，内部缺陷成本会降低。有很多预防措施可以用来减少不合格品的产生，从而也就降低了材料报废、再加工、延期交货、设备故障、库存积压等带来的成本。

4. 外部故障成本

同内部缺陷成本一样，当产品或服务的质量及其可靠性提高时，外部缺陷成本会降低。质量及可靠性的提高，不仅会减少售后保修费用，保持市场份额，而且还会避免由于产品或服务质量低劣而导致的人身损害，环境污染等重大事故的发生。

从以上分析可以看出，在预防措施上进行一定投入使质量得到提高，对于一个组织来说，是很有益的。当然，这也取决于管理的注意力是否集中在质量和可靠性上。例如，如果公司希望通过更好的产品设计和流程设计来提高质量水平，而不是通过解决原有产品设计和流程设计中的质量问题来提高质量，则生产管理人员要做的主要工作则是在产品的质量、反应时间和灵活性等竞争因素上下工夫，以期在市场竞争中取得优势。在这种情况下，有关质量的其他成本的减少并不能弥补预防成本的增加。所以，管理人员通常不得不提高产品或服务的价格，从而采取以质量取胜而不是以价格取胜的生产运作策略。一辆奔驰车比一辆伏特车贵，四星级宾馆的住宿费比普通旅馆的住宿费高就是这个道理。

一般来说，如果管理人员提高了质量可靠性水平，则由此增加的预防成本和鉴定成本就会较高。但是与此同时，由于质量提高而使各种浪费减少所带来的收益也是巨大的。这就是众多公司投入大量人力、物力、财力来提高产品质量或服务质量的原因所在。

下　　篇

第九章 广义管理会计概述

葛家澍教授说:“管理会计的出现,使已有五百年发展史的现代会计似乎成了一门新兴科学。由于这一系列变化,对会计的基本认识,例如会计的对象、职能性质甚至会计的定义,人们都觉得有重新探讨和研究的必要。”(葛家澍:《关于会计基本理论与方法问题》,经济科学出版社 2004 年版,第 91 页)。

管理会计的产生,不仅仅意味着会计学中出现了一个新的分支,更是改变了整个会计学的面貌,意味着会计学进入了一个新的阶段。

关于管理会计的含义,早在 20 世纪 20 年代至 70 年代,西方会计学界一直是从狭义上定义管理会计的,如 1958 年美国会计学会(AAA)管理会计委员会的定义是:管理会计是指处理企业历史和未来的经济资料时,运用适当的技巧和概念来协助经营管理人员拟订能达到合理经营目的计划并作出能达到上述目的明确的决策。

自 20 世纪 80 年代初开始,管理会计概念的外延便开始扩大。

1981 年,美国全国会计师协会(NAA)管理会计实务委员会的定义把管理会计扩大到包括财务会计的范围,即管理会计既包括为经营管理人员提供信息的狭义管理会计,也包括为非管理团体如股东、债权人、管辖机构和税务当局编制财务报告。

1982 年,英国成本与管理会计师协会又进一步把管理会计的范围扩大到除审计以外的所有财务计划与会计事项(包括筹措资金、编制财务计划与预算、进行财务控制、财务会计和成本会计等)。

按美国全国会计师协会管理会计实务委员会和英国成本与管理会计师协会的观点,包括财务会计在内的所有会计分支都是管理会计的组成内容。也就是说,自从“狭义”的管理会计产生以后,会计学发展到当代,已经进入了广义管理会计阶段。管理会计在整个会计学科体系中的地位,由占一席之地,发展到和财务会计平起平坐,最后“兼并”了财务会计,成了当代会计学的代名词。

为了区别传统的管理会计,我们可以把这个“兼并”了财务会计的当代会计叫做广义管理会计。

第一节 广义管理会计的历史进程

众所周知,会计是一种运用专门方法,全面、连续、系统、综合地反映和监督企、事业单位的经济活动,并向相关会计信息使用者提供决策和管理信息的一项管理工作。其目的是保障和改进经营,不断提高经济效益。

卢卡·帕乔利在他的《算术·几何·比及比例概要》中一开头就指出:"凡是希望获得经营成功的商人,必须具备三个条件。""其中最主要的是现款,或某些与此等值的经济实力。""经商必备的第二个条件是:商人必须是精明的会计员和敏捷的数学家。""经商必备的第三个即最后一个条件是:所有商业事务必须采取有条不紊的方式加以记录,使商人能一目了然地了解自己的经营活动。"可见,在卢卡·帕乔利那里,拥有现款等经济资源以及对其进行系统的记录是商人经营成功的必要条件。

著名的德国诗人歌德就曾这样赞美复式簿记:"它是人类智慧的绝妙创造,以致每一个精明的商人都必须在自己的经营事业中利用它。"

可见,会计一开始就是为商人的经营管理服务的。

会计最初并不是像哲学一样产生于哲人的头脑,也不像政治学一样产生于朝堂之上的纵横捭阖,也不像有的"高雅艺术"一样来自艺术殿堂里的阳春白雪,也不像经济学一样"为女王解释国民财富"(在西方经济学鼻祖亚当·斯密的《国富论》的扉页上写着这样一句话:"献给女王陛下的一本书"),会计就是"下里巴人",是用来满足商人经商需要的。会计关心的是多赚钱,思考的是利润,从其一开始到今,就是一门"俗之又俗"的学问。

可见,早期的会计就是为商人的经营管理服务的,会计的本质就是"管理会计"。但是,在会计的发展过程中,会计的职能却经历了一个从"异化"到"回归"的曲折过程。

一、会计的"异化":财务会计阶段

随着股份有限公司的兴起,经营者和所有者开始出现了分离的现象。相应地,为经营者服务的会计自然就产生了一项新的任务:为所有者服务。1721 年,英国发生了南海公司事件。当时"南海公司"以虚假的财务信息诱骗投资人上当,其股票价格一时扶摇直上,但好景不长,"南海公司"最终未能逃脱破产倒闭的厄运,使股东和债权人损失惨重。英国议会聘请会计师查尔斯斯耐尔(Charles Snell)对南海公司进行审计。斯耐尔以"会计师"名义提出了"查账报告书",从而宣告了独立会计师,即注册会计师的诞生。到 1853 年世界上第一个会计师公会——爱丁堡会计师公会的成立。会计发展到这个阶段,会计已经不仅仅是经营者的会计了。

随着历史步入20世纪的20年代末30年代初,美国发生了严重的经济危机。人们认识到,会计信息的不规范、不公开和虚假是造成股东损失和资本市场混乱的重要原因。在这种情况下,美国颁布了《证券法》和《证券交易法》,并开始了对会计准则的系统研究和制定。会计准则的推行,标志着财务会计的产生。会计发展到此,意味着会计由侧重于满足企业内部经营需要转向满足企业外部有关方面的决策需要,对外提供财务报告,成为了"对外报告会计"。

这样一个由为"自己"服务转变为"别人"服务的过程,我们可以称之为会计的"异化"。在这种情况下,人们对会计的关注已经不再是如何满足企业内部经营需要,而是要求满足企业外部有关方面的决策和监督经营者履行责任的需要。这样,原本的内部会计让位于外部会计,内部会计出现了"空洞"!

二、会计的"回归":狭义管理会计阶段

当然,在当时,"空洞"的出现并不会对企业内部经营产生多大的冲击。因为管理水平不高,对会计的要求也不高,财务会计在对外服务的同时,也同时能够满足内部经营的需要。但是,我们不能说,满足内部经营的需要就不重要了。事实上,在传统的经营者会计转化为财务会计的同时,成本会计也在进一步发展,标准成本、预算控制、差异分析、变动成本法和盈亏平衡分析等新的会计方法也在随着管理的需要而陆续出现。

在人们渐渐习惯了外部导向的财务会计的一段时间以后,人们终于发现财务会计的发展越来越偏离内部经营的需要,开始不能忍受财务会计了。但人们显然无法把这个早就是"为他人作嫁衣"的财务会计拉回经营者的"娘家"(财务会计只能在把"嫁衣"做得更好的这条不归路上努力地不断走下去)。于是,经营者只好另起炉灶,构建为自己服务的管理会计。这就是狭义管理会计。

三、会计的"综合":广义管理会计阶段

如果说财务会计的产生意味着传统会计的异化,那么,管理会计的产生则意味着传统会计的回归。因为会计本来就是为内部经营管理服务的。然而,至今为止,人们一直把这个"吃里爬外"财务会计当成了现代会计的主流,当成了传统会计的继承者,倒把管理会计当成了一个"新来的",一门新的会计学。其实,从会计的服务对象来看,财务会计与传统会计是背道而驰的,与传统会计是完全不同的,管理会计才是传统会计职能的发扬光大。

之所以造成这种错觉,是因为财务会计带走了会计的所有家当,如会计等式、借贷记账法等。于是人们就把财务会计认作了传统会计的继承者。究其原因,还

是因为会计学的“贫困”：只有一个会计等式，只设一套会计账户，就这么一点家当。管理会计一无所有，只能从经济学、管理学、统计学和数学等学科中借用一些工具。管理会计成了一个花花绿绿的小姑娘、一个大杂烩、一个堆砌物、一个不伦不类的怪物、一个华而不实的东西。

其实，会计等式、借贷记账法等工具管理会计也是可以用的，财务会计没有资格对这些东西申请“专利”。会计也并不是那么“贫困”。会计之所以显得这么“贫困”，是因为我们身在宝山不识宝，对这些工具了解不够、认识不够、挖掘不够、利用不够。事实上，会计对象虽只有一个，但观察的角度却可以有很多，也必须有很多。相应地，会计等式也就有很多。不同的目的就有不同的角度，不同的角度就有不同的认识，不同的认识就有不同的等式。财务会计有其特有的等式，管理会计也应该有其特有的等式，而且不止一个。

经济越发展，会计越重要；管理越进步，管理会计越重要。以“资产＝负债＋所有者权益”为基础的财务会计只能为管理提供最基础的信息，无法满足现代管理的要求。管理会计要适应现代管理的需要，就必须另起炉灶，建立独立的管理会计核算系统。把管理会计建立在财务会计的基本核算系统之上，就是把管理会计当作“毛”，依附在财务会计之“皮”上，这种做法注定会让管理会计成为无源之水，也就长不出管理会计之木。没有完整独立的核算系统，管理会计的方法再巧，也是无法做出管理之炊的。

财务会计反映经济利益关系，管理会计则要创造经济利益。管理会计至少是应该与财务会计平起平坐的。随着经济的发展，管理会计的重要性必然不断地超过财务会计，管理会计必将成为会计的主体，真正实现会计职能的回归。

会计发展到今天，为内部服务变成了外部导向应该说已是不争的事实。但为内部服务总是会计的根基和会计存在的根本理由，是会计生生不息的动力。经历了长期的对外部导向的财务会计的聚焦后，把会计研究的聚光灯移向内部导向的管理会计，是时代的需要；在现在和未来的一段时间内，发展管理会计，应是我们任重而道远的工作。

其实，管理会计和财务会计是不可分割的。两者都是会计，都是信息系统(复式簿记系统)，都以经营管理为目的。只不过在发展过程中发生了某些偏离。财务会计弃“主人”的需要于不顾，偏向了为“外人”的管理服务，管理会计则丢掉了会计的“传家宝”(复式簿记系统)而变得不伦不类，甚至连“认祖归宗”都成了问题。因此，两者的融合乃是势所必然。

现行的管理会计和财务会计都是不完整、跛脚的会计(财务会计主要在职能上跛脚，管理会计主要在信息处理方法上跛脚)，两者的融合可以使会计变得完整，使得会计的功能更加强大，更能适应现代经营管理的需要。

管理会计是会计不断发展的产物，同时，管理会计的出现又是对会计学的丰富和发展，管理会计由狭义发展到广义，则是会计的大重构和大综合。管理会计的发展标示会计进入了一个新的时期，具有里程碑的意义。

充分利用传统会计的独特方法并加以改造和扩展，使其具有强大的信息处理能力；回归会计的管理职能并使其更加强大，满足现代企业更丰富和多样化的需要，这需要我们把财务会计和管理会计有机地结合起来，构建综合的广义管理会计。

第二节　广义管理会计的基本原理

一、"A＝0"：会计等式的重构

利用等式来反映世界，这是会计的一个突出特点。

利用一个异常简单的等式，就能概括会计核算的全部内容，并能反映反映会计核算对象的内在关系。这说明，会计是一门高度抽象、理论性极强的科学。

会计等式是记账方法的理论基础，又是对会计对象的具体描述。

会计等式是简单的、明确的、具体的、鲜明的。会计等式又是非常深刻的、本原性的和哲学的。那么，会计等式应该如何表述？

（一）关于"资产＝负债＋所有者权益"

众所周知，会计等式是"资产＝负债＋所有者权益"。表面上看，这个等式是成立的。从算术的意义上看，也确实存在这样的平衡关系。但稍作深入分析就会发现问题：负债的本质和资产正好相反，是一种"负资产"。也就是说，资产是一个正数，负债则是一个负数。进而言之，所有者权益和负债也一样，其本质也是企业承担的责任（资产则是企业所拥有的权利，为正），也是一个负数。可见，资产是一个正数，"权益"（包括负债和所有者权益）则是一个负数。正数怎么能和负数相等呢？显然，这个会计等式是不成立的！

（二）真实反映会计对象的表达式："A＝0"

如前所述，由于"资产"为正，"负债＋所有者权益"为负，且两者的绝对值恒等，正负相抵必为0。即：资产＋负债＋所有者权益＝0。

设某企业资产为100，负债为40，所有者权益为60，则有

$$资产 + 负债 + 资本 = 100 + (-40) + (-60) = 0$$

假设"资产＋负债＋所有者权益"＝A，则有

$$A = 0$$

“A＝0”就是会计等式的通用模型。

会计等式不仅仅是一个数学表达式，不仅仅是复式记账法的基础，也不仅仅是试算平衡的工具。更重要的是，它是对会计对象本质的一种揭示和认识。“A＝0”不仅是会计等式，还反映了会计对象的“零”属性，即“会计对象＝0”。这是为什么？

二、经济利益：会计对象本质的揭示

会计的对象是什么？这是会计学首先必须解决的一个问题。奇怪的是，会计核算对象在西方会计理论中备受冷落，甚至没有“会计对象”一词。在我国的会计理论研究中，会计对象问题则是备受重视的，但争议颇多，至今尚未有定论。近年来，关于会计对象的讨论已冷下来了，但问题并没有解决。存在的问题主要有：

(1) 众说纷纭，莫衷一是，止步不前。关于会计对象，有“再生产过程论”、“资金运动论”、“财产论”、“财富论”、“劳动量论”、“经济活动论”和“产权论”等观点。可谓众说纷纭，莫衷一是。这种情况不算反常，但如此多的观点长期不能达成相对的一致，找不到一种最科学、最恰当的表述，这于会计科学的发展是不利的。

(2) 这些观点都不能反映会计的特色，即使是最主流的“资金运动论”和“经济活动论”。研究“资金运动”不是会计的特色。如《资本论》就也是研究的，研究“经济活动”的科学就更多了，而且把一门科学的对象表述为也过于肤浅。

(3) 与会计要素不一致。会计要素是会计对象的具体化，会计对象和会计要素的关系应该是：会计对象 $=\sum$ 会计要素。可是，按现行的“资产＝负债＋所有者权益”，显然与“会计对象 $=\sum$ 会计要素＝资产＋负债＋所有者权益”是冲突的。

会计对象是会计核算内容的抽象和概括。由于会计核算的内容经历了一个由简单到复杂的过程，相应地，人们对会计对象的认识必然也要经历一个由具体到不断抽象的过程。

“普遍性寓于特殊性之中”。抽象地对会计对象“坐而论道”也许永远难以找到答案，到各项会计要素中去寻找共同性的东西也许才会达到目的。资产、负债和所有者权益的共同本质是什么？传统的会计理论认为资产、负债和所有者权益都是资金，其中资产是资金占用，负债和所有者权益则是资金来源。确实，资产大体上可以解释中企业所拥有的资金，对企业有积极作用，是一个正数，负债和所有者权益却是资产的对立面，是企业承担的责任(偿债责任和受托经营责任)，对企业有消极作用，是一个负数。可见，把负债和所有者权益也称为资金是不对的。把负债和所有者权益理解为资产的“影子”也不对，因为负债和所有者权益也是实实在在的，是会计对象中不可或缺的组成部分。

其实，早期的会计，其对象是非常简单和明确的，在信用关系和两权(经营权和所有权)分离出现之前,企业的经济运动也就是存货、设备和货币等的运动,显然,这种运动毫无疑问可以称为资金运动。在信用关系出现之后,情况就不同了。在经济活动中,除了存货、设备和货币等以外,债权债务也出现了。在这种情况下,会计对象除了资产(债权也加入到资产中),又产生了一项新的内容,即负债。两权分离出现之后,所有权独立于经营权,经营权要对所有权承担责任,于是在会计对象中又出现了一项新的内容,即"所有者权益"。至此,现代会计核算的三项内容(资产、负债和所有者权益)全部到位,"资产+负债+所有者权益"共同构成了现代会计对象。在负债和所有者权出现以后,会计对象就不能称为资金了。

资产、负债和所有者权益的共同本质是什么?经过多年的探讨,我国会计界已经逐步从具体到抽象,不认为是资金,而是经济利益。我国《企业会计准则——基本准则》中对有关会计要素就是这样定义的:

"第二十条　资产是指企业过去的交易或者事项形成的、企业拥有或者控制的、预期会给企业带来经济利益的资源。

第二十三条　负债是指企业过去的交易或者事项形成的、预期会导致经济利益流出企业的现时义务。

第三十条　收入是指企业在日常活动中形成的、会导致所有者权益增加的、与所有者投入资本无关的经济利益的总流入。

第三十三条　费用是指企业在日常活动中发生的、会导致所有者权益减少的、与向所有者分配利润无关的经济利益的总流出。"

显然,财务会计中各个要素的定义中都有经济利益一词,并且经济利益还是这些要素的本质所在。不同的会计要素无非就是经济利益的不同组成部分,或反映经济利益的不同状态,或反映经济利益的不同变化。简单地说,资产是呈正数的经济利益,负债和所有者权益是呈负数的经济利益,收入是经济利益的加项,费用是经济利益的减项。

会计以经济利益为对象,直指人的现实需要,使得会计成为一种极其重要、为人们所高度敏感和关注的工作。对于经济利益的重要性,马克思给予了充分的肯定。他说:"人们奋斗所争取的一切,都同他们的利益有关"(马克思:《马克思恩格斯选集》第1卷,人民出版社1972年版,第82页)。"英国高教会宁愿饶恕对它的三十九个信条中的三十八个信条展开的攻击,而不饶恕对它的现金收入的三十九分之一进行的攻击"(马克思:《马克思恩格斯选集》第2卷,人民出版社1972年版,第208页)。恩格斯也说得很明白:"每一个社会的经济关系首先是作为利益关系表现出来"(马克思:《马克思恩格斯选集》第2卷,人民出版社1972年版,第537页)。

然而,对于利益这一如此重要的问题,却历来有着严重的误解和认识上的扭曲,甚至成了一个讨论的禁区。儒家的亚圣孟子就提出责问:何必曰利?

中国人羞于言利，更羞言利己。孔子曰：君子喻于义，小人喻于利。而一句"商人重利轻别离"更是由于撕开了那层温情脉脉的面纱而使商人们永远作不成君子。由于"子罕言利"，普通老百姓也不敢言利了。

经济学研究经济利益(财富)的性质和原因，并分析经济利益关系，企业管理学如何通过经营管理获得经济利益并使之最大化。但经济学和企业管理学主要是进行理论分析，即使大量使用计量模型，也仍主要是用来分析。会计则不同，会计要对经济利益进行实际的、数量化的、结构性的、完整的、系统的、动态的反映。由于会计的这一特征，使得会计受到人们特别的关注和重视，以至于一分钱的差错都不能被容忍(记账原理的科学性在技术上也保证了这一点)。

三、借即增贷即减：借贷记账法新解

借贷记账法一直是举世公认的科学的记账方法。在我国，从学习，到排斥、批判，到重新肯定借贷记账法，承认借贷记账法是最科学的记账方法，经过几十年的曲折反复，更进一步证明了借贷记账法的科学性和不可代替性。

尽管如此，借贷记账法却并不容易为人们所理解和接受。会计的初学者一入门就对此感到茫然，对其捉摸不定的含义无所适从。最后只得听从老师的总结，把借贷仅仅理解为一个记账符号。在20世纪五六十年代关于借贷记账法的争论中，就是把记账符号费解，不符合中国的传统习惯，不利于在群众中普及作为否定借贷记账法的一个主要理由。

(一) 从经济利益理解借贷的含义

现在，我们认识到会计对象的实质就是企业的经济利益，则借贷记账符号的含义就不难理解了。

借资产，表示资产增加，意味着企业的经济利益增加；借负债和所有者权益，表示负债和所有者权益减少，意味着企业所承担的责任减少，数学上表现为一个负数的减少，负负得正，同样意味着经济利益增加；借收入，表示收入减少，相应地，利润减少，使得所有者权益减少，同样意味着经济利益增加；借费用，表示费用增加，费用增加就意味着利润减少，使得所有者权益减少，同样意味着经济利益增加。

可见，借总是表示企业的经济利益增加。相应地，贷当然就总是意味着企业的经济利益减少。简单地说，就是"借增贷减"。

最科学的，往往就是最简单的。借贷记账法的含义却是再简单不过。

经济利益增加对企业有利，经济利益减少对企业不利，于是我们又可以说："有借必有贷，有好必有坏"。

如何解释借贷记账法的记账规则？众所周知，借贷记账法的记账规则是"有借必有贷，借贷必相等"。应该说，这是一条"放之四海而皆准"的铁律，称为"记账规律”(或者说是“会计对象的运动规律”)实在也是毫不为过。这是会计工作必须遵守的一条最基本的规律,实在是值得大书而特书,详加剖析。

然而,这样一条极重要的规律却被称之为“规则”。这是不恰当的！因为规则是人为制定的,人为制定也就是可以修改的,也可以取消。而规律却决不可以修改,更不可以取消。实际上,在传统复式簿记理论看来,“有借必有贷,借贷必相等”的记账规则确实是人为地设计的,设计这种“记账规则”的目的居然主要就是为了防错！借贷记账法的科学性被认为主要表现在其“记账规则”很简明！应该说,这种认识不够深刻的。借贷记账法的科学性绝不仅仅在于其很简明！

在我国,就曾经由于认为记账规则可以人为地设计而把“有借必有贷,借贷必相等”的记账规则轻易地改为“有增有减,同增同减”和“有收有付,同收同付”的记账规则。

之所以把会计对象的运动规律称作借贷记账法的“记账规则”,其根本原因是传统复式簿记理论对会计对象缺乏一个整体性的认识,没有一个本质性的认识,也没有认识到会计对象运动的性质和规律。事实上,在会计教学中,教师一般仅仅是根据资产、负债和所有者权益等几个会计要素之间的数量关系,罗列几种经济业务发生后会计等式的变化,总结出不管发生何种情况都是“有借必有贷,借贷必相等”的结论。学生们感觉到的是“穷举法”的科学,没有意识到先辈们设计借贷记账法的天才、科学和良苦用心,更没有意识到“有借必有贷,借贷必相等”是一个不以人的意志为转移的客观规律。

有了“A＝0(即经济利益＝0)”,借贷记账法记账规则的证明就不必使用“穷举法”了,这真是“踏破铁鞋无觅处,得来全不费工夫”:在A必须为0的条件下,A内部的任何变化都只能是“有增必有减,增减必相等”(即有借必有贷,借贷必相等),否则“A＝0”的平衡关系必然会被打破。

所以,在借贷记账法里,借贷的含义其实很简单:“借”就是增加的意思,“贷”就是减少的意思。

(二) 从功利主义理解借贷的含义

会计是一门应用科学。应用科学的特点是研究的方向性强,目的性明确,与实践活动的关系密切,且直接体现着人的需求。如果说,经济学属于理论科学,理论科学的目标侧重于满足人类的求知欲,那么,作为应用科学的会计学,其目标就是要为获得实际经济利益服务,就是要“有用”。会计是一门功利性很强的科学。其“功”何在？其“利”又在哪？要满足企业经营管理中的什么需要？

会计研究本身无法回答这些问题,回答这些问题需要追溯到经济学。经济学的目的是什么？19世纪70年代西方经济学中出现的边际效用学派以边沁功利主义作为其理论的出发点。英国边际效用学派代表杰文斯认为经济学的目的是求以最小痛苦的代价来购买快乐,而使幸福增至最高度,要求对快乐和痛苦进行计算,因而把经济学叫作"快乐与痛苦的微积分学"。由英国庇古奠定的福利经济学,认为一个人的福利是他所感到的满足的总和,社会福利则是各个人的福利的总和,各个人总是力图使自己的满足成为最大量。

功利就是指功效和利益。功利主义(Utilitarianism)认为人应该做出能"达到最大善"的行为。所谓最大善的计算则必须依靠此行为所涉及的每个个体之苦乐感觉的总和。其中每个个体都被视为具相同分量,且快乐与痛苦是能够换算的,痛苦仅是"负的快乐"。

约翰·穆勒说:"主张功利理论的每一位著作家,从伊壁鸠鲁到边沁,都从来没有把功利理解为某种与快乐判断有别的东西,而是把它理解为快乐本身以及痛苦的免除。"(约翰·穆勒著,徐大建译:《功利主义》,上海人民出版社 2007 年版),"所谓善的就是能引起(或增加)我们快乐或减少我们痛苦的东西。所谓幸福,是指快乐和免除痛苦,所谓不幸,是指痛苦和丧失快乐。"(约翰·穆勒著,徐大建译:《功利主义》,上海人民出版社 2007 年版)

可见,功利就是指"快乐本身以及痛苦的免除"。"快乐"和"痛苦"不仅具有同质性(都属于功利),而且还可以相互换算。就会计来说,会计关注的就是功利,资产对于会计来说是"善"的,负债和所有者权益是"恶"的。快乐的增加和痛苦的减少具有同等的意义,都是"善"。这就是说,资产的增加和"权益"("权益"实际上是广义的负债,是"恶"的)的减少都是"善",相反,资产的减少和"权益"的增加则就是"恶",显然,在这里,借就是善,贷就是恶。通俗地说,借就是好的,贷就是坏的。"有借必有贷"表现为"有好必有坏"。

联系到会计对象为经济利益,我们也可以说,借表示经济利益增加,是好的;贷表示经济利益减少,是坏的。

四、"横看成岭侧成峰,远近高低各不同":会计要素的多维视角

长期以来,我们对会计对象的认识是模糊不清的,会计对象对我们来说还是一个"混沌体",我们一直都不识会计的"庐山真面貌"。其原因就是总是身在会计的"此山中",总是就会计而论会计,而没有跳出会计本身。我们需要从经济本质,乃至于从功利的角度来观察会计的本质。

会计要素是对会计对象的基本分类,是会计核算和监督的具体内容,是构成会计对象具体内容的组成因素。以前我们蜷缩于会计"庐山"中的财务会计一隅,看到的就是资产、负债和所有者权益等几个"山头"中。我们只有远远地跳出会计"庐山",对会计进行"远眺"和"鸟瞰",就能发现会计的本质,也能全方位、360 度视角地观察到会计的万千景象。会计的本质是全面系统量化的经济利益。"横看成岭

侧成峰，远近高低各不同”。从不同角度观察，经济利益的表现形态却又是丰富多彩的。从不同的角度观察，就看到不同的会计对象。相应地，就看到组成会计对象的不同要素。会计对象和会计要素的关系为：

$$\text{会计对象} = \sum \text{会计要素}$$

从财务的角度，可以看到一个由资产、负债和所有者权益组成的财务会计对象。其会计等式为：

$$\text{财务会计对象} = \text{资产} + \text{负债} + \text{所有者权益} = 0$$

从责任会计的角度，可以看到一个由各责任中心的经济利益组成的责任会计对象。其会计等式为：

$$\text{责任会计对象} = \sum \text{各责任中心中的经济利益} = 0$$

从作业会计的角度，可以看到一个由各项作业中的经济利益组成的作业会计对象。其会计等式为：

$$\begin{matrix}\text{作业会}\\\text{计对象}\end{matrix} = \sum\left(\begin{matrix}\text{产出量作业}\\\text{中的经济利益}\end{matrix} + \begin{matrix}\text{批量作业中}\\\text{的经济利益}\end{matrix} + \begin{matrix}\text{品种数作业}\\\text{中的经济利益}\end{matrix} + \begin{matrix}\text{维持作业中}\\\text{的经济利益}\end{matrix}\right) = 0$$

从经营会计的角度，可以看到一个由各项经营活动中的经济利益组成的经营会计对象。其会计等式为：

$$\begin{matrix}\text{经营会}\\\text{计对象}\end{matrix} = \sum\left(\begin{matrix}\text{业务活动中}\\\text{的经济利益}\end{matrix} + \begin{matrix}\text{财务活动中}\\\text{的经济利益}\end{matrix} + \begin{matrix}\text{后勤活动中}\\\text{的经济利益}\end{matrix}\right) = 0$$

从现金流量会计的角度，可以看到一个由各项现金流量中的经济利益组成的现金流量会计对象。其会计等式为：

$$\text{现金流量会计对象} = \sum(\text{现金流入中的经济利益} + \text{现金流出中的经济利益})$$

……

第三节 从一维到多维：广义管理会计的发展之路

一、会计的现状和存在的不足

会计的现状是：财务会计只提供财务信息；管理会计能提供多种多样的管理信息，但没有自己的信息系统。

造成这种现状的原因是：会计所依赖的现行的复式簿记系统功能太弱，不足以支撑起一个能容纳财务会计和管理会计的信息系统。

(一) 以“资产＝负债＋所有者权益”为基础的现行的复式簿记系统框架严重制约了会计信息的内容

现行的复式簿记系统只能提供资产、负债和所有者权益三个方面的会计资料。也就是说，对极其丰富的经济信息只能从财务这一个角度来进行观察和反映，而无法、或者很难从管理和其他角度来进行观察和反映。现行的复式簿记系统严重束缚了会计提供信息的能力，与经济的发展、企业管理要求日益提高的需要越来越不相适应。

(1) 现行的复式簿记系统能够反映财务状况和财务成果，能够为财务管理提供必要的信息，却无法同时全面反映企业各项经营活动的情况。这样就难以有效地帮助企业做好对经营活动的规划和控制工作。

(2) 现行的复式簿记系统能够从整体上反映企业资产、负债和所有者权益等财务状况，却不能对企业内部各个责任单位的状况进行反映。须知千里之行始于足下，能否提高整体经济效益，取决于每一个内部单位乃至于每个职工的每一项具体的经营活动适当与否。

(3) 现行的复式簿记系统能够有效地对日常发生的资金运动进行账务处理，却难以反映对经营活动的预测，决策和预算。

(二) 面对海量的信息需求，以“资产＝负债＋所有者权益”为基础的现行的复式簿记系统捉襟见肘，疲于应付

经济发展需要会计提供海量的会计信息。在这种“饥饿的需求”面前，局限于“资产＝负债＋所有者权益”的现行会计核算系统捉襟见肘，疲于应付。

随着管理的复杂化和管理对会计信息的依赖性日益加强，现行的复式簿记系统的局限性就变得非常明显了。企业管理需要越来越多会计信息，而现行的复式簿记系统不能满足这一需求，于是人们只好对会计核算系统采取如下一些补救措施：

(1) 在总账设置主要考虑编制会计报表需要的前提下，通过明细账的设置来满足管理的需要。为便于分析，评价、控制和考核一些重要项目，可适当增加明细账的级数。例如，按经营项目、责任单位等设置一些专门的明细账簿或明细专栏。然而，明细账受控于总账，只能对总账作一些补充说明，无法独当一面地提供某一方面的会计信息。而且，明细账的数量也不可能设置得太多，级数也不可能设置得太多。现在有的企业明细账的设置已经达到了四级、五级甚至更多，会计信息更显得不规范、不系统、使用起来更不方便。即使是这样，复式簿记系统仍难以满足管理的需要。例如，在成本核算上，若管理上需要既按品种，又需要按批次和步骤计算产品成本，传统的复式簿记系统就很难做到了。

(2) 账外设置一些备查簿、辅助账，以提供一些账内无法反映的管理所需要的信息。这种方法显然也只能解决个别问题，这些信息也不可能全面、系统。

(3) 在现行的复式簿记体系之外，另外建立有关的核算系统。如在复式簿记体系之外建立责任会计核算体系；在传统的成本核算体系之外建立标准成本核算体系；在全部成本法之外建立变动成本法核算体系等等。这些核算系统如实行所谓的“单轨制”(即仍然只按一种标准设置一套核算体系，其他标准的数据通过调整而得)，和主体的复式簿记系统相结合，则复式簿记系统势必会搞得十分复杂和十分混乱；如实行所谓的“双轨制”(即按不同标准设置多套核算体系，平行核算，互不干扰)，复式簿记系统就不是一个整体，使复式簿记系统失去了全面、系统、综合、连续核算的固有优点。

可见，以上措施，实质上仅仅是在不改变现行复式簿记的既有框架下尽可能地多附带提供一些管理所需要的信息。提供的管理信息仅属于一种财务会计信息的边缘性延伸。显然，这种做法实质上只是对传统复式簿记的一种修修补补，只能勉强提供一些零散的管理信息。

我们知道，现代管理对会计信息的要求越来越高，要求会计信息必须具有系统性、全面性、综合性和及时性。很明显，现行复式簿记由于其信息的容量有限，不可能在满足对外报表的要求外，同时满足内部管理的需要。现行的复式簿记系统小小的“旧瓶”已经装不下现代企业海量信息需要的“新酒”。面对迅速膨胀的信息量，现行会计核算系统的框架越发显得捉襟见肘、疲于应付。

二、从一维到多维：艰难的探索

维度是指一种角度、视角。现行的复式簿记系统只设置一套会计科目(财务会计科目)、一套账户，实际上是一种一维的会计系统。从一个维度观察会计对象，所得的信息是非常有限的。这就像庐山；“横看成岭侧成峰，远近高低各不同”。从不同的维度来观察庐山，就能得到有关庐山不同的信息。要扩展会计的信息系统，唯一的办法就是把一维的会计扩展为多维的会计。

基于一维会计反映信息的不足，人们对一维会计的扩展作了艰辛的探索。其中有代表性的是三式记账法和三维会计的设想。

三式记账法是美籍日裔会计学家井尻雄士提出的。井尻雄士试图对复式记账法加以扩展，在他于 1982 年所著的《三式簿记和收益动量》一书中提出了三式记账法。他认为，理解复式记账法的纯粹方程式可以归纳为“财富＝资本”；式中，财富的定义为资产减负债。由此出发，他推导出以下两种三式记账法。

1. 时间三式记账法

记账方程式为“预算＝财富＝资本”。式中，财富反映现在，资本说明过去积累的经营成果，而预算则面向未来。在复式记账法基础上增加的预算类账户记录目标资本的增减变化，即未来计算期目标资本要求达到的水平。于是把预算指标纳入了账户体系。

2. 微分三式记账法

记账方程式为“财富＝资本＝动力”。它把资本解释为财富的微分，即为财富现状提供了理由；而动力则为资本的微分，即为财富现状提供理由的理由。在复式记账法的基础上，添加动力类账户记录收益变动的原因，即差异。于是把各种差异纳入了账户体系。

如将上述两种记账法结合起来，就构成多式记账法，其方程式为“预算＝财富＝资本＝动力”。

作者承认，他的研究只突破了复式簿记的一半。纵然如此，应当看到，作者这一设想确定为我们展示了一幅会计发展的诱人图景。

徐国君教授也提出了“三维会计”的设想，他构建了一个新的会计等式：“资产＝行为＝权益”。其中，资产是价值的载体，行为是价值的源泉，权益是价值的归属。

他认为，传统的会计是二维会计。其会计等式“资产＝权益”可以转变形式，表述为“价值的载体＝价值的去向”或“价值的存在＝价值的归属”了。这个二维价值的等式是否能够进一步扩展呢？一个顺向思维的问题就是：既然有了“价值的存在”和“价值的归属”，为什么没有“价值的源泉”呢？于是，一个符合逻辑推论的新的维度出现了——“价值的源泉”。我们将在后面讨论的行为要素正是说明“价值的源泉”的维度，这与二维会计的内在的逻辑扩展方向正好一致。因此，一个必然的选择就是：在三维价值逻辑“价值的载体＝价值的源泉＝价值的归属”的基础上，以行为作为第三维，建立“资产＝行为＝权益”的“三维会计”。

上述研究为我们打开了一个崭新的会计世界，大大开阔了我们的视野。但我们也不得不承认，这些研究进行得好艰难，尤其是进一步的扩展更是困难。

我们认为，真正的多维会计，每一维都要能完整地反映会计对象，有多套完整的账户，每一维都要有其独立的会计等式。

三、“辅助核算”：缺乏理论支撑的多维化

现代企业全方位的管理需要逼迫着会计的多维化，强大的计算机技术又为多维化提供了理想的条件。许多会计软件都提供了辅助核算的功能。所谓辅助核算，就是在一维的财务会计核算系统的基础上，增加往来核算、部门核算和项目核算等子系统等，以满足多种管理信息的需要。

往来核算就是在财务会计科目之外按往来的对方单位（或个人）另设一套核算项目，以专门核算企业和其他企业和个人间发生的经济业务，包括客户往来和供应商往来和个人往来等。在记账时，如果涉及应收账款、预收账款、应付账款、其他应

收款和其他应付款等账户时就要启动这一套核算项目的会计确认，通过这一套核算项目提供系统的往来数据信息。

部门核算就是在财务会计科目之外按企业的部门数另设一套核算项目，以专门核算企业分部门所发生有关经济业务的数据信息。通常只对管理费用进行部门核算。在记账时，如果涉及管理费用账户，就要启动这一套核算项目的会计确认，通过这一套核算项目提供分部门的系统的管理费用数据信息。

项目核算就是在财务会计科目之外按企业的经营活动项目类型另设一套核算项目，以专门核算各项目发生的相关数据信息。企业的产品成本、在建工程、科研单位的科研课题等均可被设置为项目核算。

往来核算和项目核算有效缓解了企业往来结算管理、品种和项目管理的信息需求，部门核算则为责任会计提供了初步的信息的需要。这些辅助核算子系统的出现是由管理的现实需要推动的，计算机技术为此创造了强大的工具。

辅助核算不同于明细核算。明细核算仍属于总账统驭下的一维核算系统，而辅助核算则是独立于一维财务会计核算下的多维核算。明细科目是作为“树形结构”的财务会计科目体系中的一部分，明细科目是“树枝”，总账科目是“树干”。财务会计就是由许多财务会计科目“树”组成的一片“森林”。而辅助核算项目则是独立于财务会计“森林”之外的另外几片“森林”。

可见，多维核算的出现本质上反映了会计由一维向多维发展的客观趋势，但多维核算是在没有新的会计核算理论指导的一种不自觉的创造，这一实践也没有带来会计核算理论的发展。在这种情况下，多维核算注定是不成熟的，不完备，也不全面。现行会计核算系统中的多维核算存在以下局限性。

1. 不完整

辅助核算虽然冲出了一维会计的桎梏，从新的角度看到了会计的另外一片新天地，但其内容是不完整的。比如，往来业务只是会计全部业务中很小的一部分，部门核算则通常只涉及管理费用，项目核算也只涉及某一些项目，并不能全面覆盖各种类型的经营项目。

2. 不严谨

辅助核算缺乏相应的必要的理论基础，对其对象的范围缺乏理论分析，没有严谨的会计等式，其内容任意性很大，无法验证其数据的正确性。严格地说，辅助核算还不能算是多维核算，只能算是在财务会计基础上作的一种补充核算。

第十章 管理会计多维账务处理系统的设计

第一节 管理会计多维账务处理系统概述

一、管理会计多维账务处理系统和现行的一维财务会计账务处理系统的比较

管理会计多维账务处理系统是传统一维的财务会计账务处理系统的扩展，传统财务会计成为管理会计账务处理系统中的一个子系统。与传统财务会计账务处理系统相比，其相同之处如下：

(1) 同样需要以会计等式为基础。

(2) 同样使用复式记账法(通常为“双式记账法”)，即对于每一笔经济业务至少要在两个账户中进行记录。管理会计多维账务处理系统不采用三式记账法，也不采用多式记账法。

与传统财务会计账务处理系统相比，其不同之处如下：

(1) 会计等式不采用“A＝B”的形式，而采用“A＋B＝0”的形式。

(2) 传统财务会计账务处理系统的会计等式只有一个，即“资产＝负债＋所有者权益”，而管理会计的多维账务处理系统的会计等式有很多个，其通用格式为“X＝0”。

(3) 会计的对象只有一个，传统财务会计账务处理系统的核算对象也只有一个。但管理会计多维账务处理系统从不同的角度对会计对象进行观察，就会形成多个不同的核算对象。传统财务会计账务处理系统只有一个核算对象，属于一维会计，而管理会计多维账务处理系统有多个核算对象，属于多维会计。

例如，管理会计多维账务处理系统从责任考核的角度对会计对象进行核算，形成责任会计账务处理系统；从经营的角度对会计对象进行核算，形成经营会计账务处理系统；从作业的角度对会计对象进行核算，形成作业会计账务处理系统，等等。

财务会计核算成为广义管理会计中的一个子系统。传统的财务会计是一种一维的复式簿记系统，而管理会计则为多维立体的复式簿记系统，其内容包括财务会计核算子系统、责任会计核算子系统、作业会计核算子系统、现金流量会计核算子系统等。

(4) 虽然管理会计的多维账务处理系统仍然使用复式记账法，但这种复式记账法并不等同于借贷记账法。因为传统借贷记账法中的"借"、"贷"两字的含义已经被破解："借"就是增加的意思，"贷"就是减少的意思。所以"借"、"贷"这两个含义模糊的符号已经没有存在和使用的必要了。管理会计多维账务处理系统的记账方法可直接称为复式记账法，其记账规则就是"有增必有减，增减必相等"。其记账符号直接使用"＋"号和"－"号，"＋"表示正数(资产)的增加和负数(负债和"所有者权益")的减少，"－"表示负数(负债和"所有者权益")的增加和正数(资产)的减少。

二、管理会计多维账务处理系统的特点

(1) 多维不是复式。复式记账的含义是指发生一项经济活动要同时在多个账户中进行记录，而多维记账是指发生一项经济活动要同时在多套账户中进行记录。

(2) 多维没有数量限制。现行的财务会计账务处理系统只设置了一套账户，因而属于一维会计。管理会计的多维账务处理系统要设置多套账户，属于多维会计。维数的多少根据对会计信息的需要来设定。随着经济发展，维度会逐渐增加。会计的维数不仅要覆盖财务会计和狭义的管理会计，还可以覆盖审计需要的信息。

(3) 财务会计的维度也要扩展。管理会计的多维账务处理系统包括财务会计部分，这一部分完全按照会计准则的要求来核算，可以不需要重新设计，但并不是不可以改进。例如，现金流量表的编制是财务会计的一大难题。如果设置一套现金流量账户，把现金流量会计纳入到管理会计的多维账务处理系统，就能把现金流量的处理放到日常核算中，极大地方便了会计对现金流量的反映。

另外，在财务会计之外，还需要再设置六个账户：流动资产、非应运资产、负债和所有者权益、费用和收入，这六个账户称为财务要素账户。由对这六个财务要素进行核算的会计称为财务要素会计。这一维会计的目的在于为管理会计考核各项作业、各个责任中心等服务。

(4) 管理会计包括事前核算的预测、决策和预算会计，也包括即时核算的日常业务处理会计，还包括事后核算的差异分析会计。管理会计的多维账务处理系统是一个通用的系统，这个系统对管理会计核算的三个部分都是适用的。本书主要

介绍管理会计的多维账务处理系统对日常业务的核算。

(5) 多维不仅仅针对会计科目而言,也针对计量而言。在传统一维的财务会计账务处理系统中,只以货币为单位进行全面计量,而在管理会计的多维账务处理系统中,同时还要以初始(未经折算)的计量单位进行全面计量,提供更全面详细的会计信息,全面反映每一笔业务的计量单位和单价,这都是必不可少的重要的管理信息。而传统一维的财务会计账务处理系统只对一部分业务反映其数量和单价及金额。

"经手人"也是重要的一维。会计对象(即经济利益)的每一项增加和减少,必有其经手人。设置"经手人"一维不仅可以记录和查询各种经济活动的责任落实情况,也为审计储存了非常有用的信息。

第二节　多维会计科目

总的来看,广义管理会计的多维复式簿记系统包括财务会计和管理会计两个部分。财务会计的信息比较单一,因而财务会计只设一套科目。而企业内部管理对信息的需求比较复杂多样,因而广义管理会计要设置多套科目。具体来说,需要设置多套会计科目表,比如:

(1) 财务会计科目表。

(2) 责任会计科目表。

(3) 作业会计科目。

(4) 业务会计科目表(按各种业务类型设科目)。

(5) 价值链会计科目表。

(6) 现金流量会计科目表。

……

管理会计的多维账务处理系统中的"维"度数是开放的,可以根据需要增加适当增加。另外,由于管理中可能存在一些不可预料的信息需要,我们还可以预留一些字段和空间位置以便设置一些新的分类标志。

上述第 4 类"业务会计科目表(按各种业务类型设科目)"主要为分类记录和查询不同种类的经营业务的发生情况,第 5 类"费用和资源会计科目表"主要为分类记录和查询不同种类的费用和资源耗费的发生情况、不同种类的收入和资源取得的发生情况。为简化内容,本书暂不设第(4)、第(5)类会计科目表。

企业的经营活动本质上就是资源配置活动。资产、负债、所有者权益(包括利润)这三会计要素反映资源的状态和流动情况,收入和费用这两个会计要素反映资源在流动中产生的取得和耗费情况。这了反映资源的使用效果,应该设置一组会计科目、在会计核算体系中增加一维，即“财务要素维”。这一维设置以下 5 个科目：流动资产、非流动资产、负债和权益、费用、收入。把资产区分为流动资产和非流动资产是便于对资产的使用效果进行分类反映，把负债和所有者权益合并为“负债和权益”是因为两者具有共同的性质，均为企业承担的责任，同时也为了简化核算。在管理会计的多维账务处理系统中，“财务要素”维将是基础性的一维，并成为通用多栏式账簿的栏目名称。

在本书中我们把上述第 2 类“责任会计科目表”分解成两类：责任会计科目表和外部人会计科目表。其原因是企业发生的业务除了可能涉及各责任中心以外，还可能涉及各种外部人。企业发生的全部业务可分为三种情况：①只涉及有关责任中心的业务，如原材料投入车间用于生产。②只涉及有关外部人的业务，如债转股。③同时涉及有关责任中心和有关外部人的业务，如采购原材料。我们考虑，如果只设置一套责任会计科目，有的业务就无法纳入核算，使系统不具有完整性，同时，另设一类外部人科目表，也有助于我们掌握与各种外部人之间的复杂关系，这一信息也是非常重要的。

经过调整，本书把多维会计科目暂设为五类，即 5 维：

1. 财务会计科目
2. 作业会计科目
3. 责任会计科目
4. 外部人会计科目
5. 现金流量会计科目

一、财务会计科目

在多维的复式簿记系统中，首先需要设置的一维会计科目是财务会计科目，根据基本会计等式“A＝0”，这些会计科目应遵守如下数量关系：

$$财务会计对象 = 资产 + 负债 + 所有者权益 + 收入 + 费用 + 利润 = 0$$

上式属于财务会计等式。

财务会计设置的科目有：库存现金、银行存款、其他货币资金、交易性金融资产、应收票据、应收账款、预付账款……

这一套会计科目表完全按会计准则的要求设置。为了能够同时使用完全成本法和变动成本法进行处理核算，可以增设“固定制造费用”、“固定销售费用”、“固定管理费用”和“其他固定费用”等科目。

在期末使用变动成本法时，把“主营业务成本”、“库存商品”中的一部分转回“固定制造费用”，把“销售费用”、“管理费用”中的固定部分和“财务费用”“资产减值损失”、“公允价值变动收益(损失)”、“投资收益(损失)”的全部转到“其他固定费用”。这样,就可编制按变动成本法核算的利润表。

为了适应作业成本核算,还要把“制造费用”科目改为“作业成本”科目。

二、作业会计科目

作业成本法本是为提高制造费用分摊的精确性而设计的。但我们可以把作业的概念从单纯的生产作业扩展到企业的全部各项经营活动,把生产作业成本核算扩展到全部各种作业的全要素(包括资产、负债、所有者权益、收入、费用和利润)核算。这样,作业会计就成为一个从作业角度反映企业会计对象整体的会计子系统。作业会计子系统能够对企业每一项作业的作业中经济利益的变动情况进行反映并对其经营效果进行评价。根据“A=0”,我们可以从作业的角度来观察会计对象,作业会计科目应遵守如下数量关系:

$$\text{作业会计对象} = \sum \text{企业各项作业中的经济利益} = 0$$

作业会计对象就是企业各项作业中的经济利益之和。据此,我们又可以设置的一维会计科目就是作业会计科目。

我们以一个服装厂为例。首先,作业会计需要设置一套生产作业账户,如表 10-1 所示。

表 10-1 生产作业会计科目

生产作业账户	作业动因
生产准备	次数
样板制作	型号数
机器缝纫	机时
手工钉扣、锁眼	工时
检验	次数
包装	产量
生产维持	直接生产成本

生产作业只是作业中的一类。企业的全部作业中,还包括各种非生产性作业。具体设置账户如表 10-2 所示。

表 10-2 全部作业会计科目表

作业种类	作业账户	作业动因
供应作业	订购量作业	订购量
	订购次数作业	次数
	订购品种作业	品种数
	供应作业结转	
生产作业	生产准备	次数
	样板制作	型号数
	机器缝纫	机时
	手工钉扣、锁眼	工时
	检验	次数
	包装	产量
	生产维持	直接生产成本
	生产作业总成本	产出量
	生产作业结转	
销售作业	销售量作业	销售量
	销售批量作业	次数
	销售品种作业	品种数
共同作业	发电	产量
	供水	产量
	维修	工时
	运输	吨公里
	装卸	重量
	市场调研	次数
	商务谈判	次数
	房屋使用	标准面积
	共同作业手续费	次数
	共同作业结转	
管理作业	基础管理	销售额
	专项管理	销售额
	技术开发	销售额
	人力资源管理	销售额
	法律事务	销售额
	环境保护	销售额

（续表）

作业种类	作业账户	作业动因
管理作业	会议活动	销售额
	公关活动	销售额
	捐赠	销售额
	社会公益	销售额
	后勤活动	销售额
	管理作业手续费	销售额
	管理作业结转	
财务作业	股本筹资	存货期初占用额
	负债筹资	存货期初占用额
	资金储备	存货期初占用额
	对外投资	存货期初占用额
	往来结算	存货期初占用额
	租赁	存货期初占用额
	积累	存货期初占用额
	财务作业手续费	存货期初占用额
	财务作业结转	

由于作业账户比较多，其成本和收入的结转工作量非常大。为了简化核算，按作业大类设置“供应作业结转”、“生产作业结转”、“共同作业结转”、“销售作业结转”、“管理作业结转”和“财务作业结转”账户。这些账户专门在贷方记录作业成本的转出，在借方记录作业收入的转出。这样，在转出各项作业成本时，无需分项贷记各项“××结转”之外的作业账户。

根据基本会计等式“A=0”，作业会计科目应组成如下数量关系：

$$供应作业+生产作业+销售作业+共同作业+管理作业+财务作业=0$$

上式属于作业会计等式。即：

$$\sum 各作业会计科目中的经济利益=0$$

作业动因是计算作业成本和作业收入的“实物量单位”。根据作业成本法的原理，作业可分成：①产出量作业。②批量作业。③品种量作业。④能量作业。

这些作业，都会发生成本，有的作业也会产生收入。成本和收入都要在相应的作业账户中进行核算。其中，共同作业是为生产和供应、销售、管理等作业提供产品和劳务的作业。

作业科目在不同的企业中相差极大，需要从企业的实际出发来设置作业科目。

三、责任会计科目

企业的各项经济活动大部分都是由各个内部责任单位开展的。从行为主体的角度来观察会计对象，会计对象中的大部分就是企业各个内部责任单位中的经济利益之和。据此，我们又可以设置一维会计科目，这就是责任会计科目。

以下是按假设的某服装公司的责任单位设置的责任会计科目，如表 10-3 所示。

表 10-3　责任会计科目表

总公司	财务部	缝制车间
董事会	采购部	包装车间
行政部	材料仓库	销售部
技术部	生产部	成品仓库
人力资源部	样板制作车间	外部单位*
设备管理部	裁剪车间	结转

* 由于企业发生的经济业务有一部分涉及外部单位，因而设置了一个"外部单位"账户。

由于责任会计科目比较多，责任单位之间的成本和收入结转工作量非常大。为了简化核算，设置了"结转"账户。这个账户专门在贷方记录责任成本的转出，在借方记录责任收入的转出。这样，在转出各项责任成本时，无需分项贷记各项除"结转"之外的责任账户。

根据基本会计等式"A＝0"，责任会计科目应组成如下数量关系：

$$\sum \text{各责任会计科目中的经济利益} = 0$$

上式属于责任会计等式。

这一套科目的设置主要是为了反映、考核、查询各部门的经营业绩，编制责任预算，为落实经营责任制提供系统的信息资源。

四、外部人会计科目

企业的经济活动不仅要由内部各部门来开展，而且有很多经济活动要由各种外部人来共同参与。当然，也有一部分活动不需要外部人来参与，是完全由内部来完成的。为了反映企业在与各种外部人开展各项业务时发生的成本和收入、资源流动等经济利益变动情况，我们又可以设置的一维会计科目就是外部人会计科目。见表 10-4。

表 10-4 外部人会计科目表

政府	股东	供应商	社会
税务局	受资人	租赁人	结转
银行	顾客	职工	内部责任单位*

*由于企业发生的经济业务有一部分涉及外部单位，因而设置了一个“内部责任单位”账户。

由于企业发生的经济业务有一部分涉及内部单位，为了保证核算的全面性，也为了保持会计等式等于0，因而设置了一个“内部责任单位”账户。另外，由于责任会计科目比较多，责任单位之间的成本和收入结转工作量非常大。为了简化责任单位之间的成本和收入结转，专门设置“结转”账户，用以记录收入和成本的转出。

根据基本会计等式“A=0”，外部人会计科目应组成如下数量关系：

$$\sum \text{各外部人会计科目} + \text{内部责任单位科目} = 0$$

上式属于外部人会计等式。即：

$$\sum \text{各外部人会计科目中的经济利益} + \text{内部责任单位科目中的经济利益} = 0$$

上表中的账户名称均属于总账，还要根据具体情况设置相应的明细账。

五、现金流量会计科目

现金流量表的编制非常麻烦，其原因就在于账簿与报表上的数据不是对应的。传统财务会计中的账簿数据按权责发生制核算，而的现金流量表的数据按收付实现制核算。如果平时能按现金流量表的要求记账，这个问题就不存在了。据此，我们可以设置一套现金流量表账户来进行日常的确认和计量。这一套账户基本上可以直接使用现金流量表上的项目名称。

但是，在设置现金流量表账户时，有以下三个问题需要作适当处理。

(1) 现金流量表分直接法和间接法两部分，现金流量会计实际上有直接法和间接法两个维度，现金流量科目实际上应该有两套，而不是一套。

(2) 现金流量表上的直接法和间接法两部分的总额并不相等。现金流量表上的间接法部分的总额并不等于直接法部分的总额，而仅等于直接法部分中的“经营活动产生的现金流量”。需要引入一个平衡项才能使两者相等。即：

$$\text{直接法部分的总额} = \text{间接法部分的总额} + \text{“间接法非经营性现金流量”}$$

“间接法非经营性现金流量”就是设置的一个平衡项。

(3) 现金流量会计的对象和前面所述的那些“维”的会计对象并不一致和相等。前者的对象是现金经济利益，后者的对象则是按权责发生制标准核算的经济利益。

对于以上三个问题，相应地可采取以下对策。

(1) 现金流量会计本应设置两维，但为了简化核算，可以合并为一维。这就需要建立一个会计等式：直接法现金流量＝间接法现金流量。在此需要人为地把直接法现金流量账户结构规定为借增贷减(在本书的＋－记账法中就是＋增－减)，把间接法现金流量账户结构规定为借减贷增(在本书的＋－记账法中就是＋减－增)。这显然地像传统的借贷记账法一样不科学。当然，虽然如此，只要认识到这一点就没关系，只是在输出信息时应该把间接法的数据全部进行变号处理。

(2) 在间接法现金流量科目中增设一个"间接法非经营性现金流量"就可以了。

(3) 整个管理会计的多维账务处理系统仍按权责发生制进行核算，当某些业务不涉及现金流量时，在现金流量会计中不予确认和计量就可了。现金流量账户设置如表 10-5 所示。

表 10-5　现金流量会计科目表

账户类型	现金流量账户
1. 直接法	销售商品、提供劳务收到的现金
	收到的税费返还
	收到其他与经营活动有关的现金
	购买商品、接受劳务支付的现金
	支付给职工以及为职工支付的现金
	支付的各项税费
	支付其他与经营活动有关的现金
	收回投资收到的现金
	取得投资收益收到的现金
	处置固定资产、无形资产和其他长期资产收回的现金净额
	处置子公司及其他营业单位收到的现金净额
	收到其他与投资活动有关的现金
	购建固定资产、无形资产和其他长期资产支付的现金
	投资支付的现金
	取得子公司及其他营业单位支付的现金净额
	支付其他与投资活动有关的现金
	吸收投资收到的现金
	取得借款收到的现金

（续表）

账户类型	现金流量账户
1. 直接法	收到其他与筹资活动有关的现金
	偿还债务支付的现金
	分配股利、利润或偿付利息支付的现金
	支付其他与筹资活动有关的现金
	汇率变动对现金及现金等价物的影响
2. 间接法	净利润
	资产减值准备
	固定资产折旧、油气资产折耗、生产性生物资产折旧
	无形资产摊销
	长期待摊费用摊销
	处置固定资产、无形资产和其他长期资产的损失（收益以"—"号填列）
	固定资产报废损失（收益以"—"号填列）
	公允价值变动损失（收益以"—"号填列）
	财务费用（收益以"—"号填列）
	投资损失（收益以"—"号填列）
	递延所得税资产减少（增加以"—"号填列）
	递延所得税负债增加（减少以"—"号填列）
	存货的减少（增加以"—"号填列）
	经营性应收项目的减少（增加以"—"号填列）
	经营性应付项目的增加（减少以"—"号填列）
	其他
	间接法非经营性现金流量（此科目为平衡项）

根据基本会计等式"A＝0"，现金流量会计科目应组成如下数量关系：

$\sum$ 各直接法现金流量科目（借增贷减）＋ $\sum$ 各间接法现金流量科目（借减贷增）＝0

上式属于费用现金流量会计等式。

第三节 管理会计多维账务处理系统的会计分录

一、管理会计多维账务处理系统设计的基本要求

经济业务发生后，采用多维复式簿记系统如何做会计记录？我们知道，会计分

录的三个要素是记账符号、账户名称和数值。多维账务处理系统在这三个要素上的特点如下。

1. 记账符号

实际上，记账符号的含义一点都不神秘，就纯粹是增加和减少的意思，不可能有其他含义，不存在一点含糊不清的地方。因为会计所要反映的数量变化只有加减两种情况，连表示乘除的意思都从来也没有。借贷的含义就是"＋"、"－"的意思。

与传统会计一样，每一笔经济业务的发生都要用两个记账符号同时记录。这一点和传统会计一样，多维账务处理系统也属于复式记账。但记账符号的名称不再使用借和贷，而是直接使用"＋1"、"－1"号。

"＋1"、"－1"符号具有以下用途：

(1) "＋1"表示会计对象(即企业的经济利益)增加，"－1"表示会计对象(即企业的经济利益)减少。

(2) "＋1"与经济业务的数值相乘得正，表示发生额为正数；"－1"与经济业务的数值相乘得负，表示发生额为负数。

(3) 系统可以把"＋1""－1"符号转换为借贷符号。这样，当需要以传统的借贷记账法方式输出数据时，就可以很方便地实现格式的转换。

2. 账户名称

在传统会计中，一笔会计分录在唯一的一套财务会计科目中至少要选择两个会计科目，而在多维账务处理系统中，一笔会计分录要在每一套(即每一维)会计科目中都至少要选择两个会计科目。

3. 数值

在多维账务处理系统中，数值的记录有如下特点。

(1) 和传统账务处理系统一样，在会计分录中要记录发生额的绝对值。

(2) 与传统会计不同，多维账务处理系统要以"＋1"或"－1"符号乘以记录的绝对值得到以正数和负数反映的发生额数值。

(3) 与传统会计不同，多维账务处理系统不仅要记录以货币单位反映的金额，而且还要记录经济业务发生时的数量、计量单位和单价。数量乘以单价等于金额。

二、管理会计多维账务处理系统记账凭证的内容

管理会计多维账务处理系统记账凭证内容与传统记账凭证内容的比较如表10-6 所示。

管理会计多维账务处理系统记账凭证的格式如表 10-7 所示。

表 10-6 多维账务处理系统记账凭证与传统记账凭证项目对比表

传统记账凭证的项目	管理会计多维账务处理系统记账凭证的项目	说明
编号	编号	
日期	日期	
摘要	摘要	
	+−	此栏为记账符号栏,输入“+1”或“−1”
	数量	
	单位	
	单价	
借方金额	/	
贷方金额	/	
	金额	
	金额值	=“+1”(或“−1”)×金额
	核算要素	
会计科目	财务会计科目	
	作业科目	
	责任单位科目	
	外部人科目	
	现金流量科目	
	经手人	
		预留的可能需要记录的其他“维”度的会计科目

注:为简化核算,上表中的各套会计账户只设了总账,未设相应的明细账。

三、多维账务处理系统会计分录的格式

多维账务处理系统中的多维会计凭证的格式与传统会计凭证的格式大体一样,区别在于传统的一维会计凭证只需对财务会计一套会计科目进行确认和记录,而多维会计凭证需要确认多套会计科目。

若使用传统的借贷符号,多维会计分录的格式为:

表 10-7　多维账户处理系统记账凭证的格式

记　账　凭　证

年　　月　　日　　　　　　　　　　　　凭证编号：

日期	摘要	+ —	数量	单位	单价	金额	财务要素	财务会计账户	财务会计明细	作业会计账户	作业明细	外部人会计账户	外部人明细	责任会计账户	责任会计明细	现金流量账户	经手人			

借:财务会计账户(明细)——责任会计账户(明细)——外部人会计账户(明细)——作业会计账户(明细)——现金流量账户——经手人

贷:财务会计账户(明细)——责任会计账户(明细)——外部人会计账户(明细)——作业会计账户(明细)——现金流量账户——经手人

多维账务处理系统使用"+1""-1"符号,会计分录的格式为:

+1:财务会计账户(明细)——责任会计账户(明细)——外部人会计账户(明细)——作业会计账户(明细)——现金流量账户——经手人

-1:财务会计账户(明细)——责任会计账户(明细)——外部人会计账户(明细)——作业会计账户(明细)——现金流量账户——经手人

假设某企业收到A股东投入的A机器2台,总值10 000元用于A车间,则会计分录为:

+1:固定资产(A机器)——生产部(A车间)——外部人(明细)——作业会计账户(明细)——现金流量账户——经手人　　10 000

-1:银行存款(A银行)——财务部(明细)——A银行(明细)——作业会计账户(明细)——现金流量账户——经手人　　10 000

为简化核算,在下一章的例题中,将省略各维会计账户中的明细账。

第四节　多维账务处理系统的会计账簿

一、普通日记账簿

普通日记账簿(分录账)记录会计分录的内容,实际起到记账凭证的作用。格式如表10-8所示。

表10-8　普通日记账簿(分录账)

编号	摘要	+-	数量	单位	单价	金额	财务会计科目	财务要素	责任会计科目	外部人会计科目	作业会计科目	现金流量会计科目	经手人

二、(数量单价金额式)分类账簿

(数量单价金额式)分类账簿记录会计分录的内容,实际起到记账凭证的作用。格式如表 10-9 所示。

表 10-9　(数量单价金额式)分类账簿

会计账户:________

编号	摘　要	十一	数量	单位	单价	金额	金额值	余额

三、(借贷余三栏式)分类账簿

(借贷余三栏式)分类账簿的格式如表 10-10 所示。

表 10-10　(借贷余三栏式)分类账簿

会计账户:________

编号	摘　要	十一	数量	单位	单价	借方	贷方	余额

四、(财务要素多栏式)分类账簿

(财务要素多栏式)分类账簿的格式如表 10-11 所示。

表 10-11 (财务要素多栏式)分类账簿

会计账户：＿＿＿＿＿

编号	摘　要	流动资产	非流动资产	负债和权益	费用	收入

五、多维联合查询式账簿

多维联合查询式账簿的格式如表 10-12 所示。

表 10-12 多维联合查询式账簿

日期	摘　要	十一	数量	单位	单价	金额	财务会计科目	作业会计科目	现金流量会计科目

在需要按多个分类标识进行查询时，可使用多维联合查询式账簿的格式，利用计算机的组合查询功能来找出符合多项条件的信息。

第十一章　管理会计多维账务处理系统举例

一、资料

A企业发生下例经济业务，要求用多维账务处理系统进行核算（为简化核算，假设各账户的期初余额均为0）：

（1）收到股东的货币投资存入银行，计量：18 150股，合36 300.00元。

（2）收到股东投入用于生产的旧厂房，计量：10平方米，合原值20 000.00元，已提折旧8 000.00元，合实收资本12 000.00元。

（3）向银行借入短期借款，计5 000.00元。

（4）支付取得上述短期借款的手续费，计量：1次，合10.00元。

（5）购入A缝纫机用于生产，计量：1 000机时，合2 000.00元；购入B机器（预计使用5年）转交财务部，计量：500机时，合600.00元；购入C机器（预计使用5年）转交人力资源部，计量：625机时，合625.00元；支付上述A、B、C机器货款，计量：共计2 125机时，合3 225.00元。

（6）发生且欠付废水处理工程费用，计量：1 000吨水，合500.00元。

（7）从A房产公司租入职工宿舍应付租金，计量：100平方米，合1 000.00元。

（8）支付修理财务部B机器费用，计量：4小时，合100.00元。

（9）支付邮电局人力资源部邮政费用，计量：60封，合60.00元；支付财务部邮政费用，计量：40封，合40.00元；总计100封，合100.00元。

（10）拨付生产部备用金，计量：2人次，合200.00元；拨付财务部备用金，计量：3人次，合300.00元；拨付人力资源部备用金，计量：3人次，合300.00元；共计8人次，合800.00元。

（11）财务部购入准备持有至到期的债券，计量：5 000面值，合4 000.00元。

（12）财务部购入债券发生的费用，计量：5 000面值，合100.00元。

（13）财务部收到债券的利息收入，计量：5 000面值，合50.00元。

（14）报销生产部差旅费，计量：2次，合200.00元；报销销售部差旅费，计量：2次，合200.00元；报销生产部差旅费，计量：2次，合200.00元。

(15) 支付生产工人上下班交通费用,计量:6 班,合 300.00 元;支付人力资源部管理人员上下班交通费用;计量:3 班,合 150.00 元;共 6 班,合 300.00 元。

(16) 支付 A 宾馆的人力资源部会议费,计量:2 次,合 150.00 元;支付销售订货会会议费,计量:3 次,合 240.00 元;共 5 次,合 390.00 元。

(17) 生产部自 A 供应商购入 A 材料,计量:100 千克,合 1 000.00 元;进项税额 170.00 元;款项尚未支付,计量:100 千克,合 1 170.00 元。

(18) 支付运输公司 A 材料装卸费和搬运费,计量:100 千克,合 10.00 元。

(19) 材料 A 验收入库,计量:100 千克,合 110.00 元。

(20) 本月生产 A 产品领用 A 材料,计量:50 千克,合 55.00 元;人力资源部领用 A 材料,计量:10 千克,合 11.00 元。

(21) 应付手工钉扣、锁眼作业工人工资,计量:100 工时,合 1 500.00 元;人力资源部管理人员工资,计量:30 工时,合 300.00 元;行政部管理人员工资,计量:40 工时,合 400.00 元。

(22) 计提生产部旧厂房折旧,计量:10 平方米,合 400.00 元;生产部 A 缝纫机折旧,计量:50 机时,合 100.00 元;财务部 B 机器折旧,计量:20 机时,合 24.00 元;人力资源部 C 机器折旧,计量:30 机时,合 30.00 元。

(23) A 产品分配缝纫作业成本,计量:10 件,合 155.00 元;分配手工钉扣、锁眼作业成本,计量:10 件,合 1 500.00 元;其他生产作业成本,计量:10 件,合 400.00 元;职工交通费,计量:10 件,合 150.00 元。

(24) A 产品验收入库,计量:10 件,合 2 055.00 元。

(25) 销售 A 产品,尚未收款,计量:8 件,合 7 020.00 元;其中,销售收入,计量:8 件,合 6 000.00 元;应交增值税,计 1 020.00 元。

(26) 结转已销售 A 产品的生产成本,计量:8 件,合 1 644.00 元。

(27) 支付广告费,计量:30 天,合 300.00 元;包装材料费,计量:8 件,合 160.00 元。

(28) 收到客户所欠货款,计量:8 件,合 7 020.00 元。

(29) 确认 A 仓库 A 原材料盘亏损失,计量:2 千克,合 2.20 元。

(30) 确认缝纫机减值损失,计量:150 机时,合 300.00 元。

(31) 向政府有关部门支付环境保护罚款,计量:2 次,合 100.00 元。

(32) 偿还银行借款,计量:180.00 元。

(33) 期末结转销售 A 产品收入,计量:8 件,合 6 000.00 元;投资收益,计:50 元,合—50.00 元。

(34) 计算应交城市维护建设税,计 250.00 元;应交所得税,计 84.00 元,共计 334.00 元。

(35) 期末结转 A 产品的销售成本,计 1 644.00 元;A 产品的主营业务税金及附加，计 250.00 元；销售费用，计 900.00 元；管理费用，计 2 467.00 元；资产减值损失，计 300.00 元；财务费用，计 10.00 元；营业外支出，计 100.00 元；所得税，计 83.70 元。共 5 755.00 元结转至本年利润。

(36) 计提盈余公积计量：2 500 股，合 50.00 元。

(37) 分配普通股股利，计量：2 500 股，合 100.00 元。

(38) 本年净利润结转利润分配账户，计 195.30 元。

(39) 结转未分配利润明细账户，计 45.00 元。

(40) 以银行存款交纳本期应交税费，计 1 183.70 元。

(41) 以银行存款支付普通股股利，计 100.00 元。

(42) 增记 12 号凭证购买债券费用的现金流量，计 100.00 元。

(43) 增记 13 号凭证取得债券利息的现金流量，计 50.00 元。

二、会计分录

根据 A 企业发生的经济业务，编制相应的多维会计分录如下：

(1) 收到股东的货币投资存入银行。18 150 股，单价：2.00 元，金额：36 300.00元。

+1：银行存款（流动资产）——财务部——银行——资金储备——吸收投资收到的现金　18 150 股，单价：2.00 元，金额：36 300.00 元。

−1：实收资本（负债和权益）——总公司——股东——股本筹资——间接法非经营性现金流量　18 150 股，单价：2.00 元，金额：36 300.00 元。

(2) 购入生产用旧厂房。10 平方米，单价：2 000.00 元，金额：20 000.00 元；已提折旧 8 000.00 元；用银行存款支付。

+1：固定资产（非流动资产）——生产部——内部责任单位——物资管理——间接法非经营性现金流量　10 平方米，单价：2 000.00 元，金额：20 000.00元。

−1：累计折旧（非流动资产）——生产部——内部责任单位——物资管理——间接法非经营性现金流量　10 平方米，单价：800.00 元，金额：8 000.00元。

−1：银行存款（流动资产）——财务部——银行——资金储备——购建固定资产、无形资产和其他长期资产支付的现金　10 平方米，单价：1 200.00 元，金额：12 000.00 元。

(3) 向银行借入短期借款。1 笔，单价：5 000.00 元，金额：5 000.00 元，收到现金。

+1：库存现金（流动资产）——财务部——内部责任单位——资金储备——取得借款收到的现金　1 笔，单价：5 000.00 元，金额：5 000.00 元。

−1：短期借款（负债和权益）——财务部——银行——负债筹资——间接法非经营性现金流量　1 笔，单价：5 000.00 元，金额：5 000.00 元。

(4) 支付取得上述短期借款的手续费。1次,单价:10.00元,金额:10.00元。

+1: 财务费用(费用)——财务部——银行——财务作业手续费——净利润 1次,单价:10.00元,金额:10.00元。

−1: 银行存款(流动资产)——财务部——银行——资金储备——财务费用(收益以"−"号填列) 1次,单价:10.00元,金额:10.00元。

(5) 购入缝纫机用于生产,预计使用1 000机时,单价:2.00元,金额:2 000.00元;购入B机器(预计使用5年)转交财务部,500机时,单价:1.20元,金额:600.00元;购入C机器(预计使用5年)转交人力资源部,625机时,单价:1.00元,金额:625.00元。

+1: 固定资产(非流动资产)——生产部——内部责任单位——物资管理——间接法非经营性现金流量 1 000机时,单价:2.00元,金额:2 000.00元。

+1: 固定资产(非流动资产)——财务部——内部责任单位——物资管理——间接法非经营性现金流量 500机时,单价:1.20元,金额:600.00元。

+1: 固定资产(非流动资产)——人力资源部——内部责任单位——物资管理——间接法非经营性现金流量 625机时,单价:1.00元,金额:625.00元。

−1: 银行存款(流动资产)——财务部——银行——资金储备——购建固定资产、无形资产和其他长期资产支付的现金 2 125机时,单价:1.52元,金额:3 225.00元。

(6) 发生废水处理工程费用。1 000吨水,单价:0.50元,金额:500.00元。款项承兑一张商业汇票。

+1: 在建工程(非流动资产)——生产部——内部责任单位——基建——1 000吨水,单价:0.50元,金额:500.00元。

−1: 应付票据(负债和权益)——生产部——供应商——往来结算——1 000吨水,单价:0.50元,金额:500.00元。

(7) 从A房产公司租入职工宿舍应付租金。100平方米,单价:10.00元,金额:1 000.00元。租金尚未支付。

+1: 管理费用(费用)——人力资源部——内部责任单位——租赁——净利润 100平方米,单价:10.00元,金额:1 000.00元。

−1: 其他应付款(负债和权益)——人力资源部——租赁人——往来结算——经营性应付项目的增加(减少以"−"号填列) 100平方米,单价:10.00元,金额:1 000.00元。

(8) 修理财务部B机器费用。4小时,单价:25.00元,金额:100.00元。

+1: 管理费用(费用)——财务部——内部责任单位——基础管理——净利润 4小时,单价:25.00元,金额:100.00元。

－1：银行存款(流动资产)——财务部——银行——资金储备——支付其他与经营活动有关的现金　4 小时，单价：25.00 元，金额：100.00 元。

(9) 支付邮电局人力资源部邮政费用，60 封，单价：1.00 元，金额：60.00 元；支付邮电局财务部邮政费用，40 封，单价：1.00 元，金额：40.00 元。

＋1：管理费用(费用)——人力资源部——内部责任单位——基础管理——净利润　60 封，单价：1.00 元，金额：60.00 元。

＋1：管理费用(费用)——财务部——内部责任单位——基础管理——净利润　40 封，单价：1.00 元，金额：40.00 元。

－1：银行存款(流动资产)——财务部——银行——资金储备——支付其他与经营活动有关的现金　100 封，单价：1.00 元，金额：100.00 元。

(10) 拨付生产部备用金，2 人次，单价：100.00 元，金额：200.00 元；拨付财务部备用金，3 人次，单价：100.00 元，金额：300.00 元；拨付人力资源部备用金，3 人次，单价：100.00 元，金额：300.00 元。

＋1：其他应收款(流动资产)——生产部——内部责任单位——往来结算——经营性应收项目的减少(增加以“－”号填列)　2 人次，单价：100.00 元，金额：200.00 元。

＋1：其他应收款(流动资产)——财务部——内部责任单位——往来结算——经营性应收项目的减少(增加以“－”号填列)　3 人次，单价：100.00 元，金额：300.00 元。

＋1：其他应收款(流动资产)——人力资源部——内部责任单位——往来结算——经营性应收项目的减少(增加以“－”号填列)　3 人次，单价：100.00 元，金额：300.00 元。

－1：银行存款(流动资产)——财务部——银行——资金储备——支付其他与经营活动有关的现金　8 人次，单价：100.00 元，金额：800.00 元。

(11) 财务部购入准备持有至到期的债券。5 000 面值，单价：0.80 元，金额：4 000.00元。

＋1：持有至到期投资(非流动资产)——财务部——受资人——对外投资——间接法非经营性现金流量　5 000 面值，单价：0.80 元，金额：4 000.00 元。

－1：银行存款(流动资产)——财务部——银行——资金储备——投资支付的现金　5 000 面值，单价：0.80 元，金额：4 000.00 元。

(12) 财务部向购入债券发生的费用。5 000 面值，单价：0.02 元，金额：100.00 元。

＋1：投资收益(收入)——财务部——受资人——财务作业手续费——净利润　5 000 面值，单价：0.02 元，金额：100.00 元。

－1：银行存款(流动资产)——财务部——银行——资金储备——支付其

他与投资活动有关的现金 5 000 面值,单价:0.02 元,金额:100.00 元。

(13) 财务部向购入债券取得的利息收入。5 000 面值,单价:0.01 元,金额:50.00 元。

+1: 银行存款(流动资产)——财务部——银行——资金储备——取得投资收益收到的现金 5 000 面值,单价:0.01 元,金额:50.00 元。

－1: 投资收益(收入)——财务部——受资人——对外投资——净利润 5 000 面值,单价:0.01 元,金额:50.00 元。

(14) 报销生产部差旅费,2 次,单价:100.00 元,金额:200.00 元;报销销售部差旅费,2 次,单价:100.00 元,金额:200.00 元。

+1: 管理费用(费用)——生产部——内部责任单位——基础管理——净利润 2 次,单价:100.00 元,金额:200.00 元。

+1: 销售费用(费用)——销售部——内部责任单位——基础管理——净利润 2 次,单价:100.00 元,金额:200.00 元。

－1: 其他应收款(流动资产)——生产部——内部责任单位——往来结算——经营性应收项目的减少(增加以"－"号填列) 2 次,单价:100.00 元,金额:200.00 元。

－1: 其他应收款(流动资产)——生产部——内部责任单位——往来结算——经营性应收项目的减少(增加以"－"号填列) 2 次,单价:100.00 元,金额:200.00 元。

(15) 支付生产工人上下班交通费用,6 班,单价:50.00 元,金额:300.00 元;支付人力资源部管理人员上下班交通费用,3 班,单价:50.00 元,金额:150.00 元。

+1: 作业成本(流动资产)——生产部——内部责任单位——基础管理——存货的减少(增加以"－"号填列) 6 班,单价:50.00 元,金额:300.00 元。

+1: 管理费用(费用)——人力资源部——内部责任单位——基础管理——净利润 3 班,单价:50.00 元,金额:150.00 元。

－1: 银行存款(流动资产)——财务部——银行——资金储备——支付其他与经营活动有关的现金 6 班,单价:50.00 元,金额:300.00 元。

－1: 银行存款(流动资产)——财务部——银行——资金储备——支付其他与经营活动有关的现金 3 班,单价:50.00 元,金额:150.00 元。

(16) 支付 A 宾馆的人力资源部会议费,2 次,单价:75.00 元,金额:150.00 元;销售订货会会议费,3 次,单价:80.00 元,金额:240.00 元。

+1: 管理费用(费用)——人力资源部——内部责任单位——基础管理——净利润 2 次,单价:75.00 元,金额:150.00 元。

+1: 销售费用(费用)——销售部——内部责任单位——基础管理——净利润 3 次,单价:80.00 元,金额:240.00 元。

－1：银行存款(流动资产)——财务部——银行——资金储备——支付其他与经营活动有关的现金　2次，单价：75.00元，金额：150.00元。

－1：银行存款(流动资产)——财务部——银行——资金储备——支付其他与经营活动有关的现金　3次，单价：80.00元，金额：240.00元。

(17) 生产部自A供应商购入A材料，100千克，单价：10.00元，金额：1 000.00元；A材料的进项税率为17%，款项尚未支付。

＋1：材料采购(流动资产)——采购部——内部责任单位——订购量作业——存货的减少(增加以"－"号填列)　100千克，单价：10.00元，金额：1 000.00元。

＋1：应交税费(负债和权益)——采购部——税务局——往来结算——存货的减少(增加以"－"号填列)　1 000税率，单价：0.17元，金额：170.00元。

－1：应付票据(负债和权益)——采购部——供应商——往来结算——经营性应付项目的增加(减少以"－"号填列)　100千克，单价：11.70元，金额：1 170.00元。

(18) 支付运输公司A材料装卸费和搬运费。100千克，单价：0.10元，金额：10.00元。

＋1：材料采购(流动资产)——采购部——内部责任单位——订购次数作业——存货的减少(增加以"－"号填列)　100千克，单价：0.10元，金额：10.00元。

－1：银行存款(流动资产)——财务部——银行——资金储备——支付其他与经营活动有关的现金　100千克，单价：0.10元，金额：10.00元。

(19) 材料A验收入库。100千克，单价：1.10元，金额：110.00元。

＋1：原材料(流动资产)——材料仓库——内部责任单位——物资管理——存货的减少(增加以"－"号填列)　100千克，单价：1.10元，金额：110.00元。

－1：材料采购(流动资产)——材料仓库——内部责任单位——订购量作业——存货的减少(增加以"－"号填列)　100千克，单价：1.10元，金额：110.00元。

(20) 本月生产A产品领用A材料，50千克，单价：1.10元，金额：55.00元；人力资源部领用A材料，10千克，单价：1.10元，金额：11.00元。

＋1：生产成本(流动资产)——材料仓库——内部责任单位——生产作业总成本——存货的减少(增加以"－"号填列)　50千克，单价：1.10元，金额：55.00元。

＋1：管理费用(费用)——人力资源部——内部责任单位——基础管理——净利润　10千克，单价：1.10元，金额：11.00元。

－1：原材料(流动资产)——材料仓库——内部责任单位——物资管理——存货的减少(增加以“－”号填列) 50 千克,单价:1.10 元,金额:55.00 元。

－1：原材料(流动资产)——材料仓库——内部责任单位——物资管理——存货的减少(增加以“－”号填列) 10 千克,单价:1.10 元,金额:11.00 元。

(21) 应付手工钉扣、锁眼作业工人工资,100 工时,单价:15.00 元,金额:1 500.00 元;应付人力资源部管理人员工资,30 工时,单价:10.00 元,金额:300.00 元;应付行政部管理人员工资,40 工时,单价:10.00 元,金额:400.00 元。

＋1：作业成本(流动资产)——缝制车间——内部责任单位——手工钉扣、锁眼——存货的减少(增加以“－”号填列) 100 工时,单价:15.00 元,金额:1 500.00元。

＋1：管理费用(费用)——人力资源部——内部责任单位——基础管理——净利润 30 工时,单价:10.00 元,金额:300.00 元。

＋1：管理费用(费用)——行政部——内部责任单位——基础管理——净利润 40 工时,单价:10.00 元,金额:400.00 元。

－1：应付职工薪酬(负债和权益)——总公司——职工——往来结算——经营性应付项目的增加(减少以“－”号填列) 100 工时,单价:15.00 元,金额:1 500.00元。

－1：应付职工薪酬(负债和权益)——总公司——职工——往来结算——经营性应付项目的增加(减少以“－”号填列) 70 工时,单价:10.00 元,金额:700.00 元。

(22) 计提生产部旧厂房折旧,10 平方米,单价:40.00 元,金额:400.00 元;计提生产部 A 缝纫机折旧,50 机时,单价:2.00 元,金额:100.00 元;计提财务部 B 机器折旧,20 机时,单价:1.20 元,金额:24.00 元;计提人力资源部 C 机器折旧,30 机时,单价:1.00 元,金额:30.00 元。

＋1：作业成本(流动资产)——生产部——内部责任单位——生产维持——存货的减少(增加以“－”号填列) 10 平方米,单价:40.00 元,金额:400.00 元。

＋1：作业成本(流动资产)——缝制车间——内部责任单位——机器缝纫——存货的减少(增加以“－”号填列) 50 机时,单价:2.00 元,金额:100.00 元。

＋1：管理费用(费用)——财务部——内部责任单位——基础管理——净利润 20 机时,单价:1.20 元,金额:24.00 元。

＋1：管理费用(费用)——人力资源部——内部责任单位——基础管理——净利润 30 机时,单价:1.00 元,金额:30.00 元。

－1：累计折旧(非流动资产)——生产部——内部责任单位——物资管理

——固定资产折旧、油气资产折耗、生产性生物资产折旧 10 平方米,单价:40.00 元,金额:400.00 元。

—1: 累计折旧(非流动资产)——缝制车间——内部责任单位——物资管理——固定资产折旧、油气资产折耗、生产性生物资产折旧 50 机时,单价:2.00 元,金额:100.00 元。

—1: 累计折旧(非流动资产)——财务部——内部责任单位——物资管理——固定资产折旧、油气资产折耗、生产性生物资产折旧 20 机时,单价:1.20 元,金额:24.00 元。

—1: 累计折旧(非流动资产)——人力资源部——内部责任单位——物资管理——固定资产折旧、油气资产折耗、生产性生物资产折旧 30 机时,单价:1.00 元,金额:30.00 元。

(23) A 产品分配缝纫作业成本,10 件,单位成本:15.50 元,金额:155.00 元;分配手工钉扣、锁眼作业成本,10 件,单位成本:150.00 元,金额:1 500.00 元;分配其他生产作业成本,10 件,单位成本:40.00 元,金额:400.00 元;分配职工交通费,10 件,单位成本:15.00 元,金额:150.00 元。

+1: 生产成本(流动资产)——生产部——内部责任单位——生产作业总成本——存货的减少(增加以"—"号填列) 10 件,单价:15.50 元,金额:155.00 元。

+1: 生产成本(流动资产)——生产部——内部责任单位——生产作业总成本——存货的减少(增加以"—"号填列) 10 件,单价:150.00 元,金额:1 500.00元。

+1: 生产成本(流动资产)——生产部——内部责任单位——生产作业总成本——存货的减少(增加以"—"号填列) 10 件,单价:40.00 元,金额:400.00 元。

+1: 生产成本(流动资产)——生产部——内部责任单位——生产作业总成本——存货的减少(增加以"—"号填列) 10 件,单价:15.00 元,金额:150.00 元。

—1: 作业成本(流动资产)——缝制车间——内部责任单位——生产作业结转——存货的减少(增加以"—"号填列) 100 件,单价:1.55 元,金额:155.00 元。

—1: 作业成本(流动资产)——缝制车间——内部责任单位——生产作业结转——存货的减少(增加以"—"号填列) 100 工时,单价:15.00 元,金额:1 500.00元。

—1: 作业成本(流动资产)——生产部——内部责任单位——生产作业结转——存货的减少(增加以"—"号填列) 400 平方米,单价:1.00 元,金额:400.00 元。

—1: 作业成本(流动资产)——生产部——内部责任单位——生产作业结转——存货的减少(增加以"—"号填列) 3 班,单价:50.00 元,金额:150.00 元。

(24) A 产品验收入库。10 件,单价:205.50 元,金额:2 055.00 元。

+1: 库存商品(流动资产)——成品仓库——内部责任单位——物资管

理——存货的减少(增加以“—”号填列) 10件,单价:205.50元,金额:2 055.00元。

—1:生产成本(流动资产)——生产部——内部责任单位——生产作业总成本——存货的减少(增加以“—”号填列) 10件,单价:205.50元,金额:2 055.00元。

(25)销售A产品,尚未收款,8件,单价:877.50元,金额:7 020.00元。其中,不含税单价:750.00元,金额:6 000.00元,增值税率0.17元,金额:1 020.00元。

+1:应收账款(流动资产)——销售部——顾客——往来结算——经营性应收项目的减少(增加以“—”号填列) 8件,单价:877.50元,金额:7 020.00元。

—1:主营业务收入(收入)——销售部——内部责任单位——销售量作业——净利润 8件,单价:750.00元,金额:6 000.00元。

—1:应交税费(负债和权益)——销售部——税务局——往来结算——经营性应收项目的减少(增加以“—”号填列) 6 000税率,单价:0.17元,金额:1 020.00元。

(26)结转已销售A产品的生产成本。8件,单价:205.50元,金额:1 644.00元。

+1:主营业务成本(费用)——销售部——内部责任单位——销售量作业——净利润 8件,单价:205.50元,金额:1 644.00元。

—1:库存商品(流动资产)——成品仓库——内部责任单位——物资管理——存货的减少(增加以“—”号填列) 8件,单价:205.50元,金额:1 644.00元。

(27)支付广告费,30天,单价:10.00元,金额:300.00元;支付包装材料费,8件,单价:20.00元,金额:160.00元。

+1:销售费用(费用)——销售部——内部责任单位——销售品种作业——净利润 30天,单价:10.00元,金额:300.00元。

+1:销售费用(费用)——销售部——内部责任单位——销售量作业——净利润 8件,单价:20.00元,金额:160.00元。

—1:银行存款(流动资产)——财务部——银行——资金储备——支付其他与经营活动有关的现金 30天,单价:10.00元,金额:300.00元。

—1:银行存款(流动资产)——财务部——银行——资金储备——支付其他与经营活动有关的现金 8件,单价:20.00元,金额:160.00元。

(28)收到客户所欠货款。8件,单价:877.50元,金额:7 020.00元。

+1:银行存款(流动资产)——财务部——银行——资金储备——销售商品、提供劳务收到的现金 8件,单价:877.50元,金额:7 020.00元。

—1:应收账款(流动资产)——销售部——顾客——往来结算——经营性

应收项目的减少(增加以“－”号填列)　8 件,单价:877.50 元,金额:7 020.00 元。

(29) 确认 A 仓库 A 原材料盘亏损失。2 千克,单价:1.10 元,金额:2.20 元。

＋1: 管理费用(费用)——材料仓库——内部责任单位——物资管理——净利润　2 千克,单价:1.10 元,金额:2.20 元。

－1: 原材料(流动资产)——材料仓库——内部责任单位——物资管理——存货的减少(增加以“－”号填列)　2 千克,单价:1.10 元,金额:2.20 元。

(30) 确认缝纫机减值损失。150 机时,单价:2.00 元,金额:300.00 元。

＋1: 资产减值损失(费用)——缝制车间——内部责任单位——物资管理——净利润　150 机时,单价:2.00 元,金额:300.00 元。

－1: 固定资产减值准备(非流动资产)——缝制车间——内部责任单位——物资管理——资产减值准备　150 机时,单价:2.00 元,金额:300.00 元。

(31) 向政府有关部门支付环境保护罚款。2 次,单价:50.00 元,金额:100.00 元。

＋1: 营业外支出(费用)——总公司——政府——环境保护——净利润　2 次,单价:50.00 元,金额:100.00 元。

－1: 银行存款(流动资产)——财务部——银行——资金储备——支付其他与经营活动有关的现金　2 次,单价:50.00 元,金额:100.00 元。

(32) 偿还银行借款。1 笔,单价:180.00 元,金额:180.00 元。

＋1: 短期借款(负债和权益)——财务部——银行——负债筹资——间接法非经营性现金流量　1 笔,单价:180.00 元,金额:180.00 元。

－1: 银行存款(流动资产)——财务部——银行——资金储备——偿还债务支付的现金　1 笔,单价:180.00 元,金额:180.00 元。

(33) 期末结转销售 A 产品收入,1 期,单价:6 000.00 元,金额:6 000.00 元;结转财务部投资收益,1 期,单价:－50.00 元,金额:－50.00 元。

＋1: 主营业务收入(收入)——结转——内部责任单位——积累——1 期,单价:6 000.00 元,金额:6 000.00 元。

＋1: 投资收益(收入)——结转——内部责任单位——积累——1 期,单价:－50.00元,金额:－50.00 元。

－1: 本年利润(负债和权益)——总公司——内部责任单位——积累——1 期,单价:5 950.00 元,金额:5 950.00 元。

(34) 计算应交城市维护建设税,5 000 元收入,税率:0.05,金额:250.00 元;计算应交所得税,420 元收入,税率:0.20,金额:84.00 元。

＋1: 营业税金及附加(费用)——销售部——内部责任单位——销售量作业——净利润　5 000 元收入,单价:0.05 元,金额:250.00 元。

＋1: 所得税费用(费用)——总公司——内部责任单位——积累——净利润

420元收入,单价:0.20元,金额:84.00元。

—1:应交税费(负债和权益)——销售部——税务局——往来结算——经营性应付项目的增加(减少以"—"号填列) 5 000元收入,单价:0.05元,金额:250.00元。

—1:应交税费(负债和权益)——总公司——税务局——往来结算——经营性应付项目的增加(减少以"—"号填列) 420元利润,单价:0.20元,金额:84.00元。

(35) 期末把各项费用结转至本年利润5 755.00元。其中:A产品的销售成本1 644.00元;主营业务税金及附加250.00元;销售费用900.00元;管理费用2 467.00元;资产减值损失300.00元;财务费用10.00元;营业外支出100.00元;所得税83.70元。

+1:本年利润(负债和权益)——总公司——内部责任单位——积累——1期,单价:5 755.00元,金额:5 755.00元。

—1:主营业务成本(费用)——结转——内部责任单位——积累——1期,单价:1 644.00元,金额:1 644.00元。

—1:营业税金及附加(费用)——结转——内部责任单位——积累——1期,单价:250.00元,金额:250.00元。

—1:销售费用(费用)——结转——内部责任单位——积累——1期,单价:900.00元,金额:900.00元。

—1:管理费用(费用)——结转——内部责任单位——积累——1期,单价:2 467.00元,金额:2 467.00元。

—1:资产减值损失(费用)——结转——内部责任单位——积累——1期,单价:300.00元,金额:300.00元。

—1:财务费用(费用)——结转——内部责任单位——积累——1期,单价:10.00元,金额:10.00元。

—1:营业外支出(费用)——结转——内部责任单位——积累——1期,单价:100.00元,金额:100.00元。

—1:所得税费用(费用)——结转——内部责任单位——积累——1期,单价:83.70元,金额:83.70元。

(36) 计提盈余公积。2 500股,单价:0.02元,金额:50.00元。

+1:利润分配(负债和权益)——总公司——股东——积累——2 500股,单价:0.02元,金额:50.00元。

—1:盈余公积(负债和权益)——总公司——股东——积累——2 500股,单价:0.02元,金额:50.00元。

(37) 分配普通股股利。2 500 股,单价:0.04 元,金额:100.00 元。

+1：利润分配(负债和权益)——总公司——股东——积累——2 500 股,单价:0.04 元,金额:100.00 元。

−1：应付股利(负债和权益)——总公司——股东——往来结算——2 500 股,单价:0.04 元,金额:100.00 元。

(38) 本年净利润结转利润分配账户 195.30 元。

+1：本年利润(负债和权益)——总公司——股东——积累——1 期,单价:195.30 元,金额:195.30 元。

−1：利润分配(负债和权益)——总公司——股东——积累——1 期,单价:195.30 元,金额:195.30 元。

(39) 结转未分配利润明细账户。1 期,单价:45.00 元,金额:45.00 元。

+1：利润分配(负债和权益)——总公司——股东——积累——1 期,单价:45.00 元,金额:45.00 元。

−1：利润分配(负债和权益)——总公司——股东——积累——1 期,单价:45.00 元,金额:45.00 元。

(40) 以银行存款交纳本期应交税费 1 183.70 元。

+1：应交税费(负债和权益)——总公司——税务局——积累——经营性应付项目的增加(减少以"—"号填列)　1 笔,单价:1 183.70 元,金额:1 183.70 元。

−1：银行存款(流动资产)——财务部——银行——资金储备——支付的各项税费　1 笔,单价:1 183.70 元,金额:1 183.70 元。

(41) 以银行存款支付普通股股利。2 500 股,单价:0.04 元,金额:100.00 元。

+1：应付股利(负债和权益)——总公司——股东——往来结算——间接法非经营性现金流量　2 500 股,单价:0.04 元,金额:100.00 元。

−1：银行存款(流动资产)——财务部——银行——资金储备——分配股利、利润或偿付利息支付的现金　2 500 股,单价:0.04 元,金额:100.00 元。

(42) 增记 12 号凭证购买债券费用的现金流量 100.00 元。

+1：投资损失(收益以"—"号填列)　1 笔,单价:100.00 元,金额:100.00 元。

−1:间接法非经营性现金流量　1 笔,单价:100.00 元,金额:100.00 元。

(43) 增记 13 号凭证取得债券利息的现金流量 50.00 元。

+1：间接法非经营性现金流量　1 笔,单价:50.00 元,金额:50.00 元。

−1：投资损失(收益以"—"号填列)　1 笔,单价:50.00 元,金额:50.00 元。

第 43、第 44 笔"增记"的会计分录并不记录实际的经济业务的发生,而是专门为编制现金流量表而补记的。因为：

(1) 第 12 号凭证在现金流量科目中只记录了由于购入债券发生的费用而导致的“净利润”减少[即+1:净利润 100.00 元,而没有记录“投资损失(收益以‘一’号填列)”的增加],这一金额同时也是“间接法非经营性现金流量”的减少,所以,应补记第 43 笔：

+1: 投资损失(收益以“一”号填列)	100.00	
一1:间接法非经营性现金流量		100.00

(2) 第 13 号凭证在现金流量科目中只记录了由于购入债券发生取得利息收入而导致的“净利润”增加[即一1:净利润 50.00 元,而没有记录“投资损失(收益以‘一’号填列)”的减少],这一金额同时也是“间接法非经营性现金流量”的增加,所以,应补记第 44 笔：

+1: 间接法非经营性现金流量	50.00	
一1: 投资损失(收益以“一”号填列)		50.00

三、会计分录账

把上述会计分录登入会计分录账(即通常所说的普通日记账)。该账在会计信息系统中起到记账凭证的作用,并成为系统的基础数据表。表 11-1 记录了第 1 至第 10 笔业务的账簿记录(为便于显示,省略了某些栏目)。

四、数额栏的多种表示方式

账簿中传统的数额栏通常采用借贷余三栏式,在多维账务处理系统中,要根据不同需要采用不同的方式显示数额栏。

(1) “十一”式。会计分录簿的原始信息就是用这种格式记录的。计算机可以根据有关信息自动把这种格式转化为其他格式。所有的数额都不带正负号。数额的正负性质在“十一”栏标示,“十一”栏记“1”的是正数,“十一”栏记“一1”的是负数。

(2) 传统的借贷余三栏式。这种方式主要是为了照顾传统习惯,也便于显示对外核算的财务会计类账簿。所有的数额都不带正负号。数额的正负性质分栏表示,记在借方栏的是正数,记在贷方栏的是负数。

(3) 多栏式。多栏式把发生的数额按性质分别显示在“流动资产”、“非流动资产”、“负债和权益”、“费用”和“收入”栏中。计算机可以自动把原始记录的“十一”式数额信息转化为这种格式的数额信息。这种格式主要满足管理的需要,在作业会计和责任会计等中使用这种格式可以提供详细的资料以便于反映和经济效益考核。

表 11-2 反映和说明了三种格式的数额显示方式及其对应关系。

表 11-1　多维账务处理系统的会计分录账

单位:元

编号	摘　要	十一	金额	财务会计	责任会计	外部人会计	作业会计	现金流量会计
1	收到股东的货币投资存入银行	1	36 300	银行存款	财务部	银行	资金储备	吸收投资收到的现金
1	收到股东的货币投资存入银行	−1	36 300	实收资本	总公司	股东	股本筹资	间接法非经营性现金流量
2	购入生产用旧厂房	1	20 000	固定资产	生产部	内部责任单位	订购量作业	间接法非经营性现金流量
2	购入生产用旧厂房	−1	8 000	累计折旧	生产部	内部责任单位	订购量作业	间接法非经营性现金流量
2	购入生产用旧厂房	−1	12 000	银行存款	总公司	股东	资金储备	购建固定资产、无形资产和其他长期资产支付的现金
3	向银行借入短期借款	1	5 000	库存现金	财务部	内部责任单位	资金储备	取得借款收到的现金
3	向银行借入短期借款	−1	5 000	短期借款	财务部	银行	负债筹资	间接法非经营性现金流量
4	支付取得上述短期借款的手续费	1	10	财务费用	财务部	银行	财务作业手续费	净利润
4	支付取得上述短期借款的手续费	−1	10	银行存款	财务部	银行	资金储备	财务费用(收益以"一"号填列)
5	购入缝纫机用于生产	1	2 000	固定资产	生产部	内部责任单位	订购量作业	间接法非经营性现金流量
5	购入B机器(预计使用5年)转交财务部	1	600	固定资产	财务部	内部责任单位	订购量作业	间接法非经营性现金流量
5	购入C机器(预计使用5年)转交人力资源部	1	625	固定资产	人力资源部	内部责任单位	订购量作业	间接法非经营性现金流量
5	支付上述 A、B、C机器货款	−1	3 225	银行存款	财务部	银行	资金储备	购建固定资产、无形资产和其他长期资产支付的现金

（续表）

编号	摘　要	+−	金额	财务会计	责任会计	外部人会　计	作业会计	现金流量会计
6	发生废水处理工程费用	1	500	在建工程	生产部	内部责任单位	基建	
6	欠付废水处理工程费用	−1	500	应付票据	生产部	供应商	往来结算	
7	从A房产公司租入职工宿舍应付租金	1	1 000	管理费用	人力资源部	内部责任单位	租赁	净利润
7	从A房产公司租入职工宿舍租金尚未支付	−1	1 000	其他应付款	人力资源部	租赁人	往来结算	经营性应付项目的增加(减少以“—”号填列)
8	修理财务部B机器费用	1	100	管理费用	财务部	内部责任单位	基础管理	净利润
8	支付修理财务部B机器费用	−1	100	银行存款	财务部	银行	资金储备	支付其他与经营活动有关的现金
9	支付邮电局人力资源部邮政费用	1	60	管理费用	人力资源部	内部责任单位	基础管理	净利润
9	支付邮电局财务部邮政费用	1	40	管理费用	财务部	内部责任单位	基础管理	净利润
9	支付邮电局邮政费用	−1	100	银行存款	财务部	银行	资金储备	支付其他与经营活动有关的现金
10	拨付生产部备用金	1	200	其他应收款	生产部	内部责任单位	往来结算	经营性应收项目的减少(增加以“—”号填列)
10	拨付财务部备用金	1	300	其他应收款	财务部	内部责任单位	往来结算	经营性应收项目的减少(增加以“—”号填列)
10	拨付人力资源部备用金	1	300	其他应收款	人力资源部	内部责任单位	往来结算	经营性应收项目的减少(增加以“—”号填列)
10	拨付备用金	−1	800	银行存款	财务部	银行	资金储备	支付其他与经营活动有关的现金

表 11-2　三种格式的数额显示方式及其对应关系表

单位:元

编号	摘　要	财务会计	+−	金额	金额值	借方	贷方	流动资产	非流动资产	负债和权益	费用	收入
1	收到股东的货币投资存入银行	银行存款	1	36 300	36 300	36 300		36 300				
1	收到股东的货币投资存入银行	实收资本	−1	36 300	−36 300		36 300			−36 300		
2	购入生产用旧厂房	固定资产	1	20 000	20 000	20 000			20 000			
2	购入生产用旧厂房	累计折旧	−1	8 000	−8 000		8 000		−8 000			
2	购入生产用旧厂房	银行存款	−1	12 000	−12 000		12 000	−12 000				
24	A 产品验收入库	生产成本	−1	2 055	−2 055		2 055	−2 055				
25	销售 A 产品,尚未收款	应收账款	1	7 020	7 020	7 020		7 020				
25	销售 A 产品收入	主营业务收入	−1	6 000	−6 000		6 000					−6 000
25	销售 A 产品收入应交增值税	应交税费	−1	1 020	−1 020		1 020			−1 020		
26	结转已销售 A 产品的生产成本	主营业务成本	1	1 644	1 644	1 644					1 644	
26	结转已销售 A 产品的生产成本	库存商品	−1	1 644	−1 644		1 644	−1 644				
27	支付广告费	销售费用	1	300	300	300					300	
27	支付包装材料费	销售费用	1	160	160	160					160	
27	支付广告费	银行存款	−1	300	−300		300	−300				
27	支付包装费	银行存款	−1	160	−160		160	−160				
28	收到客户所欠货款	银行存款	1	7 020	7 020	7 020		7 020				
28	收到客户所欠货款	应收账款	−1	7 020	−7 020		7 020	−7 020				
29	确认 A 仓库 A 原材料盘亏损失	管理费用	1	2.20	2.20	2.20					2.20	
29	确认 A 仓库 A 原材料盘亏损失	原材料	−1	2.20	−2.20		2.20	−2.20				
30	确认缝纫机减值损失	资产减值损失	1	300	300	300					300	
30	确认缝纫机减值损失	固定资产减值准备	−1	300	−300		300		−300			

表 11-3 多栏式责任会计分类账簿

单位:元

责任中心	编号	摘要	数量	单位	单价	财务会计	流动资产	非流动资产	负债和权益	费用	收入
总公司	31	向政府有关部门支付环境保护罚款	2	次	50	营业外支出				100	
	33	期末结转各项收入	1	期	5 950	本年利润			−5 950		
	34	计算应交所得税	420	收入	0.2	所得税				84	
	34	计算应交所得税	420	利润	0.2	应交税费			−84		
	35	期末把各项费用结转至本年利润	1	期	0.2	本年利润			5 755		
	36	计提盈余公积	2 500	股	84	利润分配			50		
	36	计提盈余公积	2 500	股	0.02	盈余公积			−50		
	37	分配普通股股利	2 500	股	0.02	利润分配			100		
	37	分配普通股股利	2 500	股	0.04	应付股利			−100		
	38	本年净利润结转利润分配账户	1	期	0.04	本年利润			195.3		
	38	本年净利润结转利润分配账户	1	期	195.30	利润分配			−195.3		
	39	结转未分配利润明细账户	1	期	195.30	利润分配			45		
	39	结转未分配利润明细账户	1	期	45	利润分配			−45		
	40	以银行存款交纳本期所得税	1	笔	45	应交税费			84		
	41	以银行存款支付普通股股利	2 500	股	1 184	应付股利			100		
行政部	21	应付行政部管理人员工资	40	工时	10	管理费用				400	
	21	应付职工工资	70		50	应付职工薪酬			−400		
销	14	报销销售部差旅费	2	次	100	销售费用				200	
	16	支付 A 宾馆的销售订货会会议费	3	次	80	销售费用				240	
	25	销售 A 产品,尚未收款	8	件	877.50	应收账款	7 020				
	25	销售 A 产品收入	8	件	750	主营业务收入					−6 000

售部	25	销售 A 产品收入应交增值税	6 000	税率	0.17	应交税费			−1 020		
	26	结转已销售 A 产品的生产成本	8	件	205.50	主营业务成本				1 644	
	27	支付广告费	30	天	10	销售费用				300	
	27	支付包装材料费	8	件	20	销售费用				160	
	28	收到客户所欠货款	8	件	877.50	应收账款	−7 020				
	34	计算应交城建税	5 000	收入	0.05	营业税金及附加				250	
	34	计算应交城建税	5 000	收入	0.05	应交税费			−250		
	40	以银行存款交纳本期增值税	1		50	应交税费			1 270		
生产部	2	购入生产用旧厂房	10	平方米	2 000	固定资产		20 000			
	2	购入生产用旧厂房	10	平方米	800	累计折旧		−8 000			
	5	购入缝纫机用于生产	1 000	机时	2	固定资产		2 000			
	6	发生废水处理工程费用	1 000	吨水	0.50	在建工程				500	
	6	欠付废水处理工程费用	1 000	吨水	0.50	应付票据			−500		
	10	拨付生产部备用金	2	人次	100	其他应收款	200				
	14	报销生产部差旅费	2	次	100	管理费用				200	
	14	报销生产部差旅费	2	次	100	其他应收款	−200				
	14	报销销售部差旅费	2	次	100	其他应收款	−200				
	15	支付生产工人上下班交通费用	6	班	50	作业成本				300	
	20	本月生产 A 产品领用 A 材料	50	千克	1.10	生产成本	55				
	22	计提生产部旧厂房折旧	10	平方米	5.70	作业成本				400	
	22	计提生产部旧厂房折旧	10	平方米	1	累计折旧		−400			

（续表）

责任中心	编号	摘　要	数量	单位	单价	财务会计	流动资产	非流动资产	负债和权益	费用	收入
生产部	23	A产品分配缝纫作业成本	10	件	1	生产成本	155				
	23	A产品分配手工钉扣、锁眼作业成本	10	件	15.50	生产成本	1 500				
	23	A产品分配其他生产作业成本	10	件	150	生产成本	400				
	23	A产品分配职工交通费	10	件	40	生产成本	150				
	23	A产品分配其他生产作业成本	400	平方米	15	作业成本	−400				
	23	A产品分配职工交通费	3	班	1	作业成本	−150				
	24	A产品验收入库	10	件	205.50	生产成本	−2 055				
人力资源部	5	购入C机器(预计使用5年)转交人力资源部	625	机时	1	固定资产		625			
	7	从A房产公司租入职工宿舍应付租金	100	平方米	10	管理费用				1 000	
	7	从A房产公司租入职工宿舍租金尚未支付	100	平方米	10	其他应付款			−1 000		
	9	支付邮电局人力资源部邮政费用	60	封	1	管理费用				60	
	10	拨付人力资源部备用金	3	人次	100	其他应收款	300				
	15	支付人力资源部管理人员上下班交通费用	3	班	50	管理费用				150	
	16	支付A宾馆的人力资源部会议费	2	次	75	管理费用				150	
	20	本月人力资源部领用A材料	10	千克	1.10	管理费用				11	
	21	应付人力资源部管理人员工资	30	工时	10	管理费用				300	
	21	应付职工工资	70	工时	4.285 71	应付职工薪酬			−300		
	22	计提人力资源部C机器折旧	30	机时	1.20	管理费用				30	
	22	计提人力资源部C机器折旧	30	机时	1.20	累计折旧		−30			

缝制车间	21	应付手工钉扣、锁眼作业工人工资	100	工时	15	作业成本				1 500	
	21	应付职工工资	100	工时	15	应付职工薪酬			−1 500		
	22	计提生产部A缝纫机折旧	50	机时	40	作业成本				100	
	22	计提生产部A缝纫机折旧	50	机时	40	累计折旧		−100			
	23	A产品分配缝纫作业成本	100	件	15	作业成本	−155				
	23	A产品分配手工钉扣、锁眼作业成本	100	工时	1.55	作业成本	−1 500				
	30	确认缝纫机减值损失	150	机时	2	资产减值损失				300	
	30	确认缝纫机减值损失	150	机时	2	固定资产减值准备		−300			
成品仓库	24	A产品验收入库	10	件	205.5	库存商品	2 055				
	26	结转已销售A产品的生产成本	8	件	205.5	库存商品	−1 644				
采购部	17	生产部自A供应商购入A材料	100	千克	10	材料采购	1 000				
	17	购入A材料的进项税额	1 000	税率	0.17	应交税费			170		
	17	购入A材料,款项尚未支付	100	千克	11.70	应付票据			−1 170		
	18	支付运输公司A材料装卸费和搬运费	100	千克	0.10	材料采购				10	
	19	材料A验收入库	100	千克	1.10	材料采购	−110				
	40	以银行存款交纳本期增值税	1		50	应交税费			−170		
财务部	1	收到股东的货币投资存入银行	18 150	股	2	银行存款	36 300				
	1	收到股东的货币投资存入银行	18 150	股	2	实收资本			−36 300		
	2	购入生产用旧厂房	10	平方米	1 200	银行存款	−12 000				

（续表）

责任中心	编号	摘　要	数量	单位	单价	财务会计	流动资产	非流动资产	负债和权益	费用	收入
财务	3	向银行借入短期借款	1	笔	5 000	库存现金	5 000				
	3	向银行借入短期借款	1	笔	5 000	短期借款			−5 000		
	4	支付取得上述短期借款的手续费	1	次	10	财务费用				10	
	4	支付取得上述短期借款的手续费	1	次	10	银行存款	−10				
	5	购入B机器(预计使用5年)转交财务部	500	机时	1.2	固定资产		600			
	5	支付上述A、B、C机器货款	2 125	机时	1.517 6	银行存款	−3 225				
	8	修理财务部B机器费用	4	小时	25	管理费用				100	
	8	支付修理财务部B机器费用	4	小时	25	银行存款	−100				
	9	支付邮电局财务部邮政费用	40	封	1	管理费用				40	
	9	支付邮电局邮政费用	100	封	1	银行存款	−100				
	10	拨付财务部备用金	3	人次	100	其他应收款	300				
	10	拨付备用金	8	人次	100	银行存款	−800				
	11	财务部购入准备持有至到期的债券	5 000	面值	0.80	持有至到期投资		4 000			
	11	支付财务部购入准备持有至到期的债券款	5 000	面值	0.80	银行存款	−4 000				
	12	财务部购入债券发生的费用	5 000	面值	0.02	投资收益				100	
	12	支付财务部购入债券发生的费用	5 000	面值	0.02	银行存款	−100				
	13	财务部向购入债券取得的利息收入	5 000	面值	0.01	银行存款	50				
	13	收到财务部向购入债券取得的利息收入	5 000	面值	0.01	投资收益					−50

部	15	支付生产工人上下班交通费用	6	班	50	银行存款	－300				
	15	支付人力资源部管理人员上下班交通费用	3	班	50	银行存款	－150				
	16	支付A宾馆的人力资源部、生产部会议费	2	次	75	银行存款	－150				
	16	支付A宾馆的人力资源部、生产部会议费	3	次	80	银行存款	－240				
	18	支付运输公司A材料装卸费和搬运费	100	千克	0.10	银行存款	－10				
	22	计提财务部B机器折旧	20	机时	2	管理费用				24	
	22	计提财务部B机器折旧	20	机时	2	累计折旧		－24			
	27	支付广告费	30	天	10	银行存款	－300				
	27	支付包装费	8	件	20	银行存款	－160				
	28	收到客户所欠货款	8	件	877.50	银行存款	7 020				
	31	向政府有关部门支付环境保护罚款	2	次	50	银行存款	－100				
	32	偿还银行借款	1	笔	180	短期借款			180		
	32	偿还银行借款	1	笔	180	银行存款	－180				
	40	以银行存款交纳本期应交税费	1	笔	84	银行存款	－1 184				
	41	以银行存款支付普通股股利	2 500	股	－170	银行存款	－100				
材料仓库	19	材料A验收入库	100	千克	1.10	原材料	110				
	20	本月生产A产品领用A材料	50	千克	1.10	原材料	－55				
	20	本月人力资源部领用A材料	10	千克	1.10	原材料	－11				
	29	确认A仓库A原材料盘亏损失	2	千克	1.10	管理费用				2.2	
	29	确认A仓库A原材料盘亏损失	2	千克	1.10	原材料	－2.2				

表 11-4　多栏式外部人责任会计账簿

单位:元

外部人会计	编号	摘　要	数量	单位	单价	财务会计	流动资产	非流动资产	负债和权益	费用	收入
租赁人	7	从A房产公司租入职工宿舍租金尚未支付	100	平方米	10	其他应付款			－1 000		
职工	21	应付职工工资	100	工时	15	应付职工薪酬			－1 500		
	21	应付职工工资	70	工时	4.285 71	应付职工薪酬			－300		
	21	应付职工工资	70		50	应付职工薪酬			－400		
政府	31	向政府有关部门支付环境保护罚款	2	次	50	营业外支出				100	
银行	1	收到股东的货币投资存入银行	18 150	股	2	银行存款	36 300				
	2	购入生产用旧厂房	10	平方米	1 200	银行存款	－12 000				
	3	向银行借入短期借款	1	笔	5 000	短期借款			－5 000		
	4	支付取得上述短期借款的手续费	1	次	10	财务费用				10	
	4	支付取得上述短期借款的手续费	1	次	10	银行存款	－10				
	5	支付上述A、B、C机器货款	2 125	机时	1.517 64	银行存款	－3 225				
	8	支付修理财务部B机器费用	4	小时	25	银行存款	－100				
	9	支付邮电局邮政费用	100	封	1	银行存款	－100				
	10	拨付备用金	8	人次	100	银行存款	－800				
	11	支付财务部购入准备持有至到期的债券款	5 000	面值	0.80	银行存款	－4 000				
	12	支付财务部购入债券发生的费用	5 000	面值	0.02	银行存款	－100				
	13	财务部向购入债券取得的利息收入	5 000	面值	0.01	银行存款	50				
	15	支付生产工人上下班交通费用	6	班	50	银行存款	－300				
	15	支付人力资源部管理人员上下班交通费用	3	班	50	银行存款	－150				

	16	支付A宾馆的人力资源部、生产部会议费	2	次	75	银行存款	−150				
	16	支付A宾馆的人力资源部、生产部会议费	3	次	80	银行存款	−240				
	18	支付运输公司A材料装卸费和搬运费	100	千克	0.10	银行存款	−10				
	27	支付广告费	30	天	10	银行存款	−300				
	27	支付包装费	8	件	20	银行存款	−160				
	28	收到客户所欠货款	8	件	877.50	银行存款	7 020				
	31	向政府有关部门支付环境保护罚款	2	次	50	银行存款	−100				
	32	偿还银行借款	1	笔	180	短期借款			180		
	32	偿还银行借款	1	笔	180	银行存款	−180				
	40	以银行存款交纳本期应交税费	1	笔	84	银行存款	−1 184				
	41	以银行存款支付普通股股利	2 500	股	−170	银行存款	−100				
税务局	17	购入A材料的进项税额	1 000	税率	0.17	应交税费			170		
	25	销售A产品收入应交增值税	6 000	税率	0.17	应交税费			−1 020		
	34	计算应交城建税	5 000	收入	0.05	应交税费			−250		
	34	计算应交所得税	420	利润	0.20	应交税费			−84		
	40	以银行存款交纳本期所得税	1	笔	45	应交税费			84		
	40	以银行存款交纳本期增值税	1		50	应交税费			−170		
	40	以银行存款交纳本期增值税	1		50	应交税费			1 270		
受资人	11	财务部购入准备持有至到期的债券	5 000	面值	0.80	持有至到期投资		4 000			
	12	财务部购入债券发生的费用	5 000	面值	0.02	投资收益				100	

（续表）

外部人会计	编号	摘　　要	数量	单位	单价	财务会计	流动资产	非流动资产	负债和权益	费用	收入
受资人	13	收到财务部向购入债券取得的利息收入	5 000	面值	0.01	投资收益					−50
顾客	25	销售A产品，尚未收款	8	件	877.50	应收账款	7 020				
	28	收到客户所欠货款	8	件	877.50	应收账款	−7 020				
股东	1	收到股东的货币投资存入银行	18 150	股	2	实收资本			−36 300		
	36	计提盈余公积	2 500	股	84	利润分配			50		
	36	计提盈余公积	2 500	股	0.02	盈余公积			−50		
	37	分配普通股股利	2 500	股	0.02	利润分配			100		
	37	分配普通股股利	2 500	股	0.04	应付股利			−100		
	38	本年净利润结转利润分配账户	1	期	0.04	本年利润			195.3		
	38	本年净利润结转利润分配账户	1	期	195.3	利润分配			−195.3		
	39	结转未分配利润明细账户	1	期	195.3	利润分配			45		
	39	结转未分配利润明细账户	1	期	45	利润分配			−45		
	41	以银行存款支付普通股股利	2 500	股	1 184	应付股利			100		
供应商	6	欠付废水处理工程费用	1 000	吨水	0.50	应付票据			−500		
	17	购入A材料，款项尚未支付	100	千克	11.70	应付票据			−1 170		
	43	增记12号凭证购买债券费用的现金流量	1	笔	1 270						
	43	增记12号凭证购买债券费用的现金流量	1	笔	0.04						
	44	增记13号凭证取得债券利息的现金流量	1	笔	0.04						
	44	增记13号凭证取得债券利息的现金流量	1	笔	100						

表 11-5　多栏式作业会计分类账簿

单位:元

作业会计	编号	摘　要	数量	单位	单价	财务会计	流动资产	非流动资产	负债和权益	费用	收入
租赁	7	从A房产公司租入职工宿舍应付租金	100	平方米	10	管理费用				1 000	
资金储备	1	收到股东的货币投资存入银行	18 150	股	2	银行存款	36 300				
	2	购入生产用旧厂房	10	平方米	1 200	银行存款	−12 000				
	3	向银行借入短期借款	1	笔	5 000	库存现金	5 000				
	4	支付取得上述短期借款的手续费	1	次	10	银行存款	−10				
	5	支付上述A、B、C机器货款	2 125	机时	1.517 64	银行存款	−3 225				
	8	支付修理财务部B机器费用	4	小时	25	银行存款	−100				
	9	支付邮电局邮政费用	100	封	1	银行存款	−100				
	10	拨付备用金	8	人次	100	银行存款	−800				
	11	支付财务部购入准备持有至到期的债券款	5 000	面值	0.80	银行存款	−4 000				
	12	支付财务部购入债券发生的费用	5 000	面值	0.02	银行存款	−100				
	13	财务部向购入债券取得的利息收入	5 000	面值	0.01	银行存款	50				
	15	支付生产工人上下班交通费用	6	班	50	银行存款	−300				
	15	支付人力资源部管理人员上下班交通费用	3	班	50	银行存款	−150				
	16	支付A宾馆的人力资源部、生产部会议费	2	次	75	银行存款	−150				
	16	支付A宾馆的人力资源部、生产部会议费	3	次	80	银行存款	−240				
	18	支付运输公司A材料装卸费和搬运费	100	千克	0.10	银行存款	−10				

（续表）

作业会计	编号	摘　要	数量	单位	单价	财务会计	流动资产	非流动资产	负债和权益	费用	收入
资金储备	27	支付广告费	30	天	10	银行存款	－300				
	27	支付包装费	8	件	20	银行存款	－160				
	28	收到客户所欠货款	8	件	877.50	银行存款	7 020				
	31	向政府有关部门支付环境保护罚款	2	次	50	银行存款	－100				
	32	偿还银行借款	1	笔	180	银行存款	－180				
	40	以银行存款交纳本期应交税费	1	笔	84	银行存款	－1 184				
	41	以银行存款支付普通股股利	2 500	股	－170	银行存款	－100				
销售品种作业	27	支付广告费	30	天	10	销售费用				300	
销售量作业	25	销售 A 产品收入	8	件	750	主营业务收入					－6 000
	26	结转已销售 A 产品的生产成本	8	件	205.50	主营业务成本				1 644	
	27	支付包装材料费	8	件	20	销售费用				160	
	34	计算应交城建税	5 000	收入	0.05	营业税金及附加				250	
物资管理	19	材料 A 验收入库	100	千克	1.10	原材料	110				
	20	本月生产 A 产品领用 A 材料	50	千克	1.10	原材料	－55				
	20	本月人力资源部领用 A 材料	10	千克	1.10	原材料	－11				
	24	A 产品验收入库	10	件	205.50	库存商品	2 055				
	26	结转已销售 A 产品的生产成本	8	件	205.50	库存商品	－1 644				
	29	确认 A 仓库 A 原材料盘亏损失	2	千克	1.10	管理费用				2.2	
	29	确认 A 仓库 A 原材料盘亏损失	2	千克	1.10	原材料	－2.2				

往来结算	6	欠付废水处理工程费用	1 000	吨水	0.50	应付票据			−500		
	7	从A房产公司租入职工宿舍租金尚未支付	100	平方米	10	其他应付款			−1 000		
	10	拨付生产部备用金	2	人次	100	其他应收款	200				
	10	拨付财务部备用金	3	人次	100	其他应收款	300				
	10	拨付人力资源部备用金	3	人次	100	其他应收款	300				
	14	报销生产部差旅费	2	次	100	其他应收款	−200				
	14	报销销售部差旅费	2	次	100	其他应收款	−200				
	17	购入A材料的进项税额	1 000	税率	0.17	应交税费			170		
	17	购入A材料，款项尚未支付	100	千克	11.70	应付票据			−1 170		
	21	应付职工工资	100	工时	15	应付职工薪酬			−1 500		
	21	应付职工工资	70	工时	4.285 71	应付职工薪酬			−300		
	21	应付职工工资	70		50	应付职工薪酬			−400		
	25	销售A产品，尚未收款	8	件	877.50	应收账款	7 020				
	25	销售A产品收入应交增值税	6 000	税率	0.17	应交税费			−1 020		
	28	收到客户所欠货款	8	件	877.5	应收账款	−7 020				
	34	计算应交城建税	5 000	收入	0.05	应交税费			−250		
	34	计算应交所得税	420	利润	0.20	应交税费			−84		
	37	分配普通股股利	2 500	股	0.04	应付股利			−100		
	40	以银行存款交纳本期所得税	1	笔	45	应交税费			84		
	40	以银行存款交纳本期增值税	1		50	应交税费			−170		

（续表）

作业会计	编号	摘　要	数量	单位	单价	财务会计	流动资产	非流动资产	负债和权益	费用	收入
往来结算	40	以银行存款交纳本期增值税	1		50	应交税费			1 270		
	41	以银行存款支付普通股股利	2 500	股	1 184	应付股利			100		
手工钉扣、锁眼	21	应付手工钉扣、锁眼作业工人工资	100	工时	15	作业成本				1 500	
生产作业总成本	20	本月生产 A 产品领用 A 材料	50	千克	1.10	生产成本	55				
	23	A 产品分配缝纫作业成本	10	件	1	生产成本	155				
	23	A 产品分配手工钉扣、锁眼作业成本	10	件	15.50	生产成本	1 500				
	23	A 产品分配其他生产作业成本	10	件	150	生产成本	400				
	23	A 产品分配职工交通费	10	件	40	生产成本	150				
生产作业结转	24	A 产品验收入库	10	件	205.50	生产成本	−2 055				
	23	A 产品分配缝纫作业成本	100	件	15	作业成本	−155				
	23	A 产品分配手工钉扣、锁眼作业成本	100	工时	1.55	作业成本	−1 500				
	23	A 产品分配其他生产作业成本	400	平方米	15	作业成本	−400				
	23	A 产品分配职工交通费	3	班	1	作业成本	−150				
生产维持	2	购入生产用旧厂房	10	平方米	2 000	固定资产		20 000			
	2	购入生产用旧厂房	10	平方米	800	累计折旧		−8 000			
	5	购入缝纫机用于生产	1 000	机时	2	固定资产		2 000			
	15	支付生产工人上下班交通费用	6	班	50	作业成本				300	
	22	计提生产部旧厂房折旧	10	平方米	5.714 28	作业成本				400	
	22	计提生产部旧厂房折旧	10	平方米	1	累计折旧		−400			
	22	计提生产部 A 缝纫机折旧	50	机时	40	累计折旧		−100			

基建	6	发生废水处理工程费用	1 000	吨水	0.50	在建工程				500	
基础管理	5	购入 B 机器(预计使用 5 年)转交财务部	500	机时	1.20	固定资产		600			
	5	购入 C 机器(预计使用 5 年)转交人力资源部	625	机时	1	固定资产		625			
	8	修理财务部 B 机器费用	4	小时	25	管理费用				100	
	9	支付邮电局人力资源部邮政费用	60	封	1	管理费用				60	
	9	支付邮电局财务部邮政费用	40	封	1	管理费用				40	
	14	报销生产部差旅费	2	次	100	管理费用				200	
	14	报销销售部差旅费	2	次	100	销售费用				200	
	15	支付人力资源部管理人员上下班交通费用	3	班	50	管理费用				150	
	16	支付 A 宾馆的人力资源部会议费	2	次	75	管理费用				150	
	16	支付 A 宾馆的销售订货会会议费	3	次	80	销售费用				240	
	20	本月人力资源部领用 A 材料	10	千克	1.10	管理费用				11	
	21	应付人力资源部管理人员工资	30	工时	10	管理费用				300	
	21	应付行政部管理人员工资	40	工时	10	管理费用				400	
	22	计提财务部 B 机器折旧	20	机时	2	管理费用				24	
	22	计提人力资源部 C 机器折旧	30	机时	1.20	管理费用				30	
	22	计提财务部 B 机器折旧	20	机时	2	累计折旧		—24			
	22	计提人力资源部 C 机器折旧	30	机时	1.20	累计折旧		—30			

（续表）

作业会计	编号	摘　　要	数量	单位	单价	财务会计	流动资产	非流动资产	负债和权益	费用	收入
积累	33	期末结转销售A产品收入	1	期	6 000	主营业务收入					6 000
	33	期末结转财务部投资收益	1	期	－50	投资收益					－50
	33	期末结转各项收入	1	期	5 950	本年利润			－5 950		
	34	计算应交所得税	420	收入	0.20	所得税				84	
	35	期末把各项费用结转至本年利润	1	期	0.20	本年利润			5 755		
	35	期末结转A产品的销售成本	1	期	5 755	主营业务成本				－1 644	
	35	期末结转A产品的主营业务税金及附加	1	期	1 644	营业税金及附加				－250	
	35	期末结转销售费用	1	期	250	销售费用				－900	
	35	期末结转管理费用	1	期	900	管理费用				－2 467	
	35	期末结转资产减值损失	1	期	2 467	资产减值损失				－300	
	35	期末结转财务费用	1	期	300	财务费用				－10	
	35	期末结转营业外支出	1	期	10	营业外支出				－100	
	35	期末结转所得税	1	期	100	所得税				－84	
	36	计提盈余公积	2 500	股	84	利润分配			50		
	36	计提盈余公积	2 500	股	0.02	盈余公积			－50		
	37	分配普通股股利	2 500	股	0.02	利润分配			100		
	38	本年净利润结转利润分配账户	1	期	0.04	本年利润			195.30		
	38	本年净利润结转利润分配账户	1	期	195.30	利润分配			－195.30		
	39	结转未分配利润明细账户	1	期	195.30	利润分配			45		
	39	结转未分配利润明细账户	1	期	45	利润分配			－45		
机器	22	计提生产部A缝纫机折旧	50	机时	40	作业成本				100	
	30	确认缝纫机减值损失	150	机时	2	资产减值损失				300	

缝纫	30	确认缝纫机减值损失	150	机时	2	固定资产减值准备		−300			
环境保护	31	向政府有关部门支付环境保护罚款	2	次	50	营业外支出				100	
股本筹资	1	收到股东的货币投资存入银行	18 150	股	2	实收资本			−36 300		
负债筹资	3	向银行借入短期借款	1	笔	5 000	短期借款			−5 000		
	32	偿还银行借款	1	笔	180	短期借款			180		
对外投资	11	财务部购入准备持有至到期的债券	5 000	面值	0.80	持有至到期投资		4 000			
	13	收到财务部向购入债券取得的利息收入	5 000	面值	0.01	投资收益					−50
订购量作业	17	生产部自 A 供应商购入 A 材料	100	千克	10	材料采购	1 000				
	19	材料 A 验收入库	100	千克	1.10	材料采购	−110				
订购次数作业	18	支付运输公司 A 材料装卸费和搬运费	100	千克	0.10	材料采购				10	
财务作业手续费	4	支付取得上述短期借款的手续费	1	次	10	财务费用				10	
	12	财务部购入债券发生的费用	5 000	面值	0.02	投资收益				100	
	43	增记 12 号凭证购买债券费用的现金流量	1	笔	1 270						
	43	增记 12 号凭证购买债券费用的现金流量	1	笔	0.04						
	44	增记 13 号凭证取得债券利息的现金流量	1	笔	0.04						
	44	增记 13 号凭证取得债券利息的现金流量	1	笔	100						

五、多栏式责任会计账簿

责任会计账簿采用多栏式，同时不仅反映金额，还反映数量、计量单位、单价，是为了更加详细和具体地提供尽可能丰富的核算信息，以便于更好地进行管理和考核评价。流动资产、非流动资产、负债和权益这三栏专门反映有关资源的状况及其变动信息，费用和收入栏则反映资源消耗和收入的资源使用效益信息。

每一个责任账户均按日期的先后顺序序时记录。

为简化核算，假定A企业各账户均没有期初余额，期末也没有进行汇总和结出期末余额。

多栏式责任会计账簿格式如表11-3所示。

六、多栏式外部人会计账簿

外部人会计账簿与多栏式责任会计账簿一样，采用同样的账簿格式，如表11-4所示。

七、多栏式作业会计账簿

作业会计账簿与多栏式责任会计账簿一样，采用同样的账簿格式，如表11-5所示。

八、"十一"式现金流量会计账簿

由于仅仅反映现金流量信息，现金流量账簿采用比较简单的格式，不反映非货币信息，也不设置为多栏式。为了便于对照和理解，显示了财务会计科目栏。见表11-6。

表11-6 "十一"式现金流量会计分类账簿 单位:元

现金流量账户	凭证编号	摘要	十一	金额	财务会计
销售商品、提供劳务收到的现金	28	收到客户所欠货款	1	7 020	银行存款
收到的税费返还					
收到其他与经营活动有关的现金					
购买商品、接受劳务支付的现金					
支付给职工以及为职工支付的现金					
支付的各项税费	40	以银行存款交纳本期应交税费	—1	1 183.7	银行存款
支付其他与经营活动有关的现金	8	支付修理财务部B机器费用	—1	100	银行存款
	9	支付邮电局邮政费用	—1	100	银行存款

（续表）

现金流量账户	凭证编号	摘　要	十一	金额	财务会计
支付其他与经营活动有关的现金	10	拨付备用金	—1	800	银行存款
	15	支付人力资源部管理人员上下班交通费用	—1	150	银行存款
	16	支付A宾馆的人力资源部、生产部会议费	—1	150	银行存款
	16	支付A宾馆的人力资源部、生产部会议费	—1	240	银行存款
	18	支付运输公司A材料装卸费和搬运费	—1	10	银行存款
	31	向政府有关部门支付环境保护罚款	—1	100	银行存款
	27	支付包装费	—1	160	银行存款
	27	支付广告费	—1	300	银行存款
	15	支付生产工人上下班交通费用	—1	300	银行存款
收回投资收到的现金					
取得投资收益收到的现金	13	财务部向购入债券取得的利息收入	1	50	银行存款
处置固定资产、无形资产和其他长期资产收回的现金净额					
处置子公司及其他营业单位收到的现金净额					
收到其他与投资活动有关的现金					
购建固定资产、无形资产和其他长期资产支付的现金	5	支付上述A、B、C机器货款	—1	3 225	银行存款
	2	购入生产用旧厂房	—1	12 000	银行存款
投资支付的现金	11	支付财务部购入准备持有至到期的债券款	—1	4 000	银行存款
取得子公司及其他营业单位支付的现金净额					
支付其他与投资活动有关的现金	12	支付财务部向购入债券发生的费用	—1	100	银行存款
吸收投资收到的现金	1	收到股东的货币投资存入银行	1	36 300	银行存款
取得借款收到的现金	3	向银行借入短期借款	1	5 000	库存现金
收到其他与筹资活动有关的现金					
偿还债务支付的现金	32	偿还银行借款	—1	180	银行存款

（续表）

现金流量账户	凭证编号	摘　　要	＋－	金额	财务会计
分配股利、利润或偿付利息支付的现金	41	以银行存款支付普通股股利	－1	100	银行存款
支付其他与筹资活动有关的现金					
汇率变动对现金及现金等价物的影响					
净利润	27	支付包装材料费	1	160	销售费用
	12	财务部向购入债券发生的费用	1	100	投资收益
	27	支付广告费	1	300	销售费用
	26	结转已销售A产品的生产成本	1	1 644	主营业务成本
	20	本月人力资源部领用A材料	1	11	管理费用
	34	计算应交城建税	1	250	营业税金及附加
	21	应付人力资源部管理人员工资	1	300	管理费用
	13	收到财务部向购入债券取得的利息收入	－1	50	投资收益
	21	应付行政部管理人员工资	1	400	管理费用
	9	支付邮电局财务部邮政费用	1	40	管理费用
	9	支付邮电局人力资源部邮政费用	1	60	管理费用
	8	修理财务部B机器费用	1	100	管理费用
	25	销售A产品收入	－1	6 000	主营业务收入
	7	从A房产公司租入职工宿舍应付租金	1	1 000	管理费用
	30	确认缝纫机减值损失	1	300	资产减值损失
	16	支付A宾馆的人力资源部会议费	1	150	管理费用
	34	计算应交所得税	1	84	所得税
	15	支付人力资源部管理人员上下班交通费用	1	150	管理费用
	22	计提财务部B机器折旧	1	24	管理费用
	22	计提人力资源部C机器折旧	1	30	管理费用
	4	支付取得上述短期借款的手续费	1	10	财务费用
	16	支付A宾馆的销售订货会会议费	1	240	销售费用
	14	报销生产部差旅费	1	200	管理费用
	29	确认A仓库A原材料盘亏损失	1	2.2	管理费用

（续表）

现金流量账户	凭证编号	摘　要	十一	金额	财务会计
净利润	31	向政府有关部门支付环境保护罚款	1	100	营业外支出
	14	报销销售部差旅费	1	200	销售费用
资产减值准备	30	确认缝纫机减值损失	−1	300	固定资产减值准备
固定资产折旧、油气资产折耗、生产性生物资产折旧	22	计提人力资源部C机器折旧	−1	30	累计折旧
	22	计提生产部A缝纫机折旧	−1	100	累计折旧
	22	计提财务部B机器折旧	−1	24	累计折旧
	22	计提生产部旧厂房折旧	−1	400	累计折旧
无形资产摊销					
长期待摊费用摊销					
处置固定资产、无形资产和其他长期资产的损失（收益以“−”号填列）					
固定资产报废损失（收益以“−”号填列）					
公允价值变动损失（收益以“−”号填列）					
财务费用（收益以“−”号填列）	4	支付取得上述短期借款的手续费	−1	10	银行存款
投资损失（收益以“−”号填列）	44	增记13号凭证取得债券利息的现金流量	−1	50	
递延所得税资产减少（增加以“−”号填列）					
递延所得税负债增加（减少以“−”号填列）					
存货的减少（增加以“−”号填列）	23				
	23	A产品分配手工钉扣、锁眼作业成本	1	1 500	生产成本
	23				
	23	A产品分配缝纫作业成本	1	155	生产成本
	22	计提生产部A缝纫机折旧	1	100	作业成本
	23	A产品分配其他生产作业成本	1	400	生产成本
	26	结转已销售A产品的生产成本	−1	1 644	库存商品
	23	A产品分配职工交通费	1	150	生产成本
	23	A产品分配手工钉扣、锁眼作业成本	−1	1 500	作业成本
	24	A产品验收入库	1	2 055	库存商品

（续表）

现金流量账户	凭证编号	摘　　要	十一	金额	财务会计
存货的减少(增加以“—”号填列)	24	A产品验收入库	—1	2 055	生产成本
	22	计提生产部旧厂房折旧	1	400	作业成本
	23	A产品分配其他生产作业成本	—1	400	作业成本
	23	A产品分配缝纫作业成本	—1	155	作业成本
	23	A产品分配职工交通费	—1	150	作业成本
	15	支付生产工人上下班交通费用	1	300	作业成本
	17	生产部自A供应商购入A材料	1	1 000	材料采购
	17	购入A材料的进项税额	1	170	应交税费
	21	应付手工钉扣、锁眼作业工人工资	1	1 500	作业成本
	20	本月人力资源部领用A材料	—1	11	原材料
	29	确认A仓库A原材料盘亏损失	—1	2.2	原材料
	18	支付运输公司A材料装卸费和搬运费	1	10	材料采购
	19	材料A验收入库	1	110	原材料
	19	材料A验收入库	—1	110	材料采购
	20	本月生产A产品领用A材料	1	55	生产成本
	20	本月生产A产品领用A材料	—1	55	原材料
经营性应收项目的减少(增加以“—”号填列)	25	销售A产品收入应交增值税	—1	1 020	应交税费
	10	拨付生产部备用金	1	200	其他应收款
	10	拨付财务部备用金	1	300	其他应收款
	10	拨付人力资源部备用金	1	300	其他应收款
	14	报销生产部差旅费	—1	200	其他应收款
	14	报销销售部差旅费	—1	200	其他应收款
	25	销售A产品，尚未收款	1	7 020	应收账款
	28	收到客户所欠货款	—1	7 020	应收账款

（续表）

现金流量账户	凭证编号	摘　　要	+-	金额	财务会计
经营性应付项目的增加（减少以"—"号填列）	34	计算应交城建税	—1	250	应交税费
	17	购入A材料，款项尚未支付	—1	1 170	应付票据
	7	从A房产公司租入职工宿舍租金尚未支付	—1	1 000	其他应付款
	34	计算应交所得税	—1	84	应交税费
	21	应付职工工资	—1	700	应付职工薪酬
	40	以银行存款交纳本期应交税费	1	1 183.7	应交税费
	21	应付职工工资	—1	1 500	应付职工薪酬
其他					
间接法非经营性现金流量	32	偿还银行借款	1	180	短期借款
	41	以银行存款支付普通股股利	1	100	应付股利
	44	增记13号凭证取得债券利息的现金流量	1	50	
	2	购入生产用旧厂房	—1	8 000	累计折旧
	2	购入生产用旧厂房	1	20 000	固定资产
	3	向银行借入短期借款	—1	5 000	短期借款
	1	收到股东的货币投资存入银行	—1	36 300	实收资本
	5	购入B机器（预计使用5年）转交财务部	1	600	固定资产
	11	财务部购入准备持有至到期的债券	1	4 000	持有至到期投资
	5	购入C机器（预计使用5年）转交人力资源部	1	625	固定资产
	43	增记12号凭证购买债券费用的现金流量	—1	100	
	44	增记13号凭证的债券的利息收入	1	50	
	5	购入缝纫机用于生产	1	2 000	固定资产

九、现金流量表

把现金流量账簿中各账户的金额直接过入现金流量表，就可形成当期的现金流量报告。见表11-7。

表 11-7 现金流量表 单位:元

一、直接法	
1. 经营活动现金流量	
经营活动现金流入	
销售商品、提供劳务收到的现金	7 020
收到的税费返还	
收到其他与经营活动有关的现金	
小计	7 020
经营活动现金流出	
购买商品、接受劳务支付的现金	
支付给职工以及为职工支付的现金	
支付的各项税费	－1 184
支付其他与经营活动有关的现金	－2 410
小计	－3 594
合计	3 426
2. 投资活动现金流量	
投资活动现金流入	
收回投资收到的现金	
取得投资收益收到的现金	150
处置固定资产、无形资产和其他长期资产收回的现金净额	
处置子公司及其他营业单位收到的现金净额	
收到其他与投资活动有关的现金	
小计	150
投资活动现金流出	
购建固定资产、无形资产和其他长期资产支付的现金	－15 225
投资支付的现金	－4 000
取得子公司及其他营业单位支付的现金净额	
支付其他与投资活动有关的现金	－100
小计	－19 325
合计	－19 175
3. 筹资活动现金流量	
筹资活动现金流入	
吸收投资收到的现金	36 300

（续表）

取得借款收到的现金	5 000
收到其他与筹资活动有关的现金	
小计	41 300
筹资活动现金流出	
偿还债务支付的现金	－180
分配股利、利润或偿付利息支付的现金	－100
支付其他与筹资活动有关的现金	
小计	－280
合计	41 020
4. 汇率变动对现金及现金等价物的影响	
汇率变动对现金及现金等价物的影响	
小计	
合计	
总计	25 271
二、间接法	
经营性现金流量	
1. 净利润	
净利润	194.80
2. 净利润调整	
资产减值准备	300
固定资产折旧、油气资产折耗、生产性生物资产折旧	554
无形资产摊销	
长期待摊费用摊销	
处置固定资产、无形资产和其他长期资产的损失(收益以“－”号填列)	
固定资产报废损失(收益以“－”号填列)	
公允价值变动损失(收益以“－”号填列)	
财务费用(收益以“－”号填列)	10
投资损失(收益以“－”号填列)	50
递延所得税资产减少(增加以“－”号填列)	
递延所得税负债增加(减少以“－”号填列)	
存货的减少(增加以“－”号填列)	－1 422.80
经营性应收项目的减少(增加以“－”号填列)	620
经营性应付项目的增加(减少以“－”号填列)	3 120

（续表）

其他	
小计	3 231.20
合计	3 426
3. 间接法非经营性现金流量	
间接法非经营性现金流量	21 845
小计	21 845
合计	21 845
总计	25 271

多维账务处理系统中除了传统管理会计核算以外，其中也包含了财务会计子系统，形成的财务会计账簿和报表在此不再列示。多维账务处理系统不仅可用于日常核算，也可用于全面预算。

以上的多维账务处理系统，主要只有五维，即财务会计、责任会计、外部人会计、作业会计和现金流量（实际上还有一个财务要素维，这一维主要用于在多栏式账簿中进行分栏核算）。维度还可以进一步扩展，如再加入经营项目维、“要素及费用”维、“经手人”维、“地点”维等。

多维账务处理系统还可以和内部审计结合起来，加入审计标识（也是一种“维”），这样可以为审计提供系统的快速查找线索，以审查各项经营活动的合理、合法和合规性。当然，“审计维”也可以事后加入。

我们还可以利用多维账务处理系统把全面预算和日常核算结合起来并加以逐项对比，以反映“差异”，为“差异分析”服务，全面考评各项经营活动业绩，分析各项差异的原因，改进经营，加强管理。

附 录 一

习 题

第一章 概论

思考题

1. 学习管理会计的意义和要求是什么？

2. 管理会计是怎样产生和发展的？

3. 试述管理会计与财务会计的区别与联系。

4. 管理会计包括哪些内容？其运作程序与企业管理程序有哪些内在联系？

5. 管理会计主要的职业机会有哪些？如何运作？

6. 如何组织管理会计工作？管理会计师应遵守哪些行为准则？

第二章 成本性态分析(量本分析)

思考题

1. 成本按职能分类有哪些缺陷？

2. 何谓成本性态？成本如何按性态分类？

3. 什么是混合成本？混合成本的分解方法有哪几种？如何进行分解？

4. 变动成本和固定成本的主要特征是什么？试分别举例加以说明。

5. 变动成本法与全部成本法在产品成本和期间成本的组成上的主要区别在哪里？

6. 变动成本法的特点有哪些？

7. 有人说："变动成本法最符合费用与收益相配合的这一公认的会计原则。"你是否同意这个意见，为什么？

8. 变动成本法有什么优点和局限性？

9. 怎样才能使变动成本法兼顾对外编制财务报表的需要？

练习题

1. 某公司 201×年 A 产品的生产量和生产成本资料摘录如表习题 2-1 所示。

表习题 2-1　生产成本资料

	高点	低点
生产量(件)	100 000	60 000
生产成本(元)	390 000	270 000

生产成本由变动成本、固定成本与半变动成本三部分组成。公司财务部门对低点的生产成本进行了分解：变动成本为 120 000 元，固定成本为 80 000 元，半变动成本为 70 000 元。

要求：

(1) 用高低点法对低点的半变动成本进行分解，并建立数学方程。

(2) 当生产量为 80 000 件时，预测其生产总成本。

2. 某企业生产的甲产品 7～12 月份的产量及成本资料如表习题 2-2 所示。

表习题 2-2　产量及成本资料

	7月	8月	9月	10月	11月	12月
产量(件)	40	42	45	43	46	50
总成本(元)	8 800	9 100	9 600	9 300	9 800	10 500

要求：

(1) 采用高低点法进行成本性态分析。

(2) 采用回归直线法进行成本性态分析。

3. 某企业本期有关成本资料如下：单位直接材料成本为 10 元，单位直接人工成本为 5 元，单位变动性制造费用为 7 元，固定性制造费用总额为 4 000 元，单位变动性销售管理费用为 4 元，固定性销售管理费用为 1 000 元。期初存货量为零，本期产量为 1 000 件，销量为 600 件，单位售价为 40 元。

要求：分别按两种成本法的有关公式计算下列指标。

(1) 单位产品成本。

(2) 期间成本。

(3) 销货成本。

(4) 营业利润。

4. 某厂只生产一种产品，第一、第二年的产量分别为 30 000 件和 24 000 件，销售量分别为 20 000 件和 30 000 件；存货计价采用先进先出法。产品单价为 15 元/件，单位变动生产成本为 5 元/件；每年固定性制造费用的发生额为 180 000 元。销售及管理费用都是固定性的，每年发生额为 25 000 元。

要求：分别采用变动成本法和完全成本法编制第一、第二年的利润表。

第三章　利润性态分析(量本利分析)

思考题

1. 什么是量本利分析？量本利分析有什么意义？量本利分析的基本假设前提是什么？

2. 什么是贡献毛益？它有哪几种表现形式？贡献毛益在绩效评价方面与利润相比有什么优势？

3. 什么是盈亏临界点分析？盈亏临界点分析有何意义？计算盈亏临界点有哪些方法？

4. 盈亏临界图主要有哪几种形式？如何绘制？试对各种形式的盈亏临界图的特点进行评价。

5. 什么是安全边际？什么是安全边际率？计算这两项指标有何意义？它们与利润及销售利润率有什么关系？

6. 什么是利润的敏感性分析？影响利润变动的因素有哪些？如何测算它们的敏感程度？

7. 在一次战略会议上，一家制造公司的总裁说："如果我们提高我们产品的价格，公司的盈亏临界点就会降低。"财务副总裁回应道："是的，我们应该提高我们的价格，这样，公司发生亏损的可能性就会降低。"你同意公司总裁财务副总裁的意见吗？为什么？

8. 当销售量增加时，下列哪家公司的利润增加百分比较高：固定成本占大部分的 X 公司，还是变动成本占大部分的 Y 公司？

9. 经过努力，某公司实现了销售、贡献毛益、息税前利润和每股利润的同步(同比率)增长，你认为这说明公司经营正常吗？

练习题

1. 已知：某企业产销 A、B、C、D 四种产品的有关资料如表习题 3-1 所示。

表习题 3-1　产品有关资料　　单位：元

产品名称	销售数量	销售收入	变动成本总额	单位贡献边际	固定成本总额	利润(或亏损)
A	(1)	20 000	(2)	5	4 000	6 000
B	1 000	20 000	(3)	(4)	8 000	−1 000
C	4 000	40 000	20 000	(5)	9 000	(6)
D	3 000	(7)	15 000	2	(8)	4 000

要求：计算填列表中用数字(1)、(2)、(3)、(4)、(5)、(6)、(7)、(8)表示的项目。

2. 某公司只生产一种产品,1998 年销售收入为 1 000 万元,税前利润为 100 万元,变动成本率为 60%。

要求:(1) 计算该公司 1998 年的固定成本。

(2) 假定 1999 年该公司只追加 20 万元的广告费,其他条件均不变,试计算该年的固定成本。

(3) 计算 1999 年该公司保本销售额。

3. 已知:某企业只产销一种产品,1997 年销售量为 8 000 件,单价为 240 元,单位成本为 180 元,其中单位变动成本为 150 元,该企业计划 1998 年利润比 1997 年增加 10%。

要求:运用本量利分析原理进行规划,可以从哪些方面采取单项措施,以实现目标利润(假定采取某项措施时,其他条件不变)。

4. 已知:某公司生产甲、乙、丙三种产品,其固定成本总额为 19 800 元,三种产品的有关资料如表习题 3-2 所示。

表习题 3-2　产品的有关资料

品　种	销售单价(元)	销售量(件)	单位变动成本(元)
甲	2 000	60	1 600
乙	500	30	300
丙	1 000	65	700

要求:(1) 采用加权平均法计算该厂的综合保本销售额及各产品的保本销售量。

(2) 计算该公司营业利润。

5. 已知:某公司 1998 年销售收入为 180 000 元,销售成本为 160 000 元,其中固定成本为 88 000 元,若 1999 年计划增加广告费 3 200 元,产品单价仍为 40 元/件。

要求:(1) 预测 1999 年该公司的保本点。

(2) 若 1999 年计划实现目标利润 52 800 元,则目标销售额应为多少?

6. 已知:某公司 1999 年预计销售某种产品 50 000 件,若该产品变动成本率为 50%,安全边际率为 20%,单位贡献边际为 15 元。

要求:(1) 预测 1999 年该公司的保本销售额。

(2) 1999 年该公司可获得多少税前利润?

7. 某企业只产销一种产品,2009 年销售量为 20 000 件,每件售价 100 元,单位变动成本 80 元,固定成本总额 100 000 元。该企业计划 2010 年的利润要在 2009 年的基础上增加 20%。

要求：

(1) 运用本、量、利分析原理，规划该企业应从哪些方面着手采取措施，才能实现 2010 年的目标利润。

(2) 对上述提出的各项措施，运用敏感性分析原理计算其对利润的敏感系数。

第四章　短期经营决策

思考题

1. 决策分析与成本性态分析及利润性态分析有什么关系？

2. 决策分析有哪几种类型，不同类型的决策在决策时有什么不同的要求？

3. 什么是相关收入、相关成本？各包括哪些内容？

4. 生产经营中常用的方法有哪些？各有哪些优缺点？它们的评价指标是什么？

5. 各种决策方法分别适用哪些类型的决策？

6. 为什么在半成品是否深加工的决策中，半成品本身的成本都是无关成本？

7. 单位资源边际贡献、单位产品边际贡献、边际贡献额和边际贡献率都可以用来评价新产品开发决策方案吗？为什么？

8. 相关分析法和差量分析法各有什么优点？

9. 利用剩余生产能力条件下和没有剩余生产能力条件下的是否接受追加订货决策需要考虑的因素有什么不同？

10. 成本无差别点法和利润无差别点法适用于什么类型的决策？

11. 在不确定条件下如何决策？

12. 为什么说当边际收入等于边际成本，即边际利润等于零时，此时的销售价格就是最优价？

练习题

1. 某企业尚有一定闲置设备台时，拟用于开发一种新产品，现有 A、B 两个品种可供选择。A 品种的单价为 100 元/件，单位变动成本为 60 元/件，单位产品台时消耗定额为 2 小时/件，此外，还需消耗甲材料，其单耗定额为 5 千克/件；B 品种的单价为 120 元/个，单位变动成本为 40 元/个，单位产品台时消耗定额为 8 小时/个，甲材料的单耗定额为 2 千克/个。假定甲材料的供应不成问题。

要求：用单位资源贡献边际分析法作出开发那种品种的决策，并说明理由。

2. 某企业每年生产 1 000 件甲半成品。其单位完全生产成本为 18 元(其中单位固定性制造费用为 2 元)，直接出售的价格为 20 元。企业目前已具备将 80％的甲半成品深加工为乙产成品的能力，但每深加工一件甲半成品需要追加 5 元变动性加工成本。乙产成品的单价为 30 元。假定乙产成品的废品率为 1％。

要求：请考虑以下不相关的情况，用差别损益分析法为企业作出是否深加工甲半成品的决策，并说明理由。

(1) 深加工能力无法转移。

(2) 深加工能力可用于承揽零星加工业务，预计可获得贡献边际 4 000 元。

(3) 在深加工能力无法转移的情况下，如果追加投入 5 000 元专属成本，则可使深加工能力达到 100%。

3. 某企业每年需用 A 零件 2 000 件，原由金工车间组织生产，年总成本为 19 000元，其中，固定生产成本为 7 000 元。

如果改从市场上采购，单价为 8 元，同时将剩余生产能力用于加工 B 零件，可节约外购成本 2 000 元。

要求：为企业作出自制或外购 A 零件的决策，并说明理由。

4. 某产品按每件 10 元的价格出售时，可获得 8 000 元贡献边际；贡献边际率为 20%，企业最大生产能力为 7 000 件。

要求：分别根据以下不相关条件作出是否调价的决策。

(1) 将价格调低为 9 元时，预计可实现销售 9 000 件。

(2) 将价格调高为 12 元时，预计可实现销售 3 000 件。

5. 某企业只生产一种产品，全年最大生产能力为 1 200 件。年初已按 100 元/件的价格接受正常任务 1 000 件，该产品的单位完全生产成本为 80 元/件(其中，单位固定生产成本为 25 元)。现有一客户要求以 70 元/件的价格追加订货。

要求：请考虑以下不相关情况，用差别损益分析法为企业作出是否接受低价追加订货的决策，并说明理由。

(1) 剩余能力无法转移，追加订货量为 200 件，不追加专属成本。

(2) 剩余能力无法转移，追加订货量为 200 件，但因有特殊要求，企业需追加 1 000元专属成本。

(3) 追加订货量为 200 件，剩余能力可用于对外出租，可获租金收入 5 000 元。

(4) 剩余能力无法转移，追加订货量为 300 件；因有特殊要求，企业需追加 900 元专属成本。

6. 已知：某企业常年生产需用的某部件以前一直从市场上采购。一直采购量在 5 000 件以下时，单价为 8 元；达到或超过 5 000 件时，单价为 7 元。

如果追加投入 12 000 元专属成本，就可以自行制造该部件，预计单位变动成本为 5 元。

要求：用成本无差别点法为企业作出自制或外购 A 零件的决策，并说明理由。

7. 假设已知某企业甲产品的售价与销售量有以下关系：$p = 400 - 20x$；总成本方程为：$TC = 500 + 20x^2$。

要求：用公式法计算最优售价和最优销量。

第五章　长期投资决策

思考题

1. 长期投资有哪些特征？长期投资决策要考虑哪些重要因素？

2. 什么是资金时间价值？为什么长期投资决策时要考虑资金时间价值？

3. 什么是现金流量？现金流量包含哪些内容？长期投资决策时为什么用现金流量而不用利润作为计算评价指标的基础？

4. 什么是资金成本？资金成本在长期投资决策中起到什么作用？

5. 长期投资决策的评价指标有哪些？分别有哪些优缺点？

练习题

1. 某公司要支付一笔设备款，有甲、乙两种付款方式可供选择。

甲方案：现在支付 10 万元，一次性结清。

乙方案：分 3 年付款，1～3 年各年初的付款额分别为 3 万元，4 万元，4 万元。假定年利率为 10%。

要求：按现值计算，哪个方案对该公司有利？

2. 某人准备通过零存整取方设在 5 年后得到 20 000 元，年利率为 10%，要求计算：

(1) 每年年末应在银行等额存入多少资金？

(2) 每年年初应在银行等额存入多少资金？

3. 某公司拟购置一台设备，有两种付款方案可供选择：

(1) 从现在起每年年初支付 30 万元，连续支付 10 次。

(2) 从第 5 年开始，每年年初支付 40 万元，连续支付 10 次。

假设该公司的资金成本率为 10%，你认为该公司应选择哪个付款方案？

4. 某企业准备新建一条生产流水线，预计建设期为 1 年，所需原始投资 200 万元在建设起点一次投入。该流水线预计使用期为 5 年，期满不计残值。采用折旧直线法。该流水线投产后每年可增加净利润 60 万元，该企业的基准投资利润率为 25%。要求：

(1) 计算该项目计算期内各年现金净流量。

(2) 计算该项目的静态投资回收期。

(3) 计算该项目的投资利润率。

(4) 假定适用的行业基准折现率为 10%，计算该项目的净现值、净现值率和现值指数。

(5) 计算该项目的内含报酬率。

(6) 评价其财务可行性。

5. 某公司拟新建一项目，现有甲、乙两个方案可供选择，甲方案需投资 23 000

元，建设期为1年，期中固定资产投资20 000元，于期初一次投入。流动资金3 000元，于建设期末投入。项目使用期4年，采用直线法计提折旧，期满不计残值。项目投产后每年营业收入为15 000元，每年经营成本为3 000元，乙方案需固定资产投资20 000元，采用直线法计提折旧，无建设期，使用期为5年，5年后无残值。5年中每年的营业收入为11 000元，每年总成本为8 000元，假设所得税税率为40%，资金成本为10%。要求：

（1）计算两个方案的现金净流量。

（2）计算两个方案的净现值。

（3）计算两个方案的内含报酬率。

（4）作出应采用哪个方案的决策。

6. 某企业正考虑更新一台旧设备，有关资料如下：

（1）旧设备账面净值为45 000元，还可使用4年，4年后报废时预计残值5 000元。

（2）购买新设备需投资80 000元，可使用4年，4年后报废时预计残值18 000元。

（3）使用新设备每年可增加营业收入8 000元，降低经营成本3 000元。

（4）现在出售旧设备可得价款43 000元，出售旧设备损失可抵减所得税。

（5）该企业采用直线法折旧，假设所得税税率为30%，资金成本为10%。

要求：作出该企业是否应更新设备的决策。

7. 某公司为了提高效率准备更新一台旧设备，旧设备原值85 000元，以使用了3年，尚可使用5年，直线法折旧，使用期满预计残值为5 000元。旧设备变现价值为15 000元。使用旧设备每年可获得营业收入80 000元，产生经营成本60 000元。新设备购置价格126 000元，可使用6年，使用期满预计残值为6 000元。使用新设备每年可增加营业收入12 000元，同时降低经营成本17 000元。假设该公司所得税税率为30%，资金成本为10%。

要求：作出设备是否要更新的决策。

8. 某企业准备更新一台旧设备，有关资料如表习题5-1所示。

表习题5-1　旧设备的有关资料

项　　目	旧设备	新设备
原值(万元)	11 000	15 000
使用期满净残值(万元)	1 000	3 000
税法规定是使用年限(年)	10	10
已经使用年限(年)	5	0
每年经营成本(万元)	6 000	5 000
目前变现价值(万元)	3 000	15 000

要求：如果该企业资金成本为12%，作出设备是否要更新的决策。

9. 某企业有甲、乙两项互斥的投资方案，其现金净流量如表习题 5-2 所示。

表习题 5-2 甲、乙现金流量资料 单位：万元

年序	0	1	2	3
甲方案	−100	120	120	
乙方案	−100	100	100	100

公司的贴现率为 10%，要求：

(1) 计算两个方案的静态和动态回收期。

(2) 计算两个方案的净现值。

(3) 计算两个方案的内含报酬率。

(3) 计算两个方案的等年值。

(4) 作出应采用哪个方案的决策。

10. 已知：某建设项目的净现金流量如下：$NCF_0 = -100$ 万元，$NCF_{1\sim10} = 25$ 万元，折现率为 10%。要求：计算该项目的净现值和内部收益率。

第六章 全 面 预 算

思考题

1. 什么是全面预算？全面预算有何作用？
2. 全面预算的内容及其结构体系是怎样的？
3. 简述现金预算表和财务会计中的现金流量表的相同点和不同点。
4. 什么是固定预算？怎样运用固定预算法编制全面预算？
5. 什么是弹性预算？为什么要编制弹性预算？怎样编制？
6. 什么是概率预算？怎样编制？
7. 什么是零基预算？怎样编制？零基预算有何优缺点？
8. 什么是滚动预算？为什么要编制滚动预算？

练习题

1. 练习全面预算的编制。

资料：20×2 年某公司生产并销售甲产品，该公司预期资料如下：单位产品耗用量：甲产品耗用 A 材料 4 千克/件，需用直接人工 5 小时/件。费用单价：A 材料单价 3 元/千克；直接人工 4 元/小时。（制造费用按人工小时分摊）该公司 20×2 年年初资产负债表如表习题 6-1 所示。

甲产品：预计全年销售量 14 000 件，其中：第一季度 3 000 件，第二季度 3 500 件、第三季度 4 000 件、第四季度 3 500 件；销售单价 80 元/件；期初存货为 600 件，预计期末存货为 650 件。

表习题 6-1 资 产 负 债 表

20×1 年 12 月 31 日 单位:元

资 产	金额	负债及所有者权益	金额
现金	24 000	应付账款	18 360
应收账款	120 000		
材料存货	7 440	实收资本	400 000
产成品存货	22 800	留存收益	415 880
固定资产	700 000		
累计折旧	(40 000)		
合 计	834 240		834 240

A 材料:期初存货 2 480 千克,预计期末存货 2 600 千克。

制造费用:变动制造费用 84 300 元,固定制造费用 98 350 元(其中:折旧费 28 100元)。

销售及管理费用:变动性销售及管理费用 56 000 元,固定性销售及管理费用 70 000 元。

该公司预计第一季度需向银行借款 60 000 元,第二季度末可归还贷款 30 000 元及利息 1 500 元,第三季度末可归还贷款 30 000 元及利息 2 250 元。

预计现金收支情况如表习题 6-2 所示。

表习题 6-2 预计现金收支情况 单位:元

摘 要	第一季度	第二季度	第三季度	第四季度
收入销货款	228 000	258 000	298 000	302 000
支出				
采购 A 材料	39 480	41 436	44 910	43 080
支付直接工资	62 000	72 000	78 000	69 000
购置固定资产	80 000			50 000
支付所得税	25 000	25 000	25 000	25 000
支付股利	20 000	20 000	20 000	20 000

要求:根据上述资料编制 20×2 年的分季度全面预算,具体包括:

(1) 销售预算。

(2) 生产预算。

(3) 直接材料预算。

(4) 直接人工预算。

(5) 制造费用预算。

(6) 产品成本预算(按变动成本法计算)。

(7) 销售及管理费用预算。

(8) 现金预算。

(9) 预计利润表(按变动成本法编制)。

(10) 预计资产负债表。

2. 练习弹性预算的编制。

资料:某公司按 20 000 直接人工小时编制制造费用预算时的有关资料如表习题 6-3 所示。

表习题 6-3 制造费用预算资料

变动制造费用(元)		固定制造费用(元)	
间接材料	5 600	管理人员工资	8 000
间接人工	9 600	折旧费	10 000
维修费用	4 000	办公费	2 400
水电费用	4 800	保险费	3 200
其他	1 000	其他	4 000
分配率=25 000/20 000=1.25(元/小时)		固定制造费用合计 27 600 元	

假设该公司正常生产能量为 22 000 直接人工小时,工时超过正常能量时,固定制造费用将增加 5%。

要求:根据上述资料编制该公司业务量水平分别为 21 000 直接人工小时、22 000 直接人工小时、23 000 直接人工小时的制造费用弹性预算。

3. 练习概率预算的编制。

资料:某公司编制预算时,有关销售价格、销售数量、变动成本、固定成本的预计数和相应概率如表习题 6-4 所示。

表习题 6-4 编制预算各有关资料

销售量		销售单价(元)	单位变动生产成本		单位变动销售成本(元)	固定成本(元)
数量(件)	概率		金额(元)	概率		
20 000	0.3	100	50	0.2	5	35 000
			55	0.5		
			60	0.3		
25 000	0.4	100	50	0.2	5	40 000
			55	0.5		
			60	0.3		
30 000	0.3	100	50	0.2	5	45 000
			55	0.5		
			60	0.3		

要求:编制该公司利润概率预算。

4. 假设企业期末现金最低库存 15 000 元，现金短缺主要以银行借款解决，贷款最低起点 1 000 元，企业于期初贷款，于季末归还贷款本息。贷款利率 5%。

要求：将现金预算表中的空缺项(1)～(15)填列出来(见表习题 6-5)。

表习题 6-5 现金预算表 单位：元

摘要	第一季度	第二季度	第三季度	第四季度	全年合计
期初余额	18 000	(4)	15 691	(10)	18 000
加：现金收入	120 500	140 850	(6)	121 650	526 250
可动用现金合计	(1)	156 591	158 941	138 802	544 250
减：现金支出					
直接材料	25 424	34 728	34 576	(11)	126 976
直接人工	13 200	15 600	12 900	13 900	55 600
制造费用	6 950	7 910	6 830	7 230	28 920
销售费用	1 310	1 507	1 358	1 075	5 250
管理费用	17 900	17 900	17 900	17 900	71 600
购置设备	48 000	33 280	—	—	81 280
支付所得税	27 125	27 125	27 125	27 125	108 500
支付股利	10 850	10 850	10 850	10 850	43 400
现金支出合计	150 759	148 900	111 539	110 328	521 526
现金余缺	(2)	7 691	47 402	(12)	22 724
银行借款	(3)	8 000	—	—	36 000
借款归还	—	—	(7)	(13)	(36 000)
支付利息	—	—	(8)	(14)	(1 337.5)
合　计	28 000	8 000	30 250	7 087.5	(1 337.5)
期末现金余额	15 741	(5)	(9)	21 386.5	(15)

第七章 责任会计和标准成本会计

思考题

1. 什么是经济责任制？实行经济责任制应遵循哪些基本原则？
2. 比较责任会计和财务会计、全面预算会计的联系和区别。
3. 什么是责任会计？其作用是什么？
4. 什么是责任中心？划分责任中心的基本条件是什么？
5. 怎样对各类责任中心的业绩进行业绩的考核与评价？为什么？
6. 企业制定内部转移价格有何意义？制定内部转移价格应遵循哪些原则？
7. 简述标准成本会计的意义。
8. 标准成本会计的内容有哪些？

9. 各项目的标准成本如何制定？

10. 各项成本差异产生可能的原因有哪些？

11. 简述标准成本会计核算的程序。

练习题

1. 某公司下设A、B、C三个分公司，均为投资中心，有关资料如表习题7-1所示。

表习题7-1 A、B、C有关资料

公司	经营资产平均余额(万元)	预计销售利润率(%)
A	220	10
B	250	15
C	150	20

假定该公司的最低投资报酬率为25%。

要求计算：

(1) 各分公司应达到的最低资金周转率。

(2) 各分公司应实现的最低销售收入。

(3) 各分公司应取得的营业利润。

2. 某制造公司一车间是成本中心，其下属甲、乙两个工段也是成本中心。本月份甲、乙两工段可控成本和车间可控成本如表习题7-2所示。

表习题7-2 可控成本资料 单位:元

可控成本项目	甲工段		乙工段		车间	
	预算数	实际数	预算数	实际数	预算数	实际数
直接材料	28 000	29 400	24 000	23 600		
直接人工	23 000	24 100	10 800	10 200		
制造费用	6 000	6 200	8 000	8 100		
管理人员薪金					6 800	6 700
维修费					4 600	3 800
物料费					3 000	2 200
折旧费					6 000	6 000
其 他					2 000	2 400

根据以上资料，编制一车间本月份的业绩报告。

3. 宏达公司2012年10月份A、B、C、D四个投资中心的有关资料如表习题7-3所示。

表习题 7-3 投资中心有关资料

项目	A	B	C	D
销售收入(元)	1 500 000		2 000 000	
经营净收益(元)	180 000		184 000	120 000
经营资产(元)		7 000 000	2 500 000	
销售利润率(%)		8		13
经营资产周转率(次)		1.52		
投资报酬率(%)	11.25			16

要求:通过计算填列上表中空白部分。

4. 某公司下设A、B两个投资中心。A投资中心的投资额为200万元,投资利润率为15%。B投资中心的投资利润率为17%,剩余收益为20万元。该公司要求的最低投资利润率为12%。该公司决定追加投资100万元,若投向A投资中心,每年可增加利润20万元;若投向B投资中心,每年可增加利润15万元。

要求:

(1) 计算追加投资前A投资中心的剩余收益。

(2) 计算追加投资前B投资中心的投资额。

(3) 计算追加投资前该公司的投资利润率。

(4) 若A投资中心追加投资,计算其剩余收益。

(5) 若B投资中心追加投资,计算其投资利润率。

5. 长江实业集团公司下属电冰箱厂为投资中心,每年需向外部厂商购入冰箱压缩机40万台,其公平市价为500元/台,因成批大量购买,每台可获折扣优惠20元。最近该公司收购了一定专业生产压缩机的工厂,作为公司的另一投资中心。这家压缩机厂每年可生产冰箱压缩机100万台,除供本公司冰箱厂需要外,还可对外直接销售。每只冰箱压缩机的成本资料如下:直接材料250元,直接人工110元,变动制造费45元,固定制造费(按产能100万台分摊)35元,单位成本合计440元。

现该公司在研究制定压缩机厂与总装厂这两个投资中心之间冰箱压缩机的内部转移价格时,列举了以下五种价格方案:500元,480元,460元,440元,405元。

要求:根据以上有关资料,对五种价格逐一进行分析,说明是否适合采用作为冰箱压缩机的内部转移价格及其理由。

6. 某企业生产甲产品,单位产品耗用的直接材料标准成本资料如表习题7-4所示。

表习题 7-4　单位产品耗用直接材料标准成本

成本项目	价格标准	用量标准	标准成本
直接材料	0.5 元/千克	6 千克/件	3 元/件

直接材料实际购进量是 4 000 千克，单价 0.55 元/千克；本月生产产品 400 件，使用材料 2 500 千克。要求：

(1) 计算该企业生产甲产品所耗用直接材料的实际成本与标准成本的差异。

(2) 将材料成本差异总额进行分解。

7. 某企业月固定制造费用预算总额为 100 000 元，固定制造费用标准分配率为 10 元/小时，本月制造费用实际开支额为 88 000 元，生产 A 产品 4 000 个，其单位产品标准工时为 2 小时/个，实际用工 7 400 小时。

要求：用两差异分析法和三差异分析法进行固定制造费用差异分析。

第八章　管理会计新发展

思考题

1. 管理会计新发展的背景是什么？
2. 管理会计的新发展主要表现在哪些方面？
3. 战略管理会计和传统管理会计有什么不同？
4. 战略管理会计有哪些主要研究内容？
5. 平衡计分卡从哪些方面综合衡量企业的业绩？
6. 平衡计分卡“平衡”了什么？
7. 作业成本法仅仅是一种新的成本核算方法吗？
8. 简述作业成本法的实施程序。
9. 适时生产系统有哪些特点和好处？
10. 简述目标成本法的工作过程和作用。
11. 质量成本有哪些项目，质量成本管理的目标是什么？

练习题

某企业生产甲、乙两种产品，其中甲产品 900 件，乙产品 300 件，其作业情况数据如表习题 8-1 所示。

表习题 8-1　作业情况数据

作业中心	资源耗用(元)	动　因	动因量(甲产品)	动因量(乙产品)	合计
材料处理	18 000	移动次数	400	200	600
材料采购	25 000	订单件数	350	150	500
使用机器	35 000	机器小时	1 200	800	2 000

（续表）

作业中心	资源耗用（元）	动　因	动因量（甲产品）	动因量（乙产品）	合计
设备维修	22 000	维修小时	700	400	1 100
质量控制	20 000	质检次数	250	150	400
产品运输	16 000	运输次数	50	30	80
合计	136 000				

要求：按作业成本法计算甲、乙两种产品的成本，并填制下表（见表习题8-2）。

表习题 8-2　甲、乙产品成本计算表

作业中心	成本库（元）	动因量	动因率	甲产品	乙产品
材料处理	18 000	600			
材料采购	25 000	500			
使用机器	35 000	2 000			
设备维修	22 000	1 100			
质量控制	20 000	400			
产品运输	16 000	80			
合计	136 000				
单位成本					

附录二

资金时间价值表

1 元的复利终值表(一)

$$F=P(1+i)^n=(F/P, i, n)$$

期数	1%	2%	3%	4%	5%	6%	7%	8%	9%	10%
1	1.010 0	1.020 0	1.030 0	1.040 0	1.050 0	1.060 0	1.070 0	1.080 0	1.090 0	1.100 0
2	1.020 1	1.040 4	1.060 9	1.081 6	1.102 5	1.123 6	1.144 9	1.166 4	1.188 1	1.210 0
3	1.030 3	1.061 2	1.092 7	1.124 9	1.157 6	1.191 0	1.225 0	1.259 7	1.295 0	1.331 0
4	1.040 6	1.082 4	1.125 5	1.169 9	1.215 5	1.262 5	1.310 8	1.360 5	1.411 6	1.464 1
5	1.051 0	1.104 1	1.159 3	1.216 7	1.276 3	1.338 2	1.402 6	1.469 3	1.538 6	1.610 5
6	1.061 5	1.126 2	1.194 1	1.265 3	1.340 1	1.418 5	1.500 7	1.586 9	1.677 1	1.771 6
7	1.072 1	1.148 7	1.229 9	1.315 9	1.407 1	1.503 6	1.605 8	1.713 8	1.828 0	1.948 7
8	1.082 9	1.171 7	1.266 8	1.368 6	1.477 5	1.593 8	1.718 2	1.850 9	1.992 6	2.143 6
9	1.093 7	1.195 1	1.304 8	1.423 3	1.551 3	1.689 5	1.838 5	1.999 0	2.171 9	2.357 9
10	1.104 6	1.219 0	1.343 9	1.480 2	1.628 9	1.790 8	1.967 2	2.158 9	2.367 4	2.593 7
11	1.115 7	1.243 4	1.384 2	1.539 5	1.710 3	1.898 3	2.104 9	2.331 6	2.580 4	2.853 1

（续表）

期数	1%	2%	3%	4%	5%	6%	7%	8%	9%	10%
12	1.126 8	1.268 2	1.425 8	1.601 0	1.795 9	2.012 2	2.252 2	2.518 2	2.812 7	3.138 4
13	1.138 1	1.293 6	1.468 5	1.665 1	1.885 6	2.132 9	2.409 8	2.719 6	3.065 8	3.452 3
14	1.149 5	1.319 5	1.512 6	1.731 7	1.979 9	2.260 9	2.578 5	2.937 2	3.341 7	3.797 5
15	1.161 0	1.345 9	1.558 0	1.800 9	2.078 9	2.396 6	2.759 0	3.172 2	3.642 5	4.177 2
16	1.172 6	1.372 8	1.604 7	1.873 0	2.182 9	2.540 4	2.952 2	3.425 9	3.970 3	4.595 0
17	1.184 3	1.400 2	1.652 8	1.947 9	2.292 0	2.692 8	3.158 8	3.700 0	4.327 6	5.054 5
18	1.196 1	1.428 2	1.702 4	2.025 8	2.406 6	2.854 3	3.379 9	3.996 0	4.717 1	5.559 9
19	1.208 1	1.456 8	1.753 5	2.106 8	2.527 0	3.025 6	3.616 5	4.315 7	5.141 7	6.115 9
20	1.220 2	1.485 9	1.806 1	2.191 1	2.653 3	3.207 1	3.869 7	4.661 0	5.604 4	6.727 5
21	1.232 4	1.515 7	1.860 3	2.278 8	2.786 0	3.399 6	4.140 6	5.033 8	6.108 8	7.400 2
22	1.244 7	1.546 0	1.916 1	2.369 9	2.925 3	3.603 5	4.430 4	5.436 5	6.658 6	8.140 3
23	1.257 2	1.576 9	1.973 6	2.464 7	3.071 5	3.819 7	4.740 5	5.871 5	7.257 9	8.954 3
24	1.269 7	1.608 4	2.032 8	2.563 3	3.225 1	4.048 9	5.072 4	6.341 2	7.911 1	9.849 7
25	1.282 4	1.640 6	2.093 8	2.665 8	3.386 4	4.291 9	5.427 4	6.848 5	8.623 1	10.834 7
26	1.295 3	1.673 4	2.156 6	2.772 5	3.555 7	4.549 4	5.807 4	7.396 4	9.399 2	11.918 2
27	1.308 2	1.706 9	2.221 3	2.883 4	3.733 5	4.822 3	6.213 9	7.988 1	10.245 1	13.110 0
28	1.321 3	1.741 0	2.287 9	2.998 7	3.920 1	5.111 7	6.648 8	8.627 1	11.167 1	14.421 0
29	1.334 5	1.775 8	2.356 6	3.118 7	4.116 1	5.418 4	7.114 3	9.317 3	12.172 2	15.863 1
30	1.347 8	1.811 4	2.427 3	3.243 4	4.321 9	5.743 5	7.612 3	10.062 7	13.267 7	17.449 4

1 元的复利终值表(二)

$$F=P(1+i)^n=(F/P, i, n)$$

期数	11%	12%	13%	14%	15%	16%	17%	18%	19%	20%
1	1.110 0	1.120 0	1.130 0	1.140 0	1.150 0	1.160 0	1.170 0	1.180 0	1.190 0	1.200 0
2	1.232 1	1.254 4	1.276 9	1.299 6	1.322 5	1.345 6	1.368 9	1.392 4	1.416 1	1.440 0
3	1.367 6	1.404 9	1.442 9	1.481 5	1.520 9	1.560 9	1.601 6	1.643 0	1.685 2	1.728 0
4	1.518 1	1.573 5	1.630 5	1.689 0	1.749 0	1.810 6	1.873 9	1.938 8	2.005 3	2.073 6
5	1.685 1	1.762 3	1.842 4	1.925 4	2.011 4	2.100 3	2.192 4	2.287 8	2.386 4	2.488 3
6	1.870 4	1.973 8	2.082 0	2.195 0	2.313 1	2.436 4	2.565 2	2.699 6	2.839 8	2.986 0
7	2.076 2	2.210 7	2.352 6	2.502 3	2.660 0	2.826 2	3.001 2	3.185 5	3.379 3	3.583 2
8	2.304 5	2.476 0	2.658 4	2.852 6	3.059 0	3.278 4	3.511 5	3.758 9	4.021 4	4.299 8
9	2.558 0	2.773 1	3.004 0	3.251 9	3.517 9	3.803 0	4.108 4	4.435 5	4.785 4	5.159 8
10	2.839 4	3.105 8	3.394 6	3.707 2	4.045 6	4.411 4	4.806 8	5.233 8	5.694 7	6.191 7
11	3.151 8	3.478 6	3.835 9	4.226 2	4.652 4	5.117 3	5.624 0	6.175 9	6.776 7	7.430 1
12	3.498 5	3.896 0	4.334 5	4.817 9	5.350 3	5.936 0	6.580 1	7.287 6	8.064 2	8.916 1
13	3.883 3	4.363 5	4.898 0	5.492 4	6.152 8	6.885 8	7.698 7	8.599 4	9.596 4	10.699 3
14	4.310 4	4.887 1	5.534 8	6.261 3	7.075 7	7.987 5	9.007 5	10.147 2	11.419 8	12.839 2
15	4.784 6	5.473 6	6.254 3	7.137 9	8.137 1	9.265 5	10.538 7	11.973 7	13.589 5	15.407 0

（续表）

期数	11%	12%	13%	14%	15%	16%	17%	18%	19%	20%
16	5.310 9	6.130 4	7.067 3	8.137 2	9.357 6	10.748 0	12.330 3	14.129 0	16.171 5	18.488 4
17	5.895 1	6.866 0	7.986 1	9.276 5	10.761 3	12.467 7	14.426 5	16.672 2	19.244 1	22.186 1
18	6.543 6	7.690 0	9.024 3	10.575 2	12.375 5	14.462 5	16.879 0	19.673 3	22.900 5	26.623 3
19	7.263 3	8.612 8	10.197 4	12.055 7	14.231 8	16.776 5	19.748 4	23.214 4	27.251 6	31.948 0
20	8.062 3	9.646 3	11.523 1	13.743 5	16.366 5	19.460 8	23.105 6	27.393 0	32.429 4	38.337 6
21	8.949 2	10.803 8	13.021 1	15.667 6	18.821 5	22.574 5	27.033 6	32.323 8	38.591 0	46.005 1
22	9.933 6	12.100 3	14.713 8	17.861 0	21.644 7	26.186 4	31.629 3	38.142 1	45.923 3	55.206 1
23	11.026 3	13.552 3	16.626 6	20.361 6	24.891 5	30.376 2	37.006 2	45.007 6	54.648 7	66.247 4
24	12.239 2	15.178 6	18.788 1	23.212 2	28.625 2	35.236 4	43.297 3	53.109 0	65.032 0	79.496 8
25	13.585 5	17.000 1	21.230 5	26.461 9	32.919 0	40.874 2	50.657 8	62.668 6	77.388 1	95.396 2
26	15.079 9	19.040 1	23.990 5	30.166 6	37.856 8	47.414 1	59.269 7	73.949 0	92.091 8	114.475 5
27	16.738 7	21.324 9	27.109 3	34.389 9	43.535 3	55.000 4	69.345 5	87.259 8	109.589 3	137.370 6
28	18.579 9	23.883 9	30.633 5	39.204 5	50.065 6	63.800 4	81.134 2	102.966 6	130.411 2	164.844 7
29	20.623 7	26.749 9	34.615 8	44.693 1	57.575 5	74.008 5	94.927 1	121.500 5	155.189 3	197.813 6
30	22.892 3	29.959 9	39.115 9	50.950 2	66.211 8	85.849 9	111.064 7	143.370 6	184.675 3	237.376 3

1元的复利终值表(三)

$$F=P(1+i)^n=(F/P, i, n)$$

期数	21%	22%	23%	24%	25%	26%	27%	28%	29%	30%
1	1.210 0	1.220 0	1.230 0	1.240 0	1.250 0	1.260 0	1.270 0	1.280 0	1.290 0	1.300 0
2	1.464 1	1.488 4	1.512 9	1.537 6	1.562 5	1.587 6	1.612 9	1.638 4	1.664 1	1.690 0
3	1.771 6	1.815 8	1.860 9	1.906 6	1.953 1	2.000 4	2.048 4	2.097 2	2.146 7	2.197 0
4	2.143 6	2.215 3	2.288 9	2.364 2	2.441 4	2.520 5	2.601 4	2.684 4	2.769 2	2.856 1
5	2.593 7	2.702 7	2.815 3	2.931 6	3.051 8	3.175 8	3.303 8	3.436 0	3.572 3	3.712 9
6	3.138 4	3.297 3	3.462 8	3.635 2	3.814 7	4.001 5	4.195 9	4.398 0	4.608 3	4.826 8
7	3.797 5	4.022 7	4.259 3	4.507 7	4.768 4	5.041 9	5.328 8	5.629 5	5.944 7	6.274 9
8	4.595 0	4.907 7	5.238 9	5.589 5	5.960 5	6.352 8	6.767 5	7.205 8	7.668 6	8.157 3
9	5.559 9	5.987 4	6.443 9	6.931 0	7.450 6	8.004 5	8.594 8	9.223 4	9.892 5	10.604 5
10	6.727 5	7.304 6	7.925 9	8.594 4	9.313 2	10.085 7	10.915 3	11.805 9	12.761 4	13.785 8
11	8.140 3	8.911 7	9.748 9	10.657 1	11.641 5	12.708 0	13.862 5	15.111 6	16.462 2	17.921 6
12	9.849 7	10.872 2	11.991 2	13.214 8	14.551 9	16.012 0	17.605 3	19.342 8	21.236 2	23.298 1
13	11.918 2	13.264 1	14.749 1	16.386 3	18.189 9	20.175 2	22.358 8	24.758 8	27.394 7	30.287 5
14	14.421 0	16.182 2	18.141 4	20.319 1	22.737 4	25.420 7	28.395 7	31.691 3	35.339 1	39.373 8
15	17.449 4	19.742 3	22.314 0	25.195 6	28.421 7	32.030 1	36.062 5	40.564 8	45.587 5	51.185 9

（续表）

期数	21%	22%	23%	24%	25%	26%	27%	28%	29%	30%
16	21.113 8	24.085 6	27.446 2	31.242 6	35.527 1	40.357 9	45.799 4	51.923 0	58.807 9	66.541 7
17	25.547 7	29.384 4	33.758 8	38.740 8	44.408 9	50.851 0	58.165 2	66.461 4	75.862 1	86.504 2
18	30.912 7	35.849 0	41.523 3	48.038 6	55.511 2	64.072 2	73.869 8	85.070 6	97.862 2	112.455 4
19	37.404 3	43.735 8	51.073 7	59.567 9	69.388 9	80.731 0	93.814 7	108.890 4	126.242 2	146.192 0
20	45.259 3	53.357 6	62.820 6	73.864 1	86.736 2	101.721 1	119.144 6	139.379 7	162.852 4	190.049 6
21	54.763 7	65.096 3	77.269 4	91.591 5	108.420 2	128.168 5	151.313 7	178.406 0	210.079 6	247.064 5
22	66.264 1	79.417 5	95.041 3	113.573 5	135.525 3	161.492 4	192.168 3	228.359 6	271.002 7	321.183 9
23	80.179 5	96.889 4	116.900 8	140.831 2	169.406 6	203.480 4	244.053 8	292.300 3	349.593 5	417.539 1
24	97.017 2	118.205 0	143.788 0	174.630 6	211.758 2	256.385 3	309.948 3	374.144 4	450.975 6	542.800 8
25	117.390 9	144.210 1	176.859 3	216.542 0	264.697 8	323.045 4	393.634 4	478.904 9	581.758 5	705.641 0
26	142.042 9	175.936 4	217.536 9	268.512 1	330.872 2	407.037 3	499.915 7	612.998 2	750.468 5	917.333 3
27	171.871 9	214.642 4	267.570 4	332.955 0	413.590 3	512.867 0	634.892 9	784.637 7	968.104 4	1 192.533 3
28	207.965 1	261.863 7	329.111 5	412.864 2	516.987 9	646.212 4	806.314 0	1 004.336 3	1 248.854 6	1 550.293 3
29	251.637 7	319.473 7	404.807 2	511.951 6	646.234 9	814.227 6	1 024.018 7	1 285.550 4	1 611.022 5	2 015.381 3
30	304.481 6	389.757 9	497.912 9	634.819 9	807.793 6	1 025.926 7	1 300.503 8	1 645.504 6	2 078.219 0	2 619.995 6

1元的复利现值表(一)

$$P=F\frac{1}{(1+i)^n}=F(1+i)^{-n}=(P/F,\ i,\ n)$$

期数	1%	2%	3%	4%	5%	6%	7%	8%	9%	10%
1	0.990 1	0.980 4	0.970 9	0.961 5	0.952 4	0.943 4	0.934 6	0.925 9	0.917 4	0.909 1
2	0.980 3	0.961 2	0.942 6	0.924 6	0.907 0	0.890 0	0.873 4	0.857 3	0.841 7	0.826 4
3	0.970 6	0.942 3	0.915 1	0.889 0	0.863 8	0.839 6	0.816 3	0.793 8	0.772 2	0.751 3
4	0.961 0	0.923 8	0.888 5	0.854 8	0.822 7	0.792 1	0.762 9	0.735 0	0.708 4	0.683 0
5	0.951 5	0.905 7	0.862 6	0.821 9	0.783 5	0.747 3	0.713 0	0.680 6	0.649 9	0.620 9
6	0.942 0	0.888 0	0.837 5	0.790 3	0.746 2	0.705 0	0.666 3	0.630 2	0.596 3	0.564 5
7	0.932 7	0.870 6	0.813 1	0.759 9	0.710 7	0.665 1	0.622 7	0.583 5	0.547 0	0.513 2
8	0.923 5	0.853 5	0.789 4	0.730 7	0.676 8	0.627 4	0.582 0	0.540 3	0.501 9	0.466 5
9	0.914 3	0.836 8	0.766 4	0.702 6	0.644 6	0.591 9	0.543 9	0.500 2	0.460 4	0.424 1
10	0.905 3	0.820 3	0.744 1	0.675 6	0.613 9	0.558 4	0.508 3	0.463 2	0.422 4	0.385 5
11	0.896 3	0.804 3	0.722 4	0.649 6	0.584 7	0.526 8	0.475 1	0.428 9	0.387 5	0.350 5
12	0.887 4	0.788 5	0.701 4	0.624 6	0.556 8	0.497 0	0.444 0	0.397 1	0.355 5	0.318 6
13	0.878 7	0.773 0	0.681 0	0.600 6	0.530 3	0.468 8	0.415 0	0.367 7	0.326 2	0.289 7
14	0.870 0	0.757 9	0.661 1	0.577 5	0.505 1	0.442 3	0.387 8	0.340 5	0.299 2	0.263 3
15	0.861 3	0.743 0	0.641 9	0.555 3	0.481 0	0.417 3	0.362 4	0.315 2	0.274 5	0.239 4

（续表）

期数	1%	2%	3%	4%	5%	6%	7%	8%	9%	10%
16	0. 852 8	0. 728 4	0. 623 2	0. 533 9	0. 458 1	0. 393 6	0. 338 7	0. 291 9	0. 251 9	0. 217 6
17	0. 844 4	0. 714 2	0. 605 0	0. 513 4	0. 436 3	0. 371 4	0. 316 6	0. 270 3	0. 231 1	0. 197 8
18	0. 836 0	0. 700 2	0. 587 4	0. 493 6	0. 415 5	0. 350 3	0. 295 9	0. 250 2	0. 212 0	0. 179 9
19	0. 827 7	0. 686 4	0. 570 3	0. 474 6	0. 395 7	0. 330 5	0. 276 5	0. 231 7	0. 194 5	0. 163 5
20	0. 819 5	0. 673 0	0. 553 7	0. 456 4	0. 376 9	0. 311 8	0. 258 4	0. 214 5	0. 178 4	0. 148 6
21	0. 811 4	0. 659 8	0. 537 5	0. 438 8	0. 358 9	0. 294 2	0. 241 5	0. 198 7	0. 163 7	0. 135 1
22	0. 803 4	0. 646 8	0. 521 9	0. 422 0	0. 341 8	0. 277 5	0. 225 7	0. 183 9	0. 150 2	0. 122 8
23	0. 795 4	0. 634 2	0. 506 7	0. 405 7	0. 325 6	0. 261 8	0. 210 9	0. 170 3	0. 137 8	0. 111 7
24	0. 787 6	0. 621 7	0. 491 9	0. 390 1	0. 310 1	0. 247 0	0. 197 1	0. 157 7	0. 126 4	0. 101 5
25	0. 779 8	0. 609 5	0. 477 6	0. 375 1	0. 295 3	0. 233 0	0. 184 2	0. 146 0	0. 116 0	0. 092 3
26	0. 772 0	0. 597 6	0. 463 7	0. 360 7	0. 281 2	0. 219 8	0. 172 2	0. 135 2	0. 106 4	0. 083 9
27	0. 764 4	0. 585 9	0. 450 2	0. 346 8	0. 267 8	0. 207 4	0. 160 9	0. 125 2	0. 097 6	0. 076 3
28	0. 756 8	0. 574 4	0. 437 1	0. 333 5	0. 255 1	0. 195 6	0. 150 4	0. 115 9	0. 089 5	0. 069 3
29	0. 749 3	0. 563 1	0. 424 3	0. 320 7	0. 242 9	0. 184 6	0. 140 6	0. 107 3	0. 082 2	0. 063 0
30	0. 741 9	0. 552 1	0. 412 0	0. 308 3	0. 231 4	0. 174 1	0. 131 4	0. 099 4	0. 075 4	0. 057 3

1 元的复利现值表(二)

$$P=F\frac{1}{(1+i)^n}=F(1+i)^{-n}=(P/F, i, n)$$

期数	11%	12%	13%	14%	15%	16%	17%	18%	19%	20%
1	0.900 9	0.892 9	0.885 0	0.877 2	0.869 6	0.862 1	0.854 7	0.847 5	0.840 3	0.833 3
2	0.811 6	0.797 2	0.783 1	0.769 5	0.756 1	0.743 2	0.730 5	0.718 2	0.706 2	0.694 4
3	0.731 2	0.711 8	0.693 1	0.675 0	0.657 5	0.640 7	0.624 4	0.608 6	0.593 4	0.578 7
4	0.658 7	0.635 5	0.613 3	0.592 1	0.571 8	0.552 3	0.533 7	0.515 8	0.498 7	0.482 3
5	0.593 5	0.567 4	0.542 8	0.519 4	0.497 2	0.476 1	0.456 1	0.437 1	0.419 0	0.401 9
6	0.534 6	0.506 6	0.480 3	0.455 6	0.432 3	0.410 4	0.389 8	0.370 4	0.352 1	0.334 9
7	0.481 7	0.452 3	0.425 1	0.399 6	0.375 9	0.353 8	0.333 2	0.313 9	0.295 9	0.279 1
8	0.433 9	0.403 9	0.376 2	0.350 6	0.326 9	0.305 0	0.284 8	0.266 0	0.248 7	0.232 6
9	0.390 9	0.360 6	0.332 9	0.307 5	0.284 3	0.263 0	0.243 4	0.225 5	0.209 0	0.193 8
10	0.352 2	0.322 0	0.294 6	0.269 7	0.247 2	0.226 7	0.208 0	0.191 1	0.175 6	0.161 5
11	0.317 3	0.287 5	0.260 7	0.236 6	0.214 9	0.195 4	0.177 8	0.161 9	0.147 6	0.134 6
12	0.285 8	0.256 7	0.230 7	0.207 6	0.186 9	0.168 5	0.152 0	0.137 2	0.124 0	0.112 2
13	0.257 5	0.229 2	0.204 2	0.182 1	0.162 5	0.145 2	0.129 9	0.116 3	0.104 2	0.093 5
14	0.232 0	0.204 6	0.180 7	0.159 7	0.141 3	0.125 2	0.111 0	0.098 5	0.087 6	0.077 9
15	0.209 0	0.182 7	0.159 9	0.140 1	0.122 9	0.107 9	0.094 9	0.083 5	0.073 6	0.064 9

（续表）

期数	11%	12%	13%	14%	15%	16%	17%	18%	19%	20%
16	0.188 3	0.163 1	0.141 5	0.122 9	0.106 9	0.093 0	0.081 1	0.070 8	0.061 8	0.054 1
17	0.169 6	0.145 6	0.125 2	0.107 8	0.092 9	0.080 2	0.069 3	0.060 0	0.052 0	0.045 1
18	0.152 8	0.130 0	0.110 8	0.094 6	0.080 8	0.069 1	0.059 2	0.050 8	0.043 7	0.037 6
19	0.137 7	0.116 1	0.098 1	0.082 9	0.070 3	0.059 6	0.050 6	0.043 1	0.036 7	0.031 3
20	0.124 0	0.103 7	0.086 8	0.072 8	0.061 1	0.051 4	0.043 3	0.036 5	0.030 8	0.026 1
21	0.111 7	0.092 6	0.076 8	0.063 8	0.053 1	0.044 3	0.037 0	0.030 9	0.025 9	0.021 7
22	0.100 7	0.082 6	0.068 0	0.056 0	0.046 2	0.038 2	0.031 6	0.026 2	0.021 8	0.018 1
23	0.090 7	0.073 8	0.060 1	0.049 1	0.040 2	0.032 9	0.027 0	0.022 2	0.018 3	0.015 1
24	0.081 7	0.065 9	0.053 2	0.043 1	0.034 9	0.028 4	0.023 1	0.018 8	0.015 4	0.012 6
25	0.073 6	0.058 8	0.047 1	0.037 8	0.030 4	0.024 5	0.019 7	0.016 0	0.012 9	0.010 5
26	0.066 3	0.052 5	0.041 7	0.033 1	0.026 4	0.021 1	0.016 9	0.013 5	0.010 9	0.008 7
27	0.059 7	0.046 9	0.036 9	0.029 1	0.023 0	0.018 2	0.014 4	0.011 5	0.009 1	0.007 3
28	0.053 8	0.041 9	0.032 6	0.025 5	0.020 0	0.015 7	0.012 3	0.009 7	0.007 7	0.006 1
29	0.048 5	0.037 4	0.028 9	0.022 4	0.017 4	0.013 5	0.010 5	0.008 2	0.006 4	0.005 1
30	0.043 7	0.033 4	0.025 6	0.019 6	0.015 1	0.011 6	0.009 0	0.007 0	0.005 4	0.004 2

1元的复利现值表(三)

$$P=F\frac{1}{(1+i)^n}=F(1+i)^{-n}=(P/F, i, n)$$

期数	21%	22%	23%	24%	25%	26%	27%	28%	29%	30%
1	0.826 4	0.819 7	0.813 0	0.806 5	0.800 0	0.793 7	0.787 4	0.781 3	0.775 2	0.769 2
2	0.683 0	0.671 9	0.661 0	0.650 4	0.640 0	0.629 9	0.620 0	0.610 4	0.600 9	0.591 7
3	0.564 5	0.550 7	0.537 4	0.524 5	0.512 0	0.499 9	0.488 2	0.476 8	0.465 8	0.455 2
4	0.466 5	0.451 4	0.436 9	0.423 0	0.409 6	0.396 8	0.384 4	0.372 5	0.361 1	0.350 1
5	0.385 5	0.370 0	0.355 2	0.341 1	0.327 7	0.314 9	0.302 7	0.291 0	0.279 9	0.269 3
6	0.318 6	0.303 3	0.288 8	0.275 1	0.262 1	0.249 9	0.238 3	0.227 4	0.217 0	0.207 2
7	0.263 3	0.248 6	0.234 8	0.221 8	0.209 7	0.198 3	0.187 7	0.177 6	0.168 2	0.159 4
8	0.217 6	0.203 8	0.190 9	0.178 9	0.167 8	0.157 4	0.147 8	0.138 8	0.130 4	0.122 6
9	0.179 9	0.167 0	0.155 2	0.144 3	0.134 2	0.124 9	0.116 4	0.108 4	0.101 1	0.094 3
10	0.148 6	0.136 9	0.126 2	0.116 4	0.107 4	0.099 2	0.091 6	0.084 7	0.078 4	0.072 5
11	0.122 8	0.112 2	0.102 6	0.093 8	0.085 9	0.078 7	0.072 1	0.066 2	0.060 7	0.055 8
12	0.101 5	0.092 0	0.083 4	0.075 7	0.068 7	0.062 5	0.056 8	0.051 7	0.047 1	0.042 9
13	0.083 9	0.075 4	0.067 8	0.061 0	0.055 0	0.049 6	0.044 7	0.040 4	0.036 5	0.033 0
14	0.069 3	0.061 8	0.055 1	0.049 2	0.044 0	0.039 3	0.035 2	0.031 6	0.028 3	0.025 4
15	0.057 3	0.050 7	0.044 8	0.039 7	0.035 2	0.031 2	0.027 7	0.024 7	0.021 9	0.019 5

（续表）

期数	21%	22%	23%	24%	25%	26%	27%	28%	29%	30%
16	0.047 4	0.041 5	0.036 4	0.032 0	0.028 1	0.024 8	0.021 8	0.019 3	0.017 0	0.015 0
17	0.039 1	0.034 0	0.029 6	0.025 8	0.022 5	0.019 7	0.017 2	0.015 0	0.013 2	0.011 6
18	0.032 3	0.027 9	0.024 1	0.020 8	0.018 0	0.015 6	0.013 5	0.011 8	0.010 2	0.008 9
19	0.026 7	0.022 9	0.019 6	0.016 8	0.014 4	0.012 4	0.010 7	0.009 2	0.007 9	0.006 8
20	0.022 1	0.018 7	0.015 9	0.013 5	0.011 5	0.009 8	0.008 4	0.007 2	0.006 1	0.005 3
21	0.018 3	0.015 4	0.012 9	0.010 9	0.009 2	0.007 8	0.006 6	0.005 6	0.004 8	0.004 0
22	0.015 1	0.012 6	0.010 5	0.008 8	0.007 4	0.006 2	0.005 2	0.004 4	0.003 7	0.003 1
23	0.012 5	0.010 3	0.008 6	0.007 1	0.005 9	0.004 9	0.004 1	0.003 4	0.002 9	0.002 4
24	0.010 3	0.008 5	0.007 0	0.005 7	0.004 7	0.003 9	0.003 2	0.002 7	0.002 2	0.001 8
25	0.008 5	0.006 9	0.005 7	0.004 6	0.003 8	0.003 1	0.002 5	0.002 1	0.001 7	0.001 4
26	0.007 0	0.005 7	0.004 6	0.003 7	0.003 0	0.002 5	0.002 0	0.001 6	0.001 3	0.001 1
27	0.005 8	0.004 7	0.003 7	0.003 0	0.002 4	0.001 9	0.001 6	0.001 3	0.001 0	0.000 8
28	0.004 8	0.003 8	0.003 0	0.002 4	0.001 9	0.001 5	0.001 2	0.001 0	0.000 8	0.000 6
29	0.004 0	0.003 1	0.002 5	0.002 0	0.001 5	0.001 2	0.001 0	0.000 8	0.000 6	0.000 5
30	0.003 3	0.002 6	0.002 0	0.001 6	0.001 2	0.001 0	0.000 8	0.000 6	0.000 5	0.000 4

1 元的年金终值表(一)

$$F_A = A\frac{(1+i)^n-1}{i} = (F_A/A,\ i,\ n)$$

期数	1%	2%	3%	4%	5%	6%	7%	8%	9%	10%
1	1.000 0	1.000 0	1.000 0	1.000 0	1.000 0	1.000 0	1.000 0	1.000 0	1.000 0	1.000 0
2	2.010 0	2.020 0	2.030 0	2.040 0	2.050 0	2.060 0	2.070 0	2.080 0	2.090 0	2.100 0
3	3.030 1	3.060 4	3.090 9	3.121 6	3.152 5	3.183 6	3.214 9	3.246 4	3.278 1	3.310 0
4	4.060 4	4.121 6	4.183 6	4.246 5	4.310 1	4.374 6	4.439 9	4.506 1	4.573 1	4.641 0
5	5.101 0	5.204 0	5.309 1	5.416 3	5.525 6	5.637 1	5.750 7	5.866 6	5.984 7	6.105 1
6	6.152 0	6.308 1	6.468 4	6.633 0	6.801 9	6.975 3	7.153 3	7.335 9	7.523 3	7.715 6
7	7.213 5	7.434 3	7.662 5	7.898 3	8.142 0	8.393 8	8.654 0	8.922 8	9.200 4	9.487 2
8	8.285 7	8.583 0	8.892 3	9.214 2	9.549 1	9.897 5	10.259 8	10.636 6	11.028 5	11.435 9
9	9.368 5	9.754 6	10.159 1	10.582 8	11.026 6	11.491 3	11.978 0	12.487 6	13.021 0	13.579 5
10	10.462 2	10.949 7	11.463 9	12.006 1	12.577 9	13.180 8	13.816 4	14.486 6	15.192 9	15.937 4
11	11.566 8	12.168 7	12.807 8	13.486 4	14.206 8	14.971 6	15.783 6	16.645 5	17.560 3	18.531 2
12	12.682 5	13.412 1	14.192 0	15.025 8	15.917 1	16.869 9	17.888 5	18.977 1	20.140 7	21.384 3
13	13.809 3	14.680 3	15.617 8	16.626 8	17.713 0	18.882 1	20.140 6	21.495 3	22.953 4	24.522 7
14	14.947 4	15.973 9	17.086 3	18.291 9	19.598 6	21.015 1	22.550 5	24.214 9	26.019 2	27.975 0
15	16.096 9	17.293 4	18.598 9	20.023 6	21.578 6	23.276 0	25.129 0	27.152 1	29.360 9	31.772 5

（续表）

期数	1%	2%	3%	4%	5%	6%	7%	8%	9%	10%
16	17.257 9	18.639 3	20.156 9	21.824 5	23.657 5	25.672 5	27.888 1	30.324 3	33.003 4	35.949 7
17	18.430 4	20.012 1	21.761 6	23.697 5	25.840 4	28.212 9	30.840 2	33.750 2	36.973 7	40.544 7
18	19.614 7	21.412 3	23.414 4	25.645 4	28.132 4	30.905 7	33.999 0	37.450 2	41.301 3	45.599 2
19	20.810 9	22.840 6	25.116 9	27.671 2	30.539 0	33.760 0	37.379 0	41.446 3	46.018 5	51.159 1
20	22.019 0	24.297 4	26.870 4	29.778 1	33.066 0	36.785 6	40.995 5	45.762 0	51.160 1	57.275 0
21	23.239 2	25.783 3	28.676 5	31.969 2	35.719 3	39.992 7	44.865 2	50.422 9	56.764 5	64.002 5
22	24.471 6	27.299 0	30.536 8	34.248 0	38.505 2	43.392 3	49.005 7	55.456 8	62.873 3	71.402 7
23	25.716 3	28.845 0	32.452 9	36.617 9	41.430 5	46.995 8	53.436 1	60.893 3	69.531 9	79.543 0
24	26.973 5	30.421 9	34.426 5	39.082 6	44.502 0	50.815 6	58.176 7	66.764 8	76.789 8	88.497 3
25	28.243 2	32.030 3	36.459 3	41.645 9	47.727 1	54.864 5	63.249 0	73.105 9	84.700 9	98.347 1
26	29.525 6	33.670 9	38.553 0	44.311 7	51.113 5	59.156 4	68.676 5	79.954 4	93.324 0	109.181 8
27	30.820 9	35.344 3	40.709 6	47.084 2	54.669 1	63.705 8	74.483 8	87.350 8	102.723 1	121.099 9
28	32.129 1	37.051 2	42.930 9	49.967 6	58.402 6	68.528 1	80.697 7	95.338 8	112.968 2	134.209 9
29	33.450 4	38.792 2	45.218 9	52.966 3	62.322 7	73.639 8	87.346 5	103.965 9	124.135 4	148.630 9
30	34.784 9	40.568 1	47.575 4	56.084 9	66.438 8	79.058 2	94.460 8	113.283 2	136.307 5	164.494 0

1元的年金终值表(二)

$$F_A=A\frac{(1+i)^n-1}{i}=(F_A/A,\ i,\ n)$$

期数	11%	12%	13%	14%	15%	16%	17%	18%	19%	20%
1	1.000 0	1.000 0	1.000 0	1.000 0	1.000 0	1.000 0	1.000 0	1.000 0	1.000 0	1.000 0
2	2.110 0	2.120 0	2.130 0	2.140 0	2.150 0	2.160 0	2.170 0	2.180 0	2.190 0	2.200 0
3	3.342 1	3.374 4	3.406 9	3.439 6	3.472 5	3.505 6	3.538 9	3.572 4	3.606 1	3.640 0
4	4.709 7	4.779 3	4.849 8	4.921 1	4.993 4	5.066 5	5.140 5	5.215 4	5.291 3	5.368 0
5	6.227 8	6.352 8	6.480 3	6.610 1	6.742 4	6.877 1	7.014 4	7.154 2	7.296 6	7.441 6
6	7.912 9	8.115 2	8.322 7	8.535 5	8.753 7	8.977 5	9.206 8	9.442 0	9.683 0	9.929 9
7	9.783 3	10.089 0	10.404 7	10.730 5	11.066 8	11.413 9	11.772 0	12.141 5	12.522 7	12.915 9
8	11.859 4	12.299 7	12.757 3	13.232 8	13.726 8	14.240 1	14.773 3	15.327 0	15.902 0	16.499 1
9	14.164 0	14.775 7	15.415 7	16.085 3	16.785 8	17.518 5	18.284 7	19.085 9	19.923 4	20.798 9
10	16.722 0	17.548 7	18.419 7	19.337 3	20.303 7	21.321 5	22.393 1	23.521 3	24.708 9	25.958 7
11	19.561 4	20.654 6	21.814 3	23.044 5	24.349 3	25.732 9	27.199 9	28.755 1	30.403 5	32.150 4
12	22.713 2	24.133 1	25.650 2	27.270 7	29.001 7	30.850 2	32.823 9	34.931 1	37.180 2	39.580 5
13	26.211 6	28.029 1	29.984 7	32.088 7	34.351 9	36.786 2	39.404 0	42.218 7	45.244 5	48.496 6
14	30.094 9	32.392 6	34.882 7	37.581 1	40.504 7	43.672 0	47.102 7	50.818 0	54.840 9	59.195 9
15	34.405 4	37.279 7	40.417 5	43.842 4	47.580 4	51.659 5	56.110 1	60.965 3	66.260 7	72.035 1

（续表）

期数	11%	12%	13%	14%	15%	16%	17%	18%	19%	20%
16	39.189 9	42.753 3	46.671 7	50.980 4	55.717 5	60.925 0	66.648 8	72.939 0	79.850 2	87.442 1
17	44.500 8	48.883 7	53.739 1	59.117 6	65.075 1	71.673 0	78.979 2	87.068 0	96.021 8	105.930 6
18	50.395 9	55.749 7	61.725 1	68.394 1	75.836 4	84.140 7	93.405 6	103.740 3	115.265 9	128.116 7
19	56.939 5	63.439 7	70.749 4	78.969 2	88.211 8	98.603 2	110.284 6	123.413 5	138.166 4	154.740 0
20	64.202 8	72.052 4	80.946 8	91.024 9	102.443 6	115.379 7	130.032 9	146.628 0	165.418 0	186.688 0
21	72.265 1	81.698 7	92.469 9	104.768 4	118.810 1	134.840 5	153.138 5	174.021 0	197.847 4	225.025 6
22	81.214 3	92.502 6	105.491 0	120.436 0	137.631 6	157.415 0	180.172 1	206.344 8	236.438 5	271.030 7
23	91.147 9	104.602 9	120.204 8	138.297 0	159.276 4	183.601 4	211.801 3	244.486 8	282.361 8	326.236 9
24	102.174 2	118.155 2	136.831 5	158.658 6	184.167 8	213.977 6	248.807 6	289.494 5	337.010 5	392.484 2
25	114.413 3	133.333 9	155.619 6	181.870 8	212.793 0	249.214 0	292.104 9	342.603 5	402.042 5	471.981 1
26	127.998 8	150.333 9	176.850 1	208.332 7	245.712 0	290.088 3	342.762 7	405.272 1	479.430 6	567.377 3
27	143.078 6	169.374 0	200.840 6	238.499 3	283.568 8	337.502 4	402.032 3	479.221 1	571.522 4	681.852 8
28	159.817 3	190.698 9	227.949 9	272.889 2	327.104 1	392.502 8	471.377 8	566.480 9	681.111 6	819.223 3
29	178.397 2	214.582 8	258.583 4	312.093 7	377.169 7	456.303 2	552.512 1	669.447 5	811.522 8	984.068 0
30	199.020 9	241.332 7	293.199 2	356.786 8	434.745 1	530.311 7	647.439 1	790.948 0	966.712 2	1 181.881 6

1元的年金终值表(三)

$$F_A = A\frac{(1+i)^n-1}{i} = (F_A/A,\ i,\ n)$$

期数	21%	22%	23%	24%	25%	26%	27%	28%	29%	30%
1	1.000 0	1.000 0	1.000 0	1.000 0	1.000 0	1.000 0	1.000 0	1.000 0	1.000 0	1.000 0
2	2.210 0	2.220 0	2.230 0	2.240 0	2.250 0	2.260 0	2.270 0	2.280 0	2.290 0	2.300 0
3	3.674 1	3.708 4	3.742 9	3.777 6	3.812 5	3.847 6	3.882 9	3.918 4	3.954 1	3.990 0
4	5.445 7	5.524 2	5.603 8	5.684 2	5.765 6	5.848 0	5.931 3	6.015 6	6.100 8	6.187 0
5	7.589 2	7.739 6	7.892 6	8.048 4	8.207 0	8.368 4	8.532 7	8.699 9	8.870 0	9.043 1
6	10.183 0	10.442 3	10.707 9	10.980 1	11.258 8	11.544 2	11.836 6	12.135 9	12.442 3	12.756 0
7	13.321 4	13.739 6	14.170 8	14.615 3	15.073 5	15.545 8	16.032 4	16.533 9	17.050 6	17.582 8
8	17.118 9	17.762 3	18.430 0	19.122 9	19.841 9	20.587 6	21.361 2	22.163 4	22.995 3	23.857 7
9	21.713 9	22.670 0	23.669 0	24.712 5	25.802 3	26.940 4	28.128 7	29.369 2	30.663 9	32.015 0
10	27.273 8	28.657 4	30.112 8	31.643 4	33.252 9	34.944 9	36.723 5	38.592 6	40.556 4	42.619 5
11	34.001 3	35.962 0	38.038 8	40.237 9	42.566 1	45.030 6	47.638 8	50.398 5	53.317 8	56.405 3
12	42.141 6	44.873 7	47.787 7	50.895 0	54.207 7	57.738 6	61.501 3	65.510 0	69.780 0	74.327 0
13	51.991 3	55.745 9	59.778 8	64.109 7	68.759 6	73.750 6	79.106 6	84.852 9	91.016 1	97.625 0
14	63.909 5	69.010 0	74.528 0	80.496 1	86.949 5	93.925 8	101.465 4	109.611 7	118.410 8	127.912 5
15	78.330 5	85.192 2	92.669 4	100.815 1	109.686 8	119.346 5	129.861 1	141.302 9	153.750 0	167.286 3

（续表）

期数	21%	22%	23%	24%	25%	26%	27%	28%	29%	30%
16	95.779 9	104.934 5	114.983 4	126.010 8	138.108 5	151.376 6	165.923 6	181.867 7	199.337 4	218.472 2
17	116.893 7	129.020 1	142.429 5	157.253 4	173.635 7	191.734 5	211.723 0	233.790 7	258.145 3	285.013 9
18	142.441 3	158.404 5	176.188 3	195.994 2	218.044 6	242.585 5	269.888 2	300.252 1	334.007 4	371.518 0
19	173.354 0	194.253 5	217.711 6	244.032 8	273.555 8	306.657 7	343.758 0	385.322 7	431.869 6	483.973 4
20	210.758 4	237.989 3	268.785 3	303.600 6	342.944 7	387.388 7	437.572 6	494.213 1	558.111 8	630.165 5
21	256.017 6	291.346 9	331.605 9	377.464 8	429.680 9	489.109 8	556.717 3	633.592 7	720.964 2	820.215 1
22	310.781 3	356.443 2	408.875 3	469.056 3	538.101 1	617.278 3	708.030 9	811.998 7	931.043 8	1 067.279 6
23	377.045 4	435.860 7	503.916 6	582.629 8	673.626 4	778.770 7	900.199 3	1 040.358 3	1 202.046 5	1 388.463 5
24	457.224 9	532.750 1	620.817 4	723.461 0	843.032 9	982.251 1	1 144.253 1	1 332.658 6	1 551.640 0	1 806.002 6
25	554.242 2	650.955 1	764.605 4	898.091 6	1 054.791 2	1 238.636 3	1 454.201 4	1 706.803 1	2 002.615 6	2 348.803 3
26	671.633 0	795.165 3	941.464 7	1 114.633 6	1 319.489 0	1 561.681 8	1 847.835 8	2 185.707 9	2 584.374 1	3 054.444 3
27	813.675 9	971.101 6	1 159.001 6	1 383.145 7	1 650.361 2	1 968.719 1	2 347.751 5	2 798.706 1	3 334.842 6	3 971.777 6
28	985.547 9	1 185.744 0	1 426.571 9	1 716.100 7	2 063.951 5	2 481.586 0	2 982.644 4	3 583.343 8	4 302.947 0	5 164.310 9
29	1 193.512 9	1 447.607 7	1 755.683 5	2 128.964 8	2 580.939 4	3 127.798 4	3 788.958 3	4 587.680 1	5 551.801 6	6 714.604 2
30	1 445.150 7	1 767.081 3	2 160.490 7	2 640.916 4	3 227.174 3	3 942.026 0	4 812.977 1	5 873.230 6	7 162.824 1	8 729.985 5

1元的年金现值表(一)

$$P_A = A\frac{1-(1+i)^{-n}}{i} = (P_A/A,\ i,\ n)$$

期数	1%	2%	3%	4%	5%	6%	7%	8%	9%	10%
1	0.990 1	0.980 4	0.970 9	0.961 5	0.952 4	0.943 4	0.934 6	0.925 9	0.917 4	0.909 1
2	1.970 4	1.941 6	1.913 5	1.886 1	1.859 4	1.833 4	1.808 0	1.783 3	1.759 1	1.735 5
3	2.941 0	2.883 9	2.828 6	2.775 1	2.723 2	2.673 0	2.624 3	2.577 1	2.531 3	2.486 9
4	3.902 0	3.807 7	3.717 1	3.629 9	3.546 0	3.465 1	3.387 2	3.312 1	3.239 7	3.169 9
5	4.853 4	4.713 5	4.579 7	4.451 8	4.329 5	4.212 4	4.100 2	3.992 7	3.889 7	3.790 8
6	5.795 5	5.601 4	5.417 2	5.242 1	5.075 7	4.917 3	4.766 5	4.622 9	4.485 9	4.355 3
7	6.728 2	6.472 0	6.230 3	6.002 1	5.786 4	5.582 4	5.389 3	5.206 4	5.033 0	4.868 4
8	7.651 7	7.325 5	7.019 7	6.732 7	6.463 2	6.209 8	5.971 3	5.746 6	5.534 8	5.334 9
9	8.566 0	8.162 2	7.786 1	7.435 3	7.107 8	6.801 7	6.515 2	6.246 9	5.995 2	5.759 0
10	9.471 3	8.982 6	8.530 2	8.110 9	7.721 7	7.360 1	7.023 6	6.710 1	6.417 7	6.144 6
11	10.367 6	9.786 8	9.252 6	8.760 5	8.306 4	7.886 9	7.498 7	7.139 0	6.805 2	6.495 1
12	11.255 1	10.575 3	9.954 0	9.385 1	8.863 3	8.383 8	7.942 7	7.536 1	7.160 7	6.813 7
13	12.133 7	11.348 4	10.635 0	9.985 6	9.393 6	8.852 7	8.357 7	7.903 8	7.486 9	7.103 4
14	13.003 7	12.106 2	11.296 1	10.563 1	9.898 6	9.295 0	8.745 5	8.244 2	7.786 2	7.366 7
15	13.865 1	12.849 3	11.937 9	11.118 4	10.379 7	9.712 2	9.107 9	8.559 5	8.060 7	7.606 1

（续表）

期数	1%	2%	3%	4%	5%	6%	7%	8%	9%	10%
16	14.717 9	13.577 7	12.561 1	11.652 3	10.837 8	10.105 9	9.446 6	8.851 4	8.312 6	7.823 7
17	15.562 3	14.291 9	13.166 1	12.165 7	11.274 1	10.477 3	9.763 2	9.121 6	8.543 6	8.021 6
18	16.398 3	14.992 0	13.753 5	12.659 3	11.689 6	10.827 6	10.059 1	9.371 9	8.755 6	8.201 4
19	17.226 0	15.678 5	14.323 8	13.133 9	12.085 3	11.158 1	10.335 6	9.603 6	8.950 1	8.364 9
20	18.045 6	16.351 4	14.877 5	13.590 3	12.462 2	11.469 9	10.594 0	9.818 1	9.128 5	8.513 6
21	18.857 0	17.011 2	15.415 0	14.029 2	12.821 2	11.764 1	10.835 5	10.016 8	9.292 2	8.648 7
22	19.660 4	17.658 0	15.936 9	14.451 1	13.163 0	12.041 6	11.061 2	10.200 7	9.442 4	8.771 5
23	20.455 8	18.292 2	16.443 6	14.856 8	13.488 6	12.303 4	11.272 2	10.371 1	9.580 2	8.883 2
24	21.243 4	18.913 9	16.935 5	15.247 0	13.798 6	12.550 4	11.469 3	10.528 8	9.706 6	8.984 7
25	22.023 2	19.523 5	17.413 1	15.622 1	14.093 9	12.783 4	11.653 6	10.674 8	9.822 6	9.077 0
26	22.795 2	20.121 0	17.876 8	15.982 8	14.375 2	13.003 2	11.825 8	10.810 0	9.929 0	9.160 9
27	23.559 6	20.706 9	18.327 0	16.329 6	14.643 0	13.210 5	11.986 7	10.935 2	10.026 6	9.237 2
28	24.316 4	21.281 3	18.764 1	16.663 1	14.898 1	13.406 2	12.137 1	11.051 1	10.116 1	9.306 6
29	25.065 8	21.844 4	19.188 5	16.983 7	15.141 1	13.590 7	12.277 7	11.158 4	10.198 3	9.369 6
30	25.807 7	22.396 5	19.600 4	17.292 0	15.372 5	13.764 8	12.409 0	11.257 8	10.273 7	9.426 9

1元的年金现值表(二)

$$P_A = A\,\frac{1-(1+i)^{-n}}{i} = (P_A/A,\ i,\ n)$$

期数	11%	12%	13%	14%	15%	16%	17%	18%	19%	20%
1	0.900 9	0.892 9	0.885 0	0.877 2	0.869 6	0.862 1	0.854 7	0.847 5	0.840 3	0.833 3
2	1.712 5	1.690 1	1.668 1	1.646 7	1.625 7	1.605 2	1.585 2	1.565 6	1.546 5	1.527 8
3	2.443 7	2.401 8	2.361 2	2.321 6	2.283 2	2.245 9	2.209 6	2.174 3	2.139 9	2.106 5
4	3.102 4	3.037 3	2.974 5	2.913 7	2.855 0	2.798 2	2.743 2	2.690 1	2.638 6	2.588 7
5	3.695 9	3.604 8	3.517 2	3.433 1	3.352 2	3.274 3	3.199 3	3.127 2	3.057 6	2.990 6
6	4.230 5	4.111 4	3.997 5	3.888 7	3.784 5	3.684 7	3.589 2	3.497 6	3.409 8	3.325 5
7	4.712 2	4.563 8	4.422 6	4.288 3	4.160 4	4.038 6	3.922 4	3.811 5	3.705 7	3.604 6
8	5.146 1	4.967 6	4.798 8	4.638 9	4.487 3	4.343 6	4.207 2	4.077 6	3.954 4	3.837 2
9	5.537 0	5.328 2	5.131 7	4.946 4	4.771 6	4.606 5	4.450 6	4.303 0	4.163 3	4.031 0
10	5.889 2	5.650 2	5.426 2	5.216 1	5.018 8	4.833 2	4.658 6	4.494 1	4.338 9	4.192 5
11	6.206 5	5.937 7	5.686 9	5.452 7	5.233 7	5.028 6	4.836 4	4.656 0	4.486 5	4.327 1
12	6.492 4	6.194 4	5.917 6	5.660 3	5.420 6	5.197 1	4.988 4	4.793 2	4.610 5	4.439 2
13	6.749 9	6.423 5	6.121 8	5.842 4	5.583 1	5.342 3	5.118 3	4.909 5	4.714 7	4.532 7
14	6.981 9	6.628 2	6.302 5	6.002 1	5.724 5	5.467 5	5.229 3	5.008 1	4.802 3	4.610 6
15	7.190 9	6.810 9	6.462 4	6.142 2	5.847 4	5.575 5	5.324 2	5.091 6	4.875 9	4.675 5

（续表）

期数	11%	12%	13%	14%	15%	16%	17%	18%	19%	20%
16	7.379 2	6.974 0	6.603 9	6.265 1	5.954 2	5.668 5	5.405 3	5.162 4	4.937 7	4.729 6
17	7.548 8	7.119 6	6.729 1	6.372 9	6.047 2	5.748 7	5.474 6	5.222 3	4.989 7	4.774 6
18	7.701 6	7.249 7	6.839 9	6.467 4	6.128 0	5.817 8	5.533 9	5.273 2	5.033 3	4.812 2
19	7.839 3	7.365 8	6.938 0	6.550 4	6.198 2	5.877 5	5.584 5	5.316 2	5.070 0	4.843 5
20	7.963 3	7.469 4	7.024 8	6.623 1	6.259 3	5.928 8	5.627 8	5.352 7	5.100 9	4.869 6
21	8.075 1	7.562 0	7.101 6	6.687 0	6.312 5	5.973 1	5.664 8	5.383 7	5.126 8	4.891 3
22	8.175 7	7.644 6	7.169 5	6.742 9	6.358 7	6.011 3	5.696 4	5.409 9	5.148 6	4.909 4
23	8.266 4	7.718 4	7.229 7	6.792 1	6.398 8	6.044 2	5.723 4	5.432 1	5.166 8	4.924 5
24	8.348 1	7.784 3	7.282 9	6.835 1	6.433 8	6.072 6	5.746 5	5.450 9	5.182 2	4.937 1
25	8.421 7	7.843 1	7.330 0	6.872 9	6.464 1	6.097 1	5.766 2	5.466 9	5.195 1	4.947 6
26	8.488 1	7.895 7	7.371 7	6.906 1	6.490 6	6.118 2	5.783 1	5.480 4	5.206 0	4.956 3
27	8.547 8	7.942 6	7.408 6	6.935 2	6.513 5	6.136 4	5.797 5	5.491 9	5.215 1	4.963 6
28	8.601 6	7.984 4	7.441 2	6.960 7	6.533 5	6.152 0	5.809 9	5.501 6	5.222 8	4.969 7
29	8.650 1	8.021 8	7.470 1	6.983 0	6.550 9	6.165 6	5.820 4	5.509 8	5.229 2	4.974 7
30	8.693 8	8.055 2	7.495 7	7.002 7	6.566 0	6.177 2	5.829 4	5.516 8	5.234 7	4.978 9

1元的年金现值表(三)

$$P_A=A\frac{1-(1+i)^{-n}}{i}=(P_A/A, i, n)$$

期数	21%	22%	23%	24%	25%	26%	27%	28%	29%	30%
1	0.826 4	0.819 7	0.813 0	0.806 5	0.800 0	0.793 7	0.787 4	0.781 3	0.775 2	0.769 2
2	1.509 5	1.491 5	1.474 0	1.456 8	1.440 0	1.423 5	1.407 4	1.391 6	1.376 1	1.360 9
3	2.073 9	2.042 2	2.011 4	1.981 3	1.952 0	1.923 4	1.895 6	1.868 4	1.842 0	1.816 1
4	2.540 4	2.493 6	2.448 3	2.404 3	2.361 6	2.320 2	2.280 0	2.241 0	2.203 1	2.166 2
5	2.926 0	2.863 6	2.803 5	2.745 4	2.689 3	2.635 1	2.582 7	2.532 0	2.483 0	2.435 6
6	3.244 6	3.166 9	3.092 3	3.020 5	2.951 4	2.885 0	2.821 0	2.759 4	2.700 0	2.642 7
7	3.507 9	3.415 5	3.327 0	3.242 3	3.161 1	3.083 3	3.008 7	2.937 0	2.868 2	2.802 1
8	3.725 6	3.619 3	3.517 9	3.421 2	3.328 9	3.240 7	3.156 4	3.075 8	2.998 6	2.924 7
9	3.905 4	3.786 3	3.673 1	3.565 5	3.463 1	3.365 7	3.272 8	3.184 2	3.099 7	3.019 0
10	4.054 1	3.923 2	3.799 3	3.681 9	3.570 5	3.464 8	3.364 4	3.268 9	3.178 1	3.091 5
11	4.176 9	4.035 4	3.901 8	3.775 7	3.656 4	3.543 5	3.436 5	3.335 1	3.238 8	3.147 3
12	4.278 4	4.127 4	3.985 2	3.851 4	3.725 1	3.605 9	3.493 3	3.386 8	3.285 9	3.190 3
13	4.362 4	4.202 8	4.053 0	3.912 4	3.780 1	3.655 5	3.538 1	3.427 2	3.322 4	3.223 3
14	4.431 7	4.264 6	4.108 2	3.961 6	3.824 1	3.694 9	3.573 3	3.458 7	3.350 7	3.248 7
15	4.489 0	4.315 2	4.153 0	4.001 3	3.859 3	3.726 1	3.601 0	3.483 4	3.372 6	3.268 2

（续表）

期数	21%	22%	23%	24%	25%	26%	27%	28%	29%	30%
16	4. 536 4	4. 356 7	4. 189 4	4. 033 3	3. 887 4	3. 750 9	3. 622 8	3. 502 6	3. 389 6	3. 283 2
17	4. 575 5	4. 390 8	4. 219 0	4. 059 1	3. 909 9	3. 770 5	3. 640 0	3. 517 7	3. 402 8	3. 294 8
18	4. 607 9	4. 418 7	4. 243 1	4. 079 9	3. 927 9	3. 786 1	3. 653 6	3. 529 4	3. 413 0	3. 303 7
19	4. 634 6	4. 441 5	4. 262 7	4. 096 7	3. 942 4	3. 798 5	3. 664 2	3. 538 6	3. 421 0	3. 310 5
20	4. 656 7	4. 460 3	4. 278 6	4. 110 3	3. 953 9	3. 808 3	3. 672 6	3. 545 8	3. 427 1	3. 315 8
21	4. 675 0	4. 475 6	4. 291 6	4. 121 2	3. 963 1	3. 816 1	3. 679 2	3. 551 4	3. 431 9	3. 319 8
22	4. 690 0	4. 488 2	4. 302 1	4. 130 0	3. 970 5	3. 822 3	3. 684 4	3. 555 8	3. 435 6	3. 323 0
23	4. 702 5	4. 498 5	4. 310 6	4. 137 1	3. 976 4	3. 827 3	3. 688 5	3. 559 2	3. 438 4	3. 325 4
24	4. 712 8	4. 507 0	4. 317 6	4. 142 8	3. 981 1	3. 831 2	3. 691 8	3. 561 9	3. 440 6	3. 327 2
25	4. 721 3	4. 513 9	4. 323 2	4. 147 4	3. 984 9	3. 834 2	3. 694 3	3. 564 0	3. 442 3	3. 328 6
26	4. 728 4	4. 519 6	4. 327 8	4. 151 1	3. 987 9	3. 836 7	3. 696 3	3. 565 6	3. 443 7	3. 329 7
27	4. 734 2	4. 524 3	4. 331 6	4. 154 2	3. 990 3	3. 838 7	3. 697 9	3. 566 9	3. 444 7	3. 330 5
28	4. 739 0	4. 528 1	4. 334 6	4. 156 6	3. 992 3	3. 840 2	3. 699 1	3. 567 9	3. 445 5	3. 331 2
29	4. 743 0	4. 531 2	4. 337 1	4. 158 5	3. 993 8	3. 841 4	3. 700 1	3. 568 7	3. 446 1	3. 331 7
30	4. 746 3	4. 533 8	4. 339 1	4. 160 1	3. 995 0	3. 842 4	3. 700 9	3. 569 3	3. 446 6	3. 332 1

后　记

时间之舟在我的书桌上不知不觉地疾行，静静地。偶有一朵小浪花轻轻拍来：“要休息了”。原来是书房门外妻子的一句轻柔的提醒。

但我还真的不想立即中断这趟静谧的“时间之旅”，到“船舱”去“睡”。于是我披衣走到窗前：扑面而来的是灿烂的星空，背景是幽幽的深蓝色的天空。

一下子想起了朦胧诗人顾城于1968年作的一首诗——“星月的由来”：

“树枝想去撕裂天空
却只戳了几个微小的窟窿
它透出天外的光亮
人们把它叫作月亮和星星”

真的，星星莫非真的就是天外透过人们“钻研”出来的点点孔道而传来的些微“精彩”？

美妙的“时间之旅”！满眼精彩的“夜行”！

借助于一碗擂茶，生津止渴，赶走了疲劳，更有些神清气爽了。应该抓紧时间，给本书写一篇《后记》。

儿时想学最感性的“中文系”，后来学的却是最理性的经济学，工作时却又是从事的最务实最严谨最理性的会计学。

会计工作的环境似乎并不是什么很高雅的“殿堂”，也不是“象牙之塔”，而是“商场”！跟我打交道的人或者是风流倜傥的经理，或者是勤勉的员工。他们性格各异，但他们来到这里就只跟你谈“钱”，锱铢必较，“一个都不能少”。真是“俗不可耐”，一点都不能“雅”！

很快又喜欢会计了。

当会计有一点差错时，他们就咆跳如雷。比如，经理就“强迫”我加班，“就是不吃饭不睡觉,也一定要查出来”!职工则跟我大吼:为什么少算了我一块钱?“我以后就住到你家里去吃饭”!税务局更是赖上我不走了,把凭证查了个底朝天!

可见会计确实很重要。

当我的账目没有差错时,人们就对我“服服帖帖”,“毕恭毕敬”。他们把我的账簿视若珍宝,干什么事都要请出我的账簿来作“最重要”的依据。不说经理天天叫我参加“碰头会”,经常要我出席“诸葛亮会”,部门负责人见缝播针跟我协调“财务”,外面的重要人物也常常少不了跟我联系。有人来视察或考察,首先就找我;有人想了解企业的资信,也首先就找到我;有人来搞“评估”,也首先就找到我;有人才想来“加盟”的,也找我了解情况;当然,纪委和检察院的人来到企业,也是第一个请我去“喝咖啡”。

在公司的战略性会议上,往往是经理高瞻远瞩,高屋建瓴,专家侃侃而谈、头头是道,那个作公司顾问的经济学家更是指点迷津、奇谋百出。可发言时间最长的居然是我这个会计,真是意想不到!

于是成就感也上来了,对我的职业也更钟情了。也许是身在庐山而更难识庐山的真面貌,从事会计工作的时间越长,我对会计更不懂了,更费猜疑了,神秘感更强了,也更敬畏了。真应该找一个会计的祖师爷供起来顶礼膜拜!

但会计产生于商业活动,即使能够找到一个会计的祖师爷,这个会计的祖师爷也很可能是一位商人,至少也是一位替商人着想的人。“商人重利”,商人看重的是实际的功效,很难做到“明其道不计其功”。那么,会计的“道”又是什么?

会计的世界观、事物观、分析方法和处理方法无疑是十分独特的,也是非常科学的。会计无疑是我们认识事物的利器。那么,会计是如何看待世界的?为什么几千年来会计只被用来处理“经济业务”?在经济业务之外,会计的理论和方法是否具有“普适性”?人们对这些问题的研究已经有了不少的成果,但还有很多问题没有解决,还有很多会计之“道”有待于我们认识。

想得远了。会计之道,也许玄之又玄,也许远之又远(在我的由立信会计出版社出版的《经济利益会计——会计本质新探和会计核算系统重构》一书中作了一些粗浅的探讨)。会计学毕竟是一门应用性很强的科学,“明其道”毕竟还要“计其功”。“道”毕竟不能当饭吃。会计之“功”何在?说到底就是为了搞好一个企业。搞好一个企业,一要仰仗财务会计来满足会计准则的强制性要求(其实做好财务会计也是企业主动争取一个良好的外界环境,提升企业形象的机会),二要做好内部管理,这要仰仗管理会计。会计本来就是一门管理科学,为管理服务是会计的天职。套用科斯的一个句子,也许可以说,管理会计就是会计“本来就应该是那样”的会计。

我致力于会计方面的工作凡二十余年,成绩殊少,但对会计之“道”和“功”的思考却是一直都没有停止过。献给读者的这本书就是本人这些年来思考的一个小结。不用说,这本书的思考是不成熟的、初步的,错误肯定是很多的。敬请读者批评指正!

特别要感谢湘潭大学商学院会计系德高望重的会计学者黄昌勇教授。在黄教授的指点下完成了这本书。黄教授毫无保留的帮助和全力提携后进的精神实在令人感动!权威大气的立信会计出版社给了我巨大的支持!蔡莉萍编辑给了我可贵的鼓励和无私的帮助!蔡编辑辛勤的劳动和耐心细致的工作使我"创造"的这个"毛坯"终于变成了"产品"。在愉快的合作中,睿智而又亲切的蔡编辑也成了我的好友。优越的工作条件、多学科的渗透协同、浓厚的学术氛围、人性化和催人奋进的管理机制、相互鼓励和支持的和谐团结大家庭是这本小书产生的前提条件。这个理想的条件就是由湘潭大学商学院提供的。夏云峰博士等会计系的兄弟姐妹们给了我不少的启发。在本书的写作过程中,我们经常进行各种形式的学术讨论,这使本书得到了反复的锤炼,使我在学术上受益匪浅,更让我感受到了深深的同志之情!

书不尽言,是为《后记》。

陶丘山